彩图1　北海公园(清大内御苑西苑)　琼华岛上的白塔

彩图2　会稽兰亭

彩图3 颐和园 佛香阁中央建筑群

彩图4 颐和园 远借西山、玉泉山景色

彩图5 圆明园 被焚毁的西洋楼景区

彩图6　扬州个园　太湖石假山"夏山"意境

彩图7　苏州留园　中区的山水景色

彩图 21　法国沃·勒·维贡特府邸花园鸟瞰

彩图 22　英国邱园　棕榈温室和掠夺来的中国石狮

彩图23　阿尔多布兰迪尼庄园　依山而筑的水剧场

彩图24　法国维兰德里庄园　装饰性花园的菱形和三角形花坛，以十字勋章做图案

彩图 25　英国布伦海姆宫风景园　帕拉第奥式的桥梁

彩图 26　英国斯托海德花园　花神庙

彩图27 巴塞罗那北站广场"落下的天空"

彩图28 IBM公司索拉纳园区

彩图29 巴黎雪铁龙公园鸟瞰效果

彩图30 波特兰大市演讲堂前庭广场的瀑布

彩图40　沃·勒·维贡特府邸花园花篮般的喷水

彩图41　沃·勒·维贡特府邸花园的王冠喷泉

彩图42　墨西哥肖芝密尔考生态公园

彩图43　芒太罗花园借园外自然景观

高等职业教育园林工程技术专业"十一五"规划教材

中外园林简史

主　编　易　军　吴立威
参　编　许彩霞　黄　艾
主　审　向其柏

机械工业出版社

本书包括正文和附录两部分。其中正文分为园林史概论、中国园林史、外国园林史、中外园林的代表人物及其理论四章。

中国园林史介绍中国古典园林、中国近代园林、中国现代园林三个历史阶段。内容主要针对各阶段园林的发展和特点作简明扼要的介绍，对各阶段的代表园林实例作生动详细说明，通过园林实例印证和加深对各阶段园林发展和特点的理解。

外国园林史介绍外国古代时期园林、外国封建时期园林、外国工业社会时期园林、现代西方园林四个历史阶段。

中外园林的代表人物及其理论介绍 15 位在世界园林发展历史上有重大影响的人物，详细介绍其有代表性的园林理论或园林作品。

附录部分共收集了 32 个中外园林实例，主要作为选讲和课后阅读内容。

本书力求理论简明扼要，通过生动具体的园林实例来说明。本书可作为高职高专园林、园艺、环境艺术、旅游等专业的教材，也可供高等学校相关专业的广大师生和园林、景观工程设计人员参考借鉴。

图书在版编目（CIP）数据

中外园林简史/易军，吴立威主编．—北京：机械工业出版社，2008.9（2023.8重印）
高等职业教育园林工程技术专业"十一五"规划教材
ISBN 978-7-111-24836-1

Ⅰ．中… Ⅱ．①易…②吴… Ⅲ．园林建筑—建筑史—世界—高等学校：技术学校—教材 Ⅳ．TU-098.4

中国版本图书馆 CIP 数据核字（2008）第 121787 号

机械工业出版社（北京市百万庄大街 22 号　邮政编码 100037）
策划编辑：李俊玲　王靖辉　责任编辑：李　鑫　版式设计：霍永明
责任校对：纪　敬　　　　　　封面设计：王伟光　责任印制：常天培
固安县铭成印刷有限公司印刷
2023 年 8 月第 1 版第 14 次印刷
184mm×260mm・13.5 印张・8 插页・334 千字
标准书号：ISBN 978-7-111-24836-1
定价：45.00 元

电话服务　　　　　　　　　　网络服务
客服电话：010-88361066　　　机 工 官 网：www.cmpbook.com
　　　　　010-88379833　　　机 工 官 博：weibo.com/cmp1952
　　　　　010-68326294　　　金 书 网：www.golden-book.com
封底无防伪标均为盗版　　　　机工教育服务网：www.cmpedu.com

前　言

推进美丽中国建设，科学开展大规模国土绿化行动。树立和践行绿水青山就是金山银山的理念。尊重自然、顺应自然、保护自然，是全面建设社会主义现代化国家的内在要求。随着我国经济的持续快速发展，人们对环境的要求越来越高，园林建设队伍随之迅速壮大，社会对园林人才的需求也越来越大。为了满足高等职业教育园林工程技术专业对教材的需求，我们编写了这本《中外园林简史》。

本书是在广泛吸收国内外园林史学术成果的基础上，按照《教育部关于加强高职高专教育人才培养工作的意见》及《关于加强高职高专教材建设的若干意见》的精神和要求进行编写的。

园林史课程是园林工程技术专业的主干课程之一。学习园林史，目的是要认识古今中外园林发生、发展变迁的历史规律，数古鉴今，继往开来，为今后的园林建设提供重要的历史借鉴。因此，本书编写的体系以历史发展的时间为轴线，将世界园林划分为古典园林阶段、近代园林阶段和现代园林阶段等不同阶段。在每个阶段再按照园林形成的渊源替嬗、文化类型、风格特征等划分为若干园林体系。针对不同园林体系主要通过介绍它们的历史渊源、文化背景、园林类型、代表性园林实例及其风格特点来进行阐述，系统且完整地体现了世界园林发展演变的脉络，较好地反映了各园林体系中典型的代表性园林实例。教材重点针对世界园林发展各阶段、各不同园林体系中典型的优秀园林实例进行详实的介绍和造园艺术分析，以此生动而有序地掌握中外园林发展变化的历史。

本书由易军、吴立威主编，许彩霞、黄艾参与编写。在本书的编写过程中，我们力求做到概念明确、内容详实、资料可靠、文字简练，每个园林实例都用园林平面图或景点照片或效果图说明，图文并茂，通俗易懂。

本书由南京林业大学森林资源与环境学院向其柏教授主审。在编著过程中还参阅了大量著作文献，特别对周维权先生、郦芷若教授、陈志华先生、朱建宁教授、郭风平教授等资深园林史前辈及其他文献作者表示衷心感谢。

由于时间仓促和编者水平所限，书中难免有不妥之处，敬请各使用学校师生、广大读者给予批评指正并提宝贵意见。

编　者

目 录

前言

第1章 园林史概论 1

1.1 园林史 1
1.1.1 园林史的定义 1
1.1.2 研究园林史的意义 1

1.2 世界园林史 2
1.2.1 世界园林史的阶段划分 2
1.2.2 世界园林体系的划分及特点 4

1.3 中国园林史 5
1.3.1 中国园林史的阶段划分 5
1.3.2 中国古典园林的阶段划分 6
1.3.3 中国古典园林的特点 7
1.3.4 中国古典园林的类型 10

本章知识小结 12
复习思考题 13

第2章 中国园林史 14

2.1 中国古典园林史（约公元前11世纪—公元1911年）............ 14
2.1.1 中国古典园林的生成期——殷、周、秦、汉（约公元前11世纪—公元220年）............ 14
2.1.2 中国古典园林的转折期——魏、晋、南北朝（约公元220—公元589年）............ 24
2.1.3 中国古典园林的全盛期——隋、唐（约公元589—公元960年）............ 32
2.1.4 中国古典园林的成熟期——宋、元、明、清（约公元960—公元1911年）............ 42

2.2 中国近代园林（约公元1911—公元1949年）............ 71
2.2.1 中国近代园林发展概况 71
2.2.2 中国近代园林实例 72

2.3 中国现代园林（公元1949年至今）............ 74
2.3.1 中国现代园林发展概况 74
2.3.2 中国现代园林实例 77

本章知识小结 83
复习思考题 84

第3章 外国园林史 85

3.1 外国古代时期园林（约公元前3000—公元500年）............ 85
3.1.1 古埃及园林 85
3.1.2 古希腊园林 87
3.1.3 古罗马园林 89
3.1.4 古巴比伦园林 91
3.1.5 古波斯园林 93

3.2 外国封建时期园林（约公元500—公元1760年）............ 95
3.2.1 中世纪西欧园林 95
3.2.2 伊斯兰园林 98
3.2.3 日本园林 103
3.2.4 文艺复兴时期的意大利园林 106
3.2.5 法国勒洛特尔式园林 109
3.2.6 德国园林 112
3.2.7 俄罗斯园林 115
3.2.8 英国风景式园林 118

3.3 外国工业社会时期园林（约公元1760—公元1945年）............ 121
3.3.1 英国近代园林 121
3.3.2 美国园林 123
3.3.3 苏联园林 125

3.4 现代西方园林的多样发展（约公元1945年至今）............ 127
3.4.1 生态主义与现代园林 127
3.4.2 "极简主义"与现代园林 129

　3.4.3　大地艺术与现代园林 ………… 131
　3.4.4　"解构主义"与现代园林 ……… 132
　3.4.5　"后现代主义"与现代园林 … 134
本章知识小结 …………………………… 136
复习思考题 ……………………………… 136

第4章　中外园林的代表人物及其理论 ……………………… 138

4.1　计成 ……………………………… 138
　4.1.1　计成的园林理论著作——《园冶》 ……………………… 138
　4.1.2　园林实例：扬州影园 ………… 139
4.2　李渔 ……………………………… 140
　4.2.1　李渔的园林理论著作——《一家言》 ……………………… 140
　4.2.2　园林实例：北京半亩园 ……… 141
4.3　小堀远州 ………………………… 142
　4.3.1　小堀远州的设计思想特征 …… 142
　4.3.2　园林实例：京都修学院离宫 … 142
4.4　勒诺特尔 ………………………… 143
　4.4.1　勒诺特尔简介 ………………… 143
　4.4.2　勒诺特尔的设计思想特征 …… 144
　4.4.3　园林实例：法国沃·勒·维贡特府邸花园 ……………… 144
4.5　威廉·肯特 ……………………… 145
　4.5.1　威廉·肯特的设计思想特征 … 145
　4.5.2　园林实例：英国斯托园 ……… 146
4.6　朗斯洛特·布朗 ………………… 146
　4.6.1　朗斯洛特·布朗的设计思想特征 …………………………… 146
　4.6.2　园林实例：英国布伦海姆宫风景园 …………………… 147
4.7　唐宁 ……………………………… 147
　4.7.1　唐宁的设计理论著作——《园林理论与实践概要》 ……… 147
　4.7.2　园林实例：华盛顿林荫大道 … 148
4.8　奥姆斯特德 ……………………… 148
　4.8.1　奥姆斯特德的设计思想特征 … 148
　4.8.2　园林实例：美国波士顿公园系统 …………………………… 149
4.9　刘敦桢 …………………………… 151
　4.9.1　刘敦桢生平 …………………… 151
　4.9.2　刘敦桢的主要理论著作 ……… 152
4.10　童寯 …………………………… 152
　4.10.1　童寯生平 …………………… 152
　4.10.2　童寯的主要理论著作 ……… 153
4.11　布雷·马克斯 ………………… 153
　4.11.1　布雷·马克斯的设计思想特征 …………………………… 154
　4.11.2　园林实例：巴西奥德特·芒太罗花园 …………………… 154
4.12　唐纳德 ………………………… 155
　4.12.1　唐纳德的设计思想及著作《现代景观中的园林》 ……… 155
　4.12.2　园林实例："本特利树林"住宅花园 …………………… 156
4.13　托马斯·丘奇 ………………… 157
　4.13.1　托马斯·丘奇的设计思想特征 …………………………… 157
　4.13.2　园林实例：唐纳花园 ……… 157
4.14　劳伦斯·哈普林 ……………… 158
　4.14.1　劳伦斯·哈普林的设计思想特征 …………………………… 158
　4.14.2　园林实例：波特兰大市系列广场 …………………………… 159
4.15　麦克哈格 ……………………… 160
　4.15.1　麦克哈格的设计思想及著作《设计结合自然》 ………… 160
　4.15.2　园林实例：布朗克斯区滨河公园 …………………………… 161
本章知识小结 …………………………… 162
复习思考题 ……………………………… 162

附录　园林实例 ……………………… 163

F.1　中国古典园林 …………………… 163
　F.1.1　皇家园林实例：秦代兰池宫 … 163
　F.1.2　皇家园林实例：大内御苑乾隆花园（宁寿宫花园） ………… 163
　F.1.3　皇家园林实例：离宫御苑

  圆明园 ………………… 165
 F.1.4 皇家园林实例：离宫御苑
   避暑山庄 …………… 169
 F.1.5 私家园林实例：杜甫成都
   浣花溪草堂 ………… 171
 F.1.6 私家园林实例：苏州沧浪亭 … 172
 F.1.7 江南私家园林实例：苏州
   网师园 ……………… 173
 F.1.8 江南私家园林实例：苏州
   拙政园 ……………… 175
 F.1.9 寺观园林实例：北京大觉寺 … 179
 F.1.10 寺观园林实例：四川青城
    山古常道观 ………… 180
F.2 中国近代园林 …………………… 182
 F.2.1 上海黄浦公园 ……………… 182
 F.2.2 广州越秀公园 ……………… 183
F.3 中国现代园林 …………………… 184
 F.3.1 杭州植物园 ………………… 184
 F.3.2 杭州太子湾公园 …………… 185
 F.3.3 青岛五四广场 ……………… 188
F.4 外国古代时期园林 ……………… 188
 F.4.1 古埃及派科玛拉庭院 ……… 188
 F.4.2 古罗马维蒂庭园 …………… 189

F.5 外国封建时期园林 ……………… 190
 F.5.1 印度泰姬陵 ………………… 190
 F.5.2 京都大德寺庭院 …………… 191
 F.5.3 菲埃索罗的美第奇庄园 …… 192
 F.5.4 阿尔多布兰迪尼庄园 ……… 193
 F.5.5 法国维兰德里庄园 ………… 195
 F.5.6 俄罗斯巴甫洛夫风景园林 … 197
 F.5.7 英国斯托海德花园 ………… 198
F.6 外国工业社会时期园林 ………… 199
 F.6.1 城市公园实例：英国摄
   政王公园 …………… 199
 F.6.2 国家公园实例：美国黄石
   国家公园 …………… 201
F.7 西方现代园林 …………………… 202
 F.7.1 墨西哥肖芝密尔考生态公园 … 202
 F.7.2 西雅图高速公路公园 ……… 203
 F.7.3 IBM公司索拉纳园区 ……… 204
 F.7.4 伯纳特公园 ………………… 205
 F.7.5 美国华盛顿特区罗斯福
   总统纪念园 ………… 206
 F.7.6 日本筑波科学城中心广场 … 207

参考文献 ……………………………… 209

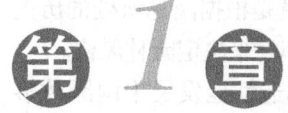

园林史概论

1.1 园林史

知识要点

◆ 掌握园林史的定义和研究园林史的意义

1.1.1 园林史的定义

园林史是记录和论述园林的渊源嬗嫡、发展演变、形式体系、风格类型等一般规律及其特征，为现代园林建设提供历史借鉴的一门园林理论。

1.1.2 研究园林史的意义

以史为鉴，建设有中国特色的新园林。坚守中华文化立场，提炼展示中华文明的精神标识和文化精髓，讲好中国故事、传播好中国声音，展现可信、可爱、可敬的中国形象。

"以铜为鉴，可以正衣冠；以人为鉴，可以明得失；以史为鉴，可以知兴亡。"这是我国数千年来流传不衰的深刻古训。对于我国园林事业来说，借鉴中外园林历史发展的基本经验与教训，继承弘扬人类创造的一切优秀园林文化，建设有中国特色的新型园林，具有重要理论价值与实践意义。

然而，如何借鉴中外园林史为我国园林建设提供科学的理论和实践依据，是园林建设中的一个急需解决的重大课题。新中国成立以后，尤其是改革开放以来，在学习和借鉴中外园林艺术的活动中存在不少问题，主要有：重视视觉感官高于实用功能，各地照搬模仿的较多，缺少重视生态效益、实用价值、个性鲜明、境界深远的作品。具体表现为两个方面：一方面是为了迅速树立城市的现代化形象，改变城市的旧面貌（有的甚至是具有保护价值的古城），不惜贪大求洋，兴建景观大道、大广场、大草坪、大喷泉等，大多数是洋作品的复制，肤浅花哨；另一方面则是旨在保护优秀的传统文化，但不少作品仍然被僵化地局限于中国传统园林的模仿阶段，让人看到的园林无外乎就是中国传统园林的小桥流水、亭台楼阁等，难于适应新时代的需求。这两方面都忽视了园林设计的科学性与艺术性，忽视了现代人的物质与精神需求，忽视了与社会和文化的协调发展。其结果必然是浪费了人力和物力，更有甚者是破坏了当地的生态环境，不是老百姓所需要的园林绿地。

借鉴中外园林历史的公正态度应该是因地制宜，因"时"制宜，因园制宜。因地制宜是根据园林所在的地理环境和人文环境以决定园林风格；因"时"制宜就是根据园林所处的历史时期，按照当时的文化背景来决定园林风格；因园制宜就是根据园林的属性来决定园林风格。

探索古今中外园林特点，借鉴国外优秀园林建设的先进经验，创造性地发展中国园林事业，已成为我国园林工作者的共识。首先，我国园林发展方向应当建立在大生态观念的基础上，尊重当地的自然条件、历史和文化传统，最大限度地保留当地历史、文化遗产和自然资源，充分利用当地的地形地貌、水文地质和动植物资源，以较低的建设与维护成本，构建体现人文关怀、天人合一、开放性的当代城市园林绿地系统。其次，要高度重视发挥城市园林绿地的实用效率，坚决摒弃那些形式主义、特别是无改善生态环境实效而被称为"美化城市"的大工程，为求政绩而不惜投入巨资的"形象工程"。在批判地继承古今中外园林艺术精华的基础上，设计出富有中国特色、符合时代需要、体现人文关怀的园林景观。只有有了生机盎然的绿色空间，才会有充足的阳光、空气和水，才能构建人与自然和谐的社会。

1.2 世界园林史

知识要点

- ◆ 掌握世界园林史的阶段划分依据及各阶段园林的主要特征
- ◆ 掌握世界园林三大体系的划分及各自的风格特点

1.2.1 世界园林史的阶段划分

纵观世界园林历史，数万年来，经历了原始文明、农业文明、工业文明和信息文明四大文明阶段。

1. 原始文明对园林的孕育作用

人类社会的原始文明大约持续了200多万年。人类最初树巢而居，茹毛饮血，如同鸟兽，后来巢穴而居，采集渔猎，艰苦度生。在这种文明条件下，人类处于对大自然环境的被动适应状态，饥饿和死亡常常逼近人类，所以人类不可能产生更高的精神享受要求，因而也就不可能产生园林。然而，在采集渔猎过程中，人类被动植物的形态、色泽等外观特征所吸引而逐渐有了动植物崇拜。原始文明后期，出现了原始的农业公社和人类聚居的部落，人们把采集到的植物种子选择园圃种植，把猎获的鸟兽圈围起来养殖。于是在部落附近及房前屋后有了果园、菜圃、畜养鸟兽的场所。这些人工管理的果园、菜圃、兽场等在逐渐满足了人们祭祀、温饱等需要之后，其中某些动、植物的观赏价值日益突出，于是园林由此得到孕育，进入萌芽状态。

原始文明后期的园林萌芽状态有下列特点：

1) 种植、养殖、观赏不分。
2) 为全体部落成员共同管理，共同享受。
3) 主观为了祭祀崇拜和解决温饱问题，而客观有观赏功能，所以不可能产生园林规划。

2. 农业文明形成世界三大园林体系

距今大约1万年前，在亚洲和非洲的一些大河冲积平原和三角洲地区，原始农业得到长足发展，人类随之进入了以农耕为主的农业文明阶段。伴随农业生产力的进一步发展，产生了城镇、国都和手工业、商业，从而使建筑技术不断提高，为大规模兴造园林提供了必要条件。原来寻求祭祀温饱与观赏的果园、菜圃、兽场亦分化为供生产为主的果蔬园圃和供观赏为主的花园、猎苑。而且随着农业、手工业、商业的分工细化，以农业生产为主的果蔬园圃距城市越来越远，以花园、猎苑等供人们观赏的精神场所成为贵族繁忙的社会政治活动之后用以休闲轻松的地方。故而，花园、猎苑多保留在城市或郊区，设在宫室周围或庭院旁。

在农业文明初期，古埃及出现了宫苑、圣林和金字塔，古希腊出现庭园、圣林和竞技场，古巴比伦出现了猎苑、圣苑和"空中花园"，我国出现了宫室和用于田猎、祭祀和训练军队的囿。这些园林形式、风格和内容随着各民族文化传播及自然地理环境变迁而不断交流、融合，或得以丰富发展，或者绝灭，而个别形式与风格被其他园林吸收，融合而形成新型园林。最后终于三分天下，形成了具有一定的国家地域范围、一定的造园思想与规划方式、一定的园林类型和形式，风格特征彼此各异的世界三大园林体系。世界三大园林体系包括：欧洲园林、伊斯兰园林、中国园林。而在同一园林体系之内，又由于各民族历史文化的差异和自然地理环境的不同，又形成了丰富多彩的时代风格、民族风格和地方风格。

农业文明时期园林的共同特点有：

1）直接为统治者所有，为少数贵族服务。

2）具有相对封闭性和内向性。

3）追求美的观赏和精神的愉悦，并没有自觉体现社会、环境效益。

3. 工业文明促进了城市园林化和自然保护区园林的形成

18世纪中叶，英国产业革命的胜利，促进了欧洲工业文明的发展，使人类经济呈现跨跃式发展。然而，经济发展中的盲目性、无序性和掠夺性对自然资源和自然环境造成严重破坏。另外，城市的不断扩大膨胀，人口密集、工业相对集中又造成城市大气污染和环境恶化。为了解决这些问题，人们提出各种理论学说和改造方案，其中就有自然保护的对策和城市园林化的探索。美国园林学家奥姆斯特德则开创了自然保护区和城市园林化的先河。于是，由美国率先，欧洲并起，大兴城市园林化，实行街道、广场、公共建筑、校园、住宅区的园林绿化一体化，并建立各种自然保护区园林。

工业文明时期园林的共同特点有：

1）没收皇家及贵族园林并加以改造，或由政府建立新型园林，所有园林向社会全体居民开放。

2）园林规划设计从封闭的内向型转变为开放的外向型。

3）不仅追求观赏美和陶冶情操，而且重在发挥园林的环境生态效益和社会效益。

4. 信息文明确立了生态园林目标

第二次世界大战以后，人类进入了现代文明阶段，尤其是20世纪60年代以来突变为信息时代。一些发达国家和地区的经济高速发展，人们的物质生活和精神生活极大丰富。但是，由于没有处理好经济建设、生态环境与自然资源的可持续发展问题，带来了严重的后果，如人口爆炸、粮食短缺、能源枯竭、环境污染、温室效应、自然灾害频繁等。人类逐渐

认识到，必须要有计划、有步骤地利用、改造和开发大自然，以利于自然资源的恢复、更新和再生，使社会经济走上可持续发展的轨道。

园林是生态环境中的一个重要组成部分，也是可持续发展中的重要环节。因此，在信息文明时代确立生态园林目标，维护生态平衡，也成为建设新型园林的必由之路。

信息文明时代的园林的特点有：

1）城市公共园林、公共绿地系统进一步扩大。
2）园林包含城市，城市在园林中。
3）针对防止环境污染选择植物，并为鸟类提供栖息场所。
4）园林规划中广泛利用生态学、环境科学、动植物科学等先进科技。
5）城市外围营造防护林带，连接森林公园或更大范围的绿色景观。
6）任何工程项目开发中，都必须与园林绿地建设相结合。

1.2.2 世界园林体系的划分及特点

1. 世界园林体系的划分依据

世界园林体系的划分，主要是以世界文化体系为划分标准的。文化体系的主要影响因素有种族、宗教、风俗习惯、语言文字系统、历史地理和文化交流等，尤其以种族、宗教文化、语言文字系统影响最大。依据文化体系诸因素，并参考国内外有关园林体系划分理论与方法，可将世界园林体系划分为欧洲园林体系、伊斯兰园林体系和中国园林体系三大体系，分别简称为欧洲园林、伊斯兰园林和中国园林。

2. 世界三大园林体系的特点

（1）欧洲园林

欧洲园林是以古埃及和古希腊园林为渊源，以法国古典主义园林（彩图21）和英国风景式园林（彩图25）为优秀代表，以规则式和自然式园林构图为造园流派，分别追求人工美和自然美的情趣，艺术造诣精湛独到，为西方世界喜闻乐见的园林。

欧洲园林覆盖面广，它以欧洲本土为中心，势力范围囊括欧洲、北美、南美、澳大利亚等区域，对南非、北非、西亚、东亚等地区的园林发展亦产生了重要影响。

欧洲园林的两大流派都有自己明显的风格特征。规则式园林以恢宏的气势，开阔的视线，严谨均衡的构图，丰富的花坛、雕像、喷泉等装饰，体现一种庄重典雅、雍容华贵的气势。自然式园林取消了园林与自然之间的界线，亦不考虑人工与自然之间的过渡，将自然作为主体引入到园林中，并排除一切不自然的人工艺术，体现一种自然天成、返璞归真的艺术境界。

（2）伊斯兰园林

伊斯兰园林属于规则式园林范畴，是以古巴比伦和古波斯园林为渊源，十字形庭园为典型布局方式，封闭建筑与特殊节水灌溉系统相结合，富有精美建筑图案和装饰色彩的阿拉伯园林。

伊斯兰园林地域广大，它以幼发拉底河、底格利斯河两河流域及美索不达米亚平原为中心，以阿拉伯世界为范围，横跨欧、亚、非三大洲，对世界各国园林艺术风格的变迁有很大的影响力，尤其以印度、西班牙中世纪园林风格（彩图16）最为典型。

伊斯兰园林通常面积较小，建筑也较封闭，十字形的林荫路构成中轴线，将全园分割成

第1章 园林史概论

四区。在园林中心,十字形道路交汇点布设水池,以象征天堂。园中沟渠明暗交替,盘式涌泉滴水,既表示对水的珍视,又分出更多的几何形小庭园,每个庭园的树木尽可能相同。彩色陶瓷马赛克图案在庭园装饰中广泛应用。

(3) 中国园林

中国园林与欧洲园林、伊斯兰园林并峙比肩,它属于山水风景式园林范畴,是一种以非规则式园林为基本特征,园林建筑与山水环境有机融合,涵蕴诗情画意的写意山水园林(彩图1)。中轴对称的规整式构图,多见于宫室寺观建筑(彩图3),为中国园林建筑的特殊形式。

中国园林不像欧洲园林那样的风格剧烈、复合变异,而是不断传承,缓慢发展。一方面是由于我国大陆三面环山、一面濒海的独特地理环境,阻滞了不同民族文化的冲击;另一方面由于我国长期实行的中央集权、礼仪制度和农业本位文化,因而,往往以泱泱大国自居,小视四方蛮夷,造成自我发展,自成一体的局面。历史上,仅在动、植物等园林要素方面吸收了国外的东西,再就是清代的圆明园破例聘请西方传教士修造规整式园林,开始中西园林结合的尝试(彩图5),但也因中西礼仪之争很快中断,国外两大园林体系对中国园林发展没有什么冲击。因此,中国园林自诞生以来,在自己特殊的国情和历史文化背景下自我发展。从夏、商、周代时期的囿,到秦汉时期的苑,魏晋六朝的自然山水园林,唐宋时代的全景式写意山水园林,最后达到明清时代浓郁的自然山水、以小见大的高度象征性写意园林阶段。由于我国幅员广大,气候多样,物产各异,加之各地政治、经济、文化发展的不平衡,从明朝中期开始,私家园林逐渐分化,先有江南园林脱颖而出,北方园林接踵其后,岭南园林增其华丽。三大区域园林相互影响,相互兼容,使中国园林的类型和风格不断拓展与深化。

1.3 中国园林史

知识要点

◆ 中国园林史的阶段划分及各阶段的园林风格特征

1.3.1 中国园林史的阶段划分

中国园林是世界三大园林体系之一,中国园林史符合世界园林史发展演进的总规律和总趋势。中国园林史依据世界园林历史的阶段的演替规律可划分为三个时期:中国古典园林时期、中国近代园林时期和中国现代园林时期。

中国古典园林时期是指世界园林史发展演进中的原始文明和农业文明阶段。从大约公元前2100年的第一个奴隶制国家夏朝建立开始到公元1911年最后一个封建王朝清朝解体。该时期中国园林以自然山水园林为基本特征,源于自然,却高于自然,反映一种对自然的高度凝练概括,把人的情感与自然美景结合,涵蕴诗情画意的写意山水园林(彩图6)。

中国近代园林时期是指从公元1911年最后一个封建王朝清朝解体开始到公元1949年新中国成立。封建社会完全解体、历史发生急剧变化、西方文化大量涌入,中国园林的发展亦

相应地产生了根本性的变化。西方园林文化的引进与结合成为中国近代园林的主要特点。

中国现代园林时期指从公元1949年新中国成立开始至今。中华人民共和国建立后，政府十分重视园林绿地建设问题。经过半个多世纪的发展，取得了巨大的成就。中国园林开始进入世界现代园林之林，尤其是改革开放以来，大力吸取各国园林精华，弘扬中国传统优秀园林之长，使中国园林先后涌现出城市园林、园林城市（彩图13）和生态园林（彩图14）等类型与风格。园林范畴延伸到大地景观规划领域。园林的基本功能得到进一步的扩展。

1.3.2　中国古典园林的阶段划分

中国古典园林主要是指世界园林发展第二阶段上的中国园林体系，其实就是一部农业文明下的园林史。中国古典园林不同于农业文明时代的欧洲园林那样形式、风格相互影响、复合变异，而是在漫长的历史进程中的自我完善，只是在园林的某些要素如植物、动物种类方面受到外来园林文化的影响，因而表现出稳定的、缓慢的、持续不断的历史演进风格。从这个视角出发，我们将中国古典园林史分期如下：

1. 生成期（殷、周、秦、汉）

殷、周为奴隶制国家，奴隶主贵族通过分封采邑制度获得其世袭不变的统治地位。贵族的宫苑是中国古典园林的滥觞，也是皇家园林的前身。秦、汉由分封采邑制转化为中央集权的郡县制，确立皇权为首的官僚机构统治，儒学逐渐获得正统地位。以地主小农经济为基础的封建帝国初步形成，相应的皇家宫廷园林规模宏大、气魄雄伟，成为这个时期造园活动的主流，可以称为宫苑型自然山水园林。其次，皇亲国戚、将相豪门、富商大贾开始投资兴建园林，标志着私家园林的兴起。

2. 转折期（魏晋南北朝）

小农经济受到豪族庄园经济的冲击，北方落后的少数民族南下入侵，中国处于分裂状态。而意识形态方面则突破了儒学的正统地位，呈现为佛道儒竞相登坛，思想活跃的局面。豪门士族在一定程度上削弱了以皇权为首的官僚机构的统治，民间的私家庄园异军突起，一大批饶有田园风光的私家园林涌现，可以称之为田园型山水园林。与此同时，佛教和道教的流行，使寺观园林也开始兴盛。该时期初步确立了园林美学思想，也奠定了中国山水风景式园林大发展的基础。

3. 全盛期（隋、唐）

豪族势力和庄园经济受到沉重打击，中央集权的官僚机构更健全、完善，在前一时期的诸家争鸣的基础上形成儒、佛、道互补共尊，但儒家仍居正统地位。唐朝的建立开创了中国封建社会的全盛时代。科举制的发展，极大地调动了中国文人、士流建功立业的创造性。从这个时代能够看到中国传统文化曾经有过宏放的气度和旺盛的生命力。作为一个园林体系，它的独特风格即写意山水园林在文人士流的作用下开始出现。

4. 成熟期（宋、元、明、清）

中国封建文化的发展更加成熟，农村的地主小农经济稳步成长，城市的商业空前繁荣，市民文化勃兴，这些都为传统的封建文化注入了新鲜血液。由于大批文人参与园林营造，使写意山水园林向更高水平迈进，中国园林呈现一派欣欣向荣的繁盛景象。

清代的乾隆时期是中国封建社会的最后一个繁盛时代，表面的繁盛掩盖着四伏的危机，封建社会盛极而衰，封建文化也愈来愈呈现衰颓的迹象。园林的发展，一方面继承写意山水园林优秀传统而趋于精致，"一拳代山、一勺代水"，表现了中国写意园林的最成熟风格，可以称为成熟型写意园林；另一方面由于长期政治、经济、文化发展的不平衡，城镇工商业的繁荣和资本主义萌芽的兴起，加之各地的气候、物产和人文条件的差别，私家园林逐渐分化，先后有江南园林、北方园林和岭南园林脱颖而出，表现出中国园林适应时代的发展，由浓郁的文人风格向世俗化演变的倾向。

1.3.3 中国古典园林的特点

中国古典园林的风格特点主要体现在四个方面：本于自然、高于自然；建筑美与自然美的融糅；诗画的情趣；意境的涵蕴。

1. 本于自然、高于自然

山、水、植物是构成自然风景的基本要素，但中国古典园林不是简单地摹仿这些构景要素的原始状态，而是有意识地加以改造、调整、加工、剪裁，从而表现一个精练概括的自然、典型化的自然。

中国人历来都用"山水"作为自然风景的代称。在古典园林的地形整治工作中，筑山便成了一项最重要的内容。筑山即堆筑假山，园林假山都是真山抽象化、典型化的缩移摹写，能在很小的地段上展现咫尺山林的局面、幻化千岩万壑的气势。园林内使用天然石块堆筑为石山的这种特殊技艺叫做"叠山"，叠山作品一般最高不过八九米，无论摹拟真山的全貌或截取真山的一角，都能够以小尺度而创造峰、峦、岭、岫、洞、谷、悬岩、峭壁等形象的写照。从它们的堆叠章法和构图经营上，可以看到天然山岳构成规律的概括、提炼。园林之所以能够体现高于自然的特点，主要即得之于叠山这种高级的艺术创作。叠石为山的风气，到后期尤为盛行，几乎是"无园不石"。此外，还有选择整块的天然石材陈设在室外作为观赏对象的，这种做法叫做"置石"。用作置石的单块石材不仅具有优美奇特的造型，而且能够引起人们对大山高峰的联想，即所谓"一拳则太华千寻"，故又称之为"峰石"。

水体在大自然的景观构成中是一个重要的因素，它既有静止状态的美，又能显示流动状态的美，因而是一个最活跃的因素。在古典园林的创作上，一般说来，有山必有水，"筑山"和"理水"不仅成为造园的专门技艺，两者之间相辅相成的关系也是十分密切的。园林内开凿的各种水体都是自然界的河、湖、溪、涧、泉、瀑等的艺术概括。人工理水务必做到"虽由人作，宛自天开"，哪怕再小的水面亦必曲折有致，并利用山石点缀岸、矶，有的还故意做出一弯港汊、水口以显示源流脉脉、疏水若为无尽。稍大一些的水面，则必堆筑岛、堤，架设桥梁。在有限的空间内尽量写仿天然水景的全貌，这就是"一勺则江湖万里"的立意。

园林植物配置都以树木为主调，表现翳然林木，体现自然丰富繁茂的生态。栽植树木不讲求成行成列，但亦非随意参差。往往以三株五株、虬枝古干而予人以蓊郁之感，运用少量树木的艺术概括而表现天然植被的气象万千。此外，观赏树木和花卉还按其形、色、香而"拟人化"，赋予不同的性格和品德，在园林造景中尽量显示其象征寓意。

总之，本于自然、高于自然是中国古典园林创作的主旨，目的在于求得一个概括、精练、典型而又不失其自然生态的山水环境。这样的创作又必须合乎自然之理，方能获致天成之趣。

2. 建筑美与自然美的融糅

中国古典园林中,建筑都力求与山、水、花木这三个造园要素有机地组织在一系列风景画面之中,使建筑美与自然美融糅起来,达到一种人工与自然高度谐调的境界——天人和谐的境界。

中国传统木构建筑所具有的特性为古典园林中建筑美与自然美的融合提供了优越条件。木框架结构的个体建筑,内墙外墙可有可无,空间可虚可实、可隔可透。园林里面的建筑物充分利用这种灵活性和随意性创造了千姿百态、生动活泼的外观形象;获致与自然环境的山、水、花木密切嵌合的多样性。中国园林建筑不仅形象丰富,而且还把传统建筑的化整为零、由个体组合为建筑群体的可变性发挥到了极致。它一反宫廷、坛庙、衙署、邸宅的严整、对称、均齐的格局,完全自由随宜、因山就水、高低错落,以这种千变万化的面上的铺陈更强化了建筑与自然环境的嵌合关系。同时,还利用建筑内部空间与外部空间的通透、流动的可能性,把建筑物的小空间与自然界的大空间沟通起来。匠师们为了进一步把建筑谐调、融糅于自然环境之中,还发展、创造了许多别致的建筑形象和细节处理。譬如,亭这种最简单的建筑物在园林中随处可见,不仅具有点景的作用和观景的功能,而且通过其特殊的形象还体现了以圆法天、以方象地、纳宇宙于芥粒的哲理。再如,临水之"舫"和陆地上的"船厅"即模仿舟船以突出园林的水乡风貌。江南地区水网密布,舟楫往来为城乡最常见的景观,故园林中这种建筑形象也运用最多。廊本来是连系建筑物、划分空间的手段,园林里面的那些楔入水面、飘然凌波的"水廊",婉转曲折、通花渡壑的"游廊",蟠蜒山际、随势起伏的"爬山廊"等各式各样的廊子,好像纽带一般把人为的建筑与天成的自然贯穿结合起来。常见山石包镶着房屋的一角,堆叠在桥的两端,甚至代替台阶、楼梯、柱础等建筑构件,则是建筑物与自然环境之间的过渡与衔接。随墙的空廊在一定的距离上故意拐一个弯而留出小天井、随宜点缀少许山石花木,顿成绝妙小景。白粉墙上所开的种种漏窗,阳光透过,图案倍觉玲珑明澈,而在诸般样式的窗洞后面衬以山石数峰、花木几本,犹如小品风景,尤为楚楚动人。

总之,优秀的园林作品,虽然处处有建筑,却处处洋溢着大自然的盎然生机。这种谐和情况,在一定程度上反映了中国传统的"天人合一"的哲学思想,体现了道家对待大自然的"为而不恃、主而不宰"的态度和"道法自然"的哲理。

3. 诗画的情趣

文学是时间的艺术,绘画是空间的艺术。园林的景物既需"静观",也要"动观",即在游动、行进中领略观赏,故园林是时空综合的艺术。园林从总体到局部都包含着浓郁的诗、画情趣,这就是所谓的"诗情画意"。

诗情,不仅是把前人诗文的某些境界、场景在园林中以具体的形象复现出来,或者运用景名、匾额、楹联等文学手段对园景作直接的点题,而且还在于借鉴文学艺术的章法、手法使得规划设计颇多类似文学艺术的结构。园内的动观游览路线绝非平铺直叙的简单道路,而是运用各种构景要素于迂回曲折中形成渐进的空间序列,也就是空间的划分和组合。划分,不流于支离破碎;组合,务求其开合起承、变化有序、层次清晰。这个序列的安排一般必有前奏、起始、主题、高潮、转折、结尾,形成内容丰富多彩、整体和谐统一的连续的流动空间,表现了诗一般的严谨、精练的章法。在这个序列之中往往还穿插一些对比的手法、悬念的手法、欲抑先扬或欲扬先抑的手法,合乎情理之中而又出入意料之外,则更加强了犹如诗歌的韵律感。因此,人们游览中国古典园林所得到的感受,往往仿佛朗读诗文一样的酣畅淋漓，这也是园林所包含着的"诗情"。优秀的园林作品，则无异于凝固的音乐、无声的诗歌。

凡属风景式园林都或多或少地具有"画意"，都在一定程度上体现绘画的原则。中国的山水画不同于西方的风景画，前者重写意，后者重写形。西方的画家临景写生；中国的画家遍游名山大川，研究大自然的千变万化，领会在心，归来后于几案之间挥洒而就。这时候所表现的山水风景已不是个别的山水风景，而是画家主观认识的、对时空具有较大概括性的山水风景。因此，能够以最简约的笔墨获得深远广大的艺术效果，这种情况与园林艺术对大自然的概括、抽象从而获致"本于自然、高于自然"的特点十分相似。中国园林是把作为大自然的概括和升华的山水画又以三度空间的形式复现到人们的现实生活中来。中国绘画与造园之间关系十分密切，这种关系历经长久的发展而形成"以画入园、因画成景"的传统，甚至不少园林作品直接以某个画家的笔意、某种流派的画风引为造园的粉本。历来的文人、画家参与造园蔚然成风，或为自己营造，或受他人延聘而出谋划策。专业造园匠师亦努力提高自己的文化素养，有不少擅长于绘事的。流风所及，不仅园林的创作，乃至品评、鉴赏亦莫不参悟于绘画。

当然，兴造园林比起在纸绢上作水墨丹青的描绘要复杂得多，因为造园必须解决一系列的实用、工程技术问题；也更困难得多，因为园内的植物是有生命的，潺潺流水是动态的，生态景观随季相之变化而变化，随天候之更迭而更迭。再者，园内景物不仅从固定的角度去观赏，而且要游动着观赏，从上下左右各方观赏，进入景中观赏，甚至园内景物观之不足还把园外"借景"收纳作为园景的组成部分。所以，不能说每一座中国古典园林的规划设计都全面地做到以画入园、因画成景，而不少优秀的作品确实能够予人以置身画境、如游画中的感受。中国古典园林就是可游、可居的立体图画。

4. 意境的涵蕴

意境是中国艺术的创作和鉴赏方面的一个极重要的美学范畴。简单说来，意即主观的理念、感情，境即客观的生活、景物。意境产生于艺术创作中此两者的结合，即创作者把自己的感情、理念熔铸于客观生活、景物之中，从而引发鉴赏者之类似的情感激动和理念联想。中国的传统哲学在对待"言"、"象"、"意"的关系上，都把"意"置于首要地位。

意境表述的方式大体上有三种：其一，借助于人工的叠山理水把广阔的大自然山水风景缩移摹拟于咫尺之间。其二，预先设定一个意境的主题，然后借助于山、水、花木、建筑所构配成的物境把这个主题表述出来，从而传达给观赏者以意境的信息。此类主题往往得之于古人的文学艺术创作、神话传说、遗闻轶事、历史典故乃至风景名胜的摹拟等。其三，意境并非预先设定，而是在园林建成之后再根据现成物境的特征做出文字的"点题"——景题、匾题、对联、刻石等。园林内的重要建筑物上一般都悬挂匾和联，它们的文字点出了景观的精粹所在；同时，文字作者的借景抒情也感染游人，从而激起他们的浮想联翩。苏州的拙政园内有两处赏荷花的地方，一处建筑物上的匾题为"远香堂"，另一处为"听留馆"。前者得之于周敦颐咏莲中"香远益清"的诗句，后者出自李商隐"留得残荷听雨声"的诗意。

综上所述，这四大特点是中国古典园林在世界上独树一帜的主要标志。它们的成长至最终形成与中国传统的天人合一的哲理以及重整体观照、重直觉感知、重综合推衍的思维方式的主导有着直接的关系。可以说，四大特点本身正是这种哲理和思维方式在园林艺术领域内的具体表现。

1.3.4 中国古典园林的类型

中国古典园林的分类,从不同角度看,可以有不同的分类方法。按占有者身份分为皇家园林、私家园林、寺观园林、陵寝园林、坛庙祠馆园林、书院园林。

1. 皇家园林

皇家园林指归属于皇帝、诸侯、皇室私有的园林,古籍里称之苑、宫苑、苑囿、御苑等。隶属于皇帝或皇室所有的园林,比如秦阿房宫、汉上林苑、隋西苑、唐华清宫、元御苑、清圆明园等,现存的中国皇家园林代表是颐和园(彩图3)和承德避暑山庄。属于诸侯国王的园林如春秋战国时魏国的灵台、梁囿,燕国的禅台、黄金台、仙台,楚国的放鹰台,赵国的野台、赵囿,秦国的会盟台,齐国的柏寝台等,其中以楚国的章华台和吴国的姑苏台最著名。在汉代分封于梁国的梁孝王刘武的梁园,是汉代藩王中最宏伟的园林。

皇家园林在商周以苑、苑囿、囿、台的形式出现,其功能为自然山水的狩猎、祭祀。秦汉的皇家园林渐渐地以宫、宫苑、御苑、御园的形式出现,其功能为居住与游乐的结合,如阿房宫、上林苑。隋唐皇家园林仍承袭以居住和游乐为主的园林形式——宫或苑,如西苑、华清宫,但游乐功能明显加强。宋元以后的皇家园林多以园、花园的形式出现,如乾隆花园、圆明园、颐和园等。

皇家园林是皇家生活环境的一个重要组成部分,因而它反映了封建统治阶级的皇权意识,体现了皇权至尊的观念,它对自然的态度也倾向于凌驾于自然之上的皇家气派。皇家园林的人工气息浓厚,往往以人工美取胜,自然美仅居次要的位置。

皇家园林占地面积较大,规模宏大,常将有代表性的第宅、寺庙、名胜集中,并在园林中再现出来。一般以主体建筑作为构图中心统帅全园,常居于支配地位,尺度较大、较为庄重、色彩富丽堂皇。园林建筑在园中占的面积比例较低,多采取"大分散,小集中"、成群成组的布局方式,南北向轴对称较多,随意布置的较少。另外,各景区的景观往往离不开建筑,用建筑的形式美来点染、补充、裁剪、修饰天然山水。

中国皇家园林有"大内御苑"、"行宫御苑"和"离宫御苑"之分(图1-1)。

大内御苑建置在皇城或宫城之内,即皇帝的宅园,个别的也有建置在皇城以外、都城以内的。如清代北京建福宫花园和御花园。行宫御苑

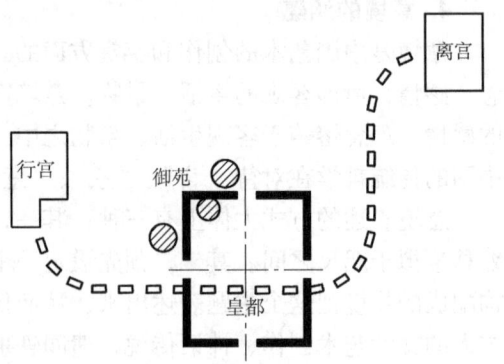

图1-1 皇家园林三种类型示意

和离宫御苑建置在都城的近郊、远郊的风景地带,前者供皇帝游憩或短期驻跸之用,后者则作为皇帝长期居住、处理朝政的地方,相当于一处与大内相联系着的政治中心。此外,在皇帝巡察外地需要经常驻跸的地方,也视其驻跸时间的长短而建置离宫御苑或行宫御苑。通常把行宫御苑和离宫御苑统称为离宫别馆。如清代北京香山静宜园、承德避暑山庄。

2. 私家园林

私家园林指未封王的皇族或贵族、官僚、武将、缙绅等的私有园林,古籍里称之为园、园亭、园墅、池馆、山池、山庄、别墅、别业等。最早的是西汉袁广汉北邙山下的私园;东

汉有梁翼的园囿和菀园；魏晋南北朝有西晋大官僚石崇在洛阳的金谷园，潘岳在洛阳的庄园，陶渊明在庐山的庄园，谢玄在会稽的别墅等；唐代有王维的辋川别业，白居易庐山草堂和履道坊宅园，柳宗元的东亭等；宋代的私园更多，据《洛阳名园记》载，仅洛阳名园就有20个，如属于花园类的归人园、李氏仁丰园，属于游憩类型的董氏东西园、刘氏园、丛春园、松岛、东园、紫金台张氏园、独乐园、吕文穆园，属于宅园类型的富郑公园、环溪、苗帅园、赵韩王园、湖园等；元代有胡相别墅、兼相泉园、赵氏别墅、玉泉园等；明清私家园林主要集中于江浙、广东和北京，江浙的如拙政园(彩图12)、狮子林、沧浪亭、留园(彩图7、彩图8)、网师园(彩图11)、环秀山庄、怡园、豫园、瞻园、寄畅园(彩图9)、片石山房、莲花庄、秋霞圃等；广东的如清晖园、可园、余荫山房、梁园；北京的如半亩园、翠锦园等。

私家园林大多由文人、画家设计营造，因而其对自然的态度主要表现出士大夫阶层的哲学思想和艺术情趣。由于受隐逸思想的影响，它所表现的风格多为朴素、淡雅、精致而又亲切。

私家园林多处市井之地，布局常取内向式，即在一定的范围内围合，精心营造，它们一般以厅堂为园中主体建筑，景物紧凑多变，用墙、垣、漏窗、走廊等划分空间，大小空间主次分明、疏密相间、相互对比，构成有节奏的变化；它们常用多条观赏路线联系起来，道路迂回蜿蜒，主要道路上往往建有曲折的走廊；池水以聚为主，以分为辅，大多采用不规则状，用桥、岛等使水面相互渗透，构成深邃的趣味。

私家园林一般来说空间有限，规模要比皇家园林小得多，又不能将自然山水圈入园内，因而形成了小中见大、掘地为池、叠石为山，创造优美的自然山水意境，造园手法丰富多彩的特性。

3. 寺观园林

寺观园林的个性最明显，表现为佛家的寺院园林和道家的道观园林。寺观园林的风格特征是理性美，它的产生开辟了对园林景观对象的理性探索和领悟，并影响到整个园林艺术，它也创造了一些别具特色的景观形式并对以后的园林创作产生了影响。在表达上，较少体现宗教意义，更多地与儒家结合，形成以儒、道、佛结合的特征。在手法上，园林成为建筑群体轴线的延伸或附属，水体有上架"飞梁桥"的放生池，建筑有晨钟暮鼓，小品有塔林经幢，植物有古木佛花，引道一波三折，佛塔若隐若现。表现宗教意义最杰出的当属承德外八庙的晋宁寺，它把佛教密宗和显宗的"须弥山"、"曼荼罗"、"世界"等佛国天堂的思想落实为具体的建筑形体。就地域和时代看，越近代，越近南方，教义越少，儒味越浓。江南的寺观园林更多地表现文人的诗情画意，若不是有宏伟的大雄宝殿、虔诚的善男信女以及不绝的香火经声，很难确定是寺院园林，如苏州西园。故中国的宗教园林更多地是以宗教建筑、香火、香客以及宗教活动来突出其在使用上的个性。

寺观园林可以分为三种类型：一是寺观外园林，即在寺观外围对风景优美的自然景观加以经营，形成以寺观本身为主体的园林；二是寺观内部园林绿化；三是在寺观中或一侧建独立的园林。

寺观园林的特点：

1) 寺观园林有一定的公共性，不同于皇家园林和私家园林的私有性。寺观对广大的香客、游人、信徒开放。

2）寺观园林具有较稳定的连续性。

3）寺观园林选址有较强的适应性，一般重视因地制宜，因势制胜，大多选择自然环境优美的名山大川，古迹胜地。

4）讲究内部庭院的绿化。

5）注重超脱尘俗的精神审美功能。

4. 书院园林

我国古代对学习、写作、藏书的建筑非常重视，自天子的太学及州、府、县都设有学府。民间办学之风，历史悠久，两千年前大教育家孔子就是民间办学的典范。我国历代创建的大小书院有 7000 余所，其中岳麓书院（湖南长沙）、白鹿洞书院（江西九江）、嵩阳书院（河南登封）、睢阳书院（河南商丘）并称中国古代四大书院。我国古代书院通常有讲学、藏书、供祀三大功能的格局。

读书写作需要一个良好的环境，自古以来营建者非常重视环境对读书的影响。太学的辟雍环水，孔子授徒的杏坛、泮水都有水泉、林木之盛，以至徐文长的青藤书屋，蒲松龄的书斋，在很小的书屋之旁还要点缀些水池、山石、豆棚瓜架等园林景物。藏书楼阁为了防火之需和美化环境，也都在其前后开凿水池，堆山叠石，如宁波的天一阁。尤其是一些书院，选择山水优美之区、林泉清净之地，相宜布置，达到了很高的造园水平。

5. 坛庙祠馆园林

坛、庙、祠、馆是我国古代传统建筑类型中带有公开活动或集会性质的建筑物，人们在进行祭祀、集会、交往活动之余，都需要有一个较好的休息游乐场所，有些坛、庙建筑本身就要求大片的林木、山水来营造肃穆、安静的氛围与文化环境。于是坛、庙、祠、馆造园，应运而生，并有其特点。

我国古代从京城到各州、府、县、村镇大都有坛、庙、祠堂、会馆等建筑，其中不少附有园林，这些园林中亦有不少造园艺术的佳作。一些大型的坛、庙，如北京天坛、地坛、日坛、月坛、社稷坛、太庙、孔庙等，不仅有假山、亭榭，而且还有大片林木，是城市风景与绿化的重要组成部分。

6. 陵寝园林

陵寝园林是为埋葬先人、纪念先人，实现避凶就吉的目的而专门修建的园林。中国古代社会，上至皇帝，下至达官贵人、商富大贾，皆非常重视陵寝园林。陵寝园林包括地下寝宫、地上建筑及其周边环境。

陵寝园林是历代帝王按照"事死如事生，事亡如事存"的礼制原则建造的，亦即模仿皇宫修建的。在陵寝周围都有大面积陵园，特点是封土为陵，规划整齐划一，选址修陵讲究风水，陵园规模宏大，建筑群集中，院落层次起落明显，布局讲究中轴对称，总体形制宏伟、壮观、肃穆、庄严，如北京明十三陵、南京明孝陵等。

本章知识小结

本章介绍了园林史的概念，园林史的意义，世界园林发展的阶段划分，世界园林体系的划分及各自的主要特点，中国园林发展的阶段划分及各时期的园林基本特征，中国古典园林的类型和特点。世界园林和中国园林的发展阶段划分及各时期的主要特点是本章的学习重点。

本章的主要知识要点有：

1. 园林史是记录和论述园林的渊源替嬗、发展演变、形式体系、风格类型等一般规律及其特征，为现代园林建设提供历史借鉴的园林理论。

2. 世界园林史可划分为四个阶段：原始文明时期的园林孕育期、农业文明时期的世界三大园林体系形成期、工业文明时期的城市园林化和自然保护区园林的形成期、信息文明时期的生态园林建设期。

3. 世界园林体系可划分为欧洲园林体系、伊斯兰园林体系和中国园林体系这三大体系。欧洲园林以法国古典主义园林和英国风景式园林为优秀代表，以规则式和自然式园林构图为造园流派。伊斯兰园林属于规则式园林范畴，十字形庭园为典型布局方式。中国园林属于山水风景式园林范畴，是一种涵蕴诗情画意的写意山水园林。

4. 中国园林史可划分为三个时期：中国古典园林时期、中国近代园林时期和中国现代园林时期。其中中国古典园林可划分四个阶段：生成期、转折期、全盛期、成熟期。

5. 中国古典园林按占有者身份分为：皇家园林、私家园林、寺观园林、陵寝园林、坛庙祠馆园林、书院园林。

6. 中国古典园林风格特点主要体现在四个方面：本于自然、高于自然；建筑美与自然美的融糅；诗画的情趣；意境的涵蕴。

复习思考题

1-1 名词解释：园林史、欧洲园林、伊斯兰园林、中国园林、中国古典园林、皇家园林、私家园林、寺观园林、陵寝园林。

1-2 世界园林可划分为哪三大体系？其各自的风格特点是什么？

1-3 中国古典园林是指中国园林史发展的哪个阶段？可划分为哪几个阶段？每个阶段各有什么特征？

1-4 中国古典园林主要具有哪四个方面的风格特点？

1-5 什么是意境？中国古典园林中意境的表达方式有哪些？

1-6 中国古典园林有哪些主要类型？其园林类型各有什么主要特征？

第2章

中国园林史

2.1 中国古典园林史(约公元前11世纪—公元1911年)

知识要点

◆ 掌握中国古典园林的起源
◆ 掌握中国古典园林各时期出现的园林类型、风格特征和各自的代表园林
◆ 掌握中国古典园林各发展时期中,不同园林类型的代表园林及其总体布局和风格特征。重点为西汉上林苑、宋代东京艮岳、清代颐和园、苏州留园、无锡寄畅园等

中国古典园林是中国的封建农业经济、封建集权政治的产物。从公元前11世纪直到公元19世纪末叶,由于经济、政治、文化变化的制约影响,中国古典园林历时两千余年的演进脉络表现为:园林的规模由大而小;园林景观由单纯的粗放宏观逐渐发展成为以精致的微观为主;园林的创造方法由单纯的写实逐渐过渡到写实与写意相结合,最终转化为以写意为主;早期的园林以"自然化"为主,逐渐发展为"人工化",最后被"诗化"、"画化"所取代。在园林的人工要素与自然要素的关系中,早期园林的建筑物是简单地散置在山水环境中,发展为自觉地把建筑布局与山水环境联系起来求得两者的融合,但园林的自然要素始终占主导地位。在中国古典园林类型中,皇家园林和私家园林是最为成熟,也是最具个性的两个类型,在造园思想和造园技术方面代表中国古典园林的辉煌成就。

2.1.1 中国古典园林的生成期——殷、周、秦、汉(约公元前11世纪—公元220年)

1. 中国古典园林生成期的发展概况及特点

(1) 中国古典园林的生成期——殷、周、秦、汉造园简史(表2-1)

表2-1 园林的生成期——殷、周、秦、汉造园简史

年　代	通　史	年　代	造　园　史
公元前17世纪	商灭夏。商朝最后建都于"殷"	公元前11世纪	殷纣王沙丘苑台
公元前11世纪	周灭殷,建立中国历史上最大的奴隶制王国,以镐京为首都	公元前11世纪	周文王灵台、灵沼、灵囿

第 2 章　中国园林史

（续）

年　代	通　史	年　代	造　园　史
公元前 770 年	周平王迁都洛邑，是为东周，即春秋战国时期	公元前 535 年	楚章华台
		公元前 505 年	吴姑苏台
公元前 221 年	秦灭六国，实现统一。建立中国历史上第一个统一的中央集权的封建王朝	公元前 220 年	秦上林苑
		约公元前 216 年	秦兰池宫
公元前 206 年	秦亡汉兴，经楚汉战争，汉高祖刘邦战败项羽，建立西汉王朝，建都长安	公元前 200 年	汉高祖未央宫
		公元前 138 年	西汉上林苑
		公元前 104 年	汉武帝建章宫
			西汉茂陵袁广汉宅园
公元 25 年	王莽篡汉称帝 15 年，被汉更始帝所灭。刘秀建立东汉王朝，定都于洛阳	公元 25 年	东汉广成苑
		公元 68 年	洛阳白马寺，为佛教传入中国后兴建第一座寺院
		约公元 70 年	五台山始建佛寺
		约公元 80 年	天师道创始人张道陵在峨眉山修寺
		约公元 109 年	东汉鸿池苑

1）皇家园林：最早见于文字记载的园林形式是帝王狩猎的"囿"，园林里面的主要建筑物是通神的"台"。中国古典园林的雏形产生于囿与台的结合。时间在公元前 11 世纪奴隶社会后期的殷末周初。文献记载最早的两处是：殷纣王修建的"沙丘苑台"和周文王修建的"灵台、灵沼、灵囿"。

公元前 1066 年周武王灭殷，建立中国历史上最大的奴隶制国家。开始大规模营建城郭宫室的活动。制定城郭宫室之制；王城规划形成以帝王的宫室为中心的"前朝后市，左祖右社"的格局。规定大小诸侯的级别，宫门、宫殿、明堂、辟雍等都定出等级，又规定前朝后寝，前宫后苑等宫苑布局。

春秋战国时期，正是奴隶社会向封建社会的转化期。旧的礼制处于崩溃之中，文化呈自由开放。诸侯国势力强大，诸侯国君摆脱宗法等级制度的约束，竞相修建庞大、豪华的宫苑，其中多是建置在郊野的离宫别苑。由原来单个的狩猎通神和娱乐的囿、台发展到城外建苑，苑中筑囿，苑中造台，集田猎、游憩、娱乐于一苑的综合性游憩场所。作为敬神通天的台，其登高赏景的游憩娱乐功能进一步扩大，苑中筑台，台上再造华丽的楼阁，成为当时园林中一道风景线。春秋时期燕有钓台、金台、阑马台；楚有章华台、荆台；赵有龙台；吴有姑苏台；郑有原圃等。战国时期七个大国——秦、齐、楚、燕、韩、赵、魏的离宫别苑近

50处。多以"台"命名。秦国有凤台、会盟台、具囿；齐国有柏寝台、琅琊台；楚国有放鹰台；燕国有禅台、招贤台、仙台；韩国有乐林苑；赵国有野台、丛台、赵囿；魏国有灵台、梁囿等。其中楚国章华台（图2-1）、吴国姑苏台（图2-2）为历史上知名度最高。

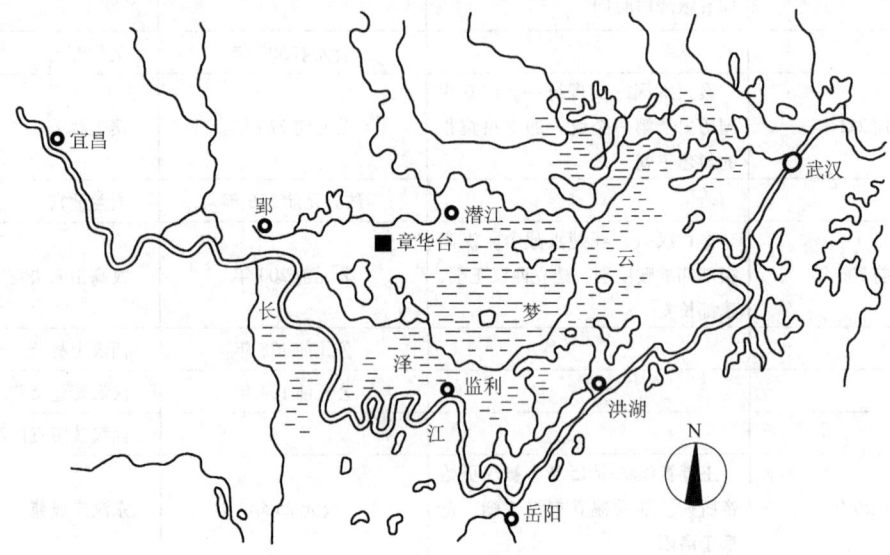

图2-1 章华台位置图

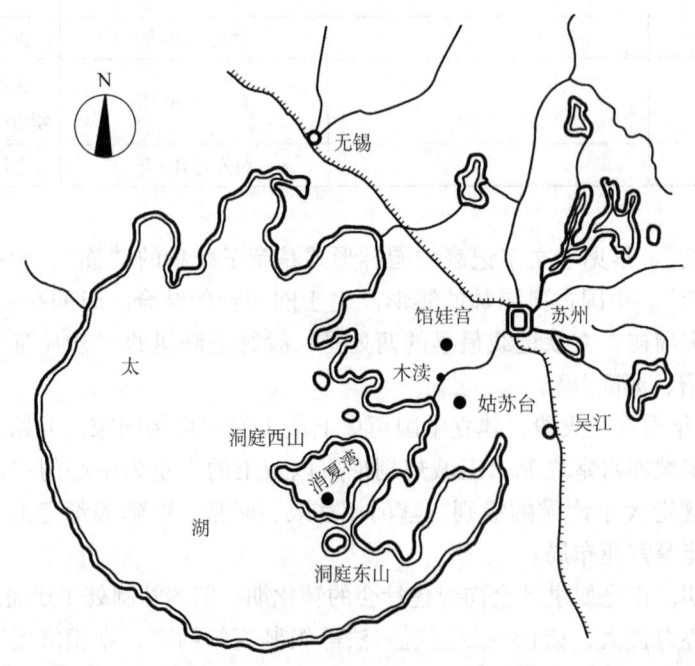

图2-2 姑苏台位置图

公元前221年秦始皇建立中国历史上第一个中央集权的封建王朝，建都咸阳。秦始皇开始实现"大咸阳规划"，大规模建设宫苑。开始真正意义上的"皇家园林"。在渭水北面建六国宫、兰池宫、梁山宫等，渭水南面扩建上林苑，新建信宫、阿房宫、骊山宫等。文献记载秦代短短12年所建离宫别苑数百处。

西汉王朝建立初,秦旧都咸阳被项羽焚毁,于咸阳东南、渭水南岸另建新都长安,建长乐宫、未央宫(公元前200年)等。至公元前140年汉武帝时期,当时经济繁荣,国力强大,汉武帝好大喜功,皇家造园活动空前兴盛。公元前138年扩建上林苑,公元前120年扩建甘泉宫,公元前104年新建建章宫等。

公元25年刘秀建立东汉王朝,定都洛阳。东汉初期,朝廷崇尚俭约,宫苑兴造不多。到后期统治阶级追求享乐,又兴建了许多新宫苑。东汉前期(25—88年),洛阳的宫苑主要有:鸿池苑、上林苑、广成苑;东汉后期(112—180年),主要有:西苑、鸿德苑、显阳苑、灵昆苑等。东汉的皇家园林数量不如西汉多,规模远较西汉小。皇家宫苑趋向小型化。

2) 私家园林:有文献记载的私家园林最早始于西汉中期。分别是汉武帝时期的茂陵富商袁广汉宅园和汉武帝时的宰相田蚡的第宅园池。汉武帝以后,贵族、官僚、地主、商人广治田产,过着奢靡的生活。大官僚灌夫、霍光、董贤等的第宅园池,都是规模宏大,楼观壮丽。

到东汉时,私家园林见于文献记载的已经比较多。除建在城市及其近郊的第宅、园池外,园林化的郊野庄园也开始出现并兴盛起来。如东汉开国元勋梁统的后人梁冀的三处私园——园圃、林苑和菟苑。

东汉时期庄园经济得到了长足发展。庄园远离城市,进行着封闭性的农业经营和手工业生产,相当于一个庄园主统治下的相对独立的政治、经济实体。东汉中期以后,帝王荒淫,吏治腐败,外戚宦官专政,许多文人出身的官僚由于不满现状,逃避政治迫害纷纷辞官回到自己的庄园隐居,隐士庄园开始萌芽,因此当时著名的隐士庄园主多为文人。隐士和隐逸思想开始对园林发生影响,如东汉的大文学家、科学家张衡,东汉学者、旅行家仲长统就是当时著名的致仕归田的隐士代表。

3) 寺观园林:公元58年东汉时期,汉明帝派人到印度求法,并指定洛阳白马寺藏佛经,佛教传入中国,但东汉佛教并未受到朝廷的重视。道教开始形成于东汉末期,其渊源为原始的巫术、神仙、阴阳五行之说,奉老子为教主,张道陵倡导的五斗米教为道教定型化之始。由于出于宗教本身的目的和宗教活动的需要,佛教、道教常在郊野地带经营寺观,因此众多郊野修建的寺观成为山野风景开发建设的先行者。最早的郊野寺观分别是:公元58年东汉时期印度高僧慑摩腾和竺法兰在五台山始建佛寺,建"大孚灵鹫寺";东汉末年天师道创始人张道陵在峨眉山修持、炼丹所建的道观。

(2) 中国古典园林生成期的特点

中国古典园林生成期持续时间很长,但园林的演化变化缓慢,处于发展的初级状态。该时期尚不具备中国古典园林的全部类型,造园活动的主流仍是皇家园林,私家园林和寺观园林虽见于文献记载,但数量很少,处于萌芽时期。私家园林大多数是摹仿皇家园林的规模和内容。园林的功能由早先的狩猎、通神、求仙、生产为主,逐渐转化为后期的游憩、观赏为主。

中国古典园林一开始就向着风景式方向发展,社会因素是人们对大自然环境的生态美的认识,意识形态因素主要有三个:天人合一思想、君子比德思想、神仙思想。

皇家园林:殷、周时期皇家园林主要形式是帝王狩猎的"囿"和通神的"台",这也是中国古典园林的起源。囿是先民渔猎生活的一种延伸,先民狩猎的目的是为了生存,由原始

中外园林简史

的狩猎、游牧、畜牧生活发展为懂得饲育禽兽，出现圈占一定范围专供狩猎取乐的囿，后世帝王设囿域养禽兽，目的兼及游乐观赏。帝王之囿，四周环以垣墙，禽兽在一种经人工改造的自然环境里生活，被限制在一定的范围里。所以，最早的囿是蓄养禽兽观赏狩猎的场所。囿的范围广阔，除了天然植被外，在空地上种植树木、经营果蔬，同时还开凿水池作灌溉之用，也有一些简单的建筑物和构筑物，帝王在打猎的间隙，可以观赏自然风景，这就具备了园林的基本功能和格局。囿中较早的建筑物或构筑物是"台"，"台"即用土堆筑而成的方形高台，它的用处是登高以观天象、通神明。因此，狩猎和通神是中国古典园林最早具备的两个基本功能。

秦、汉时期皇家园林的普遍称谓是"宫苑"。"宫"是指以宫殿建筑群为主体，山池花木穿插其间，"宫"与"苑"浑然一体；也有的把部分山池花木扩大为相对独立的园林区，呈"宫"中有"苑"的格局。这类皇家园林一般建置在都城或其近郊，山池、花木均由人工经营。"苑"是指建置在郊野山林地带的离宫别苑，占地广、规模大。许多宫殿建筑群散布在辽阔的具有天然山、水、植被的大自然生态环境之中，呈"苑"中有"宫"的格局。

秦、汉时期皇家园林的苑囿的形制较自然，无定规，无拘束，能因山就水，随遇而作；祈求长生成仙的意念在宫苑中时有反映，如秦代时期秦始皇修建的兰池宫，汉代的建章宫。

帝王游苑巡狩，一方面是"顺时节"、"逞情意"，另一方面又意在演武宣威，以示富强。萧何的"天子以四海为家，非令壮丽亡以重威"的思想，以及敬天法天思想，天人感应哲学等都是秦汉帝王大搞苑囿、宫苑的理论依据。如"天人合一"的秦代咸阳规划。秦汉时的上林苑、建章宫、广成苑等，以广阔、壮丽、豪放为主要特征，在世界园林史上具有崇高的地位，是秦、汉兴盛时期的历史象征，是中华民族智慧和艺术天才的一种体现。

营建苑池时，池中常建有瀛洲、蓬莱、方丈三山，山间殿阁相连，洲渚之上多积岩岫以招引禽类，池面覆盖有繁茂的水草。池中乘船以为水嬉燕游。可以看出，我国的苑池结合的样式形制至汉代几乎完全成熟，虽无"假山"之名词，但兰池宫、建章宫实已开其先河。兰池宫、太液池和昆明池旁有石人和石刻的鲸、鱼以及奇禽异兽之类，形成我国苑池园林的风格特点。

宫苑中动植物运用广泛。如汉代上林苑中关于树木的记载，其草木名称多达三千余种，大多是从海内外四面八方搜集而来。观象观、白鹿观、鱼鸟观、虎圈、鸣禽苑等是专为饲养禽兽而大规模修建的，这是苑囿和兽圈发展的另一种形式。

[阅读资料] 中国古典园林生成期的时代背景

中国进入文明社会的历史可上溯约5000年，当时正值传说时期的三皇五帝时代。大约公元前2100年左右，禹死启立，建都阳城（今河南登封市境），建立国体制度，黄河中下游出现了我国历史上第一个奴隶制国家——夏。

商（公元前17世纪—公元前11世纪）灭夏，进一步发展了奴隶制。它以河南中部和北部为中心，建立了一个文化相当发达的奴隶制国家。商朝的首都曾多次迁徙，最后的200余年间建都于殷（今河南安阳市境）。因此，商王朝的后期又称为殷。

大约在公元前11世纪，生活在陕西、甘肃一带的周族灭殷，建立中国历史上最大的奴隶制王国，以镐京（今西安西南）为首都。为了控制中原的商族，还另建东都洛邑（今河南洛阳）。周王朝的统治者分封王族和贵族到各地建立许多诸侯国，运用宗法与政治相结合的方式来强化大宗主周王的最高统治，各受封诸侯国也相继营建各自的诸侯国都和采邑。周代晚期，周幽王被犬戎杀于临潼骊山脚下，秦襄公击败犬戎，护送平王到洛阳避难，从此以后称为东周。

东周史称春秋时代（公元前770—公元前476年），春秋之后称战国时代（公元前475—公元前221年）。春秋、战国之际，正当中国奴隶社会瓦解、开始向封建社会转型的社会巨大变动时期。春秋时代的150多个诸侯国互相兼并的结果，到战国时代只剩下七个大国，即所谓"战国七雄"，周天子的地位相对衰微。各国君主纷纷招贤纳士，实行变法，以图富国强兵。"士"这个阶层受到各国统治者的重用，他们所倡导的各种学说亦有了实践的机会，形成学术上百家争鸣，思想上空前活跃的局面。

公元前236年秦王嬴政经过16年战争（公元前236—公元前221年），陆续消灭了韩、赵、燕、魏、楚、齐六国，实现了统一。建立了中国历史上第一个统一的中央集权的封建王朝。秦实行中央集权，分全国为三十六郡，改官制，统一货币，统一文字，统一度量衡，兴修驰道、直道、水利等，这些改革举措，有力促进了秦统一全国后经济的蓬勃发展。同时，秦王嬴政聚敛天下财富，大力营造国都咸阳，大修上林苑，起骊山陵园，开创了我国造园史上一个辉煌的篇章。

秦亡汉兴，经过4年楚汉战争，汉高祖刘邦击败项羽，立都长安。汉高祖刘邦采取封建和郡县两种制度并行的策略，既封同姓子弟又封异姓功臣的同异姓皆封的宽松政策，自己又礼贤下士，招贤任能，提倡儒学，以礼治国，稳定社会秩序，使汉政权建立不久便呈现出蓬勃的生机。至汉武帝，对内大兴儒学，文化呈现空前繁荣局面；对外派张骞出使西域，进行贸易往来与文化交流，使汉代进入全盛时期。汉武帝大兴土木，建造宫室苑囿，因此，西汉皇家园林与秦代相比较，有过之而无不及，将建筑山水宫苑这一园林形式已发展到了顶峰。至汉元帝以后，宦官专权，外戚横行，致使王权旁落，终被王莽篡夺。

王莽篡汉称帝15年，被汉更始帝刘玄所灭。汉宗室刘秀原为更始的大司马，受诸将的拥戴而即帝位，定都于洛阳。东汉统治者为了巡狩、祭祀和享乐，在新都洛阳建造了若干大型苑囿。汉末，豪强混战，长期以来形成的长安、洛阳等政治、经济、文化中心遭受毁灭性的破坏，大小苑囿难逃厄运。

2. 皇家园林实例：周文王灵台、灵沼、灵囿

周族到周文王时国势逐渐强盛，公元前11世纪，迁都于沣河西岸的丰京，经营城池宫室，另在城郊建成著名的灵台、灵沼、灵囿。

（1）灵囿

三代时期的苑囿，专为帝王游猎之地，风物多取天然，而人工之设施稀少。西周时期的"文王之囿"人工管理明显，一是它的方位、大小、功能等的制度规定，二是它略具朴素的"民主"性质。灵囿不仅仅是"专为帝王游猎之地"，而且还允许"刍荛者往焉，雉兔者往焉，与民同其利也"。

在等级森严的奴隶社会里，因其职级不同，囿也相应地分为大小不同的等级。"天子百里，诸侯四十里"，而"文王之囿七十里"，既不超标，也不等同，而偏偏低于"规定"，这种在享受方面宁低勿高的选择，恰好体现了文王"保民而王"的德政思想。"文王之囿"何以"灵囿"相称，后人的解释是"灵者，言文王之有灵德。灵囿，言道行于苑囿也。"周文王仁德宽厚，深受国人拥戴。《诗经·大雅·文王有声》歌颂了周文王善理国政，国富民殷，人民称颂，四海传扬的情形。作为奴隶社会的最高奴隶主，能够作苑囿与民同乐，的确难能

可贵。

文王之囿选址在长安西四十二里处，跨长安、户县之境，方七十里，基本保存了原有的自然生态环境，《诗经·大雅·灵台》里描写"王在灵囿，麀鹿攸伏。麀鹿濯濯，白鸟翯翯"，给人勾画出一幅人、禽、兽和睦相处的欢乐图景。文王来囿中游览观赏，草丛里的麀鹿膘肥肉满，毛色光洁，讨人喜欢，丛林里的白鸟羽毛丰满，欢歌笑语，与人同乐，一幅天然图画，自由祥和。

（2）灵台

远古时代，由于生产力十分低下，人们对自然界风雨电雷的发生，晦明昼夜之交替变化，各种灾害的不期而至感到神秘莫测，常怀一种敬畏的心理，于是产生了对自然物的崇拜。在众多的自然崇拜中，山岳崇拜较为普遍。在古人的眼里，山岳以其硕大无比的体量，直插云天的高度，简明而强有力的线条，化育草木、兴云吐雾的神奇魅力，显示出不可抗拒的力量，它连天接地，是通往上苍的梯子。古代帝王认为自己是受命于天的"天之骄子"，而人间的吉祥祸福，全由上天赐予和降临，天有天帝、天神，它主宰人间，于是人们对天顶礼膜拜，视为神灵。人们把自己心目中的神奇事物常与天相提并论，高台建筑正是对山岳崇拜而产生的模拟物。古人模仿自然，夯土筑台，建造楼阁于其上，类似传说中天宫里的琼楼玉宇，是玉帝登临居住的地方，人间的统治者只有建台而登之，方可亲承其旨意。

灵台是灵囿中的一个主要建筑物，文王建灵台的直接原因是"文王受命而作邑于沣，立灵台。"文王所受之命自然是天命，其功能是文王用以"观祲象，察氛祥"，其形制为夯土而成的高台建筑，其体量硕大无比，线条简明流畅，是殷商以来，高台建筑的典范。《三辅黄图》记载："周文王灵台，在长安西北四十里，诗序曰灵台，民始附也，文王受命，而民乐其有灵德以及鸟兽昆虫焉。郑玄注云，天子有灵台者，所以观祲象，察氛祥。文王受命而作邑于沣，立灵台"（图2-3）。

历史上任何一个大的园林工程，无不是用劳动人民的血汗浇铸而成的，百姓只能处于被迫无奈的劳役状态。而文王筑灵台却呈现了另一番景象，《诗·大雅·灵台》云："经始灵台，经之营之。庶民攻之，不日成之。经始勿亟，庶民子来。"后两句的意思是说，建台本来不着急，百姓起劲自动来，因老百姓出于自觉，热情高，干劲大，修建灵台的进度很快。为什么老百姓乐于使役，据说这是文王泽及枯骨，亲民爱民，所以民始附之，且能尽力，尚无怨言。

（3）灵沼

古人的自然崇拜中，对水的崇拜不亚于对山的崇拜，先民们从大森林里走出来以后，部分开始定居，当他们选择基址时，多在河流旁的高亢地带，周围自然生态环境优美，即使游牧民族，也是逐水草而居，人之与水，如同布帛菽粟，须臾不可离开。但那时人们对水患等灾害又不能作出科学的解释，因此产生对水的崇拜，以为推涛作浪的水患往往是河神发怒所致，要消灾免难，必须敬河神（水神）。文王灵沼也许是在这种思想指导下而产生的一种自然崇拜物。

灵台、灵沼修建于同一时代。灵沼亦在灵囿周围，它与灵台近在咫尺，一个高台建筑，一个"於牣鱼跃"的水景，错落有致，相映成趣，构成了多姿多彩的园林景观。《诗·大雅·灵台》里有"王在灵沼，於牣鱼跃"的诗句，大意是说文王在灵沼旁观赏游鱼，满池的鱼儿往来翕乎，欢路游动，一派祥和景象。《三辅黄图》记载："周文王灵沼在长安西三十里"。

第2章 中国园林史

图2-3 周文王灵台

夯筑灵台所需之土是靠挖掘灵沼而获得的,这与后世挖湖掇山颇为相似。"周文王作灵台及为池沼,掘得死人之骨"。当灵沼修成之时,一碧万顷,沣京万象聚于一湖,它的观赏游览魅力远远超乎当初设计范畴了。

3. 皇家园林实例:西汉上林苑

(1)历史溯源

西汉上林苑是在秦代上林苑基础上扩建的。秦代上林苑原为秦国的旧苑,建成于秦惠王,后秦始皇加以扩大,成为当时最大的一座皇家园林。苑内最主要的一组宫殿建筑群是阿房宫,这是大朝所在的政治中心,也是上林苑的核心。秦末,秦皇宫苑全部被项羽焚毁,火烧三月而宫室苑园殆尽。有史为证,《史记项羽本纪》载:"居数日,项羽引兵西屠咸阳,杀秦降王子婴,烧秦宫室,或三月不灭"。至汉武帝(公元前138年)在秦之上林苑加以扩大、扩建。

汉武帝在位的后期,对外战争频繁、军饷不敷,将上林苑的部分土地租赁给贫农耕种、放牧,所得赋税悉数充作抗匈奴的军饷。汉成帝时开始精简苑内的活动,转让宫馆建筑,裁撤管理机构。到西汉末年,苑内大部分可耕土地恢复良田,上林苑作为皇家园林,除了保留部分古迹之外,已是名存实亡。

(2)总体布局(图2-4)

上林苑的占地面积方三百里(汉代一里相当于0.414km),范围东南至蓝田、宜春、鼎湖、御宿、昆吾,傍南山,西至长杨、五柞,北绕黄山,濒渭水而东,周袤二百里,离宫七十二所,皆容千乘万骑。苑中养百兽,天子秋冬射猎取之。可见上林苑南傍南山,北临渭

中外园林简史

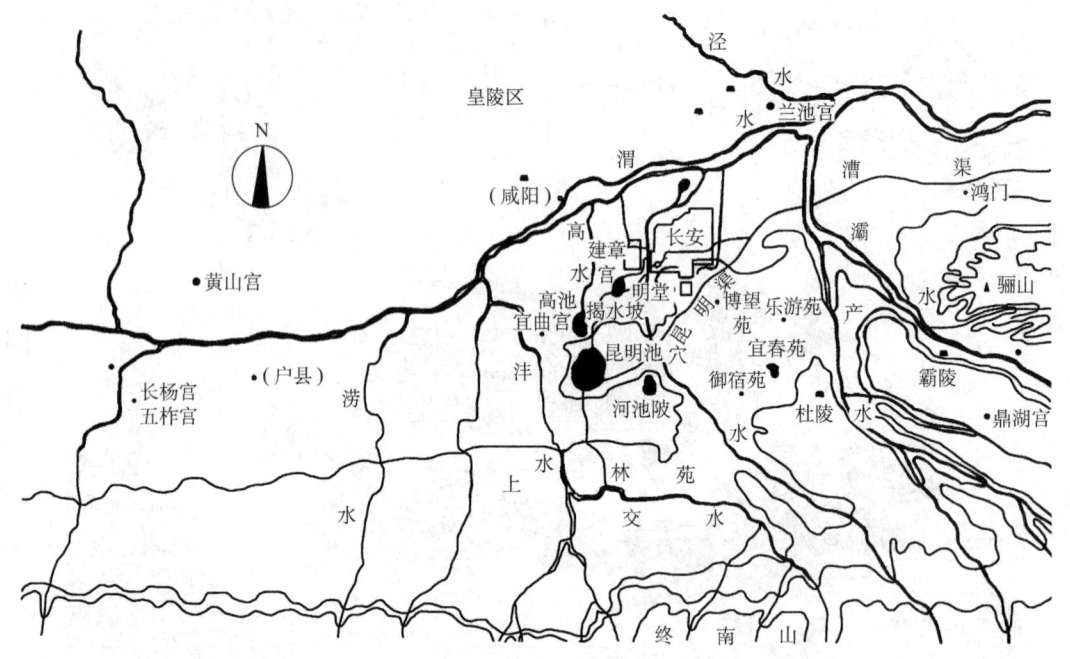

图 2-4　西汉长安上林苑位置图

水，岗峦起伏，泉源丰富，林木蓊郁，鸟兽翔集，自然生态环境异常优美。秦始皇在苑中掘长池引渭水，东西二百里，南北二十里，池中筑土为蓬莱仙境，开创了我国人工堆山的记录。

上林苑作为皇家禁苑，是专供皇帝游猎的场所。因此，苑中养百兽，天子春秋射猎苑中，取兽无数，这是修造上林苑的主要意图。上林苑中有离宫七十、苑三十六、台观三十五、池六，这些宫观、台、殿因其功能不同，各具特色。有专供帝王居住游息的御宿苑，有为太子而立及接待宾客的博望苑、思贤苑，有为皇帝演奏的宣曲宫，有专供皇帝观赏玩乐而饲养的鱼鸟观、走马观、犬台观，有种植和保存南方珍果异木的扶荔宫等，苑中的宫馆皆高轩广庭，足以显示帝王之威赫。其中以建章宫为最大，是宫中有宫、有观、有台、有池的一个宫城。

上林苑穿凿众多的池沼水系。号称上林六池的是昆明池、百子池、积草池、蒯池、牛首池和西陂池，其中最大的是昆明池。上林六池加上东坡池、当路池、犬台池、郎池，共为十池。

上林苑中"聚土为山，十里九坡，种奇树"，表明汉代不仅在园中挖池掇山，而且配置花木，植树工程日臻完善。上林苑树木种类之多，在当时堪称世界之最。《三辅黄图》记载："帝初修上林苑，群臣远方各献名果异卉 3000 余种，植其中。亦有制为美名，以标奇"。《西京杂记》称有 2000 种，记载树种 39 种，绝大部分的树木品种尚不列入。

上林苑有汉武帝置的昆明观，另外，还有茧观、平乐观、远望观、燕升观、观象观、便民观、白鹿观、三爵观、阳禄观、阴德观、鼎郊观、椴木观、椒唐观、鱼鸟观、无华观、走马观、木石观、上兰观、郎池观、当路观，表明苑中还有各类专门观赏动植物的场所。

(3) 主要景点

1）建章宫。未央宫的柏梁台于汉武帝太初元年（公元前104年）遭火灾烧毁，粤巫勇之向武帝进言："粤俗，有火灾即复起大屋，以压之"。次年，武帝起建章宫（图2-5）。

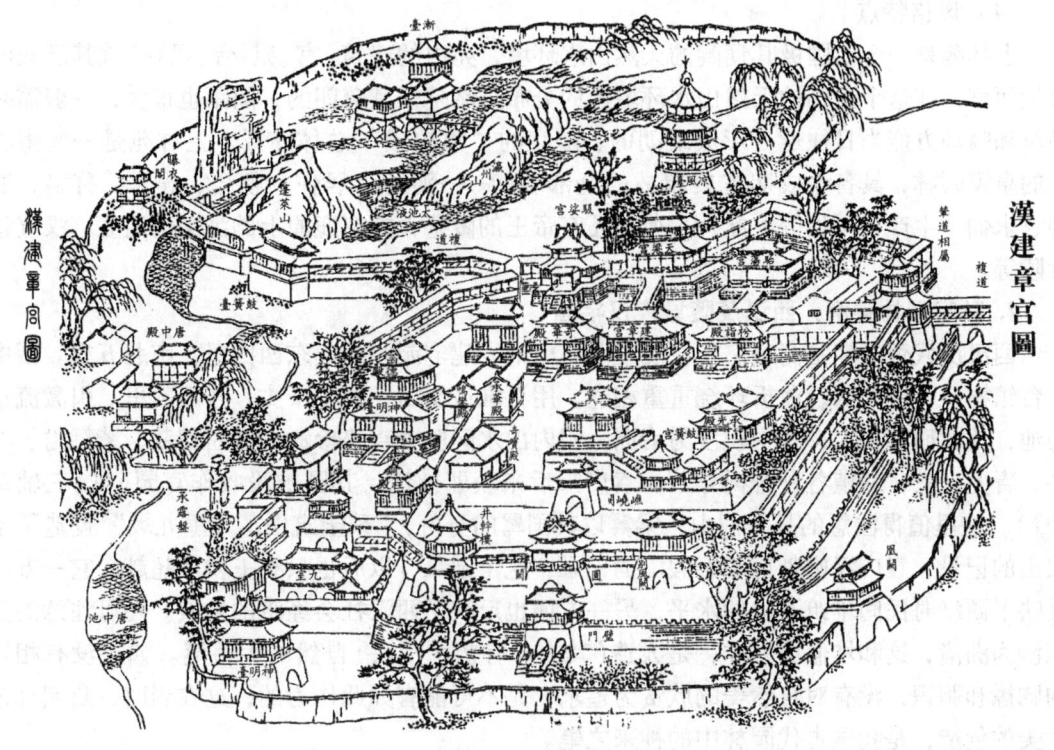

图2-5 西汉建章宫

建章宫是上林苑中最重要的一个宫城，位于汉长安城西城墙外。建章宫的正门闾阖（又曰璧门），左凤阙，高二十五丈，阙上有金凤高丈余；右神明台，有上百铜仙人舒掌捧铜盘玉杯，以承云表之露，以求仙道。建章宫打破了建筑宫苑的格局，在宫中出现了叠山理水的园林建筑，北部以园林为主，南部以宫殿为主。它在前殿西北开凿了一个名叫太液池的人工湖，高岸环周，碧波荡漾。池中有瀛洲、蓬莱、方丈三座仙山，以象征东海中的天仙胜境，并用玉石雕凿"鱼龙、奇禽、异兽之属"，使仙山更具神秘色彩。

建章宫的总体布局，成为后世"大内御苑"规划的滥觞，它的园林一区是历史上第一座具有完整的三仙山的仙苑式皇家园林。从此以后"一池三山"成为历来皇家园林的主要模式，一直沿袭到清代。西汉末年，建章宫毁于王莽之手。

2）昆明池。昆明池位于上林宫苑之南，引沣河而成池，是上林苑中最大的水体。《西京杂记》里叙述了汉武帝作昆明池的初衷是"欲伐昆明夷，教习水战"之用。昆明国有滇池，方圆三百里，因此比照着开凿一池，以教习水战，称为昆明池。显然，开昆明池之初衷是着眼于军事目的，是要营造一个水军操练的内陆湖海，而后来却变成了皇帝泛舟览胜的场所。

据《三辅旧事》记载，昆明池三百三十二顷。池中有戈船数十艘，楼船一百艘，船上立戈矛，四角皆垂幡旄葆麾。《庙记》中记载昆明池中建豫章大船，上可载万人，又于池旁建宫室，池中养鱼，供祭祀诸陵之用，其余可供长安人食用。《三辅旧事》载昆明池中建豫章台，所刻之石鲸长三丈，一遇雷雨，石鲸吼叫不已，又有说池东西岸立牵牛、织女两石雕

像,池中有龙首船,常使宫女泛舟轻荡,张凤盖,建华旗,作櫂歌,杂以鼓吹奏乐,皇帝亲临章台观看,听音乐,以娱心意。

(4) 风格特点

上林苑是一个范围极其辽阔的天然山水环境,苑内的建筑(宫、苑、台、观等)就其已知的数量而言,在这个辽阔的天然山水环境内的分布显然是极其疏朗的,间距也很大,一般需乘马车和骑马方能当日往返。形成疏朗的、随宜的"集锦式"总体布局。上林苑是一座多功能的皇家园林,具备生成期古典园林的全部功能——游憩、居住、朝会、娱乐、狩猎、通神、求仙、生产、军训等。此外,苑内还有帝王的陵墓,如白鹿原上的汉文帝灞陵、汉宣帝杜陵等。

4. 私家园林实例:西汉茂陵袁广汉宅园

西汉汉武帝时期富商袁广汉在茂陵北邙山下大建宅园,规模东西四里,南北五里。园中楼台馆榭,重屋回廊,曲折环绕重重相连。用石堆造假山,高十余丈,连绵数里。引激流水为池,池的面积很大,其中积沙为渚洲。园内山水间驯养奇兽珍禽,如白鹦鹉、紫鸳鸯、牦牛、青兕、鹤,栽植各种奇树异草。袁广汉后来获罪被诛,其园被没收作官园(见《三辅黄图》)。这里值得注意的是石假山,梁冀以其国舅的身份,"采土筑山,十里九坂"创造了土假山的记录,袁广汉则创造了石假山的记录,这个记录,以后也只有王侯能超越。它一方面反映了西汉时民间堆筑石山的水平,另一方面也反映了西汉社会经济的发展。还可注意的是积沙为洲渚,这和堆假山一样,是人造(其中自有艺术手法)自然的大手笔。如果没有相当的胸襟和胆识,没有对自然美的欣赏为追求,是不可能有如此作为的,这在当时,是园林艺术美的创造,是我国古代园林中的神来之笔。

2.1.2 中国古典园林的转折期——魏、晋、南北朝(约公元220—公元589年)

1. 中国古典园林转折期的发展概况

(1) 中国古典园林的转折期——魏、晋、南北朝造园简史(表2-2)

表2-2 园林的转折期——魏、晋、南北朝造园简史

年 代	通 史	年 代	造 园 史
220年	东汉灭亡后,军阀、豪强互相兼并,形成魏、蜀、吴三国鼎立局面	210年	曹魏邺城铜雀园
		220年	洛阳华林园(芳林园)
		221年	建康华林园
263年	魏灭蜀。两年后司马氏篡魏,建立晋王朝。定都洛阳。280年吴亡于晋,中国复归统一,史称西晋	290年	西晋石崇金谷园
317年	匈奴族起兵反晋,西晋末北方部分士族和大量汉族迁移到长江中下游,南渡司马氏建立东晋,定都建康	320年	谢灵运会稽别墅
		326年	杭州灵隐寺,为佛教禅宗十刹之一

(续)

年　代	通　史	年　代	造　园　史
		353 年	会稽兰亭
		386 年	东晋庐山东林寺，为净土宗发源地
		410 年	文人陶渊明的庐山庄园
420 年	南方相继为宋、齐、梁、陈 4 个政权更迭代兴，史称南朝，皆定都建康。北方五个少数民族先后建立十六个政权。其中鲜卑族拓拔部的北魏势力最强大，于 386 年统一黄河流域为北朝，从此形成了南北朝对峙的局面	495 年	河南少林寺，印度僧人在此首创禅宗
		555 年	河南建国寺（相国寺）
		575 年	天台国清寺，为佛教天台宗发源地

1）皇家园林：三国、两晋、十六国、南北朝相继建立的大小政权都在各自的首都进行宫苑建置。其中建都比较集中的城市有北方的邺城、洛阳和南方的建康，有关皇家园林文献记载较多。

邺城（今河北临漳县境内）是战国时期魏国的重要城池之一，东汉末，为曹操封邑，其锐意经营邺城城池宫苑。公元 210 年曹操在宫城西面建铜雀园。后赵、冉魏、前燕、东魏、北齐五朝皆定都邺城，历时 79 年。期间，公元 335 年，后赵皇帝石虎扩建铜雀园，公元 347 年石虎在城北新建华林园。公元 401 年，前燕慕容熙兴建龙腾苑。公元 538 年，东魏扩建南邺城于曹魏邺城之南。公元 571 年北齐后主高纬在南邺城的西面兴建仙都苑。

公元 220 年，曹操之子曹丕登帝位，为魏文帝，定都洛阳。在东汉的旧址上修复和新建宫苑、城池。公元 224 年建芳林园。其后，司马氏篡魏，建立西晋王朝，仍定都洛阳，城市、宫苑多沿曹魏旧制。到公元 493 年北魏时期，开始对洛阳大规模的改造、扩建。北魏洛阳在中国城市建设史上有划时代的意义，确立了此后的皇都格局的模式——干道、衙署、宫城、御苑自南而北构成城市的中轴线规划体制，构成宫城、内城、外城三套城垣的形制（图 2-6）。北魏宣武帝时，扩建华林园（即芳林园，因避齐王曹芳讳改名华林园）。

建康即今南京，是魏晋南北朝时期的吴、东晋、宋、齐、梁、陈 6 个朝代的建都之地。公元 221 年，孙权称帝，建立吴国，定都建业（西晋时改名建康）。兴建宫苑、城池。在宫城北面新建华林园。南齐时期，建芳乐苑。刘宋时期建乐游苑。南朝历代在建康城郊建有行宫御苑多达 20 处。

2）私家园林：私家园林已多见于文献记载中。其中有建在城市里面的城市型私园——宅园、游憩园，也有建在郊外的庄园、别墅。北魏时期大官僚张伦在洛阳的宅园就是城市私园的代表。西晋大官僚石崇在洛阳西北郊的金谷园、西晋文人陶渊明在庐山脚下的小型庄园、东晋文人谢灵运的会稽别墅则是庄园、别墅的代表。

① 庄园：东汉发展起来的庄园经济，到魏、晋时已经完全成熟。庄园规模有的极宏大，也有小型的。士族子弟由丰厚的庄园经济供养，有高贵门第和政治特权，又受到良好教育，

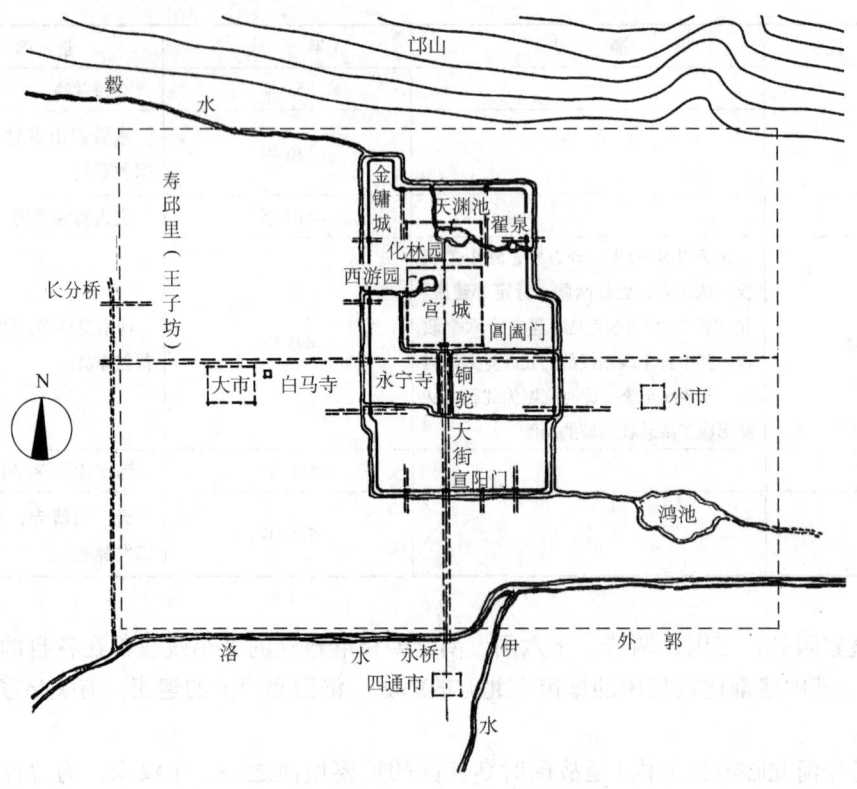

图 2-6　北魏洛阳城平面图

不少人成为高官、名流或知识界的精英。他们对自己庄园的经营在一定程度上体现他们的文化素养和审美情趣，把普遍流行于知识界的以自然美为核心的时代美学思潮，融于庄园生产、生活的功能规划之中；讲究"相地卜宅"，延纳大自然山水风景之美，通过园林化的手法来创造一种自然与人文相互交融、亲和的人居环境——"天人谐和"的人居环境。例如西晋大官僚石崇的洛阳西北郊金谷园、潘岳的洛阳郊外庄园、文人陶渊明的庐山脚下小型庄园等。

② 别墅：东晋初，朝廷南渡，南迁的士族大姓多半集中在当时的扬州。他们都希望在这里重新建立自己的庄园，但扬州平原上的可耕地早已为当地士族所占尽。东晋朝廷为巩固它的统治地位，首先要争取南方士族的支持，就必须承认其既得权益。因此，北方士族重建庄园的行动，难免受到很大的阻力，不得不向未开垦的山泽地带发展。形成许多结合于山泽占领而有山、有水的庄园，当时称之为"别墅"、"墅"、"山墅"，如文人谢灵运的会稽别墅等。

庄园、别墅是生产组织、经济实体，但它们的天人谐和的人居环境，及其所具有的天然清纯之美，则又赋予它们以园林的性格。因此，知识阶层对之情有独钟，似乎更在城市私园之上。所以说，园林化的庄园、别墅代表着南朝的私家造园活动的一股潮流，开启了后世墅园林之先河。从此以后，"别墅"一词便由原来生产组织、经济实体的概念，转化为园林的概念。

魏晋六朝长期处于动乱年代，政治统一局面的破坏影响了意识形态上的儒学独尊。士大夫知识分子普遍流行着消极悲观的情绪，因而滋长及时行乐的思想，导致了行动上的两个极端倾向：或贪婪奢侈，或玩世不恭。名士们以纵情放荡、玩世不恭的态度来反抗礼教的束缚，寻求个性的解放。其行动则表现为饮酒、服食、狂狷、崇尚隐逸和寄情山水，也就是所谓的"魏晋风流"。为了自我解脱而饮酒、服食、狂狷，都无非是想要暂时摆脱名教礼制的束缚。对于名士来说，最理想的精神寄托则莫过于置身到远离人事红尘的大自然环境之中。因此，在士大夫知识分子中形成以自然美为核心的时代美学思潮。

魏晋士人多不满于现实政治礼教束缚，对隐逸寄予憧憬，尤其崇尚那些远离朝堂而栖息田园山水的隐士，从而有大量隐士的产生。隐士之中，既有终生布衣的真正隐者，也有"半隐"、"朝隐"的隐者。别墅、庄园为他们提供了"山居"、"田园居"的隐遁之所，既是他们的物质财富，也是他们的精神家园。庄园、别墅以及它们所呈现的山居风光和田园风光，经过文人的诗文吟咏，逐渐在文人圈子里培育出一种包含着隐逸情调的美学趣味。这对后世影响极其深远，促成了唐宋及以后田园诗画、山居诗画的大发展。

3）寺观园林：魏晋南北朝时期，战乱频繁，思想解放促使了各种宗教的盛行。外来的佛教为立足中土，把它的教义和哲理在一定程度上适合汉民族，融会一些儒家和老庄的思想，以佛理而入玄言，于是知识界也盛谈佛理。作为一种宗教，它的因果报应、轮回转世之说对于苦难深重的人民颇有迷惑力和麻醉作用。因而不仅受到人民的信仰，统治阶级也加以利用和扶持，佛教遂广泛地流行起来。道教讲求养生之道，鼓吹长生不死，羽化登仙，正符合于统治阶级企图永享奢靡生活、留恋人间富贵的愿望，因而不仅在民间流行，同时也经过统治阶级的改造、利用而兴盛起来。

佛教、道教盛行，作为宗教建筑的佛寺、道观大量出现，由城市波及近郊而逐渐流行于远离城市的山野地带。晋永嘉年间洛阳就建置42所佛寺。北魏笃信佛教，迁都洛阳后佛寺的建置陡然大量增加，多至1367所。南朝的建康是当时南方佛寺集中之地，东晋时有30余所，到梁武帝时已增至700余所。

随着寺观的大量兴建，相应地出现了寺观园林这个新的园林类型。寺观园林包括3种情况：一是毗邻于寺观而单独建置的园林，犹如宅园之于邸宅。二是寺观内部各种殿堂庭院的绿化或园林化。三是郊野地带的寺观外围的园林化环境。寺观园林拓展了造园活动的领域，一开始便向着世俗化的方向发展。郊野寺观尤其注重外围的园林化环境，对于各地风景名胜区的开发起到了主导性的作用。公元384年东晋高僧慧远所建庐山东林寺为该时期郊野寺观园林的典型，公元527年梁朝时期建康城笼鸡山始建同泰寺为城市寺观园林的代表。

4）公共园林：非主流的园林类型开始在文献记载中出现。如文人名流经常聚会的新亭、兰亭这样的一些近郊的风景游览地，就具有公共园林的性质。亭在汉代本来是驿站建筑，也相当于基层行政机构，到两晋时，演变为一种风景建筑。文人名流在城市近郊的风景地带游览聚会、诗酒唱和，亭的建置提供了遮风蔽雨、稍事坐憩的地方，也成为点缀风景的手段，逐渐又转化为公共园林的代称，以会稽近郊的"兰亭"最为著名。

（2）中国古典园林转折期的特点

魏晋南北朝时期的寺观园林的出现并兴盛起来，使中国园林形成了皇家、私家、寺观等三大园林类型的鼎立局面，标志着中国园林体系的完成。这时期的各类型园林的规模由大入小，园林造景由过多的神异色彩转化为浓郁的自然气氛，创作方法由写实趋向于写实与写意相结合。中国古典风景式园林由再现自然进而表现自然，由单纯地摹仿自然山水发展为适当地加以概括、提炼，始终保持着"有若自然"的基调。

第2章 中国园林史

1）皇家园林：该时期皇家园林的狩猎、求仙、通神的功能基本上消失或者仅保留其象征性的意义，生产和经济运作则已很少存在，游赏活动成为主导的甚至唯一的功能。它的两个类别之一的"宫"已具有"大内御苑"的性质，纳入都城的总体规划之中。大内御苑居于都城中轴线的结束部位，这个中轴线的空间序列构成了都城中心区的基本模式。

2）私家园林：私家园林作为一个独立的类型异军突起，集中地反映了这个时期造园活动的成就。私家园林有建在城市里面的城市型私园——宅园、游憩园，也有建在郊外的庄园、别墅。城市私园多为官僚、贵族所经营，代表一种华靡的风格和争奇斗富的倾向。庄园、别墅随着庄园经济的成熟而得到很大发展，它们作为生产组织、经济实体的同时也是文人名流和隐士们"归田园居"、"山居"的精神庇托，它们作为后世别墅园的先型，代表一种天然清纯的风格。其所涵蕴的隐逸情调、表现的山居和田园风光，深刻地影响着后世的私家园林特别是文人园林的创作。

3）寺观园林：寺观园林拓展了造园活动的领域，一开始便向着世俗化的方向发展。郊野寺观尤其注重外围的园林化环境，对于各地风景名胜的开发起到了主导性的作用。

[阅读资料]中国古典园林转折期的时代背景

220年东汉灭亡后，军阀、豪强互相兼并，形成魏、蜀、吴三国鼎立局面。263年，魏灭蜀，两年后司马氏篡魏，建立晋王朝。280年晋灭吴，结束了分裂的局面，中国复归统一，史称西晋。

经过将近100多年的持续战乱，社会经济遭到极大破坏，人口锐减。据文献记载，东汉后期全国人口5006万，到西晋初年仅537万。西晋开国之初，允许塞外比较落后的少数民族移居中原从事农业生产以弥补中原人口锐减的状况，同时在律令、官制、兵制、税制方面作了适当的改革。由于这些措施，社会呈现短暂的安定景象。然而，维系封建大帝国的地方小农经济基础并未完全恢复，庄园经济和豪强势力日益强大并转化为门阀士族。士族拥有自己的庄园和世袭的特权，有很高的地位足以和皇室抗衡。300年，爆发了"八王之乱"。流离失所的农民不堪残酷压榨而酿成"流民"起义，移居中原的少数民族也在豪酋的裹胁下纷纷发动叛乱。从304年匈奴族刘渊起兵反晋开始，黄河流域完全陷入匈奴、羯、氐、羌、鲜卑等5个少数民族豪酋相继混战、政权更迭的局面。

西晋末北方的一部分士族和大量汉族劳动人民迁移到长江中下游，南渡的司马氏于317年建立东晋王朝。东晋在南渡的北方士族和当地士族的支持下，维持了103年。南方相继为宋、齐、梁、陈4个政权更迭代兴，史称南朝，前后共169年。北方，5个少数民族先后建立16个政权，史称"五胡十六国"，其中鲜卑族拓拔部的北魏势力最强大，于386年统一整个黄河流域，是为北朝，从此形成了南北朝对峙的局面。北魏积极提倡汉化，利用汉族士人统治汉民，因此北方一度呈现安定繁荣。但不久统治阶级内部开始倾轧，分裂为东魏和西魏，随后又分别为北齐，北周所取代。

2. 皇家园林实例：洛阳华林园（芳林园）

（1）历史溯源

曹操其子曹丕篡汉登帝位，即魏文帝，定都洛阳，在东汉的旧址上修复和新建宫苑、城池。至公元237年魏明帝对洛阳开始大规模的宫苑建设，其中包括著名的芳林园。芳林园相当于"大内御苑"，是当时最重要的一座皇家园林。芳林园后来因避齐王曹芳之讳而改名华林园。其后，司马氏篡魏，建立西晋王朝，仍定都洛阳，宫苑多沿曹魏旧制，主要御苑仍为华林园。至鲜卑族建立的北魏政权迁都洛阳后统一了北方，社会生产得以恢复发展。北魏文帝太和十七年(493年)对洛阳进行了大规模的改造、整理、扩建。在北魏宣武帝时，在曹魏华林园的大部分基址上进行了大规模的改建和修复。华林园历经曹魏、西晋直到北魏的若干个朝代200余年的不断建设，成为当时北方的一座著名的皇家园林，其造园艺术成就在中国古典园林史上也占有一定的地位。

（2）总体布局（图2-7）

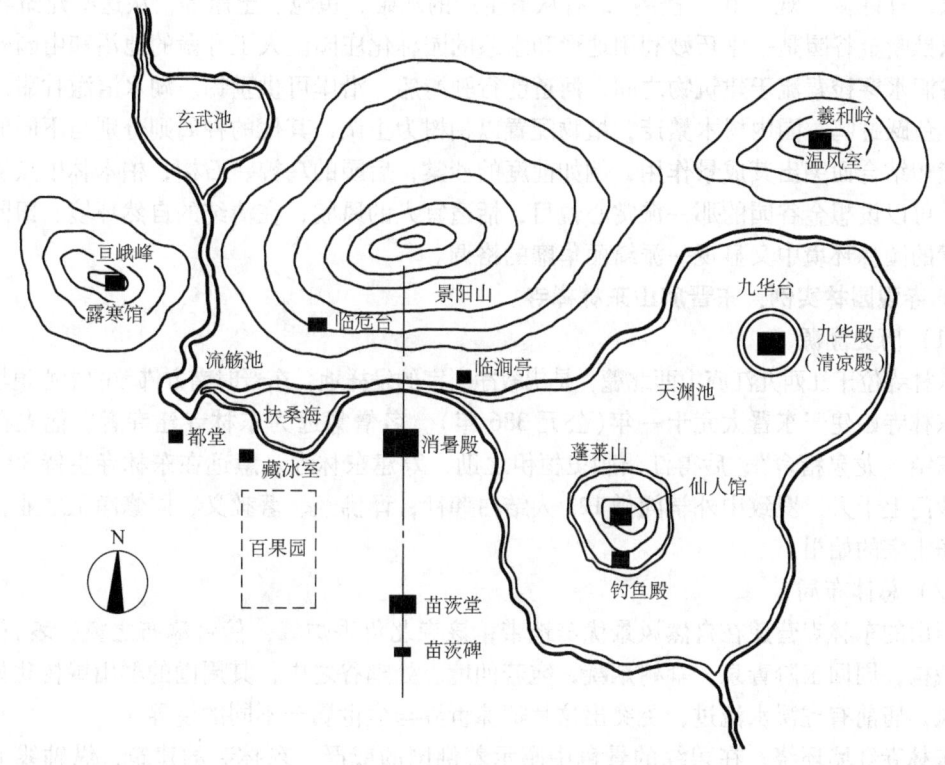

图2-7 北魏洛阳华林园平面构想

大内御苑华林园位于洛阳的城市中轴线北端。华林园的西北面以各色文石堆筑为土石山——景阳山，山上广种松竹。东南面的池陂可能就是东汉天渊池的扩大，引来榖水绕过主要殿堂之前而形成完整的体系，创设各种水景，提供舟行浏览之便，这样的人为地貌基础显然已有全面缩移大自然山水景观的意图。天渊池中有九华台，台上建清凉殿，流水与禽鸟雕刻小品结合于机枢而做成各式小戏，建高台"凌云台"以及多层的楼阁，养蓄山禽杂兽，殿宇森列并有足够的场地进行上千人的活动和表演"鱼龙漫延"的杂技。另外，"曲水流觞"的园景设计开始出现在园林中。

3. 私家园林实例：西晋石崇金谷园

（1）历史溯源

西晋石崇的金谷园为当时北方著名的庄园别墅。石崇，晋武帝（公元265—290年）时为荆州刺史。此人长期滥用权力，敲诈勒索商贾，盘剥百姓，聚敛了万贯资财，生活十分奢华。晚年辞官后，卜居洛阳城西北郊金谷涧畔之河阳别墅，即金谷园。石崇经营金谷园的目的是为了下野之后安享山林之乐趣，兼作服食咏吟的场所。石崇生平善于结交文人如潘岳等24人，晚年常聚集金谷园，号"金谷二十四友。"这些人吟诗作画，赏花弄月。其后，石崇死于"八王之乱"中，死前，有爱姬绿珠者不堪凌辱，坠楼殉节，金谷园被没入官。

（2）总体布局

金谷园是一座临河的，地形略有起伏的天然水景园，有前庭和后园之分，建筑物形式多样，亭台楼阁备极华丽，建筑内外金碧辉煌、雕梁画栋。园内有清泉茂林、众果、竹柏、药草之属，有许多"观"和"楼阁"，有从事生产的水碓、鱼池、土窟等，从这些建筑物的用途可以推断金谷园是一座巧妙利用地形和水系的园林化庄园。人工开凿的池沼和由园外引来的金谷涧水穿梭萦流于建筑物之间，河道能行驶游船，沿岸可供垂钓。湖水清澈甘甜，菱荷竞美，鱼跃蛙鸣。园内树木繁茂，植物配置以柏树为主调，其他的种属则分别与不同的地貌或环境相结合而突出其成景作用，例如前庭的沙棠，后园的乌椑、石榴，柏木林中点缀的梨花等。可以设想金谷园的那一派赏心悦目，恬适宜人的风貌，在清纯的自然环境、田园环境和朴素的园林环境中又显现一派绮丽华靡的格调。

4. 寺观园林实例：东晋庐山东林禅寺

（1）历史溯源

东林寺位于江西九江庐山西北麓，是佛教净土宗的发祥地，东晋时南方佛教的中心道场。

东林寺始建于东晋太元十一年（公元386年）。名僧慧远为东林寺建寺者。他先在西林寺以东结"龙泉精舍"，后得江州刺史桓伊之助，筹建东林寺。慧远在东林寺主持30余年，集聚沙门上千人，罗致中外学问僧123人结白莲社，译佛经、著教义、同修净土之业，成为佛门净土宗的始祖。

（2）总体布局

庐山的东林寺营建在自然风景优美地带，该寺北负香炉峰，傍带瀑布之壑，表石垒基，即松栽构，周回玉阶青泉，森树烟凝，宛若仙境。处幽谷之中，其周围的群山绿树犹如碧绿的屏风，庙前有虎溪水流过，更突出这片清凉世界与尘世属于不同的境界。

东林寺红墙环绕，在碧绿的景色中昭示着佛国的威严。东林寺的建筑，纵轴线上为山门、弥勒殿、神运殿。神运殿两侧有三笑堂，十八高贤影堂。三笑堂后有藏经阁、聪明泉。神运殿是寺内最宏伟的建筑。

（3）风格特色

东林寺是营建在自然风景优美地带的寺观，不仅成为宗教基地，同时也成为了自然风景区开发的开拓者，以宗教信徒为主的香客、以文人名士为主的游客纷至沓来，甚至成为皇帝、贵族们听喧避政，游山赏景的世外桃源。于是，远离城市的名山大川不再是神秘莫测的地方，它们已逐渐向人们敞开其无限幽美的丰姿，形成早期旅游的风景名胜区。

东林寺的园林经营，与私家园林的别墅颇有异曲同工之处。

5. 公共园林实例：会稽兰亭

（1）历史溯源

绍兴兰亭位于浙江绍兴城外兰渚山下，原是越王勾践种植兰花的地方。至东晋永和九年（353年）三月三日，因大书法家王羲之在此会聚当时的社会名流26人作曲水流觞的修禊活动，自撰书《兰亭集序》而扬名古今，成为我国的书法圣地。1600多年来，兰亭地址几经变迁，现在兰亭是明朝嘉靖二十七年(1548年)，从宋兰亭遗址——天章寺迁移到此，期间几经兴废。清康熙三十二年(1693年)，康熙御笔《兰亭集序》勒石，上覆以亭。到了清嘉庆三年(1718年)重修兰亭、曲水流觞处、右军祠等。并查明旧兰亭址在东北隅土名石壁下，已垦为农田，于是将垦为农田的旧址重新纳入兰亭。

（2）总体布局

兰亭在今浙江绍兴西南13.5km的兰渚，有亭翼然，建于渚上。兰亭曾经多次挪移位置，为的是找到一个更理想的自然环境。这是一个以亭为中心，周围"有崇山峻岭，茂林修竹，又有清流激湍，映带左右"的大自然环境（图2-8）。

图2-8　绍兴兰亭鸟瞰图

现在，整个兰亭景区位于平地上，周围为水田。基地南北进深约200余米，东西宽约80m，入口在北端。进门经一段曲折的竹径到达鹅池，池旁三角亭内碑上：大书"鹅池"二字。池南为土山，山上林木茂密，将兰亭主景部分隐蔽于土山之后，起到"障景"的作用。由鹅池碑亭旁屈曲前进，到达"兰亭"碑亭（彩图2）。此亭为盂顶方亭，式样较为别致。经此亭折而右，就是兰亭主题景区——曲水及流觞亭。曲水流觞盛行于六朝至唐宋，是文人雅集的一种形式。唐宋以后都在石上刻曲折的水槽，上覆亭子，称为流杯（觞）亭，众人各据曲水一方，羽觞随水而流，停于何人位前就应赋诗、饮酒，文人以此相娱，格调极高。明清时仍有这种风气，北京中南海、故宫乾隆花园都有这种流杯亭遗例，滁州琅琊山醉翁亭西侧也有一例。但兰亭所建流觞亭为一纪念亭，其式样作四面厅式，亭内不作曲水流觞之举，故与一般流杯亭不同。流觞亭北有一座八角重檐攒尖亭，亭内有康熙手书《兰亭集序》碑，碑高6.8m，亭高12.5m。碑亭东侧为王羲之祠，俗称"右军祠"。因王羲之在东晋曾官至右军将军，故也自称王右军。祠在水池之中，祠内又是水池，内外有水夹持，可称是此祠一大特色。

（3）风格特点

兰亭有雅致的园林景观、独享的书坛盛名、丰厚的历史文化积淀于一体，"景幽、事雅、文妙、书绝"为四大特色。

会稽兰亭是文人名流经常聚会的一处近郊的风景游览地，具有公共园林的性质。它作为首次见于文献记载的公共园林，有其历史的价值。亭在汉代本来是驿站建筑，也相当于基层行政机构，到两晋时，演变为一种风景建筑。文人名流在城市近郊的风景地带游览聚会、诗酒唱和，亭的建置提供了遮风蔽雨、稍事坐憩的地方，也成为点缀风景的手段，逐渐又转化为公共园林的代称，会稽近郊的"兰亭"便是一例。

兰亭建于群山合抱、曲水围绕的山阴之地，周围山明水秀，景色优美疏朗，造园以山为骨架，水为血脉，直接引天然景物入园，景区布局疏密相间，建筑错落有致，小巧而不失恢宏之势，典雅而更具豪放之气。

兰亭有深厚的文化底蕴。王羲之的《兰亭集序》以清新朴素的语言，记叙了一次江南名流的雅集盛会。"永和九年，岁在癸丑。暮春之初，会于会稽山阴之兰亭，修禊事也。群贤毕至，少长咸集。此地有崇山峻岭、茂林修竹，又有清流激湍，映带左右。引以为流觞曲水，列坐其次。虽无丝竹管弦之盛，一觞一咏亦足以畅叙幽情矣。……"。借园林之境而生发人景感应的情愫，道出与会者的寄情山水、神与物会的心态。表现了南朝文人名流的恬适淡远的生活情趣，也能够在一定程度上折射出他们的"园林观"。通过这次文人名流的雅集盛会和诗文唱和所流露出来的审美趣味，给予当时和后世的园林艺术以深远的影响。

2.1.3 中国古典园林的全盛期——隋、唐（约公元589—公元960年）

1. 中国古典园林全盛期的发展概况

（1）中国古典园林的全盛期——隋、唐、宋造园简史（表2-3）

表2-3　园林的全盛期——隋、唐、宋造园简史

年　代	通　史	年　代	造　园　史
589年	隋文帝灭陈，结束了魏晋南北朝分裂时期，中国恢复统一。定都长安	583年	隋大兴城北大兴苑
		593年	隋仁寿宫（唐九成宫）
		605年	隋洛阳西苑
		631年	西藏布达拉宫
618年	唐高祖李渊太原起兵，削平割据势力，统一全国，建立唐朝	634年	长安大明宫
		644年	骊山华清宫
		648年	唐大慈恩寺
		714年	长安兴庆宫
		741年	北京长天观（明清白云观）
		760年	杜甫成都浣花溪草堂
		765年	王维辋川别业
		816年	白居易庐山草堂
		824年	白居易履道坊宅园
907年	节度使朱全忠自立为帝，唐朝亡，中国又陷入五代十国的分裂局面	954年	杭州净慈寺

1）皇家园林：公元581年，隋文帝杨坚取代北周建立隋王朝，建都长安。公元582年营建新都大兴城于汉代长安故城东南面，大兴城北建御苑"大兴苑"。公元598年隋文帝在长安西郊建仙游宫。公元593年在长安西北新建仁寿宫。公元605年隋炀帝兴建东都洛阳，建立"两京制"，并在洛阳城西侧兴建西苑。

公元618年，李渊建立唐王朝，在长安、洛阳建置两京。随着唐王朝的兴盛，大规模的皇家园林建设开始，这时期其数量之多，规模之宏大，远远超过魏晋南北朝时期。皇家园林的建设趋于规范化，相应地形成了大内御苑、行宫御苑、离宫御苑的三种类型。唐初扩建隋代大兴宫，并改名为太极宫；扩建大兴苑，并更名为禁苑。公元624年唐高宗在长安北郊新建玉华宫。公元625年在长安南终南山下新建翠微宫。公元631年扩建隋代仁寿宫，改名为九成宫。公元632年重修隋代洛阳宫城紫微城，该名为洛阳宫。唐高宗时在洛阳西南新建上阳宫。公元634年唐高宗在长安禁苑东南建大明宫。公元714年唐玄宗在长安城东北扩建兴庆宫。公元747年唐玄宗扩建长安东面骊山的华清宫。

隋唐时期的皇家园林集中分布在两京——长安（图2-9）、洛阳，数量之多，规模之宏，远迈秦汉。皇家园居生活多样化，相应的大内御苑、行宫御苑和离宫御苑这三个类别的区分更为明显，它们各自的规划布局特点也更为突出。这时期的皇家造园以初唐、盛唐最为频繁，天宝以后随着唐王朝国势的衰落，许多宫苑毁于战乱，皇家园林的全盛局面逐渐消退，一蹶不振。

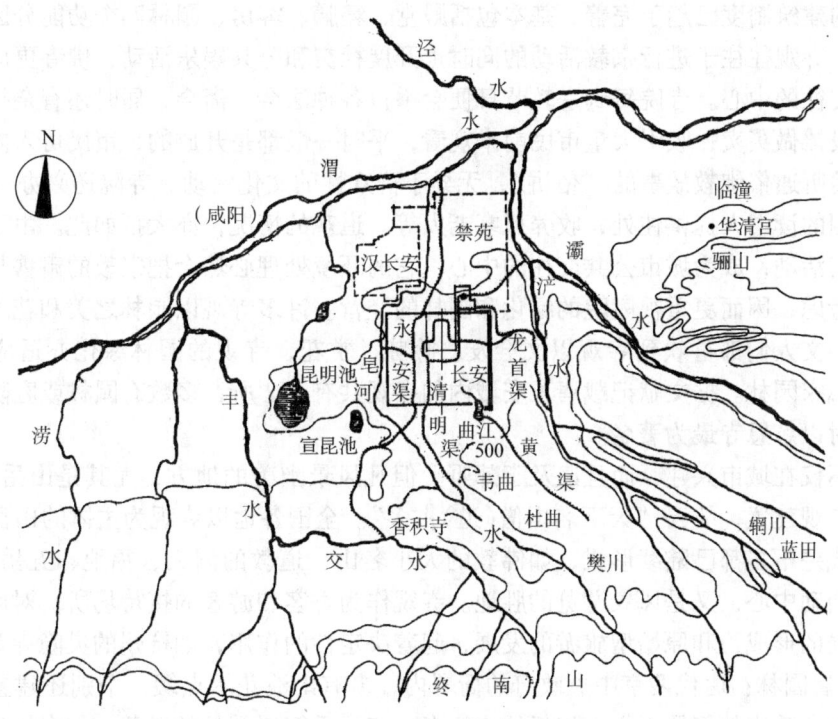

图2-9 唐长安近郊平面图

2）私家园林：唐代的私家园林由于盛唐时期政治稳定，经济、文化繁荣，呈现历史上空前的太平盛世和安定局面。人们普遍追求生活上求富，精神上求乐，居住上求适。达官显宦、皇亲国戚、富豪巨商和文人学士更是争相营构豪华的宅第和园池，使私家园林比魏晋南北朝时期更为兴盛，普及面更广，艺术水平有所提高。

隋唐时期实行科举制度，即通过科举考试遴选各级官吏。因此，皇帝以下的政治机构已不再为门阀士族所垄断，广大的庶族地主知识分子有了进身之阶。他们一旦取得了官僚的身份，便有了优厚的俸禄和崇高的社会地位，然而却没有世袭的保证。宦海浮沉，升贬无常，身处高位，不无后顾之忧。这些明察善辨的庶族知识分子，因此也给自己设计了一套进可以"上"，退可以"享"的合理方案和处世哲学，所谓"穷则独善其身，达则兼济天下"。在朝为官，尽职尽责，希望有所作为；退而为民，则经营园墅别业，以便隐退林下，独善其身，清静无为。因此，园林不仅是在野者安身立命之所，也是为官宦所向往的"桃源"，大凡为官宦者几乎都要修造园林，私家园林中出现了一种特殊的风格——士流园林。城市私园的代表有白居易在洛阳城内的履道坊宅园（公元824年）。别墅园即建在郊野地带的私家园林，已经从原先的生产、经济实体的魏晋南北朝时期的别墅庄园转化为游憩、休闲，其代表有：李德裕在洛阳城郊的平泉庄，白居易的庐山草堂，杜甫在成都浣花溪草堂（公元760年），王维的辋川别业（公元765年），隐士文人卢鸿的嵩山别业。

3）寺观园林：佛教经过东晋、南北朝的广泛传布，到唐代13个宗派都已经完全确立。道教的南北天师道合流，教义、典仪、经籍均形成完整的体系。唐代的统治者出于维护封建统治的目的，采取儒、道、释三教并尊的政策，在思想上和政治上都不同程度地加以扶持和利用。

寺观的建筑制度已趋于完善，基本包括殿堂、寝膳、客房、园林四个功能分区。封建时代的城市，寺观往往于进行宗教活动的同时也开展社交和公共娱乐活动，佛寺更成为各阶层市民平等交往的中心。寺院每到宗教节日便会举行各种法会、斋会，届时还有杂技、舞蹈表演，商人设摊做买卖，吸引大量市民前来观看，平时一般都是开放的，市民可入内观赏殿堂的壁画，聆听通俗佛教故事的"俗讲"，无异于群众性的文化活动。寺院还兴办社会福利事业，为贫困的读书人提供住处，收养孤寡老人等。道观的情况，亦大抵如此。由于寺观进行大量的世俗活动，成为城市公共交往的中心，它的环境处理必然会把宗教的肃穆与人间的愉悦相结合考虑，因而更重视庭院的绿化和园林的经营。许多寺观以园林之美和花木的栽培而闻名于世，文人们都喜欢到寺观以文会友、吟咏、赏花，寺观的园林绿化亦适应于世俗趣味，追摹私家园林。据文献记载唐长安城内的寺观共有152所，多数有园林或庭院园林化的建置，当时以慈恩寺最为著名。

寺观不仅在城市兴建，而且遍及于郊野。但凡风景幽美的地方，尤其是山岳风景地带，几乎都有寺观建置，故云"天下名山僧（道）占多"。全国各地以寺观为主体的山岳风景名胜区，到唐代差不多都已陆续形成，如佛教的大小名山，道教的洞天、福地、五岳、五镇等，既是宗教活动中心，又是风景游览的胜地。寺观作为香客和游客的接待场所，对风景名胜区之区域格局的形成，和原始型旅游的发展，起着决定性的作用，如杭州的灵隐寺等。

4）衙署园林：唐代两京中央政府的衙署内，多有山池花木点缀，个别还建置独立的小园林。各地方政府的衙署由文人担任地方官者，多注重衙署园林的经营，如白居易任江州司马时营建的衙署、山西绛洲洲衙的园林、中唐名相李德裕修建的新繁县衙署园林等。

5）公共园林：公共园林始于东晋，名士们经常聚会的地方如"新亭"、"兰亭"等是其雏型。唐代，随着山水风景的大开发，风景名胜区、名山风景区遍布全国各地，在城市近郊一些小范围的山水形胜之处，建置亭、榭等小体量建筑物作简单点缀，进而成为园林化公共游览地的情况也很普遍。以亭为中心、因亭而成景的城市近郊公共园林在文献记载很多。在经济、文化比较发达的地区，大城市里一般都有公共园林，作为文人名流聚会饮宴、市民游憩交往的场所。最为代表的是长安、扬州。长安的公共园林文献记载较多，绝大多数在城内，少数在近郊。城内包括3种类型：一是利用城南一些坊里内的岗阜——"原"，如乐游原；二是利用水渠转折部位的两岸而创为以水景为主的游览地，如著名的曲江；三是街道的绿化。近郊往往利用河滨水畔风景优美的地段园林化点染后而赋予公共园林的性质，如长安近郊昆明池。

（2）中国古典园林全盛期的特点

中国园林在隋唐时期政治、经济、文化等综合因素的影响下，诗文、绘画、园林三者互相渗透，各展其长，使园林更富诗情画意，出现了写意山水园林的新阶段。中国古典园林的第三个特点"诗画的情趣"开始形成，隋唐园林作为一个完整的园林体系已经成型。

1）皇家园林：在园林全盛期——隋、唐时期，皇家园林的"皇家气派"已经完全形成，皇家园林类型所独具的特征，不仅表现为园林规模的宏丽，而且反映在园林总体的布置和局部的设计处理上面。皇家气派是皇家园林的内容、功能和艺术形象的综合而给人一种整体的审美感受，它的形成，标志着皇权的神圣独尊和封建经济、文化的繁荣。因此，皇家园林出现了像西苑、兴庆宫、华清宫、九成宫等具有划时代意义的作品。同时，皇家园林还不断吸取各家园林所长，尤其是文人园林的诗情画意，呈现出文人化园林风格的倾向。

2）私家园林：隋唐时期，私家园林兴盛，逐渐形成王公贵戚园林、士流园林、文人园林等园林类型。文人参与造园活动，把士流园林推向文人化，促成文人园林的兴起，其园林风格为：简远、疏朗、雅致、天然，正是中国风景式园林主要特点的外伸，成为中国写意山水园林的杰出代表。山水画、山水诗文、山水园林这三个艺术门类互相渗透，互相融合，形成中国山水园林的独特艺术风格，从而影响及于亚洲汉文化圈内的广大地域。

3）寺观园林：寺观园林得到普及，并进一步世俗化。寺观园林更多地发挥其城市公共园林职能，对于全国范围内的风景名胜区，尤其是山岳风景名胜区的再度大开发也起到了积极的推动作用。以寺观为主体的风景名胜区的数量之多，远超前代，从而奠定了我国风景名胜区和寺观园林的基本格局。在这些风景名胜区内，寺观注重经营园林、庭院绿化和周围的园林化环境，逐渐成为风景名胜区的保护者、管理者和游客、香客的接待场所。

[阅读资料]中国古典园林全盛期的时代背景

589年，隋文帝灭陈，结束了魏晋南北朝历时369年的分裂时期，中国又恢复大一统的局面。隋文帝定都长安。隋炀帝即帝位后，又以洛阳为东都，建显仁宫，开凿西苑，华丽至极，又在山西太原和汾阳修建晋阳宫和汾阳宫。为了政治军事的需要，同时满足宫中奢侈糜烂生活，开凿大运河，北起幽云，南达余杭，全长四千华里。开凿大运河虽有挥霍民财，但也带来了积极影响。由于开凿运河而将南方富饶物产漕运至洛阳和长安，同时使北方文化与南方文化相互融合，加强了南北文化交流，加快了江南开发，从而促使唐代文化的繁荣。

618年，豪强李渊太原起兵，很快削平割据势力，统一全国，建立唐王朝。唐初汲取隋亡的教训，实行轻徭薄赋政策，励精图治，政治上继承隋朝创立的三省六部制，经济上采取北魏以来的均田制和租庸调制。因而经济发展，政局稳定，开创了中国历史上空前繁荣兴盛的局面。贞观之治和开元盛世把中国封建社会推向繁荣兴旺的高峰。

盛唐以后，均田制遭到破坏，边塞各地的节度使拥兵自重，又逐渐形成藩镇割据。天宝末年，节度使安禄山、史思明发动叛乱，唐玄宗被迫逃亡四川。从此藩镇之祸愈演愈烈，吏治腐败，国势衰落。907年，节度使朱全忠自立为帝，唐王朝亡，中国又陷入五代十国的分裂局面，政治动荡持续半个世纪。

2. 皇家园林实例：唐代华清宫（华清池）

（1）历史溯源

华清宫位于临潼骊山北麓，因骊山奇异、温泉宜人而出名（图2-10）。骊山是秦岭的一条支脉，海拔1256m，满山松柏青翠欲滴，远远望去，犹如一匹黑色骏马，古代称黑马为骊，故名"骊山"。西周末年周幽王在今华清池所在地修建"骊宫"，留下了"烽火戏诸侯"的故事。秦始皇于此"砌石起宇"，名曰"骊山汤"；汉武帝时，在秦汤基础上进行修葺；北周武帝时造"皇堂石井"；隋文帝开皇三年（583年）重加修饰，以点缀温汤风景；贞观十八年（644年），唐太宗李世民营建"汤泉宫"，亲笔御书《温泉铭》。747年，唐玄宗命治汤井为池，环山列宫室，宫周筑罗城，宫的四周建城，改为"华清宫"，因宫建在汤池上，又名"华清池"。"骊山晚照"被誉为长安八景之一。"安史之乱"华清宫被毁，五代时改为道观。清康熙西巡曾驻此，稍加修整。现池台是在清代重建的基础上不断整修扩建而成的。

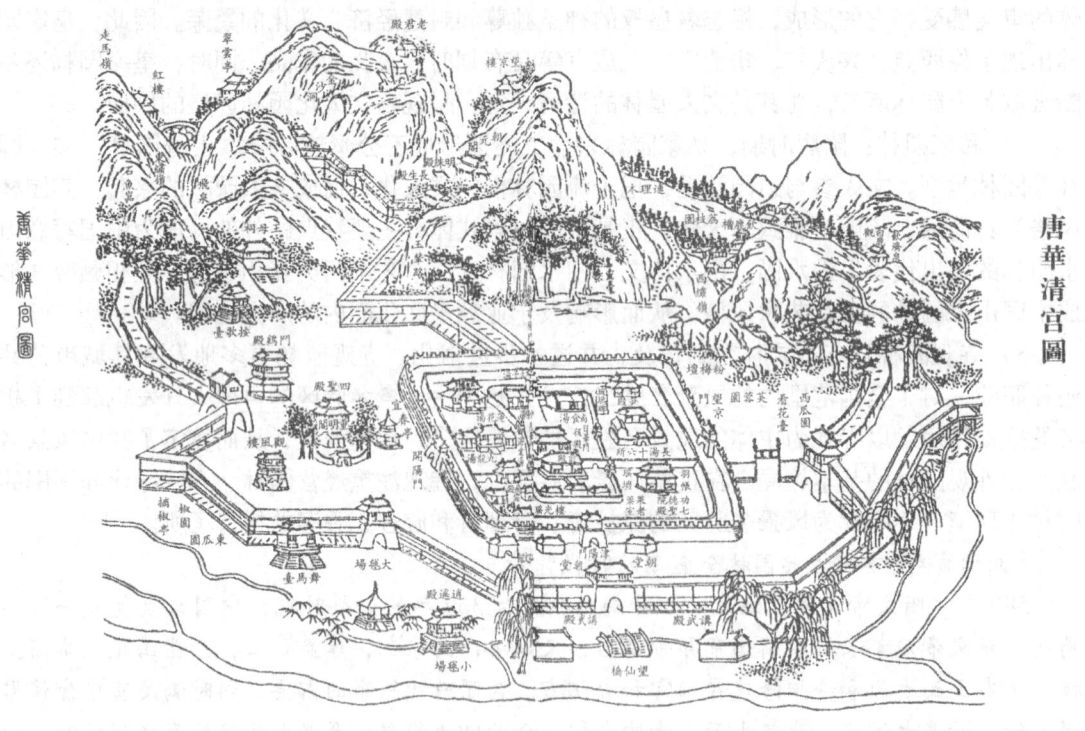

图2-10 唐代华清宫

（2）总体布局（图2-11）

华清宫的宫廷区平面略成梯形，中央为宫城，东部和西部为行政、宫廷辅助用房以及随驾前来的贵族、官员府邸之所在地。宫廷区的南面为苑林区，呈前宫后苑之格局。宫廷区的北面平原坦荡，除少数民居之外均为赛球、赛马、练兵的场地，包括讲武殿、舞马台、大球场、小球场等。宫城为一个方整的布局，坐南朝北，两重城垣。北面有津阳门、东门开阳门、西门望京门，南门昭阳门四门。昭阳门往南即为登骊山苑林区的大道。宫廷区的北半部

第 2 章 中国园林史

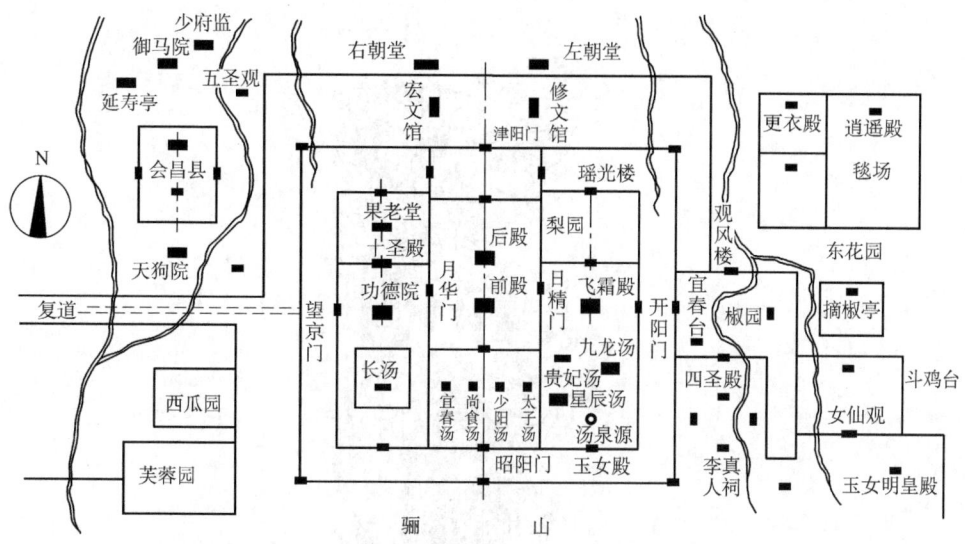

图 2-11 华清宫平面设想

分为中、东西二路：中路津阳门外左右分列弘文馆和修文馆。其南为前殿、后殿，相当于外朝。东路的主要殿宇为瑶光楼和飞霜殿，是皇帝的寝宫。西路诸殿宇自北而南分别为果老堂、七圣殿、功德院等，均属宫廷寺观性质。

宫城的南半部为温泉汤池区，除少数殿宇之外，分布着8处汤池供帝、后、嫔妃和皇室人员沐浴之用，自东到西分别为：九龙汤、贵妃汤、星辰汤、太子汤、少阳汤、尚食汤、宜春汤、长汤。其中御汤九龙汤，专为玄宗嫔妃沐浴之所，池周砌以刻有鱼龙凫雁的白玉石，池中有石雕成的白莲，池水从莲蓬中喷出，故又名莲花汤。九龙汤西南，有海棠汤，池形似盛开的海棠。池中央有以玉石雕成莲花状的喷水口，制作精美，因杨贵妃在此沐浴，故称为贵妃汤。华清宫在天然苑林的基础上，进行了大量的人工绿化种植。不同植物的配置，突出了各景区、景点的风景特色。

3. 私家园林实例：王维辋川别业

（1）历史溯源

长安附近的"辋川别业"是一座比较有代表性的、依附于庄园的文人别墅园林。由于园林主人王维是当时的大诗人、大画家而名重一时，也由于王维曾著文、赋诗咏赞、绘画园景而成为历史上的一座名园，它是唐代文人山水园林即写意山水园林的代表作之一。

辋川别业在蓝田县西南约20km，这里山岭环抱，溪谷辐辏有若车轮，故名"辋川"。原是大诗人宋之问的庄园，后为王维所得，就天然山水地形和植被稍加整治规划并作局部的园林化处理。王维《辋川集》，每个景区或景点都有他和裴迪唱和的两首诗。王维早年仕途顺利，官至给事中，天宝十四年(755年)安禄山叛军占据长安时未能出走，被迫做了新朝散官。其间，发生了梨园弟子凝碧池罢唱事件，使王维深受感动，愤而作诗，以表达对唐王朝的忠心。因此，安史之乱平叛后朝廷并未追究王维二臣之罪，官迁尚书右丞。但王维终因这个污点，晚年对名利十分淡薄，辞官终老辋川。王维母亲是虔诚的佛徒，逝世后，王维为超度母亲亡灵，改别业名为"鹿苑寺"，并修建七级浮屠于山腰，王维后来也安葬于此。辋川别业的规划整理，凝聚着王维的心血和智慧(图 2-12)。

图 2-12　王维辋川别业

（2）总体布局图

《辋川集》中记录的20个景区和景点从王维、裴迪唱和的四十首诗排列的顺序及其前后关系可以判断是园内的一条主要的游览路线。依次是孟城、华子冈、文杏馆、斤竹岭、鹿柴、木兰柴、茱萸沜、宫槐陌、临湖亭、南垞、欹湖、柳浪、栾家濑、金屑泉、白石滩、北垞、竹里馆、辛夷坞、漆园、椒园20景。

孟城为坳谷地上的一座古城堡遗址，也就是园林的主要入口。华子冈是以松树为主的丛林植被披覆的山岗。文杏馆是以文杏木为梁、香茅草作屋顶的厅堂，这是园内的主体建筑物，它的南面是环抱的山岭，北面临大湖。斤竹岭为山岭上遍种竹林，一弯溪水绕过，一条山道相通，满眼青翠掩映着溪水涟漪。鹿柴是用木栅栏围起来的一大片森林地段，其中放养麋鹿。木兰柴为用木栅栏围起来的一片木兰树林，溪水穿流其间，鸟儿雄飞雌从，环境十分幽邃。茱萸沜是生长着繁茂的山茱萸花的一片沼泽地。宫槐陌为两边种植槐树（守宫槐）的林阴道，一直通往名叫"欹湖"的大湖。临湖亭是建在欹湖岸边的一座亭子，凭栏可观赏开阔的湖面水景，像后世园林湖岸边设置的旱船，具有赏景、点景、引景等功能。南垞为欹湖的游船停泊码头之一，建在湖的南岸。欹湖是别业内的大湖，可泛舟作水上游。柳浪为欹湖岸边栽植成行的柳树，倒映入水最是婉约多姿。栾家濑是一段因水流湍急而形成平濑水景的河道。金屑泉中泉水涌流荡漾呈金碧色。白石滩是欹湖边白石遍布成滩，赤足趟水，则兴味盎然。北垞为欹湖北岸的游船码头，可能还有船坞的建置。竹里馆是大片竹林环绕着的一座幽静的建筑物。辛夷坞是以辛夷的大片种植而成景的岗坞地带。漆园为种植漆树观赏漆叶的园地。椒园为种植椒树观赏椒香的园地。

（3）风格特点

辋川别业有山、岭、岗、坞、湖、溪、泉、浒、濑、滩等自然景观，亦有茂密的植被和丰富的鸟兽活动，总体上是以天然风景取胜，局部的园林化则偏重于各种树木花卉的大片成林或丛植成景。建筑物并不多，形象朴素，布局疏朗。

辋川别业中造景十分注重意境。王维长于诗歌绘画，如茱萸沜景区有王维诗："结实红且绿，复如花更开。山中傥留客，置此芙蓉杯。"表现了王维归隐田园后常在此地赏花、饮酒、赋诗，恬淡而愉快的生活情趣。柳浪景点有王维诗："分行接绮树，倒影入清漪。不学御沟上，春风伤别离。"相传汉宫苑中有宫女取柳叶写诗其上，顺水漂流园外，以此与情郎约会。王维借此表明自己自愿归隐园林，终身无怨无悔之愿。竹里馆景点有王维诗："独坐幽篁里，弹琴复长啸。深林人不知，明月来相照。"竹是隐士的形象，坚贞节操的象征。诗歌表达到了园主人归隐竹林，弹琴吹箫，与天、地和明月相伴，心心相印的感情。椒园景区有裴迪诗："丹刺冒人衣，芳香留过客。幸堪调鼎用，愿君垂采摘。"描述椒园采椒的情景，暗含劝君归隐田园之意。

王维晚年笃信佛事，从王、裴的唱和诗中反映出辋川别业极力追求自由、恬淡和静寂安宁的氛围，表达万机空灵、民胞物与、返璞归真的至高境界。如鹿柴景区有王维诗："空山不见人，但闻人语响。返景入深林，复照青苔上。"表达了自然的博大、空旷，人事的渺小和无奈，就像空谷中的几声回音，也似深林下的几块光斑。漆园景区有裴迪诗："好闲早成性，果此谐宿诺。今出漆园游，还同庄叟乐。"庄子当年曾做过漆园吏，裴迪将王维比作庄子，王维亦乐此不疲。

4. 寺观园林实例：唐长安大慈恩寺

(1) 历史溯源

该寺始建于隋代，原名无漏寺，武德初年废弃。唐贞观二十二年(648年)，高宗为其母文德皇后立为寺，故以慈恩命名。《唐两京城坊考》记载，该寺占晋昌坊东半部，规模宏大，几十余院，总1897间，寺僧300人。寺中有唐代著名画家阎立本、吴道子、尉迟乙僧等人所作的多幅壁画，为长安三大译经院之一。玄奘还在此创立了慈恩宗(亦称"法相宗")，使大慈恩寺在中国佛教史上更负盛名(图2-13)。

图2-13 唐大慈恩寺

(2) 主要景点

慈恩寺内，繁花似锦、绿树成荫，尤以牡丹和荷花最负盛名。文人到慈恩寺赏牡丹、荷花，成为一时风尚。

大雁塔。永徽三年(652年)玄奘为了安置从印度带回的经像，在高宗的资助下，依照印度的建筑形制，在寺西院建立了一座砖表土心的5层佛塔。由于风雨剥蚀而颓坏，武则天于长安元年(701年)又新建7层浮图，方形，立于高4.2m，边长25m的四方基座上，塔高64m。塔身立锥状，用砖砌成，磨砖对缝，坚固异常，塔下面两层为9间，3、4两层为7间，最上层为5间，塔内有螺旋木梯可盘旋而上，每层的四面各有一拱券门洞，可以凭栏远眺，气势雄伟，京都繁华一览无余，因此成为城南游览胜区。文人雅士到此，无不吟诗作赋，或写景，或抒怀，歌诗精湛，为人称道。唐进士及第，曲江饮宴之后，必入寺登塔，题壁留念，称"雁塔题名"。塔底层的四面门楣上，有精美的唐石刻建筑图式和佛像，传为大画家阎立本的手笔。塔南面东西两侧的砖龛内，嵌有唐代著名书法家褚遂良书写的《大唐三藏圣教序》和《述三藏圣教序记》二古碑。碑边有乐舞人形浮雕，极具艺术价值。

(3) 风格特色

慈恩寺开展大量的世俗活动，成为城市公共交往的中心，它的环境处理把宗教的肃穆与人间的愉悦相结合,重视庭院的绿化和园林的经营。寺庙以园林之美和花木的栽培而闻名于世,文人常到寺庙以文会友、吟咏、赏花,寺庙的园林绿化适应世俗趣味,追摹私家园林。唐代的慈恩寺与杏园、曲江池、芙蓉苑、乐游原同在一个大的风景名胜区内,一年四季,风光宜人,桃花杏蕊,莲菖芙蓉,晨钟点点,佛声吟吟,香客不断,游人如织。

5. 公共园林实例:长安曲江池

(1) 历史溯源

曲江池位于唐都长安东南隅,一半在城内,一半在城外。唐代曲江池是都城地区最著名的风景区。曲江池的开发始于秦代,秦代称恺州,西汉称宜春苑(上林苑内)。隋营大兴城时,凿以为池,辟为都城的风景区。唐玄宗开元时期,开始了曲江池大规模的扩建和营造,引浐水入池,曲江四岸皆有行宫台殿,有司廨署。安史之乱后,园林尽废,文宗太和九年(835年)二月发神策军修浚曲江,沿池岸修造亭馆,把曲江池的开发扩建又推向高潮。曲江池经过修浚开发,沿岸宫殿连绵,楼阁玲珑,参差异态,杨柳成行,烟水明媚,它与邻近的芙蓉园、乐游原、慈恩寺与杏园一起,形成了以曲江池为中心的风景游览胜地。

(2) 总体布局(图2-14)

曲江池以湖面景色为主,沿岸盛植杨柳花卉,加之宫殿楼阁高低参差,与花草树木相映生辉,巍巍终南,倒映湖中,湖光山色,煞是迷人。曲江的南岸有紫云楼、彩霞亭等建筑,还有御苑"芙蓉苑";西面有杏园、慈恩寺。水面达70万 m²。

曲江池南岸有芙蓉园。芙蓉园本名曲江园,隋文帝杨坚改其名为芙蓉园。这里荷花满池,亭亭玉立,开元时在该园增修了紫云楼、彩霞亭等园林建筑,遂使园内清林重复,绿水弥漫,成为帝都之胜景。

曲江池西面有杏园。杏园是唐代著名的风景区,因园内盛植杏树而得名杏园,位于城南通善坊,紧邻外城郭的南垣,北临大慈恩寺,东近曲江池。每逢早春,满园杏花盛开、蜂蝶翩翩起舞,士女游观者,络绎不绝。杏园也是文人墨客常去聚会的地方。

曲江池最热闹的是春天,新科及第的进士在此举行"曲江宴"。其后还在杏园再度设宴,所谓"探花宴",此后,还有到慈恩寺的大雁塔把自己的名字写在壁上,即"雁塔题名"。至此,完成士子们所举行的庆祝

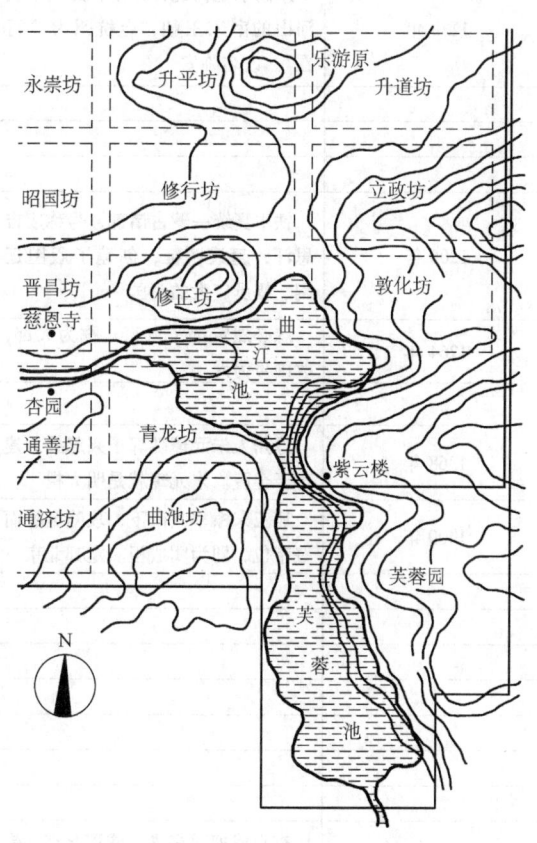

图2-14 唐长安曲江位置图

三部曲。曲江池一年四时,游人不绝,每年尤以中和(二月一日)、上巳(三月三日)和重阳(九月九日)三节,游人如织,摩肩接踵。此时,皇帝要举行"曲江宴"、"曲江会"之类的活动,使"倾城纵观,钢车珠幕,栉比而至"。

2.1.4 中国古典园林的成熟期——宋、元、明、清(约公元960—公元1911年)

1. 中国古典园林成熟期的发展概况

(1) 中国古典园林的成熟期——宋、元、明、清造园简史(表2-4)

表2-4 园林的成熟期——宋、元、明、清造园简史

年　代	通　史	年　代	造　园　史
960年	宋太祖赵匡胤陈桥兵变,建都开封(汴梁),改名东京	957年	东京金明池
		964年	东京琼林苑
		1044年	苏州苏舜钦沧浪亭
		1117年	宋代东京艮岳
1126年	金军攻下东京,又改名汴梁。次年金太宗废徽、钦二帝,北宋灭亡		
1138年	宋高宗赵构逃往江南,建立半壁河山的南宋王朝,定杭州为"行在",改名临安	1138年	临安凤凰山后苑
		1162年	临安德寿宫
		1174年	苏州网师园
			吴兴沈尚书园
1206年	铁木真统一蒙古诸部,号称成吉思汗,起兵西征,创建了版图辽阔、幅员广大的帝国	1189年	辽金章宗清水院(明清大觉寺)
1264年	忽必烈定都于燕京,称为大都,改国号为元	1267年	元大都太液池
		1271年	元归元寺(明西园寺)
1368年	濠州人朱元璋随郭子兴起兵,建都于金陵。朱元璋就是明太祖		
1400年	燕王朱棣率兵南下,攻陷金陵而登帝位,即为明成祖。定都北京	1400年	明北京万岁山
		1420年	明北京御花园
		1457年	明北京西苑
		约1500年	苏州拙政园
		1506年	无锡寄畅园
		1559年	上海豫园
		1582年	北京清华园
		1593年	苏州留园
1644年	李自成拥兵东进,威逼北京,崇祯皇帝万般无奈自缢而亡。清人于该年5月进入北京城,取得了全国的统治地位	1677年	康熙帝在香山旧址上扩建香山行宫
		1680年	康熙帝建玉泉山静明园
		1684年	康熙帝建畅春园

第 2 章　中国园林史

（续）

年　代	通　史	年　代	造　园　史
		1703 年	康熙帝建承德避暑山庄
		1725 年	雍正帝扩建圆明园
		1745 年	扩建香山行宫，后改名为"静宜园"
		1751 年	乾隆帝建清漪园（颐和园）
		1765 年	扬州瘦西湖
		1771 年	北京宁寿宫花园（乾隆花园）
		1818 年	扬州个园
		约 1851 年	北京萃锦园
		1864 年	番禺余荫山房
1911 年	辛亥革命结束了最后一个封建王朝		

1）皇家园林：公元 960 年，宋太祖赵匡胤即位建都于后周的旧都开封，改名东京。北宋初年建成比较著名的"东京四苑"——琼林苑（964 年）、玉津园、金明池、宜春苑，宋徽宗时兴建延福宫（1113 年）和艮岳（1117 年）。

公元 1126 年，金军攻下东京，宋高宗赵构建立南宋王朝，定都杭州，改名为临安。临安的皇家园林均为大内御苑和行宫御苑。大内御苑只有一处，即宫城的苑林区——后苑。行宫御苑很多，德寿宫（1162 年）和樱桃园在外城，大部分则分布在西湖风景优美的地段，较大的如：湖北岸的集芳园、玉壶园，湖东岸的聚景园，湖南岸的屏山园、南园，湖中小孤山上的延祥园、琼华园、三天竺的下天竺御园，北山的梅冈园、桐木园等处。其余的分布在城南郊钱塘江畔和东郊的风景地带，如玉津园、富景园等。

宋代皇家园林在规划设计上更精密细致，但比起中国历史上任何一个朝代都最少皇家气派，更多地接近民间私家园林尤其文人园林。南宋皇帝经常把行宫御苑赏赐臣下作为别墅园或者把臣下的私园收归皇室作为御苑。北宋某些行宫御苑较长时间开放任百姓入内游览，说明皇家和私家园林具有较多的共性。宋代皇家园林之所以出现规模较小和接近文人园林的情况，固然由于国力国势的影响，而与当时朝廷的文化风尚也有直接的关系。

1267 年，元世祖新建都城"大都"，即北京城前身。在金代大宁宫基址上扩建大内御苑，其园林主体为太液池。明成祖即位后，自南京迁都北京。明代皇家园林建设重点也在大内御苑。主要有御花园、慈宁宫花园（1420 年）、万岁山、西苑、兔园、东苑。

明、清改朝换代时，北京城未遭破坏，全部沿用明代的宫殿、坛庙和苑林。皇家园林建设重点转向北京西北郊的行宫御苑和离宫御苑。1677 年，在原香山寺旧址上扩建香山行宫，1680 年，在玉泉山的南坡建"澄心园"后改名为"静明园"。1684 年康熙在北京西北郊新建第一座离宫御苑畅春园。1703 年在承德新建第二座离宫御苑避暑山庄。1725 年建第三座离宫御苑圆明园。1745 年扩建香山行宫，后改名为"静宜园"，1750 年扩建静明园，同年兴建清漪园。1751 年在圆明园东面建长春园，1751 年扩建承德避暑山庄，1772 年，在圆明园东南面建绮春园。到乾隆时期北京西北郊形成一个庞大的皇家园林集群，即圆明园、畅春

43

园、香山静宜园、玉泉山静明园、万寿山清漪园，著称的"三山五园"（图2-15）。

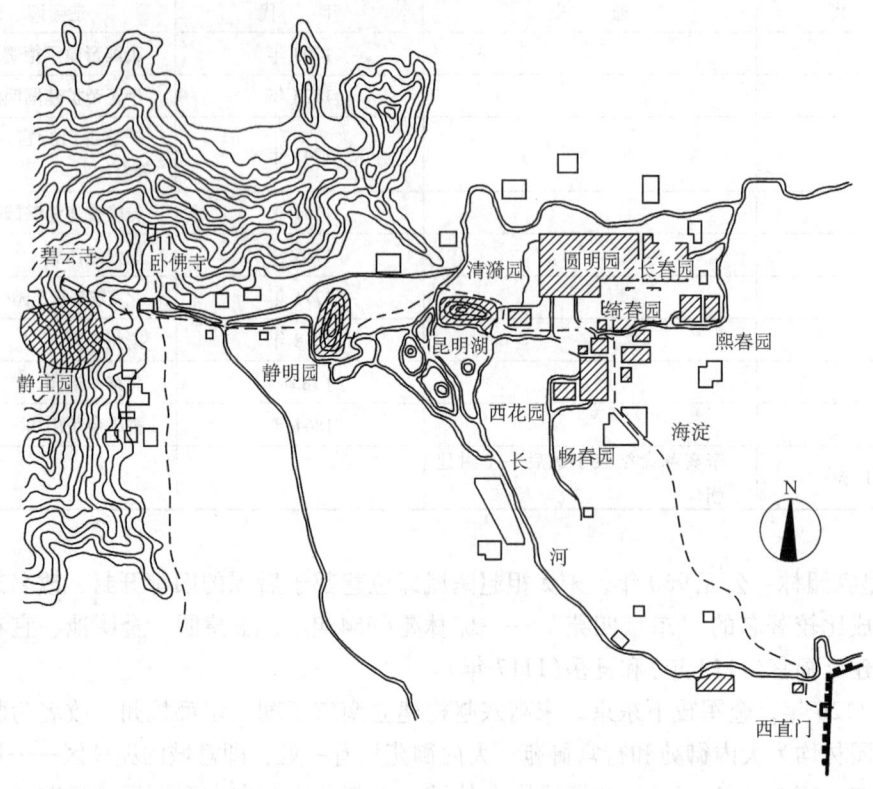

图2-15 乾隆时北京西北郊主要宫苑分布图

清道光年间，中国封建社会的最后繁荣阶段结束，皇室没有财力营建新园。西方殖民主义势力开始通过武力打开封建锁国的门户。1840年第一次鸦片战争，1856年爆发太平天国战争，1860年第二次鸦片战争中，英法联军焚毁圆明园、清漪园、静明园、静宜园。1873年，修复圆明园，由于财力不支次年停工。1888年，靠挪用兴办新式海军的经费重修清漪园改名为"颐和园"。1900年5月爆发义和团运动，8月八国联军进军北京，圆明园与颐和园再次被破坏。1901年重修颐和园和西苑。

明代废除宰相制，把相权和君权集中于皇帝一身，清代皇帝的集权更有过之。绝对集权的专制统治需要严格的封建秩序和礼法制度。明代理学的新儒学更加强化上下等级之名分、纲常伦纪的道德规范，因而皇家园林又转向表现皇家气派，规模又趋于宏大。

清代康、乾时期皇家园林建设的规模和艺术水平都达到了园林成熟期历史上的顶峰。大型园林的总体规划、设计有许多创新，全面地引进和学习江南民间的造园技艺，形成南北园林艺术的大融合，为宫廷造园注入了新鲜营养，出现一批具有里程碑性质的、优秀的大型园林作品。此外，中、西园林文化交流得到一定发展，乾隆年间任命欧洲传教士主持修造圆明园的西洋楼，西方的造园艺术首次引进中国宫苑。同时，中国园林通过来华商人和传教士的介绍而远播欧洲。在当时欧洲宫廷和贵族中掀起一股"中国园林热"，首先在英国，促进了英国风景式园林的发展，法国则形成独特的"英中式"风格，成为冲击当时流行于欧洲大陆规整式园林的一股强大潮流。清代中期后，过分追求形式和技巧的影响，园林里面的建筑密度较大,山石用量较多,大量运用建筑来围合、分隔园林空间或者在建筑围合的空间内经营山池花木。虽然充分发挥了建筑的造景作用,促进了叠山技法的多样化,有助于各式园林空间的创设,但削弱园林的自然天成的气氛,助长了园林创作的形式主义倾向。随着封建社会的由盛而衰,经过外国侵略军的焚掠之后,皇室再没有那样的气魄和财政来营建苑囿,宫廷造园艺术相应地一蹶不振,从高峰跌落为低谷。

2)私家园林:宋代科举取士制度更为完善,文官执政,使得知识分子的数量陡增,地主阶级、城镇商人以及富裕农民中的一部分文化人跻身知识界,并促成了科技文化的繁荣。许多大官僚同时也是知名的文学家、画家、书法家,甚至最高统治者的皇帝如宋徽宗赵佶亦跻身于名画家、书法家之列,两宋人文之盛,远胜前代。这些特殊文化背景刺激了文人士大夫的造园活动,民间的士流园林更进一步文人化,儒家的现实生活情趣、道家的清心寡欲和神清气朗、新兴的佛家禅宗依靠自醒而寻求解脱,此三者得以合流融汇于知识分子的造园思想中,从而形成独特的文人园林观,促成了士流园林的全面"文人化"。此时,唐代园林创作的写实与写意相结合的传统,到南宋时大体上已完成其向写意的转化。中国园林由自然山水园发展到写意山水园,写意山水园也称文人山水园。文人直接参与造园,文人画的画理介入造园艺术,景题、匾联的运用赋予园林"诗化"特征,从而把诗情画意带进园林,寓情于景,情以景出,深化园林意境的蕴涵,园林的艺术风格焕然一新,从而奠定了两宋文人园林繁荣的基础,并掀起"文人园林"的高潮。文人园林作为一种活动,也推动整个皇家、私家、寺观园林的全面写意化。

宋代城市商业和手工业空前繁荣,资本主义萌芽已在封建经济内部孕育。然而,经济发达与国势羸弱的矛盾状况促使沉湎享乐、苟且偷安心理的普遍滋长,终于形成了宫廷和社会生活的浮荡、侈靡和病态的繁华。在这种浮华、侈靡、讲究饮食服舆和游赏玩乐的社会风气的影响之下,上自帝王、下至富豪,无不大兴土木、广营园林。

宋代中原和江南是经济、文化发达的地区,又为北宋和南宋的政治中心,故这些地区私家园林非常兴盛。中原有洛阳、东京两地,江南有临安、吴兴、平江(苏州)等地。宋人李格非写了一篇《洛阳名园记》,记述他所亲历的比较名重于当时的园林19处,大多数是利用唐代废园的基址,其中18处为私家园林。属于宅园性质的有6处:富郑公园、环溪、湖园、苗帅园、赵韩王园、大字寺园;属于单独建置的游憩园性质的有10处:董氏西园、董氏东园、独乐园、刘氏园、丛春园、松岛、水北胡氏园、东园、紫金台张氏园、吕文穆园;属于以培植花卉为主的花园性质的有两处:归仁园、李氏仁丰园。西湖一带的私家园林,《梦粱录》卷十九记述了比较著名的16处,《武林旧事》卷五记述了45处,其中分布在三堤路5处,北山路21处,葛岭路14处,分别是南园、水乐洞园、水竹院落、后乐园、廖药洲园、云洞园、水月园、环碧园、湖曲园等。南宋人周密写了一篇《吴兴园林记》,记述他亲自游历吴兴园林36处,其中最有代表性的是南、北沈尚书园,即南宋绍兴年间尚书沈德和的一座宅园和一座别墅园。平江(今苏州)的著名私园有沧浪亭、乐圃、研山园、梦溪园。浙江绍兴的沈园,相传南宋诗人陆游与前妻唐婉在沈园邂逅相遇,写下了著名的《钗头凤》词。

宋代有许多与园林相关著作刊行,如建筑技术方面:李诫的《营造法式》和喻培的《木经》;园林观赏树木和花卉栽培方面:周师厚的《洛阳花木记》、范成大的《桂海花木志》、《梅谱》、《兰谱》、《菊谱》、王观的《扬州芍药谱》、《太平御览》等。园林叠石方面:《石

谱》等，并且出现了专以叠石为业的技工。这些宋代卓越的科技成就都为园林的兴盛提供了技术的保证。

明代开始出现资本主义的生产关系，工商地主和市民阶层崛起。以商人为主体的市民作为一个新兴的阶层，对社会的风俗习尚、价值观念等的转变，产生了明显影响。于是，出现具有人本主义色彩的市民文化的兴盛。它深刻影响民间的造园艺术。到明代中期以后，出现以生活享乐为主要目标的市民园林与重在陶冶性情的文人、士流园林分庭抗礼的局面。

市民文化的兴盛，知识界也出现一股人本主义的浪漫思潮，以快乐代替克己，以感性冲动突破理性的思想结构，在放荡形骸的厌世背后潜存着对尘世的眷恋和一种朦胧的自我实现的追求。因此，文人造园的意境就更披上一层追求个性自由的色彩，这种情况促成了私家园林的文人风格的深化，把园林的发展推向了更高的艺术境界。

在全国范围内的一些发达地区，市民趣味渗入园林艺术。不同的市民文化、风俗习尚形成不同的人文条件制约着造园活动，加之各地区之间自然条件的差异，逐渐出现明显不同的地方风格。最终形成江南、北方、岭南三大地方园林风格鼎峙的局面，标志着中国古典园林完全成熟。其中著名的江南私家园林有：扬州郑元勋的影园、片石山房、寄啸山庄、小盘谷、个园、瘦西湖，苏州的拙政园、留园、网师园，无锡的寄畅园，吴江的退思园，杭州的郭庄、西泠印社，上海的豫园、秋霞圃，南京的煦园、瞻等。北方私家园林有：北京的清华园、米万钟的勺园、半亩园、恭王府后花园——萃锦园，山东的十笏园等。岭南私家园林有：顺德的清晖园、东莞的可园、番禺的余荫山房、佛山的梁园，号称粤中四大名园，台湾的林家花园等。

明清时期文人画盛极一时，借笔墨以自示高雅，重意境和哲理的体现。文人、画家直接参与造园更为普遍，个别甚至成了专业的造园家。造园工匠亦努力提高自己的文化素养，从他们中间涌现出一大批知名的造园家。私家园林的创作相应地出现两个明显的变化：其一是由以往的全景山水缩移摹拟的写实与写意相结合的创作方法，转化为以写意为主的趋向；其二是景题、匾额、对联在园林中普遍使用犹如绘画的题款，意境信息的传达得以直接借助文学、语言而大大增加信息量，意境表现手法亦多种多样，状写、寄情、言志、比附、象征、寓意、点题等。园林意境的蕴涵更为深远，园林艺术比以往更密切地融化诗文、绘画趣味，从而赋予园林本身以更浓郁的诗情画意。园林的创作方法完全写意化，同时该时期士流园林的全面"文人化"，导致私家园林达到园林艺术成就的高峰，以江南园林最为代表。

在民间造园活动频繁的江南地区涌现出许多杰出的造园家，如著名叠山匠师张南垣。许多造园理论著作也在这一时期刊行，其中计成的《园冶》(1631年)、李渔的《一家言》、文震亨的《长物志》是比较全面而有代表性的三部著作，此外陈淏子的《花镜》是一部观赏花木类的巨著。同时，造园普遍使用叠石假山，精湛的叠石技艺，为写意山水园的发展创设了有利的技术条件。

3) 寺观园林：佛教发展到宋代，禅宗和净土宗成为主要的宗派。禅宗势力尤盛，不仅成为流布甚广的宗教派别，而且还作为一种哲理渗透到社会思想意识的各个方面，甚至与传统儒学相结合而产生新儒学——理学，成为思想界的主导力量。早期的禅宗，提倡"教外别传"、"不立文字"，以"体认"、"参究"的方法来达到"直指人心、见性成佛"的目的，

不需要发表议论,也不借助于文字著述。后来由于这种方法对宗教的传播不利,"禅"不仅只是"参"、"悟",而且要靠讲说和宣传,于是,大量文字记载的"灯录"和"语录"便应运而出现了。它们标志着佛教进一步地汉化,也十分切合于文人士大夫的口味,他们之中的一些人还直接参与灯录的编写工作,这样,佛教就与文人士大夫在思想上沟通起来,反过来又促进了禅宗的盛行。随着禅宗与文人士大夫思想上的沟通,儒、佛的合流,一方面在文人士大夫之间盛行禅悦之风,另一方面禅宗僧侣也愈文人化。许多禅僧都擅长书画,诗酒风流,以文会友,经常与文人交往,文人园林的趣味也就更广泛地渗透到佛寺的造园活动中,从而使得佛寺园林由世俗化而更进一步地文人化。

道教从魏晋以后发展起来的那一套斋醮符禁咒以及炼丹之术,固然迎合了许多人的享受欲望和迷信心理,但也受到不少具有清醒理性头脑的士大夫的鄙夷,因而逐渐出现分化的趋势。其中一种趋势便是向老子、庄子靠拢,强调清净、恬适、无为的哲理,表现为高雅闲逸的文人士大夫情趣。同时,一部分道士也像禅僧一样逐渐文人化,"羽士"、"女冠"经常出现在文人士大夫的社交圈里。相应地,道观园林也由世俗化而进一步地文人化。

随着宗教由世俗化进而达到文人化,寺观园林与私家园林之间的差异,除了尚保留着一点烘托佛国、仙界的功能之外,其他已基本上消失了。

宋代,随着僧道们的文人化的素养和对自然美的鉴赏能力,又一次掀起在山野风景地带建置寺观的高潮,是全国范围的山岳风景区的再度大开发。最为代表的是南宋临安的西湖一带,是当时国内佛寺最集中的地区之一,也是宗教建设与山水风景的开发相结合最有代表性的地区之一。

元、明、清时期,寺观建筑仍不断兴建,遍及全国各地。寺观园林继承宋以来的世俗化、文人化的传统,除个别的特例寓有明显的宗教象征性或者某些景题含有宗教内容外,一般与私家园林没有区别,只是更朴实、简练。城市及近郊的寺观,无论是否建置独立的园林,都十分重视本身的庭院绿化。城市远郊和山野风景地带的寺观,更注重创造寺观周围的园林化环境。宗教建设和风景建设完全融合一体,每一处佛教名山、道教名山都聚集数十所甚至百所的寺观。如北京,据文献记载,元代时期共有寺观187所,明代时期共有寺观300所,其中多有园林建置,以北京西北郊的西山、香山、杭州西湖一带最多。著名的有香山寺、碧云寺、大觉寺、白云观、普宁寺等。南方有扬州的天宁寺、大明寺等,四川青城山的古常道观,杭州的黄龙洞等。

4)公共园林:该时期随着市民文化的繁荣,世俗文化逐渐发展壮大。城镇的公共园林此时除了提供文人墨客和居民交往、游憩场所的传统功能外,也与消闲、娱乐相结合,作为世俗文化的载体。该时期公共园林形成有三种类型。其一,依托城市的水系,或者利用河流、湖沼等因水成景,如北京的什刹海、济南的大明湖、南京的玄武湖、扬州的瘦西湖等。其二,利用寺观、祠堂、纪念性建筑的旧址,或者与历史人物有关的名胜的基础上在一定范围稍加园林化处理开辟成公共园林,如成都的杜甫草堂、四川新都的桂湖等。其三,农村聚落的公共园林,辟出一定地段开凿水池、种植树木,建置少许亭榭,作为村民公共交往、游憩的场所,如安徽歙县唐模村、宏村等,浙江楠溪江苍坡村、岩头村等。

5)书院园林:书院是中国古代的一种特殊的教育组织和学术研究机构,始见于唐代。其教学体制多借鉴于佛教禅宗的丛林清规,建置地点也效仿禅宗佛寺多选择在远离城市的风香、海棠、牡丹、芍药、荷花等，却也构成北方私园植物造景的主题。冬天，树叶零落，水面结冰，很有萧索寒林的画意。北京是帝王之都，私家园林多为贵戚官僚所有，布局难免注重仪典性的表现，因而园林规划布局的中轴线、对景线运用较多，使园林赋有凝重、严谨的格调。园内的空间划分比较少，因而整体性较强，但不如江南园林空间的曲折多变。

③ 岭南园林。岭南地区地处亚热带，终年常绿，又多河川，造园条件比北方、南方都好。其明显的特点是具有热带风光，建筑物都较高而宽敞。

清初岭南地区经济比较发达，文化水准提高，私家造园活动开始兴旺，逐渐影响及于潮汕、福建和台湾等地。到清代中期以后而日趋兴旺，在园林的布局、空间组织、水石运用和花木配置方面逐渐形成自己的特色，终于异军突起而成为与江南、北方鼎峙的三大地方风格之一。同时，地近澳门、广州，又是粤海关所在，接触西方文化早，因此园林受西方的影响也较多。

岭南园林以宅园为主，一般为庭院和庭园的组合，建筑的比重较大。庭院和庭园的形式多样，它们的组合比江南园林更密集、紧凑，往往连宇成片。这是为了适应炎热气候而取得遮荫的效果，外墙减少了，室外曝晒的热辐射会相应有所消减，同时也便于雨季的内部联系和防御台风袭击。建筑物的平屋顶多作成"天台花园"，既能降低室内温度，又可美化园林环境。为了室内降温而需要良好的自然通风，故建筑物的通透开敞更胜于江南，其外观形象更富于轻快活泼的意趣。建筑的局部、细部很精致，尤以装修、壁塑、细木雕工见长，而且多有运用西方样式的栏杆、柱式、套色玻璃等细部；甚至整座的西洋古典建筑配以传统的叠山理水，亦别饶风趣。叠山常用姿态嶙峋、皱折繁密的英石包镶，即所谓"塑石"的技法，因而山体的可塑性强、姿态丰富，具有水云流畅的形象。在沿海一带也有用石蛋和珊瑚礁石叠山的，则又别具一格。叠山而成的石景分为"壁型"与"峰型"两大类：前者的主要特征是透迤平阔，由几组峰石连绵相接组成，没有显著突出的主峰；后者的主要特征是顶峰突出，山径盘旋，造型险峻而富于动势。此外，还有由若干形象各异的单块石头的特置而构成石庭，著名的如佛山梁园的群星草堂石庭。小型叠山或石峰特置与小型水体相结合而成的水石庭、水局，尺度亲切而婀娜多姿，乃是岭南园林之一绝。理水的手法多样丰富，不拘一格，少数水池为方整几何形式，则是受到西方园林的影响。岭南地处亚热带，观赏植物品种繁多，园内一年四季都是花团锦簇、绿荫葱翠。除了亚热带的花木之外，还大量引进外来的植物，老榕树大面积覆盖遮蔽的阴凉效果尤为宜人。就园林的总体而言，岭南园林建筑体量偏大、楼房较多而略显壅塞，深邃有余而开朗不足。

地方风格的普遍化、园林风格的乡土化，在某种程度上也意味着造园技巧长足发展的结果。

[阅读资料]中国古典园林成熟期的时代背景

960年，宋太祖赵匡胤陈桥兵变，建都开封（汴梁），改名东京。从此，封建王朝的都城便逐渐东移。宋朝实行以文治国，解除骄兵悍将的兵权，出现兵不识将，将不专兵的局面，但也极大的削弱了军队的战斗力。在异族侵略战争中节节败退，称臣纳贡。1126年，金军攻下东京，又改名汴梁。次年金太宗废徽、钦二帝，北宋灭亡。宋高宗赵构逃往江南，建立半壁河山的南宋王朝，1138年定杭州为"行在"，改名临安。南宋王朝政治上苟且偷安，卖国投降，生活上纸醉金迷，终不能享国日久，在经历了几番异族的铁蹄踩躏之后，被元朝取而代之。

第2章 中国园林史

1206年，铁木真统一蒙古诸部，号称成吉思汗，起兵西征。忽必烈即帝位后，南征，南宋灭亡。1264年忽必烈定都于燕京，称为大都，改国号为元。元朝统治者起自漠北，征服四方而得以统治广大地域，由于民族文化所限，故需广为招收人才，辽、金遗臣来归者皆授以官职，汉人之有才能者则延为幕宾。那个时代，远自波斯、阿拉伯、欧罗巴亦有不少人来仕于元。

元朝末年，各地纷纷起义。濠州人朱元璋随郭子兴起兵，经过15年东征西讨，1368年建都于金陵。朱元璋就是明太祖，年号为洪武。明太祖分封诸王子于全国各地。其孙朱允炆继帝位，即惠帝。此时藩王逐渐跋扈，惠帝意图削弱诸王的势力，于是燕王朱棣以"靖难"为号召，率兵大举南下，攻陷金陵而登帝位，是为明成祖。明成祖改北平为北京，改旧都为南京。

明末，农民起义。1644年正月，李自成改西安为西京，拥兵东进，攻取居庸关，威逼北京。崇祯皇帝自缢而亡。同一时期，女真族的努尔哈赤起兵于建州，经过多年奋斗建立后金国。于1616年称汗，年号为天命。1625年攻占沈阳以为都城。1636年其子太宗皇太极继位，改国号为清。1644年世祖顺治帝嗣位。当年3月李自成攻下了明都北京城，驻在山海关防清的明将吴三桂"冲冠一怒为红颜"，引狼入室，联合清军攻打李自成。清人利用这个机会，宣称为明帝报仇，遂于该年5月进入北京城，取得了全国的统治地位。清朝在康熙、雍正、乾隆三代连续有130年的治世，出现了中国封建社会最后一个灿烂辉煌的太平盛世。

从这个时代起，欧洲诸国锐意向东方强制通商，实行侵略。英国殖民印度，近而威胁中国。清朝政府在鸦片战争中失败，割地赔款，丧权辱国。又经过第二次鸦片战争、中法战争、中日甲午战争、八国联军侵华，清政府不断与法、英、日、俄、德、意、比、荷、奥等列强签订一系列不平等条约。此时，民主革命先行者孙中山先生掀起了武装推翻满清王朝的斗争。1911年10月，在武昌起义的炮声中，统治中国长达268年的最后一个封建王朝轰然倒塌。

2. 皇家园林实例：宋代东京艮岳

（1）历史溯源

宋徽宗赵佶笃信道教，因听信道士之言，在京城内筑山则皇帝必多子嗣，于是在政和七年（1117年）在宫城的东面筑山，仿余杭之凤凰山，取名万岁山，后更名为艮岳，又叫做寿山、艮岳寿山。此后又继续凿池引水、建造亭阁楼观，栽植奇花异树。直到宣和四年（1122年）终于建成这座历史上最著名的皇家园林。它规模不大，但在造园艺术方面的成就具有划时代的意义。园门的匾额题名"华阳"，故又称"华阳宫"，象征道教所谓洞天福地。

艮岳的建园工作由宋徽宗亲自参与，徽宗精于书画，是一位素养极高的艺术家。具体主持修建工程由宦官梁师成主持，二人珠联璧合，经过周详的规划设计，然后制成图纸，按图造园，使艮岳具有浓郁典雅的文人园林意趣。徽宗经营此园，不惜花费大量财力、人力和物力。为了广事搜求江南的石料和花木，特设专门机构"应奉局"于平江（苏州）。凡被选中的奇峰怪石、名花异卉"皆越海、渡江、凿城郭而至"，这就是殚费民力、激起民愤的"花石纲"，北宋王朝的覆灭，与此不无关系。

艮岳建成之后，宋徽宗亲自撰写《艮岳记》。艮岳建成才不过四年，金兵攻陷东京城。时值严冬，大雪盈尺，成千上万的老百姓涌入艮岳，把建筑物全部拆毁作为取暖的柴薪。一代名园，自此沦于衰败。

(2) 总体布局(图2-16)

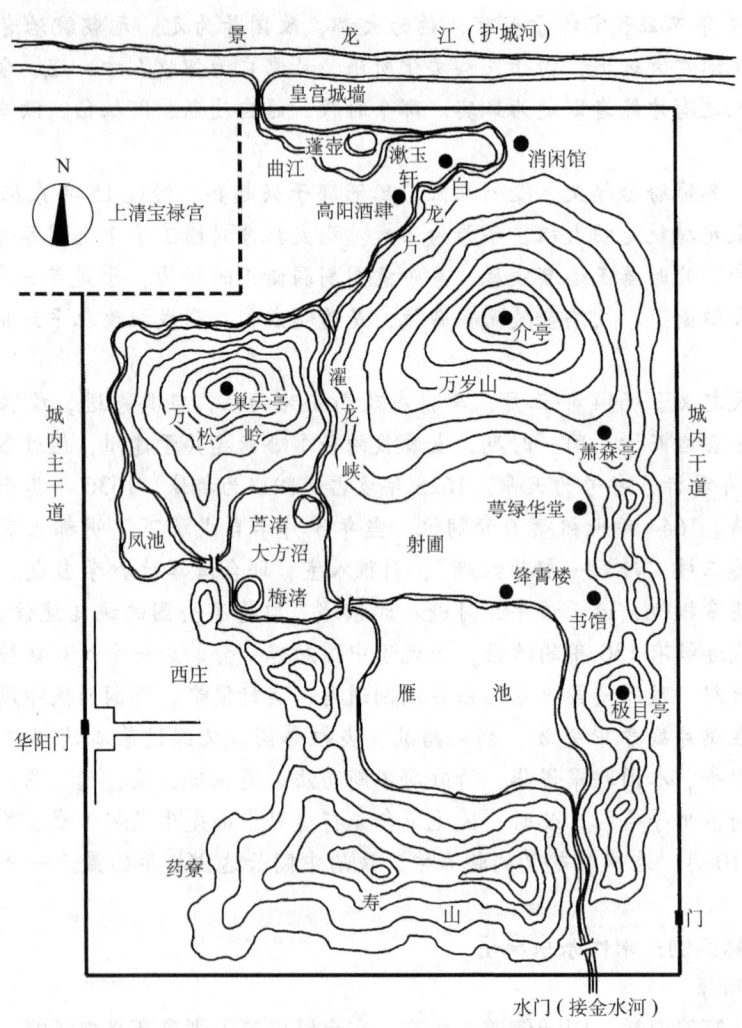

图 2-16 北宋艮岳平面构想图

艮岳属于大内御苑的一个相对独立的部分，建园的目的主要是以山水而"放怀适情，游心赏玩"。建筑物为游赏性的，没有朝会、仪典或居住的建筑。园林的东半部以山为主，西半部以水为主，成"左山右水"的格局。寿山先是用土筑成，大轮廓体型模仿杭州凤凰山。主峰高九十步是全园的制高点，上建"介亭"。后来从洞庭、湖口、丝溪、仇池的深水中，以及泗滨、林虑、灵壁、芙蓉等山上开采上好石料运抵东京，土山乃加上石料堆叠而成为大型土石山。主峰之南又有"两峰并峙"，山上"蹬道盘纡索曲，扪石而上，既而山绝路隔，继之以木栈，倚石排空，周环曲折，有蜀道之难"。山南坡怪石林立，如紫石岩，均极险峻，建龙吟堂、降霄楼、揽秀轩，山南麓"植梅万数，绿萼承跗，芬芳馥郁"，建萼绿华堂、书馆、八仙馆、承岚亭、昆云亭。从主峰顶上的介亭遥望景龙江"长波远岸，弥十余里，其上流注山间，西行潺溪"，景界极为开阔。寿山三峰的西面隔溪涧为侧岭"万松岭"，上建巢云亭，与主峰之介亭东西呼应成对景。寿山的东南面为小山横亘二里曰芙蓉城，仿佛前者的余脉。从园的西北角引来景龙江的水，入园后扩为一个小型水池名"曲江"，可能是摹拟唐长安的曲江池。池中筑岛，岛上建蓬莱堂。然后折而西南，名曰回溪，沿河道两岸建置漱玉轩、清渐阁、高阳酒肆、胜筠庭、萧闲阁、蹑云台、飞岑亭等建筑物，至寿山东北麓水分为两股。一股绕过万松岭，注入凤池；另一股沿寿山与万松岭之间的峡谷南流入山涧，"水出石口、喷薄飞注如兽面"，名叫白龙沂、濯龙峡，旁建蟠秀、练光、跨云诸亭。涧水出峡谷南流入方形水池"大方沼"，池中筑二岛，东曰芦渚，上建浮阳亭。西曰梅渚，上建雪浪亭。大方沼"沼水西流为凤池，东出为研池。中分二馆：东曰流碧，西曰环山。馆有阁曰巢凤，堂曰三秀"。雁池是园内最大的一个水池，"池水清澈涟漪，凫鹰浮泳其面，栖息石间，不可胜计"。雅池之水从东南角流出园外，构成一个完整的水系。寿山之西有两处园中之园，药寮、西庄，前者种"参、术、杞菊、黄精、芎䓖，被山弥坞"；后者种"禾、麻、菽、麦、黍、豆、粳秫，筑室若农家，故名西庄"，作为皇帝行籍耕礼的籍田。

（3）风格特点

艮岳是一座掇山、理水、花木、鸟兽、建筑完美结合的具有浓郁诗情画意而较少皇家气派的人工山水园林。它把大自然生态环境和山水风景加以高度的概括、提炼和典型化，汲取了私家园林，尤其是文人写意园林的创作艺术，把皇家园林艺术提高到前所未有的水平。

园林掇山构思独特，精心经营。寿山的主峰居于主位，两侧峰是宾位。西面的万松岭与主峰相互呼应，东南面的芙蓉城为山脉的余势，构成一个宾主分明，有远近呼应，有余脉延展的完整山系。既是天然山岳的典型化的概括，又体现了山水画论所谓"先立宾主之位，决定远近之形"，"客山供伏、主山始尊"的构图规律。整个山系并非各自孤立的山丘，其位置经营也正合于"布山形、取峦向，分石脉"（荆浩《山水诀》）的画理。艮岳无论石的特置或者叠石为山，其规模均为当时最大，反映了很高的艺术水平。园内形成一套完整的水系，水系与山系配合而形成山嵌水抱的态势，这种态势是大自然界山水成景的最理想的地貌的概括，体现了儒、道思想的哲理——阴阳、虚实的相生互补、统一和谐。

动、植物珍奇丰富，且成为景题对象，使皇家园林平添诗情画意。园内按景分区，许多景区、景点都是以植物之景为主题，如：梅岭、杏岫、黄杨嫩、丁嶂、椒崖、龙柏陂、斑竹麓、海棠川、万松岭、梅渚、芦渚、萼绿华堂、雪浪亭等，因而到处郁郁葱葱、花繁林茂。园林建筑几乎包罗当时的全部建筑形式，建筑的布局绝大部分均从造景的需要出发，充分发挥其"点景"、"引景"和"观景"的作用。

创设多样意境。艮岳景观以道骨仙风为基本格调，如华阳宫、介亭、老君洞、蓬壶等充满道教洞天仙地的意境。"曲江"有曲院风荷之妙，"回溪"有曲水流觞之境，"龙吟堂"有奔腾咆哮之势，"巢凤堂"有筑巢引凤之愿，"萼绿华堂"有兄弟同胞、君臣联袂之情，"芦渚"、"雁池"有归隐江湖之志，"高阳酒肆"取郦食其、习郁故事，有暂栖田园、待机而行之策。

3. 皇家园林实例：大内御苑西苑

（1）历史溯源

西苑北海部分的水泊，原为永定河故道积水而成。辽时，这一带原来是一个湖泊沼泽、芦荻丛生的地方。辽太宗耶律德光建都燕京后，在永定河故道由积水和陆路形成的水域中一处称为瑶屿的小岛上，建造瑶屿行宫，修建广寒殿等建筑。

金灭辽后改燕京为中都，金世宗完颜雍于大定三年至十九年（1163—1179年），在辽代初创的基础上，在这里开浚湖泊，挖湖叠山，湖名"西华潭"，岛称"琼华岛"，并在环湖地区修建了大宁离宫，后更名为万宁宫。大宁宫的范围包括今北海、中海及其附近地区，宫中建有许多殿宇楼台，宫苑附近有大片稻田。大宁宫的园林布局沿袭了我国皇家园林"一池三山"的规制，琼华岛上建有广寒殿，并用太湖石点缀，湖中除叠有琼岛（琼岛之巅建有宏伟的广寒殿），还筑有"圆坻"（即后来的团城）和犀台山，以象征海上的三座仙岛。环岛山石峥嵘，树木葱郁，当时便有"琼岛春阴"之誉，为"燕京八景"之一。

1215年，蒙古骑兵突破南口，直下中都，全城变成一片废墟，惟独这一宫苑园林奇迹般地得以保存下来。元朝元至四年（1267年），忽必烈迁都，喜爱琼华岛，以此处为中心建设一座新的都城元大都，把琼华岛改名万寿山（后改万岁山）；万岁山所在的湖泊，称为太液池。以万岁山、太液池为中心，东为大内，西为隆福宫和兴圣宫，形成三宫鼎立，宫殿与园林紧密结合的格局。1261至1271年，元世祖忽必烈曾四次扩建琼华岛。

明永乐十八年（1420年），明朝正式迁都北京，又对北海宫苑在此修葺扩建，但基本保持了元代格局。万寿山、太液池成为紫禁城西面的御苑，称西苑。于团城西侧筑起了"金鳌玉蝀"桥，而将太液池一分为二。同时又在太液池的南端开挖了一个水域，形成3个湖面。时称瀛台为南海，蕉园为中海，五龙亭为北海，从此，西苑三海由此成型。

到了清代，西苑作为皇帝的行宫和御苑，其造园进入鼎盛时期，在原有的基础上进行了拓建，并成为清朝处理政事和从事娱乐活动的场所。清顺治八年（1615年），在广寒殿旧址上建藏式白塔，把万寿山改名为白塔山。乾隆年间，乾隆帝汇集我国各地园林建筑艺术之精华，把皇家园林、第宅园林、寺庙园林和风景名胜园林等多种艺术形式有机地结合一起，在此大兴土木长达30年之久，建成静心斋、画舫斋、濠濮涧等园中园，使之成为一座综合类型的、十分完美而壮丽的帝王宫苑。光绪十一年（1885年），慈禧太后为"颐养"，挪用海军经费，重修西苑三海，慈禧太后驻跸中海"仪銮殿"。光绪二十六年（1900年）七月，八国联军侵北京，西苑三海遭受洗劫，破坏严重，仪銮殿被火焚，1902年，慈禧再度修复。

辛亥革命后，西苑结束了皇家御苑的历史。中华民国时期，西苑北海部分先是成为爱新觉罗·溥仪的私家财产，1925年北海辟为公园。西苑中南海部分先后为袁世凯、冯国璋、曹锟占有，1928年北伐战争后，中南海改为公园，但由于缺少维护修理，整个中南海呈现荒凉景象。1934年公园关闭，作为北平行辕所在地。1948年12月26日，傅作义进驻至和平解放北平。中华人民共和国成立后，中南海成为了中央政府的驻地，北海作为公园开放。

（2）总体布局

1）明代时期西苑格局：明代初期，西苑大体上仍然保持着元代太液池规模和格局。到天顺年间（1457—1464年）进行了第一次扩建。

西苑的水面占园林总面积的1/2以上。东面沿三海东岸筑宫墙，设三门：西苑门、乾明门、陟山门，西面仅在玉河桥的西端一带筑宫墙，设棂星门，"西苑门"为苑的正门，正对紫禁城之西华门。循东岸往北为蕉园，又名椒园，崇智殿平面呈圆形，屋顶饰黄金双龙，殿后药栏花圃，有牡丹数百株，殿前小池，金鱼游戏其中，殿西有小亭临水名"临漪亭"，再西一亭建水中名"水云榭"，再往北，抵团城。

团城有两掖洞门拾级而登，东为昭景门，西为衍祥门。城中央的正殿承光殿即元代仪天殿旧址，平面圆形，周围出廊，殿前古松三株，皆金、元旧物。团城的西面，大型石桥玉河桥跨湖，桥之东、西两端各建牌楼"金鳌"、"玉蛛"，故又名"金鳌玉蛛桥"。桥中央长约丈余，用木枋代替石拱券，可以开启以便行船。桥以西的御路过棂星门直达西安门，桥之东经乾明门直达紫禁城东北，是为横贯皇城的东西干道。

团城北面，过石拱桥，"太液桥"即为北海琼华岛，也就是元代的万岁山。桥之南、北两端各建牌楼"堆云"、"积翠"，故又名"堆云积翠桥"。琼华岛上仍保留着元代的叠石嶙峋、树木葱郁的景观和疏朗的建筑布局。循南面的石蹬道登山，有三殿并列，仁智殿居中，介福殿和延和殿配置左右。山顶为广寒殿，天顺年间就元代广寒殿旧址重修，是一座面阔7间的大殿。广寒殿的左右有4座小亭环列：方壶亭、瀛洲亭、玉虹亭、金露亭。岛的西坡，水井一口深不可测，有虎洞、吕公洞、仙人庵。岛上的奇峰怪石之间，还分布着琴石、棋局、石床、翠屏之类。琼华岛浮现北海水面，每当晨昏烟霞弥漫之际，苑若仙山琼阁。由琼华岛东坡过石拱桥抵陟山门，东岸往北为凝和殿，前有涌翠、飞香二亭临水。再往北为藏舟浦，是停泊龙舟凤舸的大船坞。

西苑之东北角为什刹海流入三海之进水口，设闸门控制水流量，其上建"涌玉亭"。嘉靖十五年(1536年)在其旁建"金海神祠"，祝宣灵宏济之神、水府之神、司舟之神。自此处折而西即为北海北岸的一组佛寺建筑群——大西天经厂，其西为"北台"。台顶建"乾佑阁"，与琼华岛隔水遥相呼应。天启年间，钦天监言其高过紫禁城三大殿，于风水不利。遂将北台平毁，在原址上建嘉乐殿。

北海北岸之西端为太素殿，这是一组临水的建筑群，正殿屋顶以锡为之，不施砖甓，其余皆茅草屋顶，不施彩绘，风格朴素。夏天作为皇太后避暑之居所，后来改建为先蚕坛，作为侍奉蚕神、后妃养蚕的地方，嘉靖二十二年(1543年)又把临水的南半部改建为五龙亭。

过太素殿折而南，西岸为天鹅房，有水禽馆两所饲养水禽。临水建三亭：映辉、飞露、澄碧。再往南为迎翠殿，殿前有浮香、宝月二亭临水。迎翠殿之西北为清馥殿，前有"翠芳"、"锦芬"二亭。"金鳌玉蛛桥"之西为一组大建筑群——玉熙宫，这是明代梨园子弟荟萃的地方，皇帝经常到此观看"过锦水戏"演出。

中海西岸的大片平地为宫中跑马射箭的"射苑"，中有"平台"高数丈。台上建圆顶小殿，南北垂接斜廊可悬级而升。平台下临射苑，是皇帝观看骑射的地方。后来废台改建为紫光阁，每年端午节皇帝于阁前参加赛龙舟的水戏活动，并观看御马监的骑手驰骋往来。

南海中堆筑大岛"南台"。台上建昭和殿，殿前为澄渊亭，随台而下，左右廊庑各数十楹，其北滨水一亭"涌翠"是皇帝登舟的御码头。南台一带林木深茂，沙鸥水禽如在镜中，苑若村舍田野之风光，皇帝在这里亲自耕种"御田"，以示劝农之意。南海东岸设闸门泻水往东流入御河，闸门转北别为小池一区，池中有九岛三亭，构成一处幽静的小园林。

三海水面辽阔，榆柳夹岸，古槐多为百年以上树龄。海中萍荇蒲藻，交青布绿。北海一带种植荷花，南海一带芦苇丛生，沙禽水鸟翔泳于山光水色间。皇帝经常乘御舟做水上游览，冬天水面结冰，则做拖冰床和冰上掷球比赛之游戏。

总体看，明代的西苑，建筑疏朗，树木蓊郁，既有仙山琼阁之境界，又富水乡田园之野趣，无异于城市中保留的一大片天然生态环境。

2）清代时期西苑格局（图2-17）：清代西苑进行了较大的增建和改建。顺治八年（1651年），毁琼华岛南坡诸殿宇建为佛寺——永安寺，在山顶广寒殿旧址建喇嘛塔——小白塔（彩图1），琼华岛因而又名白塔山。康熙年间，北海沿岸的凝和殿、喜乐殿、迎翠殿等处建筑均已坍废，玉熙宫改建为马厩，清馥殿改建为佛寺"宏仁寺"，中海东岸的崇智殿改建为万善殿。

南海的南台一带环境清幽空旷，顺治年间曾稍加修葺。康熙时，选中此地作为康熙帝日常处理政务、接见臣僚和御前进讲、耕作"御田"的地方，因而进行了规模较大的改建、扩建。延聘江南著名叠山匠师张然主持叠山工程，增建许多宫殿、园林以及辅助供应用房。改南台之名为"瀛台"，在南海北堤上加筑宫墙，把南海分隔为一个相对独立的宫苑区。

北堤上新建的一组宫殿名"勤政殿"，北面的宫门德昌门也就是南海宫苑区的正门。"瀛台"之上为另一组更大的宫殿建筑群，共四进院落，自北而南呈中轴线的对称布列。第一进前殿"翔鸾

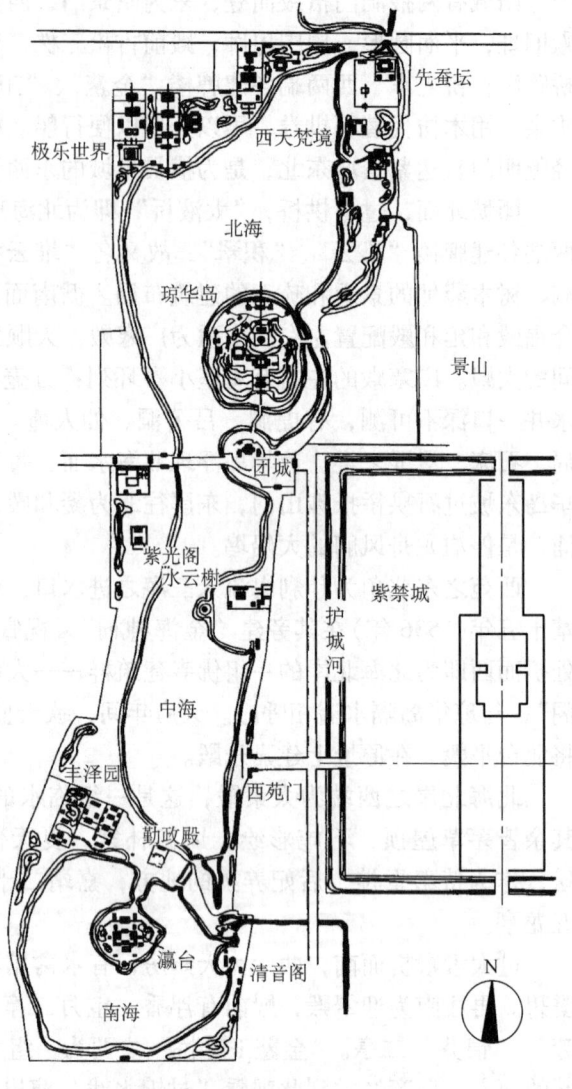

图2-17 清乾隆年间西苑平面图

殿"，北临大石台阶蹬道，东、西各翼以延楼十五间；第二进正殿涵元殿，东西有配楼和配殿；第三进后殿"香扆殿"；第四进即临水的南台旧址，台之东、西为堪虚、春明二楼，南面深入水中的为"延薰亭"。这一组红墙黄瓦、金碧辉煌的建筑群的东、西两侧叠石为假山，其间散布若干亭榭，种植各种花木，则又表现浓郁的园林气氛。隔水看去，宛若海上仙山的琼楼玉宇，故以瀛台为名。

勤政殿以西为互相毗邻的三组建筑群。靠东的丰泽园四进三路：第一进为园门，第二进"崇雅殿"，第三进澄怀堂是词臣为康熙进讲的地方，第四进遐瞩楼北临中海；东路为"菊香书屋"，西路是一座精致的小园林——静谷，其中的叠石假山均出自张然之手，为北方园林叠山的上品之作。

勤政殿之东，过亭桥"垂虹"为御膳房。南海的东北角上即三海出水口的部位，在明代乐成殿旧址上改建为一座小园林——淑清院。此园的山池布置颇具江南园林的意趣，东、

西二小池之间叠石为假山，利用水位落差发出宛如音乐之诤琮声，故名其旁的小亭为"流水音"。

南海东岸，淑清院南面为春及轩、蕉雨轩两组庭园建筑群。再南为云绘楼、清音阁、大船坞、同豫轩、鉴古堂。

4. 皇家园林实例：离宫御苑清漪园(颐和园)

(1) 历史溯源

颐和园始建于金代，金章宗金贞元年(1153年)在今天的万寿山昆明湖一带修建了"西山八院"之一的金山行宫，将这里称为金山、金山泊。到了元代，改名为瓮山、瓮山泊。

明弘治七年(1494年)在瓮山南麓兴建了圆静寺，并改瓮山泊为西湖，具有"西湖十景"的美誉；后皇室在此建成好山园。万历十六年(1588年)，这里已经具有一定的园林规模。

然而让这里真正成为一处皇家园林的是在清代。在康熙年间就曾在此修建行宫。乾隆十四年(1749年)，乾隆为其母做六十寿庆，就在原来的基础上修建了清漪园，扩湖，推山，改瓮山为万寿山，改西湖为昆明湖，并在原圆静寺遗址上兴建大报恩延寿寺，同时改好山园为清漪园。到乾隆二十九年(1764年)，营建起一座豪华壮丽的帝王宫苑，成为清代京都著名的"三山五园"之一。

清朝咸丰十年(1860年)，英法联军疯狂抢劫并焚烧了园内大部分建筑，除宝云阁、智慧海、多宝琉璃塔幸存外，珍宝被洗劫一空，建筑夷为一片废墟。1886至1895年，慈禧太后为庆祝自己的生日，挪用海军军费进行重建，历时10年，在清漪园废墟上重新修建并改名为颐和园。1900年，颐和园又遭到英、美、德、法、俄、日、意、奥八国联军的野蛮抢掠和破坏。1903年再次重新修复，但因为财力不足，后山部分长期都没有修复。到了1912年，依照对清室的优待条件，颐和园仍然掌握在逊帝溥仪手中。1924年溥仪被逐出颐和园后，北洋政府将其改为对外开放的公园。1948年12月，人民政府接管后，经过综合治理，仍保持其皇家园林的风貌。1998年12月2日，颐和园被联合国教科文组织收入《世界遗产名录》。

(2) 总体布局(图2-18)

颐和园的面积约为285hm^2，其中水面约占4/5。它的总体布局是根据所处自然地势条件和使用要求，因地制宜地划分成四个景区：东宫门和万寿山东部的廊庭，万寿山的前山部分，后湖及万寿山的后山部分，昆明湖的南湖及西湖部分。

园中主体建筑佛香阁(彩图3)，作为全园的构图中心。它北面依山，以取山林意境；南面临湖，以得观水的意境。从临湖的牌坊经排云门、排云殿、佛香阁直达山顶的智慧海构成一条明显的中轴线，而且层层上登，仰之弥高，气魄雄伟。佛香阁原是仿黄鹤楼设计修建的，阁基为八方式，阁高达38m，富丽堂皇为全园建筑之冠，置于万寿山前山的正中，地位适中得体，起到控制全园的作用。

沿着昆明湖边，东起乐寿堂，西到前山的最西端，建了一条728m的长廊，像一条纽带把前山上下的各组建筑联系在一起，并且成为各组建筑的大通道，可以在这里漫步，或坐在栏杆上欣赏远近建筑和大自然的景色。长廊建筑本身在一定距离内又布置了亭子或通到临湖的轩榭，把它分成有节奏的段落，又蜿蜒曲折。长廊把万寿山与昆明湖联系在一起，既起空间分割作用，又起使园林空间有机过渡的作用，丰富了空间的变化与层次。

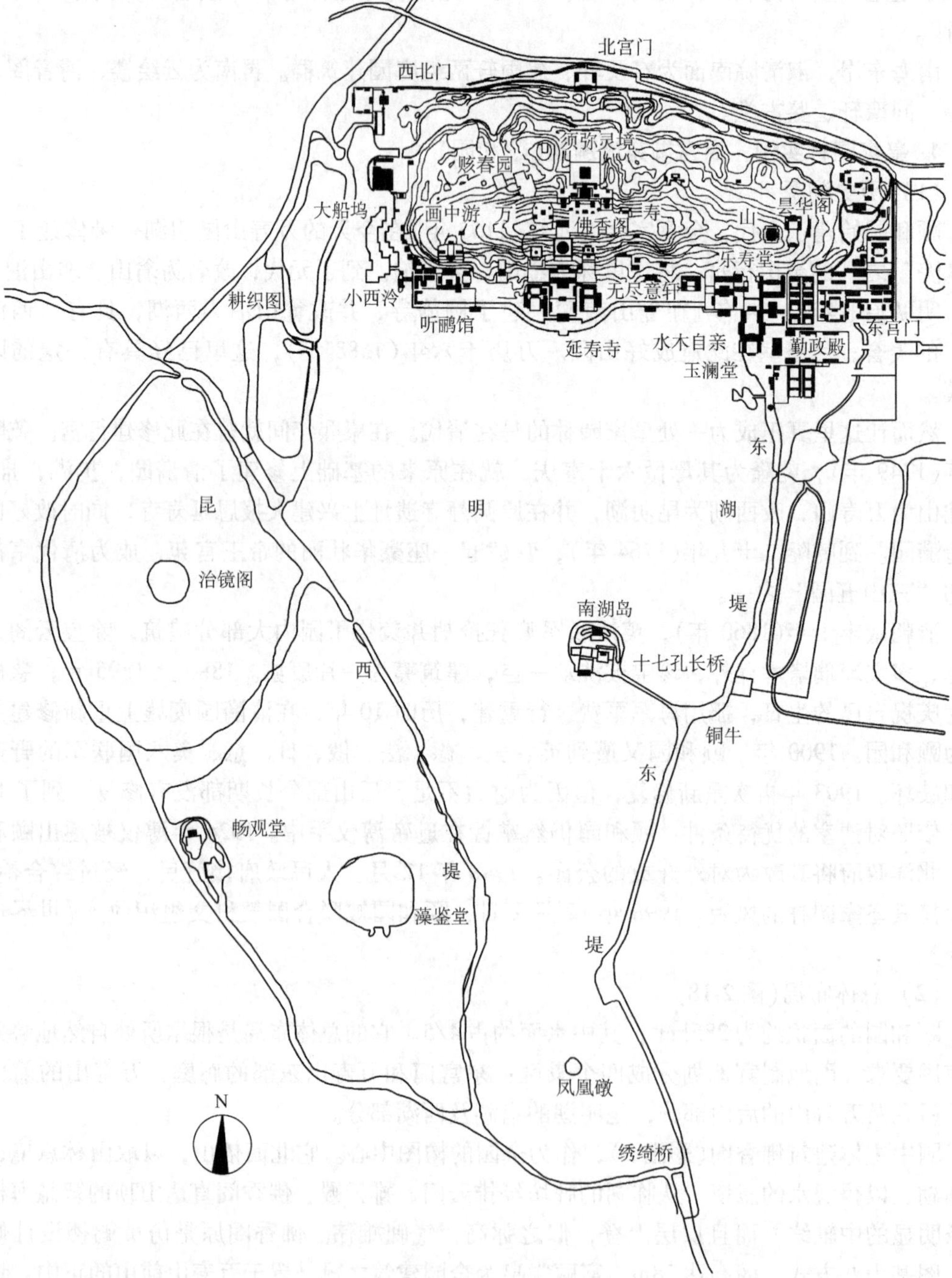

中外园林简史

图 2-18 清漪园(颐和园)平面图

颐和园后山的景色与前山迥然不同。前山广阔明朗，后山山路盘旋上下，曲折自然，道旁松柏掩映，鸟语声声。山下一条弯曲的河水，忽宽忽窄，间以石、木桥梁，沿溪流缓行，绿水清新，淡远幽静，令人眼耳俱适，心旷神怡。

颐和园的东北角，后山的东端，地势低下，因地就势，构成以水面为中心的谐趣园，这

第2章 中国园林史

是模仿无锡寄畅园设计的一个园中之园。园以水池为中心,在水面周围布置亭、台、楼、榭,用游廊、小桥相连,配以古树修竹,又有满池荷花,自成一个与外界隔绝的宁静小天地。

颐和园南部的昆明湖,是一片广阔的水面,用筑堤和洲岛的分隔将湖面划分为四个湖区。昆明湖上长150m的十七孔桥,模仿卢沟桥,每个石栏柱顶都雕有石狮子,姿态各异,犹如一道长虹飞架湖上,使水面既分割又有联系,湖山因此大为增色。在西堤上又建造不同形式的六座桥梁,有玉带桥、界湖桥、练桥、镜桥、驼背桥等,它们的姿态与自然景色十分协调。这种水面分割的办法,增加了湖面的空间层次和深远感,把宽阔的昆明湖点缀得更加明媚秀丽。

据记载,清漪园的布局与设计,在许多地方都取法于杭州西湖,深受江南园林的影响。如西堤六桥仿杭州苏堤六桥,杭州西湖湖心亭式的岛屿。水面的形状也尽量模仿西湖,也有"雷峰塔"式的报恩寺塔(后为佛香阁),也有模仿无锡寄畅园的谐趣园等。

(3) 风格特点

颐和园是以山水风景为主的山水宫苑。辽阔的昆明湖跟巍然的万寿山是平面和立面的对比,是动和静的对比。成为对比的湖、山又互相借姿而呈现了湖光山色的多种形态,荡舟湖上时,万寿山娇美的轮廓线及其松涛林海中冒出的豪华壮丽的建筑群都是视景的焦点。身在山上时,昆明湖绿水清波、堤桥辉映、天光云影、渔舟画舫又成为风景的焦点。

颐和园(清漪园)的总体规划着眼于西北郊全局、以"三山五园"为主体的大环境来考虑。乾隆初年的西北郊,西面以香山静宜园为中心,形成小西山东麓的风景小区;东面为万泉庄水系流域内的圆明、畅春以及诸赐园;瓮山、西湖、玉泉山鼎足而三则居于当中的腹心部位。清漪园建成、昆明湖开拓之后,构成了万寿山和里湖的南北中轴线。静宜园的宫廷区、玉泉山主峰、清漪园的宫廷区此三者,又构成一条东西向的中轴线,再往东延伸交汇于圆明园与畅春园之间的南北轴线的中心点,这个轴线系统把三山五园串缀成为整体的园林集群。在这个集群中,清漪园所处的枢纽地位十分明显,西面屏列着玉泉山,它与万寿山、里湖中轴线之间的距离,相当于后者与圆明园、畅春园中轴线之间的距离,再往西大约一倍的距离便是西山的层峦叠翠,山取其远而形成两个层次的景深。这样的布局形势超越于园林的界域,显示了西北郊整体的环境美,同时也为三山五园之间的互相借景、彼此成景,创造了良好的条件。最晚建成的清漪园,对这个庞大园林集群的有机整体及其环境全局的形成,起着关键性作用。

颐和园运用了巧妙的借景手法,如布置一些适当的眺望点,使西山、玉泉山诸峰的景色组织到园里来(彩图4)。至于园内各组景色则通过曲径、高台、游廊、亭阁等联系起来,互相衬托。

颐和园是中国现存皇家园林中规模宏大,富贵华丽,且保存修复相对完整的园林。

5. 北方私家园林实例:北京萃锦园

(1) 历史溯源

萃锦园始建于明朝,明弘治年间大太监李广曾置第于此。当初清乾隆年间大学士和珅大兴土木逾制修建了这座豪宅,为日后恭王府的恢弘富丽奠定了基础,也为自己筑就了一条通往灭亡的路。嘉庆四年正月初三(1799年2月7日)太上皇弘历归天,次日嘉庆褫夺了和珅军机大臣、九门提督两职,抄了其家,和珅被"赐令自尽",其宅邸被没收。嘉庆将和珅宅赐与其同母弟庆亲王永璘。咸丰初年，咸丰皇帝将此府收回，转赐其弟恭亲王奕䜣。清咸丰二年（1852年）恭亲王奕䜣入住该府，改名恭王府。20世纪20年代，奕䜣之孙溥伟为筹划清王朝复辟，将府第抵押给西什库天主教堂，复辟失败后无力赎回，由辅仁大学代偿，产权也移交给后者。1937年辅仁大学收回府园作为女校舍及司铎书院。之后，辅仁大学拆除府邸门外的倒座房和后罩楼的木假山式楼梯及花园西北角的花洞和花神庙，建了楼房。府邸先后属和珅约20年，归庆王永璘约50年，归恭王奕䜣家族约70年，成为清朝历史和中国近代史上重要的民族文化遗产。2005年10月大修。

（2）总体布局（图2-19）

萃锦园占地大约2.2hm²，分为中、东、西三路。中路呈对称严整的布局，它的南北中轴线与府邸的中轴线对位重合。东路和西路的布局比较自由灵活，前者以建筑为主体，后者以水池为中心。

中路包括园门及其后的三进院落。园门在南墙正中，为西洋拱券门的形式，这是晚清时北京常见的运用西洋建筑细部的做法。入园门，东西两侧分列"垂青樾"、"翠云岭"两座青石假山，虽不高峻但峰峦起伏、奔趋有势。此两山的侧翼衔接土山往北延绵，因而园林的东、西、南三面呈群山环抱之势。垂青樾为二十景之一，此两山左右围合，当中留出小径，迎面"飞来石"耸立，此即"曲径通幽"一景。飞来石之北为第一进院落，建筑成三合式，正厅"安善堂"建在青石叠砌的台基之上，面阔五开间出前后厦，两侧用曲尺形游廊连接东、西厢房。院中的水池形状如蝙蝠翩翩，故名"蝠河"。院之西南角有小径通往"榆关"，这是建在两山之间的一处城墙关隘，象征万里长城东尽端的山海关，隐喻恭王的祖先从此处入主中原、建立清王朝基业。院之东南角上小型假山之北麓有"沁秋亭"，亭内设置石刻流杯渠，仿古人曲水流觞之意，亭之东为"穰蔬圃"一景，背山向阳，地势

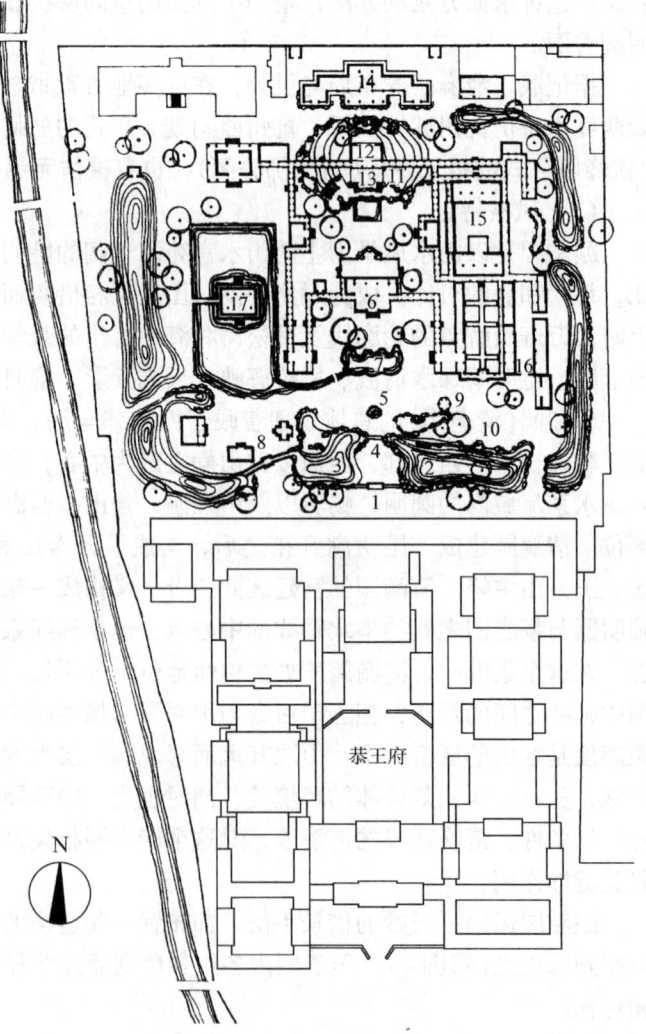

图2-19 萃锦园平面图
1—园门 2—垂青樾 3—翠云岭 4—曲径通幽 5—飞来石
6—安善堂 7—蝠河 8—榆关 9—沁秋亭 10—穰蔬圃
11—滴翠岩 12—绿天小隐 13—邀月台 14—蝠厅
15—大戏楼 16—吟香醉月 17—观鱼台

平旷，富有田园风光。安善堂的后面为第二进院落，呈四合式。靠北叠筑北太湖石大假山"滴翠岩"，姿态奇突。山腹有洞穴潜藏，引入水池，石洞名叫"秘云"，内嵌康熙手书的"福"字石刻。山上建盂顶敞厅"绿天小隐"，其前为月台"邀月台"，厅的两侧有爬山廊及游廊联接东、西厢房，各有一门分别通往东路之大戏楼及西路之水池。山后为第三进院落，庭院比较狭窄，靠北建置庞大的后厅，后厅当中面阔五间，前后各出抱厦三间，两侧连接耳房三间，平面形状很像蝙蝠，故名"蝠厅"，取"福"字的谐音。

东路的建筑比较密集，大体上由三个不同形式的院落组成。南面靠西为狭长形的院落，入口垂花门之两侧衔接游廊，垂花门的比例匀称，造型极为精致。院内当年种植翠竹千竿。正厅即大戏楼的后部，西厢房即明道堂之后卷，东厢房一排八间。院之西为另一个狭长形的院落，入口之月洞门额曰"吟香醉月"。北面的院落以大戏楼为主体，戏楼包括前厅、观众厅、舞台及扮戏房，内部装饰极华丽，可作大型的演出。

西路的主景为大水池及其西侧的土山。水池略近长方形，叠石驳岸，池中小岛上建敞厅"观鱼台"。水池之东为一带游廊间隔，北面散置若干建筑物，西、南环以土山，自成相对独立的一个水景区。

（3）风格特点

萃锦园作为王府的附园，虽属私家园林的类型，但由于园主人具皇亲国戚之尊贵，在园林规划上也有不同于一般宅园的地方。这主要表现在园林三路的划分，中路严整均齐，由明确而突出的中轴线所构成的空间序列颇有几分皇家气派。因而园林就其总体而言，不如一般私家园林的活泼、自由。但即使在这种制约情况下，亦力求在景观的组织方面显示风景式园林的气氛：把水石之景相对集中在园林的南半部，包括垂青樾和翠云岭两座大假山、若干组散置的叠石、蝠河、参天古树间以少许小建筑之点缀。一入园即置身于一个富于山林野趣的自然环境里面，适当地"软化"了园林中路的严整性。西路以长方形大水池为中心，则无异于一处观赏水景的"园中之园"。从萃锦园的总体格局看来，大抵西、南部为自然山水景区，东、北部为建筑庭院景区，形成自然环境与建筑环境之对比，既突出风景式园林的主旨，又不失王府气派的严肃规整。

园中的建筑物比起一般的北方私园在色彩和装饰方面要更浓艳华丽，均具有北方建筑的浑厚的共性。叠山用片云青石和北太湖石，技法偏刚健，也是北方的典型风格。建筑的某些装修和装饰，道路的花街铺地等，则适当地吸收江南园林的因素。植物配置方面，以北方乡土树种松树为基调，间以多种乔木。园林虽采取较为规整的布局，却不失风景式园林的意趣。

6. 江南私家园林实例：扬州个园

（1）历史溯源

个园在扬州新城的东关街，是在大约400年前的明代寿芝园的旧址上建成的。寿芝园到清代康熙、乾隆年间归两淮盐商马氏兄弟所有，这就是著名的街南书屋或小玲珑山馆。清嘉庆二十三年（1818年），两淮盐商黄至筠购下小玲珑山馆，并且在原来的基础上进行整修和重建，并重新命名为"个园"。因为园主"爱竹"，自号"个园"，又因竹叶形状很像一个"个"字，清袁枚有"月映竹成千个字"之句，故名"个园"。当时园中遍植翠竹，取东坡诗意："宁可食无肉，不可居无竹，无肉使人瘦，无竹使人俗。"个园在咸丰以后屡屡易主，而且被分为东西两半，西部为"个园"，东部则先后叫"约园"、"富春花局"。

（2）总体布局（图2-20）

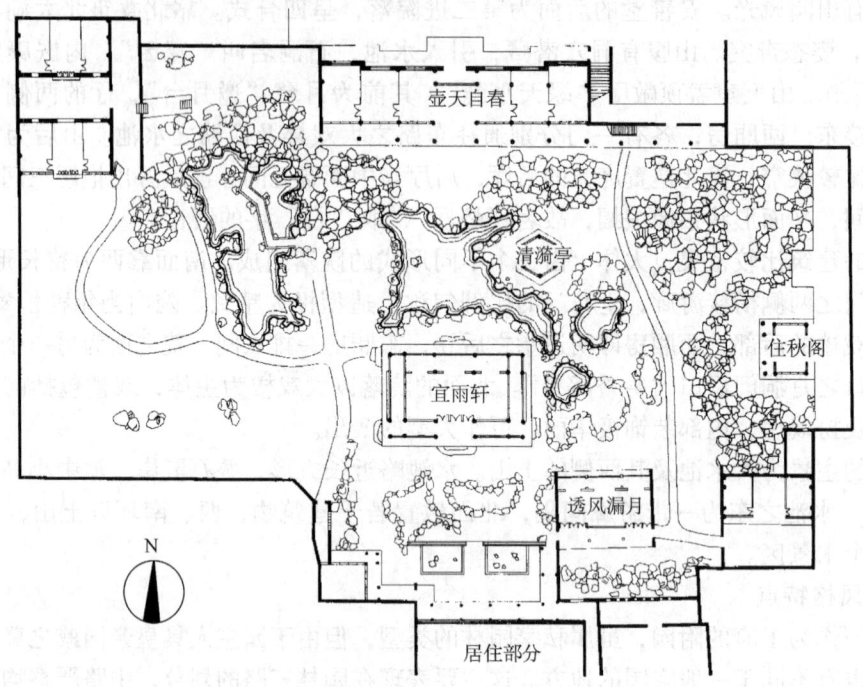

图 2-20　扬州个园平面图

  这座宅园占地大约 $0.6hm^2$，紧接于邸宅的后面。从宅旁的"火巷"进入，往前向左转经两层复廊便是园门。门前左右两旁的花坛满种修竹，竹间散置参差的石笋，象征着"雨后春笋"的意思。进门绕过小型假山叠石的屏障，即达园的正厅"宜雨轩"，俗称"桂花厅"。厅之南丛植桂花，厅之北为水池，水池驳岸为湖石孔穴的做法。水池的北面，沿着园的北墙建楼房一幢，名"抱山楼"，两端各以游廊连接于楼两侧的大假山，楼广七楹，横贯东西，把两座一具北方之雄，一具南方之秀的假山和谐地连为一体。一楼抱两山，因名"抱山楼"，登楼可俯瞰全园之景。

  抱山楼之西侧为太湖石大假山，它的支脉往楼前延伸少许，把楼房的庞大体量适当加以障隔。大假山全部用太湖石堆叠，高约 6m。山上秀木繁阴，山下池水蜿蜒流入假山洞。渡过石板曲桥进入山洞，洞顶侧置若干石笋，仿佛钟乳，更是清幽。洞内隐着一条曲折的石径，蜿蜒通向山顶。山顶有一平地，置一鹤亭。假山的正面向阳，皴皱繁密、呈灰白色的太湖石表层在日光照射下产生多样的阴影变化，通过灰调的石色，广玉兰披洒的浓荫，山洞的幽深，水态的涟漪，如大雨初霁、流云变幻，给人以千山苍翠欲滴、清凉世界的"夏山"意境（彩图6）。循假山的蹬道可登山顶，再经游廊转至抱山楼的上层。

  楼东侧为黄石堆叠的大假山，高约 7m，主峰居中，两侧峰拱列成朝揖之势。通体有峰、岭、峦、悬岩、岫、涧、峪、洞府等的形象，宾主分明。其构图按照画理的章法，据说是仿石涛画黄山的技法。山的正面朝西，黄石纹理刚健，色泽微黄。每当夕阳西下，一抹霞光映照在发黄而峻峭的山体上，呈现醒目的金秋色彩。山间古柏出石隙中，挺拔的姿态与山形的峻峭刚健十分协调，无异于一幅秋山画卷。山顶建四方小亭，周以石栏板，人坐亭中往北可远眺瘦西湖、平山堂、绿杨城廓均作为借景而摄入园中。在亭的西北一峰耸然，亭南则山势起伏、怪石嶙峋，又有松柏穿插其间，玉兰花树荫盖于前。

第2章 中国园林史

黄石大假山的顶部，有三条蹬道盘旋而下，全长约15m，所经过的山口、山峪、削壁、山洞、深潭均气势逼真。山腹有洞穴盘曲，与蹬道构成立体交叉，山中还穿插着幽静的小院、石桥、石室等。石室在山腹之内，傍岩而筑，设窗洞、户穴、石凳、石桌，可容十数人立坐。石室之外为洞天一方，四周皆山，谷地中央又有小石兀立。这座大假山为扬州叠山中的优秀作品。

个园的东南隅建置三开间的"透风漏月"厅，厅侧有高大的广玉兰一株，东偏为芍药台。厅前为半封闭的小庭院，院内沿南墙堆叠雪石假山。透风漏月厅是冬天围炉赏雪的地方，为了象征雪景而把庭前假山叠筑在南墙背阴的地方，雪石上的白色晶粒看上去仿佛积雪未消，这便是"冬山"的立意。冬山也采用象形山石，团团簇立，雪意动人，又似一只只顾盼生情的狮子，犹如一幅"雪压百狮图"。南墙上开了24个小圆孔，称为"风音洞"，每当微风掠过发出声音，又让人联想到冬季北风呼啸，更其渲染出隆冬的意境。另在庭院西墙上开大圆洞，隐约窥见园门外的修竹石笋的春景。

"丛书楼"在透风漏月厅之东少许，楼前一小院，种一二株树，十分幽静，是园内的藏书之所。

（3）风格特点

"扬州以园亭胜，园亭以叠石胜"，个园以假山堆叠精巧而名重一时。个园叠山巧于立意，它采取分峰用石的办法，创造了象征四季景色的"四季假山"。分峰用石又结合于不同的植物配置：春景为石笋与竹子，夏景为太湖石山与松树，秋景为黄石山与柏树，冬景的雪石山不用植物以象征荒漠疏寒，则四季的景观特色更为突出，形象地表现了山水《画论》中所概括的"春山淡冶而如笑，夏天苍翠而如滴，秋山明净而如妆，冬山惨淡而如睡"，以及"春山宜游，夏山宜看，秋山宜登，冬山宜居"的画理。这四组假山环绕于园林的四周，从冬山透过墙垣上的圆孔又可以看到春日之景，寓意于一年四季、周而复始，隆冬虽届，春天在即，从而为园林创造了一种别开生面的、耐人玩味的意境。

园中的水池并不大，但形状颇多曲折变化。石矶、小岛、驳岸、曲桥穿插罗布，益显水面层次之丰富，尤其是引水成小溪导入夏山腹内，水景与洞景结合起来，设计多有巧妙独到之处。水池的驳岸多用小块太湖石架空叠筑为小孔穴，则是与小盘谷相类似的扬州园林理水常用之手法。

就个园的总体看来，建筑物的体量有过大之嫌，尤其是北面的七开间楼房"抱山楼"庞然大物，似乎压过了园林的山水环境。造成这种情况的原因，主要在于作为大商人的园主人需要在园林里面进行广泛的社交活动，同时也要利用大体量的建筑物来显示排场，满足其争奇斗富的心理。虽然园内颇有竹树山池之美，但附庸风雅的"书卷气"终于脱不开"市井气"。

7. 江南私家园林实例：苏州留园

（1）历史溯源

留园在苏州阊门外，始建于明万历二十一年（1593年）太仆寺少卿徐泰时去职还乡，在苏州叠山理水，修建宅园，名"东园"。徐氏有东西两园，西园后来被开辟为寺院，即西园戒幢律寺。

其后园主数易，至清乾隆五十九年（1794年），刘恕以故园改筑，名寒碧山庄，又称刘园，园中收集奇石，有湖石十二峰。咸丰年间，苏州园林多数毁损，而此园独存。同治十二年（1873年）此园被布政史盛康购得，并修葺拓建，改名留园。现在园内的东西北三部分为光绪年间所增加，园内假山为叠石名家周秉忠（时臣）所作。科举考试的最后一个状元俞樾作《留园记》现刻于门厅木屏上。抗日战争中，留园饱受日寇蹂躏，后又成为国民党军队的驻扎地,遭到严重破坏。解放后经过抢救修复,园内各处景点得以恢复。1997年被列入"世界遗产名录"。

(2) 总体布局(图2-21)

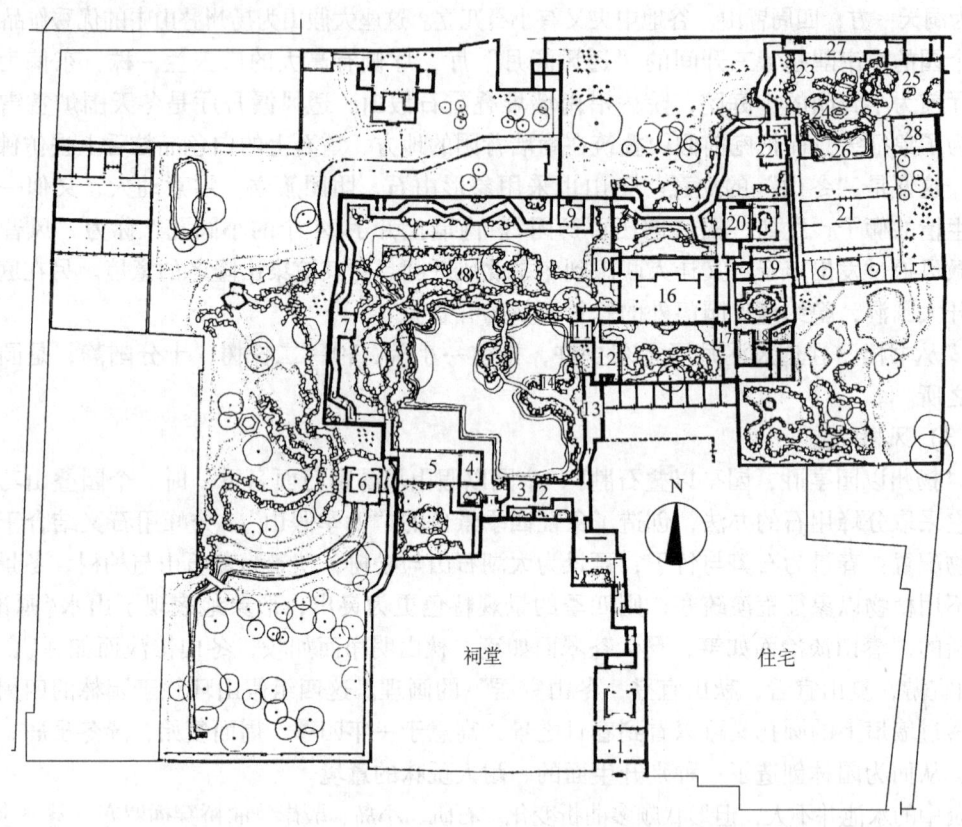

图2-21 苏州留园平面图
1—大门 2—古木交柯 3—绿荫 4—明瑟楼 5—涵碧山房 6—活泼泼地 7—闻木樨香轩 8—可亭 9—远翠阁 10—汲古得绠处 11—清风池馆 12—西楼 13—曲溪楼 14—濠濮亭 15—小蓬莱 16—五峰仙馆 17—鹤所 18—石林小屋 19—揖峰轩 20—还我读书处 21—林泉耆硕之馆 22—佳晴喜雨快雪之亭 23—岫云峰 24—冠云峰 25—瑞云峰 26—浣云池 27—冠云楼 28—伫云庵

园林紧邻于邸宅之后,分为西、中、东三区。三区各具特色,西区以山景为主,中区以山、水见长,东区以建筑取胜。如今,西区已较荒疏,中区和东区则为全园之精华所在。全园面积大约2hm^2。

当年园主人和内眷可从内宅入园,而一般游客不能穿越内宅,故此另设园门于当街,从两个跨院之间的备弄入园。备弄的巷道长达50余米,于高墙之间,运用空间的大小、方向、明暗的对比,采取了收—放—收的序列渐进变换的办法解决。一入园门便是一个比较宽敞的前厅,从厅的东侧进入狭长的曲尺形走道,再进一个面向天井敞厅,最后以一个半开敞的小空间作为结束。过此转至古柏与女贞并生的"古木交柯",它的北墙上开六个漏窗,隐约窥见中区的山池楼阁,折而西至"绿荫轩",轩西有青枫,婀娜多姿,东边原有老榉一棵,因在树荫下,故名。北望中区之景豁然开朗,则已置身于园中。

第 2 章　中国园林史

中区的东南部开凿水池、西北堆筑假山，形成以水池为中心，西、北两面为山体，东、南两面为建筑的布局，这是留园中一个较大的山水景区(彩图 7)。临池的假山用太湖石间以黄石堆筑为土石山，一条溪涧破山腹而出仿佛活水的源头。涧上横跨石板桥以沟通山径，假山上桂树丛生、古木参天，山径随势蜿蜒起伏，人行其中颇有置身山野之感。北山上建六方形小亭"可亭"作为景的点缀，同时也是一处居高临下的驻足场景。水池的东、南面均为高低错落、连续不断的建筑群所环绕，池南岸建筑群的主体是"明瑟楼"和形似船厅形象的"涵碧山房"(彩图 8)，它与北岸山顶的"可亭"隔水呼应成为对景，这在江南宅园中为最常见的"南厅北山、隔山相望"的模式。"涵碧山房"之前临池为宽敞的月台，后为小庭院，植牡丹、绣球等花木。西侧循爬山游廊随西墙北上，折而东沿北墙连接至区东北角上的"远翠阁"，再与东区的游廊连接，构成贯穿于全园的一条迂回曲折而漫长的外围廊道游览线。

池东岸的建筑群平面略成曲尺形转折而南，立面组合的构图形象极为精美："清风池馆"西墙全部开敞，凭栏可观赏中区山水之全景。"西楼"与"曲溪楼"其皆重楼叠出，它们的较为敦实的墙面与清风池馆恰成虚实之对比。楼的南侧有廊屋连接、古木交柯，廊墙上开连续的漏窗。自室内观赏，透出室外山池之景，有若连续的小品画幅；自屋外观赏，则漏窗的空图案又成为墙面上连续而有节奏的装饰。这一组高低错落有致、虚实相间的建筑群形象造型优美、比例匀称、色彩素雅明快，再配以斜出的古树和驳岸参差的山石，构成一幅十分生动的画面，与池中倒影上下辉映。在后期园林建筑较为密集的情况下，它的精致的艺术处理无愧为一大手笔。

西楼、清风池馆以东为留园的东区，东区又分为西、东两部分，"五峰仙馆"和"林泉耆硕之馆"分别为这两部分的主体建筑物。东区的西部仅占全园面积的 1/20 左右，却是园内建筑物集中、建筑密度最高的地方。这部分的规划，利用灵活多变的院落空间创造出一个安静恬适，仿佛深邃无穷的园林建筑环境，满足了园主人以文会友、多样性的园居生活的功能要求。建筑物一共五幢，其余均为各式游廊。正厅"五峰仙馆"是接待宾客的地方，"还我读书处"是安静闲适的独立环境，"揖峰轩"属书斋性质，"鹤所"和"石林小屋"则是一般的游赏建筑。这五幢建筑物又分别结合游廊、墙垣再分划为三个小区，五峰仙馆、鹤所一区与还我读书处一区采取有轴线但非对称均齐的布局，揖峰轩、石林小屋一区采取既无中轴线又非对称均齐的自由布局。曲折回环的游廊占着建筑的极大比重，对于多变空间的形成起着决定性的作用。从一幢建筑物到另一幢建筑物都很近，但却要经过多次转折的曲廊盘桓，在有限的地段范围内能够予人以无限之感。由建筑实体围合而成的院落有 12 个之多，其中的四个为庭院、八个为小天井。庭院的大小、形式、山石花木配置，封闭或通透程度均视各自建筑物的性质而有所不同，五峰仙馆前庭翠竹潇洒、峰石挺拔，点出"五峰"的主题，后庭较为开敞，透过游廊借入隔院之景；还我读书处小院静谧清雅，仿佛与世隔绝；揖峰轩前庭怪石罗列，花木满院，以石峰为造景之主题，故命轩之名为"揖峰"。小天井依附于建筑物的一侧，便于室内的通风和采光，但更重要的作用在于为室内提供精致的框景即李渔所谓的"尺幅窗"、"无心画"。天井点缀的芭蕉竹石、悬垂藤蔓以白粉墙为面底，以窗洞或廊间为画框，构成一幅幅的立体小品册页，实墙的封闭感亦因之消失。游廊与庭院、天井相结合，彼此渗透沟通，又创造了众多的出入孔道和复杂的循环游览路线。"处处虚邻"、"方方胜境"，收到了行止扑朔迷离、景观变化无穷的效果，空间创作的巧思、确实十分出色。

东区的东部，正厅"林泉耆硕之馆"为五间鸳鸯厅的做法。厅北是一个较大的开敞的

65

庭院，院当中特置巨型太湖石"冠云峰"，冠云峰高5m有余，左右翼以"瑞云"、"岫云"二峰，皆明代旧物。三峰鼎峙构成庭院的主景，故庭院中的水池名"浣云池"，庭北的5间楼房名"冠云楼"均因峰石而得名。这是留园中另一呈庭园形式的较大景区，自冠云楼东侧的假山登楼，可北望虎丘景色，乃是留园借景的最佳处（图2-22）。

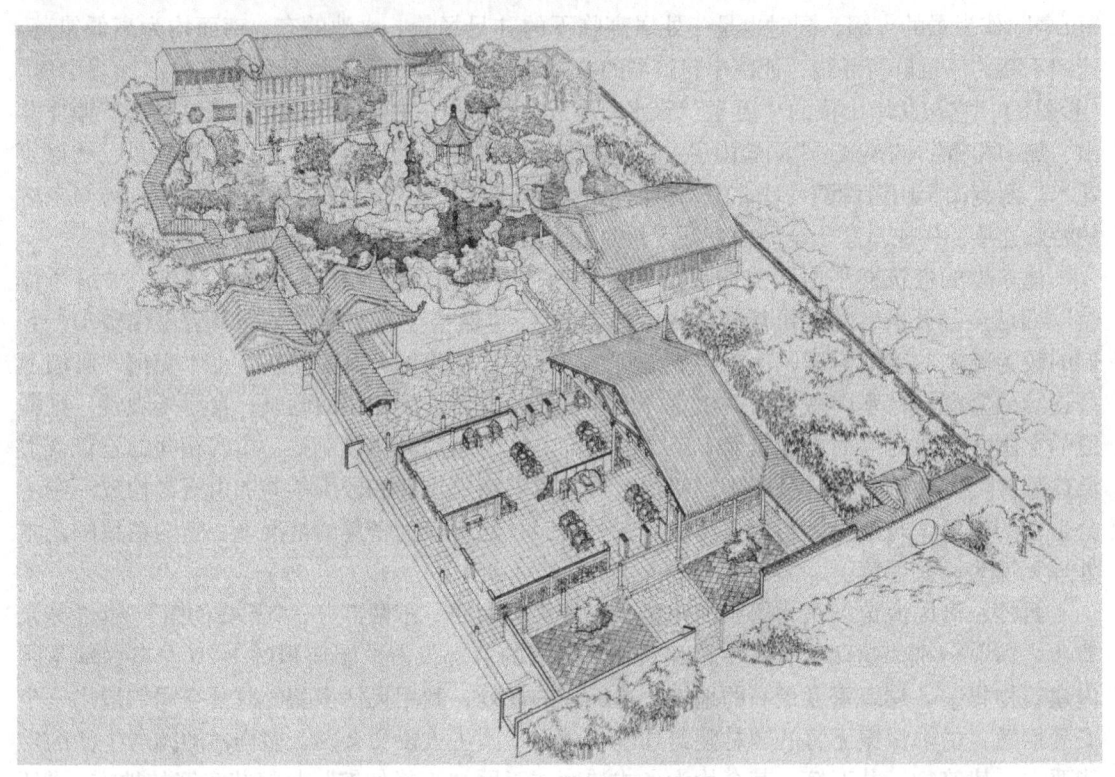

图2-22　苏州留园冠云峰庭院鸟瞰图

（3）风格特点

留园既有以山池花木为主的自然山水空间，也有各式各样以建筑为主的大小空间——庭园、庭院、天井等。园林空间的丰富，为苏州园林之冠，在同一时期全国范围内的私家园林中也是罕见的，它称得起是多样空间的复合体，集园林空间之大成者。留园的建筑布局采取把建筑物尽可能地相对集中，以"密"托"疏"，一方面保证自然生态的山水环境在园内所占的一定比重，另一方面则运用高超的技艺把密集的建筑群体创为一系列的空间复合体。留园的规划设计水平高超，但就园林的总体而言，因建筑过多造成的人工雕琢气氛太重，多少丧失风景式园林的主旨。

8. 江南私家园林实例：无锡寄畅园

（1）历史溯源

寄畅园位于无锡城西的锡山和惠山间平坦地段上，东北面有新开河（惠山浜）连接于大运河，园址占地约1hm^2，属于中型的别墅园林。

寄畅园最早创建于明代，此园一直为秦氏家族所有，故名"秦园"。第一代园主秦金，号凤山，弘治六年进士。在明嘉靖年间，他曾先后任五部尚书，为告老还乡，颐养天年，利用原惠山寺"南隐"和"汇寓"两僧舍，初步奠定了园林的雏形，因秦金

第 2 章 中国园林史

号"凤山",故初名"凤谷行窝"。秦金逝世后,园转给族孙秦梁,改园名为"凤谷山庄"。到了明万历十九年(1591年),第三代园主秦耀因失意于官场而被解职,从而驱使他寄情于山水之间,先后花了7年时间,在"凤谷山庄"的基础上建成二十景。新园建成后,取王羲之的诗句"取欢仁智乐,寄畅山水阴;清泠涧下濑,历落松竹林",而命名为"寄畅园"。清代顺治十四年(1657年),秦氏后裔秦德藻专门请了造园名家张南垣设计改造,并由他的高徒侄子张轼负责施工,在园内精心叠石,引入惠山的"天下第二泉"的泉水流注园中。经一代名家张南垣的创意,寄畅园更为完美,名声大噪,成为当时的江南名园之一。

至清代,康熙、乾隆两朝帝王对寄畅园更是十分垂青,两人分别六下江南,每次都要到寄畅园游览,雍正皇帝也曾莅园,是寄畅园的鼎盛期。其间在雍正初,秦德藻长孙秦道然因受宫廷斗争株连入狱,园被没官并割出西南角建无锡县贞节祠。乾隆元年,秦道然子秦蕙田殿试中探花,入直南书房。第二年上《陈情表》,道然获释,园被发还,后由秦氏家族中德藻二房孙子秦瑞熙营构。乾隆十一年,族议将园内嘉树堂改为"双孝祠",寄畅园为祠堂公产,故又名"孝园"。辛末年(1751年),乾隆首次南巡,指定寄畅园为巡幸之地,喜其幽致,携图以归,于北京清漪园万寿山东北麓仿建"惠山园",即今颐和园中的"谐趣园"。咸丰、同治年间,寄畅园多数建筑毁于兵火,后稍作补葺。1952年,秦氏后裔秦亮工将私园献给国家,即作保护性修复,又将原贞节祠纳入园中,即今"秉礼堂"一组小巧庭院。后陆续重修九狮图石,重建嘉树堂。其余的建筑物仍为旧观,山水的格局也未变动,园林的总体尚保持着明代的疏朗格调。

(2) 总体布局(图2-23)

园林总体布局,水池偏

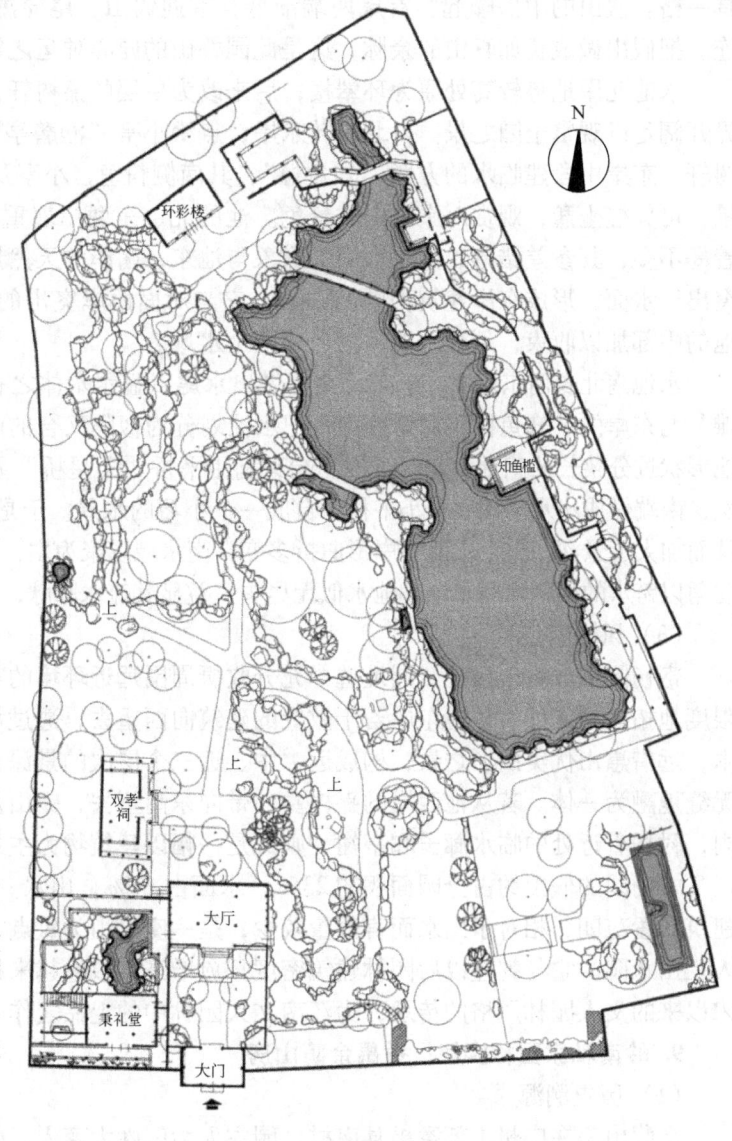

图 2-23 无锡寄畅园平面图

东,池西聚土石为假山,两者构成山水骨架。入园经秉礼堂再出北面的院门,东侧为太湖石堆叠的小型假山"九狮台"作为屏障,绕过此山便到达园林的主体部分。九狮台通体具有峰峦层叠的山形,若仔细看则仿佛群狮蹲伏、跳跃,姿态各异,妙趣横生。

园林的主体部分以狭长形的水池"锦汇漪"为中心,池的西、南为山林自然景色,东、北岸则以建筑为主。西岸的大假山是一座黄石间土的土石山,山并不高峻,最高处不过4.5m,但却起伏有势。山间的幽谷墼道忽浅忽深,予人以高峻的幻觉。山上灌木丛生,古树参天,这些古树多是四季长青香樟和落叶的乔木,浓阴如盖,盘根错节。加之山上怪石参差,更突出了天然山野的气氛。从惠山引来的泉水形成溪流破山腹而入,再注入水池之西北角。沿溪堆叠为山间墼道,水的迭落在墼道中的回声丁冬犹如不同音阶的琴声,故名"八音涧"。人行墼道中宛若置身深山大壑,耳边回响着空谷流水的琴音,所创造的意境又自别具一格。假山的中部隆起,首尾两端渐低,首迎锡山、尾向惠山,似与锡、惠二山一脉相连。把假山做成犹如真山的余脉,这是此园叠山的匠心独运之笔。

水池北岸地势较高处原为环翠楼,后来改为单层的嘉树轩,这是园内的重点建筑物,景界开阔足以观赏全园之景。自北岸转东岸,点缀小亭"涵碧亭",并以曲廊、水廊连接于嘉树轩。东岸中段建临水的方榭"知鱼槛",其南侧粉垣、小亭及随墙游廊穿插着花木山石小景,可凭槛坐憩,观赏对岸之山林景色。池的北、东两岸着重在建筑的经营,但疏朗有致,着墨不多,其参差错落、倒映水中的形象与池东、南岸的天然景色恰成强烈的对比。知鱼槛突出于水面,形成东岸建筑构图的中心,它与对面西岸突出的石滩"鹤步滩"相峙而把水池的中部加以收束,划分水池为南、北两个水域。

水池南北长而东西窄,于东北角上做出水尾以显示水体之有源有流。中部西岸的"鹤步滩"与东岸的"知鱼槛"对峙收束,把水池划分为似隔又合的南、北二水域,适当地减弱水池形状过分狭长的感觉。北水域的北端又利用平桥"七星桥"及其后的廊桥再分划为两个层次,南端做成小水湾架石板小平桥,自成一个小巧的水局。于是,北水域又呈现为四个层次,从而加大了景深。整个水池的岸形曲折多变,南水域以聚为主,北水域则着重于散,尤其是东北角以跨水的廊桥障隔水尾。池水似无尽头,益显其疏水脉脉,源远流长的意境。

（3）风格特点

寄畅园借景手法最佳,园址选择充分收摄周围远近环境的美好景色,使得视野得以最大限度地拓展到园外。从池东岸若干散置的建筑向西望去,透过水池及西岸大假山上的蓊郁林木,远借惠山优美山形之景,构成远、中、近三个层次的景深,把园内之景与园外之景天衣无缝地融为一体。若从池西岸的嘉树堂一带向东南望去,锡山及其顶上的龙光塔均被借入园内,衬托着近处的临水廊子和亭榭,则又是一幅以建筑物为主景的天然山水画卷（彩图9）。

寄畅园的假山约占全园面积的23%,水面占17%,山水一共占去全园面积的1/3以上。建筑布置疏朗,相对于山水而言数量较少,是一座以山为重点、水为中心、山水林木为主的人工山水园。它与乾隆以后园林建筑密度日愈增高、数量越来越多的情况迥然不同,正是唐宋以来的文人园林风格的传承,为江南文人园林中的上品之作。

9. 岭南私家园林实例：番禺余荫山房

（1）历史溯源

余荫山房在广州市郊番禺县南村,园主人为邬姓大商人。此园始建于清同治年间,完整保留至今,是粤中的四大名园之一。

（2）总体布局（图 2-24）

园门设在西南角，入门经过一个小天井，左面植腊梅花一株，右面穿过月洞门以一幅壁塑作为对景。折而北为二门，门上对联"余地三弓红雨足，荫天一角绿云深"，点出"余荫"之意。进入二门，便是园林的西半部。

西半部以一个方形水池为中心，池北的正厅"深柳堂"面阔三间。堂前的月台左右各植炮仗花树一株，古藤缠绕，花开时宛如红雨一片，深柳堂隔水与池南的"临池别馆"相对应构成西半部这个庭院的南北中轴线。水池的东面为一带游廊，当中跨拱形亭桥一座。此桥与园林东半部的主体建筑"玲珑水榭"相对应，构成东西向的中轴线。

东半部面积较大，中央开凿八方形水池，有水渠穿过亭桥与西半部的方形水池沟通。八方形

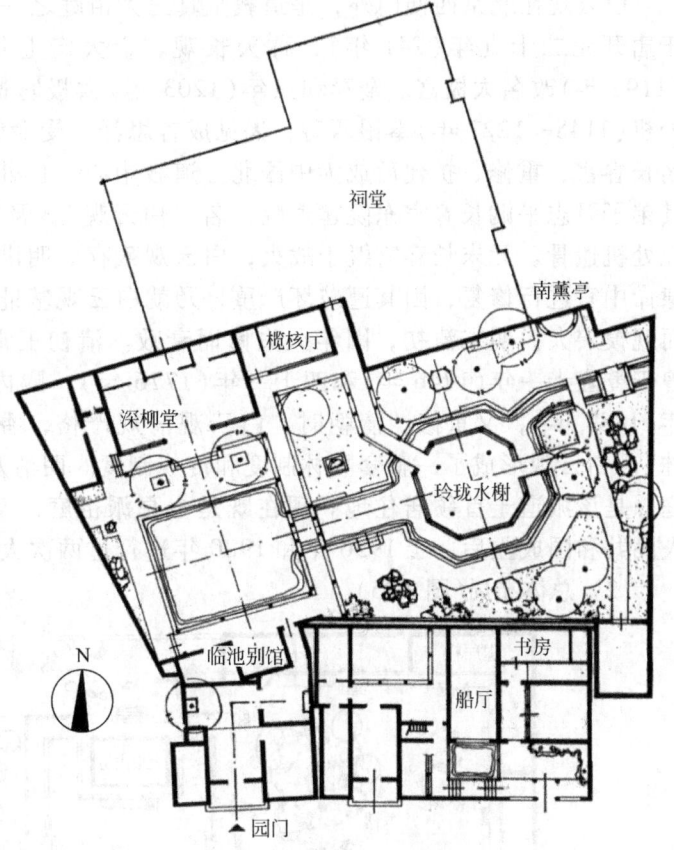

图 2-24　余荫山房平面图

水池的正中建置八方形的"玲珑水榭"，八面开敞，可以环眺全园之景。沿着园的南墙和东墙堆叠小型的英石假山，周围种植竹丛，犹如雅致的竹石画卷。园东北角跨水渠建方形小亭"孔雀亭"，贴墙建半亭"南熏亭"。水榭的西北面平桥连接于游廊，迂曲蜿蜒通达西半部。

园林的南部为相对独立的一区"愉园"，是园主人日常起居、读书的地方。愉园为一系列小庭院的复合体，以一座船厅为中心，厅左右的小天井内散置花木水池，成小巧精致的水局。登上船厅的二楼可以俯瞰余荫山房的全景以及园外的借景，多少抵消了因建筑密度过大而予人的闭塞之感。

（3）风格特点

余荫山房的总体布局很有特色，两个规整形状的水池并列组成水庭，水池的规整几何形状受到西方园林的影响。广州为清代粤海关的所在地，主要的外贸通商口岸，吸收西方的物质文明自然会得风气之先。余荫山房的某些园林小品（如栏杆）、建筑等雕饰丰富，尤以木雕、砖雕、灰塑最为精致。主要厅堂的露明梁架上均饰以通花木雕，如百兽图、百子图、百鸟朝凤等题材多样。但总体而言，建筑体量稍嫌庞大，东半部"玲珑水榭"的大尺度与小巧的山水环境不甚协调。

10. 寺观园林实例：北京白云观

（1）历史溯源

白云观在北京西便门外,是道教全真三大祖庭之一,为北京最大的道教庙宇。始建于唐开元二十九年(741年),称天长观。金大定七年(1167年)重建,金明昌三年(1192年)改名太极宫。金泰和三年(1203年)太极宫遭火灾被毁。金末,长春真人丘处机(1148—1227年)奉诏西游,谒见成吉思汗,受命管天下道教,主持太极宫,并改名长春宫,重修、扩建后成为中国北方道教中心。丘处机死后,金正大四年(1227年)其弟子尹志平购长春宫东院建道院,名"白云观"。翌年春建"处顺堂"于观中,埋葬丘处机遗骨。元末长春宫毁于战火,白云观残存。明洪武二十七年(1394年),燕王朱棣命中官进行修复,因其遭破坏严重,乃就白云观基址进行重建。其后陆续加以扩建,而规模宏大。明末清初,因年久失修而衰败。清初王常月住持白云观时,清高宗弘历曾于乾隆十一年(1746年)和四十一年(1776年),赐内帑两次修葺白云观。光绪十三年(1887年),又重修。清朝时,白云观清规严格,香火兴旺。被誉为"全真第一丛林"。白云观形成了一整套丛林制度和传戒制度。明清及民国,白云观是全真道第一祖庭,是该派道士首领居住地。现在既是全真派祖庭,又是中国道教协会所在地。中华人民共和国成立后,于1956年和1980年进行过两次大修。

(2) 总体布局(图2-25)

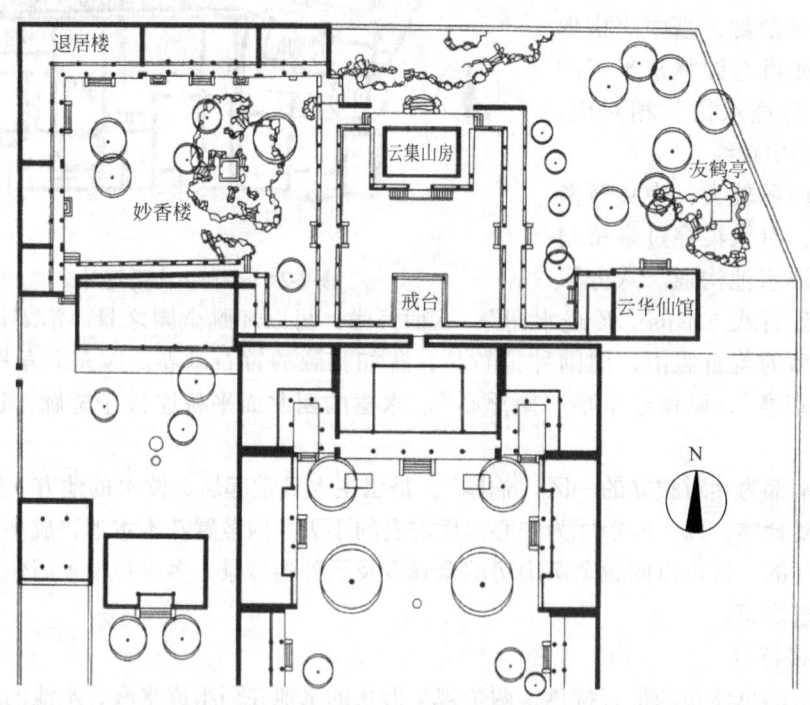

图2-25 北京白云观后部平面图

白云观建筑群坐北朝南,呈中、东、西三路之多进院落布局,其后的园林是光绪年间增建的。此园的总体布局略近于对称均齐,以游廊和墙垣划分为中、东、西三个类似庭院的景区。

中区的庭院正当中为建于石砌高台上的"云集山房",这是全园的主体建筑物和构图中心。它的前面正对着中路的"戒台",后面对土石假山。假山的周围古树参天,登山顶则近处的天宁寺塔在望,远处可眺览西山群峰。中区两侧有游廊分别与东、西两区连接。西区建角楼"退居楼",院中的太湖石假山为此区的主景,山下石洞额曰"小有洞天",寓意于道教的洞天福地。自石洞侧拾级登山,有碣,上书"峰回路转",山顶建小亭"妙香"作为点缀,兼供游人小憩。东区的院中亦以叠石假山为主景,山上建亭名"有鹤"。亭旁特置巨型峰石,上携"岳云文秀"四字,诱发人们对五岳名山的联想,从而创造道家仙界洞府之意境。假山之南建置三开间、坐南朝北之"云华仙馆",有窝角游廊连接于中区之回廊。

2.2 中国近代园林（约公元1911—公元1949年）

知识要点

- ◆ 掌握中国近代园林的主要类型,及各类型园林的风格特征和代表园林
- ◆ 掌握中国近代园林中优秀园林的总体布局及风格特征

2.2.1 中国近代园林发展概况

西方园林文化的引进与结合是中国近代园林的主要特点。17世纪30~40年代,西方建筑形式开始在扬州一些私园的某些局部中出现,而最能代表引进西方园林形式的作品当属北京长春园中的"西洋楼"景区。该景区面积约$8.5hm^2$,建于1747—1760年(乾隆十二年至二十五年),是由天主教士法国人蒋友仁、王致诚、汤执中、意大利人郎世宁、波希米亚人艾启蒙等人设计建造的。建筑为洛可可式,园林以水景为主。

1840年鸦片战争以后,外国人在租界地建造了一批公园,供他们自己的殖民者享用,主要有上海的外滩公园(1868年建,现名黄浦公园)、虹口公园(1902年建,现名鲁迅公园)、兆丰花园(现名中山公园);天津有维多利亚公园(1887年建,现名解放公园)、法国公园(1917年建,现名中心公园)、俄国花园(1901年建)、大和公园(1906年建)、意国花园(1920年建)。

清朝末年(1897—1911年),由于民主思潮和欧美各国"公园运动"的影响,出现了一批由地方政府、商绅、华侨等筹资兴建的公园,其中有:齐齐哈尔的西仓公园(1817年建,现名龙沙公园)、哈尔滨的董事会花园(1906年建,现名兆麟公园)、上海的昆山公园和华人公园(建于1869—1900年之间)、天津的劝业会(建于1905年,后改名河北公园,现名中山公园)、种植园(1907年建,后改名北宁公园)、北京的农事试验场附设公园(建于1906年,后并入北京动物园)、无锡的城中公园(1906年建)、南京的玄武湖公园(1911年建)、成都的少城公园(建于1911年)等。

1911年辛亥革命后,一批原有的皇家园林和坛庙向群众开放,并在一些名胜游览地基础上建公园,北平1912年将先农坛辟作城南公园,1914年将社稷坛辟作中央公园(今中山公园),1925年将城中"三海"辟作北海公园和中南海公园。上海1927年将文庙辟为公园。广州1918年建中央公园(现人民公园)、黄花岗公园,后又陆续建越秀公园、东山公园、河南公园、永汉公园、白云山公园、净慧公园和海珠公园。南京1926—1929年建成中山陵园,1928年后开辟了莫愁湖、白鹭洲、秦淮、鼓楼和秀山公园等。镇江辟金山、焦山、北固山为园林区,并建伯先(赵声)公园。武昌1916年建首义公园。汉口1923年建西园(现名中山

公园），1928年建市府公园，1929年建爱国花园。杭州将西湖的孤山辟为公园，沿西湖建六个湖滨公园，城内建上城公园。长沙1925年于天心阁故址开辟天心公园，1932年建革命纪念公园、长沙第一公园、河岸公园、水陆洲公园。重庆1926年建中央公园。昆明建有翠湖公园、圆通公园、大观公园，将名胜古刹整理开放的有金殿公园、黑龙潭公园、古幢公园等。沈阳建辽垣公园、小河沿公园，小西边门外公园。厦门1927年由华侨集资建中山公园，面积13hm^2，采用自然山水式布局。

1930年在闽浙赣革命根据地的葛源镇，曾由方志敏同志带头参加修建"列宁公园"；1941年在延安王家坪修建了"桃林公园"，设有儿童游戏场、花卉园圃等。

这一时期还出现一些西方形式或中西结合的知名私人宅院和官邸花园，如无锡的梅园（1921年建）、蠡园（1927年建），上海的荣家花园，青岛八大关的一些花园别墅，天津马场道一带的小洋楼等。

1937年至1949年期间，因战争等原因公园毁多建少，公园建设基本停顿。

2.2.2 中国近代园林实例

1. 南京中山陵

（1）历史溯源

中山陵是我国伟大的民主革命先行者孙中山先生的陵墓。通过征集陵墓设计方案，当时的青年建筑师吕彦直设计的警钟形图案被一致评为首奖，他本人也被聘主持全部工程。中山陵于1926年1月15日破土动工，1929年春，陵墓主体工程完工。中山陵园历尽沧桑，在日本侵华战争期间，许多景点建筑毁于炮火之中。新中国成立后，人民政府高度重视对中山陵的保护。1966年，为纪念孙中山先生诞辰100周年将中山陵陵门、碑亭、祭堂顶上的琉璃瓦进行了更换，祭堂和墓室的铜门也全部修整如新。1986年，再次对中山陵的灵堂、碑亭和牌坊加以修葺，并修复了陵墓附近的藏经楼主楼，作为孙中山纪念馆。中山陵以其凝重的历史意义、极高的文化价值和优美的园林景致被誉为"中国近代建筑史上的第一陵"。

（2）总体布局（图2-26）

中山陵园位于江苏省南京市东郊钟山（紫金山）东峰小茅山的南麓，西邻明孝陵，东毗

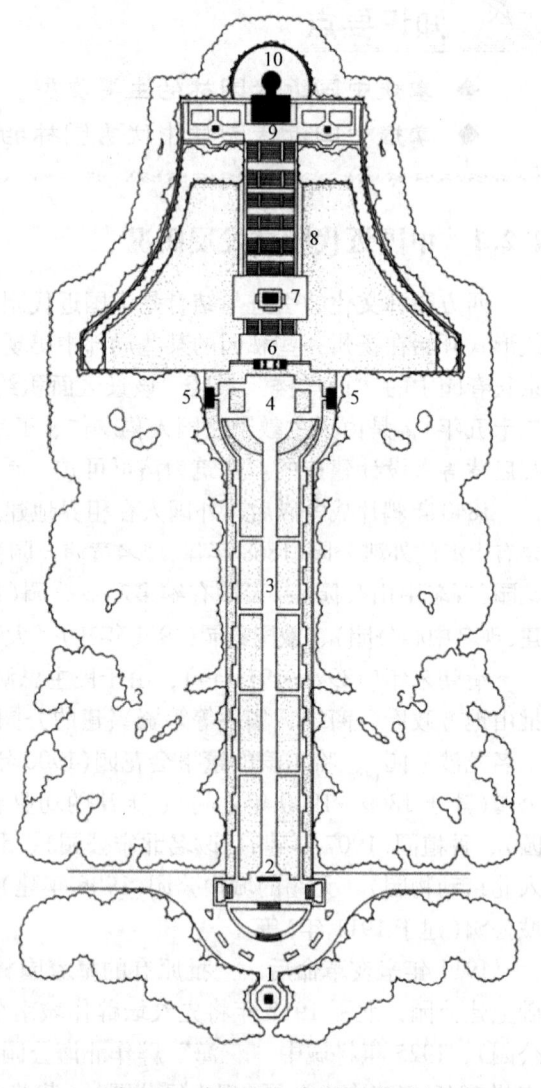

图2-26　南京中山陵墓区平面图
1—孙中山立像　2—石牌坊　3—墓区　4—门前小广场
5—祭祀休息处　6—陵门　7—碑亭　8—大台阶墓区
9—祭堂　10—墓室

灵谷寺，坐北朝南，前临平川，背靠青山，整个建筑群依山势而层层上升。墓室建在海拔158m的山顶最高处，比独龙岗明孝陵所处的位置高出90多米；从牌坊到墓道，高差70多米，平面距离700多米，显得十分雄伟壮丽。其建筑风格中西合璧，钟山的雄伟山势与各个牌坊、陵门、碑亭、祭堂和墓室，通过大片绿地和宽广的通天台阶，连成一个大的整体，既有深刻的含意，又有宏伟的气势。

中山陵景区由孙中山先生陵墓区和散布于其周围的一系列纪念性建筑组成。这些建筑主要有音乐台、藏经楼（孙中山纪念馆）、美龄宫、流徽榭、光华亭、行健亭、永丰社、仰止亭和中山书院等，整个景区面积约31.1万m^2。

（3）园林特色

中山陵作为一座陵墓，在设计上继承了我国传统的陵墓建筑风格，如依山为陵，保留牌坊、墓道、陵门、碑亭、祭堂等中国古代陵墓中常用的基本建筑格局，但又剔除了古代帝王陵墓中属于封建糟粕一类的东西，如摒弃用于显示古代帝王威严的石人石兽，同时吸取西方建筑的一些先进技艺。结合山峦地势，突出天然屏障，以大片绿茵、宽阔石阶把孤立的小建筑连成整体，苍松翠柏，漫山碧绿，既有时代气息，又蕴民族风格。整个构思的确称得上是古为今用、洋为中用、别具匠心、巧夺天工，是中国近代大型群体建筑的杰作。

2. 南京莫愁湖公园

（1）历史溯源

莫愁湖公园以"莫愁"名，最早见于南朝乐府《莫愁乐》，北宋时莫愁湖已定型，并成为游览之地。因莫愁女的传说，再加文人雅士诗歌传颂，益添湖景的诗情画意，经历数代营建，莫愁湖成为金陵名胜之一。园内胜棋楼，相传为徐达和明太祖朱元璋对奕，胜棋获赐遗址。另有建国粤军阵亡将士墓，是辛亥革命南京临时政府保卫战死难粤军烈士的葬地，孙中山先生曾亲笔题镌"建国成仁"碑，还有黄兴写的墓志。莫愁湖在民国时辟为公园，公园面积19.91hm^2。1959年对公园整修扩建为41.89hm^2，并对湖区疏浚，使莫愁湖面面积达33.62hm^2。1981年进行了第二次浚湖。

（2）总体布局（图2-27）

莫愁湖公园位于南京市区西部，北接石头城、清凉山，东北接乌龙潭等名胜古迹；公园的陆地主要分布在大湖南北两岸，南岸陆地面积较大，古迹也多，离市中心较近。南岸利用大小不同的水域，古建筑群和土丘树丛、树群，组合成不同空间，克服了一览无遗的缺点，形成5个景区。水西门大街入口以北是海棠话旧区，此区前景开阔平坦，自大门到华严庵长120m，为了打破这地段的平直单调感，庵前堆山植树，组成疏密有致、隐现交错的主景透视线，增加前庭景深，庵北为院落式古建筑群。本区西部土丘连绵，模拟自然山丘余脉，结合胜棋楼、粤军烈士墓、水榭舞台和温室，分隔成革命遗迹区、文化娱乐区、百花争艳区和儿童游乐区几个景区。北岸结合湖岸整理，开辟汉西门入口，拟堆土植竹，形成远眺清凉秀色，近蔽紧邻的杂乱建筑的茂密竹阜；利用自然沟汊、沙洲、洼池，随形得势建成小塘串串，湖岸曲折的丰富水景。

莫愁湖隔湖北望，有清凉山、石头城为借景；湖中保留有小岛两处，增加了湖景的层次。最大的湖面长700m，宽260m，足可开展各种水上竞技运动。

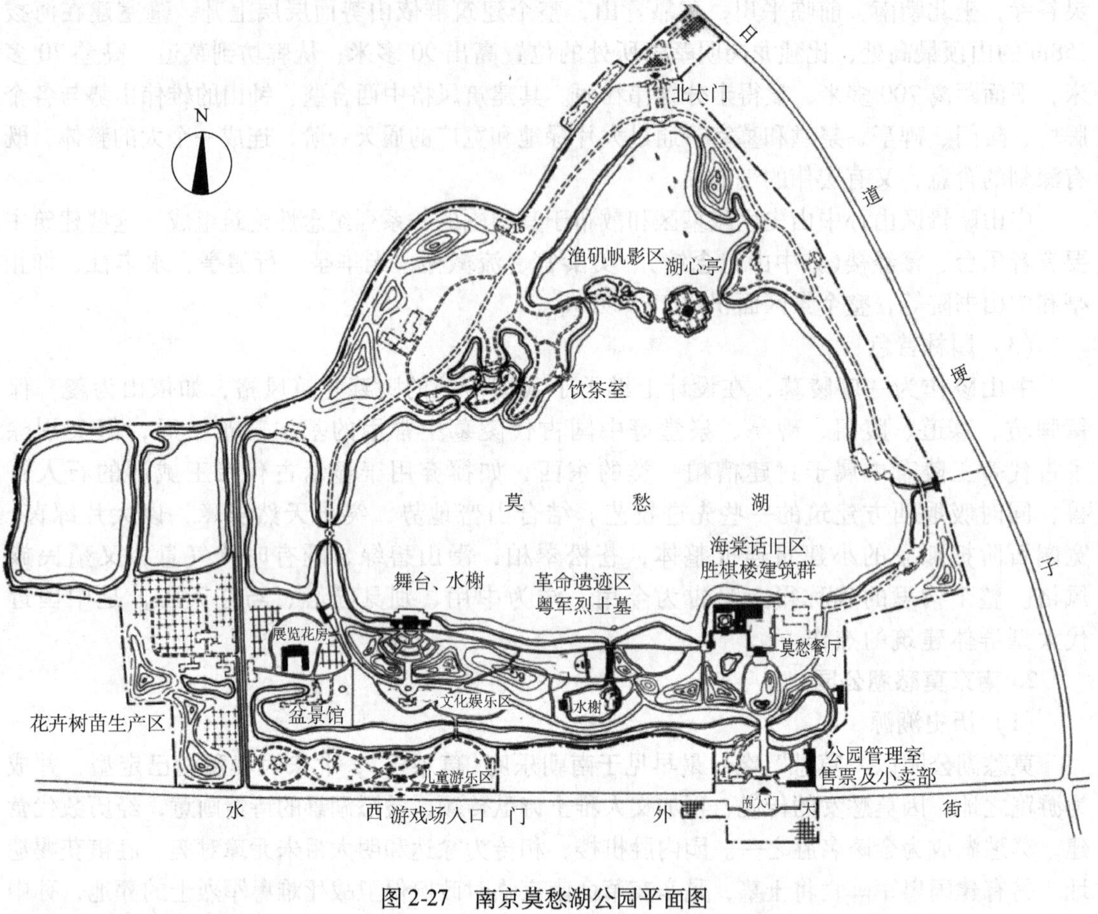

图 2-27 南京莫愁湖公园平面图

2.3 中国现代园林（公元 1949 年至今）

知识要点

◆ 掌握中国现代园林时期出现的主要园林类型，及各类型园林的风格特征和代表园林

◆ 掌握中国现代园林中优秀园林的总体布局及风格特征

2.3.1 中国现代园林发展概况

新中国成立后，政府十分重视园林绿地建设问题。1949 年—1957 年是我国园林绿地建设的起步阶段，这一时期正是国民经济恢复时期和"一五"计划时期。在"一五"期间国务院明确指出，将绿化作为新建城区的市政公用工程，必须配套建设，将绿化当作城市建设的一个组成部分。由国家拨款修整了一些皇家园林和私家园林，向公众开放；同时还兴建城

市公园，统一由国家管理和负担经费。这一阶段的建设虽然起点低，设施比较简陋，但毕竟实现了从无到有的突破，让城市面貌有较大的改变。该时期涌现的优秀园林有，市级综合性公园：北京紫竹院公园(1953年建)、上海长风公园(1959年建)、南京莫愁湖公园(1959年扩建)、杭州花港观鱼公园(1952年建)、沈阳北陵公园(1950年建)、哈尔滨斯大林公园(1954年建)、天津水上公园(1951年建)、合肥逍遥津公园(1950年建)，济南趵突泉公园(1956年建)。纪念性公园：广州起义烈士陵园(1954年建)。动植物园和专类花园：上海动物园(1954年建)、杭州植物园(1956年建)、广州兰圃(1953年建)等。

1958—1978年是我国园林建设缓慢发展阶段，这一时期正处于"大跃进"、自然灾害、"文化大革命"以及国内外不利的政治、经济等因素的影响，园林建设与发展受到了极大的限制，有的名胜古迹还遭到了"破四旧"之灾。这时期属于我国城市园林绿地建设发展的低潮期。

1979年至今是我国园林建设持续高速增长阶段，大规模的城市绿地的建设呈现千姿百态的繁荣景象。

至20世经80年代初，对国内220个城市的统计，公园有679个，总面积16000多 hm^2；公共绿地的类型和内容很丰富，供居民游憩的公园绿地有综合性公园、纪念性公园、专类花园、动植物园、儿童公园、小游园、林荫路和广场绿地等多种；此外，还有为交通安全的绿化分隔岛，美化市容的封闭式装饰性绿地等。多数公园都能做到在城市总体规划的指导下建设，既考虑因地制宜地利用城市用地，又照顾到居民游憩方便，均匀分布，有合理的服务半径；既联系成系统，形成整体，又各具个性，富有艺术特色。该时期涌现的优秀园林有，市级综合性公园：天津海河公园总体规划及秋景园(获1984年国家优秀设计奖)；儿童公园：大连儿童公园(1981年建)；动植物园和专类花园：杭州动物园(1975年建)、南京园林药物园(1975年建，其后园中建于1983年的蔓园及药物花径区获1984年国家优秀设计奖)、无锡鹃园(1981年建，获1984年国家优秀设计奖)；城市绿地系统：合肥市园林绿化系统(1983年建)；其他类型：北京香山饭店庭园(1981年建)等。

到20世纪80年代中期，由于我国在20世纪70年代末转入以经济建设为中心的轨道，经济飞速发展，城市化急速发展，城市经济一片繁荣，但城市环境急剧恶化。人们开始意识到经济发展同环境的相互促进或制约的关系，开始着手环境改善和治理工作。1992年在世界环境发展大会上我国宣布"经济建设、城乡建设和环境建设同步规划、同步实施、同步发展"的方针。同年建设部制定办法和标准，在全国城市开展环境综合整治考核评比活动，并在全国倡导创建"园林城市"的活动，开始大力推动城市的"园林城市"创建工作。城市的园林绿化工作得到重视并大力营建，取得了一系列成绩：首先确立了我国城市绿地系统规划理论，并已上升到法律规定，每个城市都依法做好了符合自己城市特点，能解决城市实际问题的，完整的绿地系统规划，并纳入总体规划逐步实施，建设完整、有机的绿地系统，其城市绿地系统包括：各级各类公园的系统、城市绿地分类系统、各类绿地的纽带构成系统、城郊一体化系统、城镇体系的环境系统、城市绿化所需的地带性植物材料规划等。其次，城市生态状况得到明显改善。再次，城市景观协调统一，城市风貌富于特色，城市有林荫路系统、沿江河湖海岸畔绿化，结合文物古迹、文化遗存的环境整治，形成城市特色的风光带，根据城市所处不同的气候、生态区域、不同的自然地貌和地理结构、不同的文化传统背景，将自然的、文化的要素连同城市各类绿地，按照园林设计手法加以组织、规划、重点

配置建设，真正把城市作为一个大园林来经营管理，形成城市特有的景观风貌。最后，城市游憩系统形成，规模、功能、设施完善程度不同的各类绿地，按一定的服务半径在城市中相对均匀地分布，形成户外开放空间休闲游憩系统。

到2003年底，全国设市城市的三项指标分别是：绿化覆盖率达到31.15%，绿地率达到27.2%，人均公共绿地达到6.49m^2。依次获得国家"园林城市"称号的城市有：第一批(1992年)：北京、合肥、珠海；第二批(1994年)：杭州、深圳；第三批(1996年)：马鞍山、威海、中山；第四批(1997年)：大连、南京、厦门、南宁；第五批(1999年)：青岛、濮阳、十堰、佛山、三明、秦皇岛、烟台、上海浦东区(国家园林城区)；第六批(2001年)：江门、惠州、茂名、肇庆、海口、三亚、襄樊、石河子、常熟、长春、上海闵行区(国家园林城区)；第七批(2003年)：上海、宁波、福州、唐山、吉林、无锡、扬州、苏州、绍兴、桂林、绵阳、荣成、张家港、昆山、富阳、开平、都江堰等。城市环境建设模式——"园林城市"已成为中国园林建设适时的新发展。

同时20世纪90年代涌现出许多的优秀园林设计作品，主要有：黑龙江省药物园(1987年建)、北京二环路绿化(1990年建)、杭州太子湾公园(1990年建，获1995年城乡建设部优秀设计一等奖)、深圳仙湖风景植物园(1988年建)、上海大观园(1988年建，获1989年城建系统优秀设计一等奖)、济南环城公园(1989年建)、广州天河体育中心绿化(1989年建)、昆明世界园艺博览会场馆规划设计(1999年建，获2000年建设部城乡建设优秀设计一等奖)、青岛五四广场、杭州时花广场(2000年建)、长安街绿化整治工程(1998年建，获2000年建设部城乡建设优秀设计一等奖)、南京明城墙风光带规划、广州雕塑公园(1995年建)等。

20世纪中期以后，世界人口成倍增长，开发自然资源的步调加快，从而使自然生态与人类生存之间的矛盾日益尖锐。如何保护自然，控制人类的行为，有序地开发自然资源，以使人类与自然和谐共存，成为迫切的问题。园林范畴延伸出大地景观规划领域，研究区域规划和国土整治中对自然景观和人文景观如何从生态、社会经济和审美等方面进行评价以及指定相应的保护利用政策，研究风景名胜区(国家公园)、自然保护区的规划。这一时期的优秀园林作品有：仙都风景名胜区总体规划(1989年建)、武汉市东湖风景区(1993年建)。

中国现代园林的主要类型有：城市园林、园林城市、生态园林、风景名胜区和自然保护区等。中国城市园林绿地(城市园林)主要包括公园绿地、附属绿地、生产绿地、防护绿地、道路绿地、居住绿地、风景林地七类。园林城市主要通过科学的城市园林绿地系统规划营建，城市园林绿地系统规划范围已从城市规划建成区，扩展到城市郊区、城市行政辖区或更大范围。以贯彻生态与可持续发展的设计理念的生态园林是主张用促进维持自然系统必需的基本生态过程来恢复场地自然性的整体主义方法；强调能量与物质循环使用的基本原则，充分利用太阳能与废弃的土地、废物回收再利用；注重人工湿地和水环境净化等等，提倡创造一种低能耗、无污染、不会削弱自然过程完整性的绿化空间。

在中国现代园林时期，园林的基本功能得到进一步的扩展，其功能主要有：保护自然生态环境及物种资源，实现人与自然的永续和谐共存；改善城市化地区的生活居住环境，提高居民生活质量；发挥审美功能，供人们游憩健身，陶冶情操，提高思想文化素养；开展科学研究和科普教育，扩大视野，培育人才。由于园林功能的扩展变化，该时期我国园林体现特有的风格是：以植物造景为主；建筑比例适度，与周围环境景观相协调；美化了城市景观，充分发挥园林综合效益；使用先进技术和材料，经济效益显著。牢固树立和践行绿水青山就是金山银山的理念，推动绿色发展，促进人与自然和谐共生。

2.3.2 中国现代园林实例

1. 合肥市环城公园

（1）发展概况

合肥市环城公园是一座围绕合肥老城区的环状园林，是按照国务院1982年6月批准的合肥市城市总体规划所提出的原则组织实施的。该工程项目主要包括：合肥环城公园总体规划，西山、银河景区总平面规划设计，西山、银河景区种植设计，庐阳亭、稻香水榭、叠

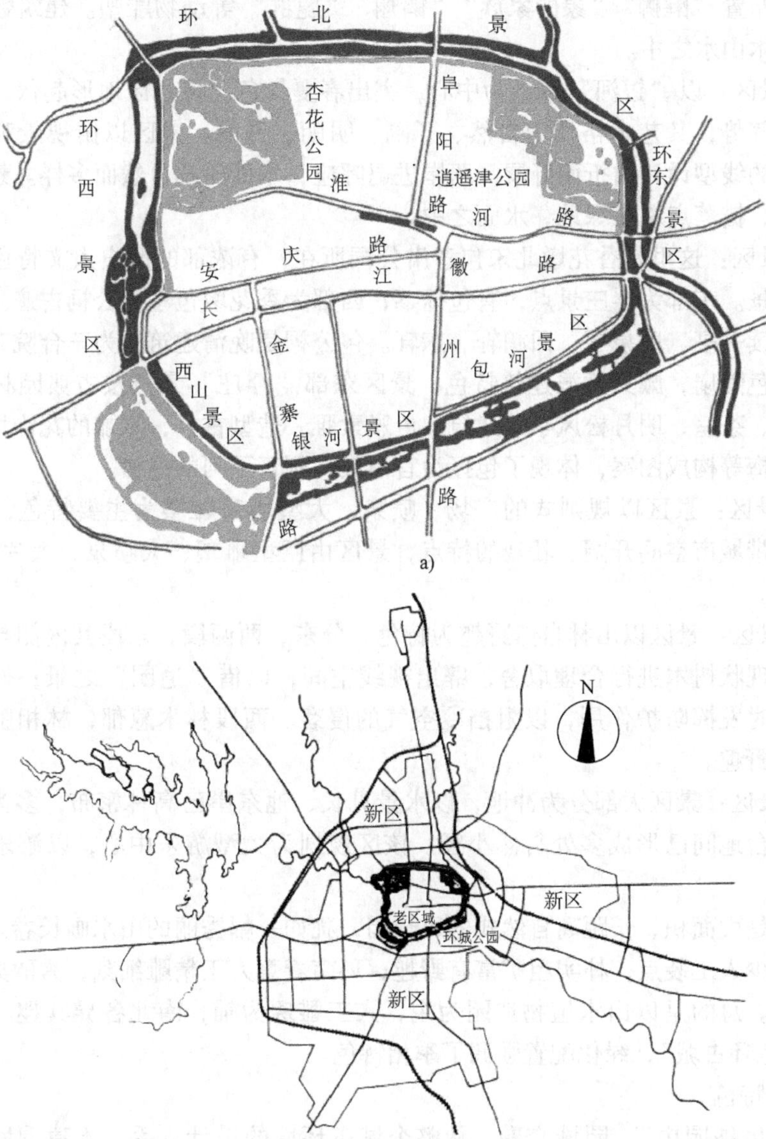

图 2-28 合肥环城公园平面及位置图

a）环城公园景区划分图　b）环城公园位置图

亭、银河茶室及双亭四景点规划设计等。该工程于1983年开始建设，1985年春基本建成。它连结了逍遥津、杏花、稻香楼、包河四块绿地，形成了"一条绿色项链，串连四颗明珠"的独特的绿地系统(彩图13)。

(2) 总体布局(图2-28)

环城公园总长8.7km，规划用地总面积136.6hm²，公园成为环形带状。公园设计总的立意是"四季秀色环古城"，按其自然地势和城市干道的分隔分为西山、银河、包河、环东、环北、环西六个景区。

1) 西山景区：以山水见长，以秋景、动物雕塑群为特色。西山景区在西山上广植红叶树，结合环境布置"醒狮""象的家族""鹤翔""鹿群"等动物雕塑。建筑数量少，体量小，掩映在林木山水之中。

2) 银河景区：以"银河"水景为中心，突出春夏景色。该景区地形起伏，自然地形高差大，有一定气势，其艺术格调为自然、开阔、明朗、秀丽。景区以俯视景观为主，驳岸线、半岛、岛的线型设计曲折而舒展，两岸进退呼应，水面轮廓自然而多样。景区内布置了五处园林建筑，错落点缀在绿地、水面之中。

3) 包河景区：这里是香花墩北宋包孝肃公祠所在，有浓郁的历史人文特色。河内广植荷花，突出夏景。东部为浮庄景点，有包拯墓；西部为香花墩包孝肃公祠古迹。主要有包孝肃公祠、包拯读书亭、廉泉亭、回澜轩、东轩。包公祠是晚清建筑，为三合院布局，建筑物粉墙黛瓦，栗色隔扇，颇具徽派建筑特色。景区东部"浮庄"景点按古典园林建筑形式修建了临濠水榭、茶室、明月松风亭等建筑，色彩素雅，造型古朴，木雕的花饰均用高雅的荷花、松、竹、梅等构成图案，体现了包拯为官清廉、刚正不阿的品格。

4) 环东景区：景区以规则式的广场、喷泉、大型城市雕塑为主要特色，绿化突出春景，结合这一带城市空间开阔、壮观的特点，景区由巨型雕塑、大喷泉、大片绿地等组成，有一定的气势。

5) 环北景区：景区以山林自然野趣为特色，分东、西两段，东段其内侧与逍遥津公园相邻，规划对现状树木进行合理取舍，辟出视线空间，以借"逍园"之景；外侧以冬景为主要特色，同时发挥防护作用，以阻挡冷空气的侵袭。西段林木葱郁，林相整齐，植被丰富，已具林间野趣。

6) 环西景区：景区大部分为冲地，以水景见长，池东岸已高林密布，多为乌桕林，叶色丰富，林带台地间已形成多处自然小径。该区规划为大型游乐中心，以游乐活动为主要特色。

环城公园是大面积、长距离自然式的风景园，犹如一幅秀丽的山水画长卷。从园林风格上看，环北极少人工装点，朴实粗犷富有野趣；环南着意人工精雕细刻，秀丽典雅，自然与人工融为一体。总的是以山水植物造园为主，人工雕琢为辅，南北各异其趣。从季相特色看，"四季秀色环古城"，绿化配置强调了季相特色。

(3) 风格特色

"巧将大邑纳园中"，园城交融，从整个城市环境的设计入手，不建围墙，开敞式布局。园林与城市长距离毗连，与城市空间联结渗透，引"满园春色"入城，园城交融，使园林成为城市环境的有机组成部分。城市街景秀丽多姿，大大提高了城市环境、城市艺术质量，也给居民创造了方便的游憩条件。

涵传统文脉，出时代新貌，环城公园是在古城墙基址上新建的，历史人文传统的脉络不应割断，要有所继承。同时，合肥老城由于历史上战争频繁，遗留的文物古迹极少，是一座新兴的城市，因此，环城公园的风格应是民族传统风格与时代特色兼而有之。西山、银河景区与城市住宅、公建区相邻，周围一幢幢现代式的高楼分布在绿树丛中，园林风格应以明朗、轻快、有时代气息为宜。因此，园林植物以大面积群植为主，内庭点植为辅。园林建筑采用简化了的古典园林建筑的形象，装修简洁，色彩明快，以黄色琉璃瓦、白色屋脊为基本色调，着重运用了传统建筑空间的构图手法，结合合肥丘陵地形环境设计，空间变化丰富。包河景区风格与西山、银河不同，具有浓郁的历史人文特色，即徽派特色。园林建筑一色粉墙黛瓦，恢复一些碑刻铭文，与包公祠一组古建筑群协调。园林植物根据"竹树荫翳，蒲荷数里"的记载，主栽松、竹、梅、桂花、玉兰等传统庭园树木，池中广植荷花。整个景区古色古香，山水毓秀，富有深刻的历史内涵。

2. 中山市岐江公园

（1）发展概况

岐江公园场地原为粤中造船厂旧址，粤中造船厂始建于1953年，破产于1999年。该公园由设计师俞孔坚于1999年设计，2001年5月基本建成。该项目获2002年美国景观设计协会年度设计荣誉奖（彩图14）。

（2）总体布局（图2-29）

岐江公园位于广东省中山市区，园址东临岐江，总面积11hm²，其中水面3.6hm²，场地原为粤中造船厂旧址。

整个公园分为南北两部分，北部具有明显的城市肌理和功能性，集中体现设计的文化内涵；南部则为自然的水、草、疏林空间，南北对比，而又有呼应，中间的阔大水面成为南北两部分的分隔和联接，一虚一实。

公园充分利用原有水面，形成一个完整的内部水系。公园西北边界设溪流，起边界分隔作用。溪流用自来水作为水源，内外水系相对独立，以便使公园内维持稳定的水位，不会受岐江水位变化影响。岐江一侧设一平行内渠，一方面满足水面总宽度80m的要求，同时保留江堤上的古榕树，形成江外有江的景观效果。

公园以一主环路贯通，满足消防及公园管理的行车要求。北部的步行道联结主要出入口和功能区，采用简洁的直线路网；南部为自然式、流线形道路系统，与北部形成对比。入口处为一城市广场，整形规则，其他两个入口广场也作类似处理，中部广场为主要的功能活动区，两组建筑分布于中部广场的两个顶端，均利用原有造船厂之船坞和厂棚改造而成。功能上西部建筑以主题餐厅为主，风格上为以船为主题的现代钢架结构，将水引入中庭，建筑中保留、穿插原船坞构架；东部建筑为厂棚柱架及现代玻璃建筑相穿插而成，局部将棚架覆瓦去掉，保留栅格，而形成半户外空间，功能上为主题茶座，并与户外帆篷结构及泳池相联系，构成一组室内外空间相穿插的休闲广场和建筑。

以钢轨为基调的轴线上设置反映主题构思的标志性小品，包括入口的水池与船的龙骨雕塑。厂区原有旧机器作为装饰小品，保留两个水塔，设置几个静思空间，分别置于公园的三个角上，以回味历史为主题，用后现代语言来表达。

绿化类型有广场的方格式棕榈科植物列阵，自由式疏林草地，以榕树及其他大型庭荫树为主，路边及岐江岸边的大叶榕作为行道树和庭荫树，水边水生植物群落等。

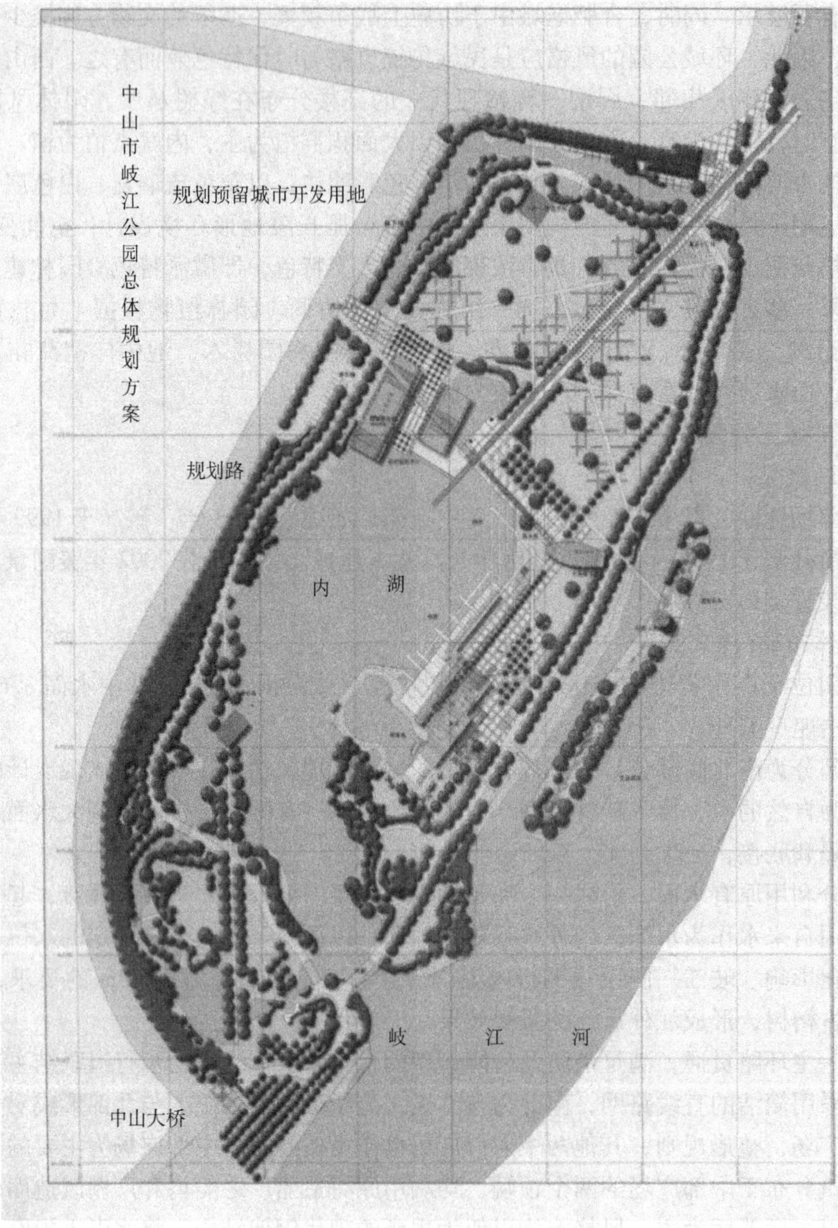

中外园林简史

图 2-29 中山岐江公园平面图

中部湖岸采用方格嵌草的半自然栈桥式驳岸,岐江边则采用层层后退的亲水石阜,南部则以自然泥质湖岸,下延入水,形成自然植物群落,溪流部分则利用卵石形成浅流。

（3）风格特色

公园在成功地反映场地历史的基础上,成为市民休闲、旅游和教育需求的综合性城市开放空间,具有时代特色和地方特色。

设计主要特色在于：

场所性：设计中将高度提炼一些工业化生产的符号包括铁轨、米字形钢架、齿轮,甚至

一些具体的机器,如厂区中原有的压轧机、切割机、牵引机等机器,来体现工业化时代的含意。工业化时代强调用机器,强调机械的动力和结构,强调把复杂事物及工序的分析和分解为简单的一对一结构与功能关系。在设计上通过提取车间中仍保留的形式符号,如领袖像、标语、口号、宣传画等,来创造历史的氛围,体现中国20世纪50~70年代社会主义工业化运动和包括"文化大革命"的时代特色。在公园的形式和功能上表达体现造船、修船的特色,以船为主题。

功能性:公园作为开放的综合性城市空间,主张不设门,不修围墙,作为城市开放空间系统的一个节点,为市民提供一个可达性良好的城市空间。

生态性:利用乡土树种,配置乡土植物群落,形成可持续的生态群落。

经济性:充分利用场地的条件,减少投入,挖掘土地价值。保留和充分利用原有地形、厂房结构和植物(大树),力图在最少改造的前题下,减少造价,同时创造富有特色的景观,减少维护成本。除功能性的建筑外,大面积都是草地(非精致)和乡土植物群落,不做维护成本很高的模纹花坛。考虑通过功能性餐饮及茶座的经营,获得经济效益,用于公园管理,而不是靠门票来取得经济效益。

3. 杭州市城市绿地系统规划

(1)规划范围

规划范围为杭州市区,即行政管辖范围,包括上城、下城、拱墅、西湖、江干、滨江、萧山、余杭等8个城区,面积为3068km^2;城区范围指的是城市总体规划确定的"一主三副六大组团",即主城、江南城、临平城、下沙城及塘栖、良渚、余杭、临浦、瓜沥、义蓬组团;中心城区的范围为"一主三副"即:主城、江南城、临平城、下沙城。

(2)规划期限

与城市总体规划基本一致,即近期:2002—2005年;中期:2006—2010年;远期:2011—2020年;远景:2020年以后,展望到2050年左右。

(3)规划指导思想

根据杭州市城市总体规划,确定本规划的指导思想为:

1)加强生态环境建设,改善城市生态环境,创造良好的人居环境,促进城市可持续发展;努力建成总量适宜、分布合理、植物多样、景观优美的城市绿地系统。

2)大地绿化与城市绿化相结合,风景绿地与园林绿地相结合,自然资源与人文资源相结合,精心构筑具有杭州特色的地域景观风貌的绿地系统。

3)城市各级、各类绿地布局合理、分布均匀,同时满足城市绿地因害设防、防灾、减灾功能的需要。

4)尊重历史,面对现实,展望未来,规划统筹兼顾,综合部署,做到巩固与发展共存,近期与远期相结合,宏观规划与微观建设相联系,随着城市的发展,有重点、有步骤地分期实施,逐步完善城市绿地系统。

(4)规划原则

生态性原则;城乡一体化原则;可持续发展原则;系统性原则;因地制宜,突出特色的原则。

(5)规划目标

以建成"风景秀丽、环境优美的国际风景旅游城市"、"现代化的园林城市"为总目标,城市绿地与西湖风景名胜区绿地相融合，城区绿地与郊区绿地相补充，新区绿地与旧区绿地相结合，形成一个系统、完善的绿地系统。至2005年规划近期，城市建设用地内绿地率达到30%以上，人均绿地达到15m² 以上，人均公园绿地达到9m² 以上，市区绿化覆盖率达到33%以上；至2010年规划中期，城市建设用地内绿地率达到35%以上，人均绿地达到20m² 以上，人均公园绿地达到12m² 以上，市区绿化覆盖率达到35%以上；至2020年规划期末，城市建设用地内绿地率达到38%以上，人均绿地达25m² 以上，人均公园绿地达到15m² 以上，市区绿化覆盖率达到40%以上。

（6）绿地系统布局结构

根据杭州"西、北、南三面环山，东面临海，中部为平原水网地带"这一自然地理特征，与城市总体规划确定的"一主三副六大组团"的城市布局结构相结合，针对目前杭州市区的绿地现状，确定杭州绿地系统的规划结构。杭州城市绿地系统的规划结构分市区绿地结构和城区绿地结构两个层次。

1）市区绿地系统布局结构（图2-30）：结合杭州的自然生态环境，以普遍绿化为基础，风景区、湿地保护区和水源保护区为重点，森林公园为补充，中心城区为核心，生态绿廊为纽带，各城市组团与村镇绿地系统为子系统，建立"山、湖、城、江、田、海、河"的都市区生态基础网架。通过"四园、多区、多廊"的保护和建设，构成"两圈、两轴、六条生态带"的生态结构体系，实现将森林引入城市，城市建于森林中的目标。

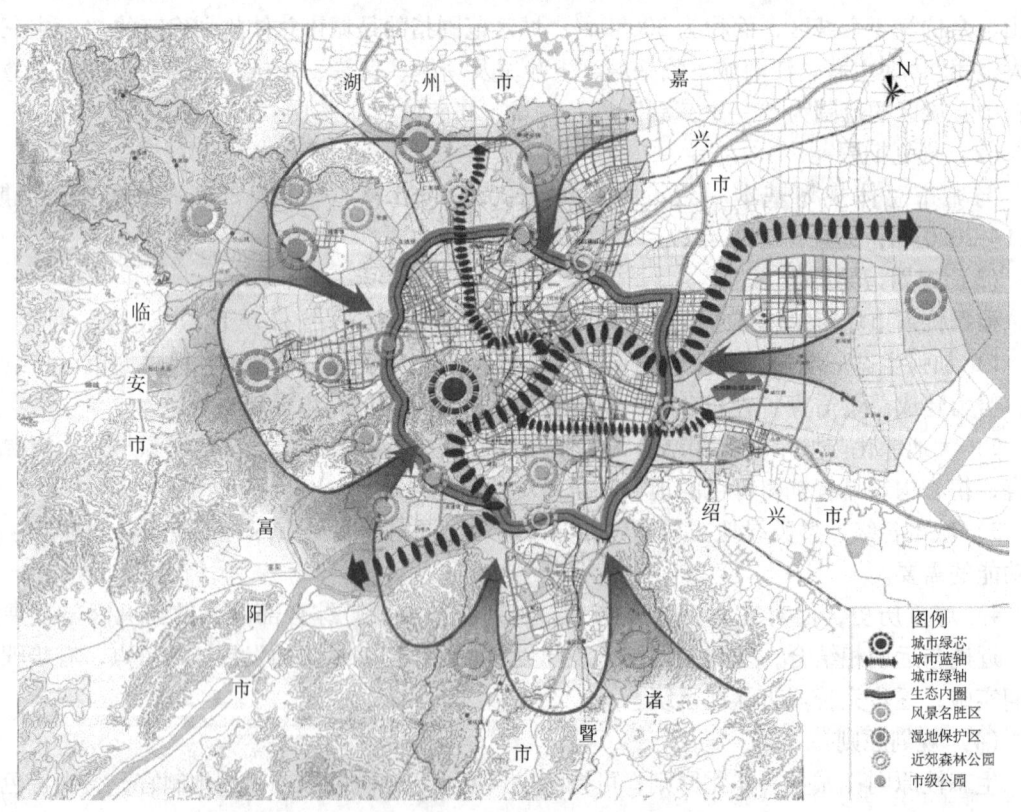

图2-30 杭州市城市绿地系统规划结构图

① 四园、多区、多廊：四园包括新街大型苗木园、城北运河景观森林公园、乔司北森

第 2 章　中国园林史

林公园、湘湖南体育休闲公园；多区包括水源保护区、湿地保护区、风景区及生态农业园区；多廊包括滨水绿廊和交通绿廊。

② 两圈、两轴、六条生态带：两圈包括外生态圈：以南部、西部、西北部的外围山体及北部的生态湿地、东部地区大片的农田构成外围绿色生态屏障；内生态圈：以绕城公路500m绿带为纽带，与半山—皋亭山—黄鹤山风景区、西溪湿地保护区、西湖风景名胜区、之江国家旅游度假区、湘湖风景区及四个森林公园构成内生态圈层。

两轴包括钱塘江生态轴：钱塘江与两侧绿带构成由西而东的生态主轴；运河生态轴：京杭大运河、萧绍运河构成南北向的生态主廊道。

六条生态带包括径山风景区—北、南湖滞洪区—闲林、西溪湿地；灵山—龙坞—午潮山风景区—西湖风景名胜区；石牛山风景区—湘湖风景区；青化山风景区—航坞山—新街大型苗木园；钱塘江滨海湿地—生态农业园区；超山风景区—半山—皋亭山—黄鹤山风景区。由风景区、湿地、水源保护区、森林公园及生态农业园区构成的六条生态带，是有效防止城市蔓延的手段，并为杭州城市—主三副六个组团的发展框架提供生态保障。

2) 城区绿地布局结构：充分利用城市的自然山水骨架，结合城市用地布局形态，确定城区的绿地系统布局结构为：以西湖风景名胜区为绿芯，钱塘江、运河绿地为绿带，河流、道路沿线的绿地为绿脉，各级公园绿地和绿化广场为绿点的具有良好生态功能的城区绿地系统。

本章知识小结

本章讲述了中国古典园林各时期的时代背景、园林发展及各时期的代表园林的基本情况，中国近代园林和中国现代园林的发展及代表园林的布局及特色。通过本章的学习，要求熟悉中国园林的发展脉络，掌握不同时期的中国园林的特点，尤其是中国古典园林的特征，了解不同时期的代表性园林的总体布局及特色。

本章的主要知识要点有：

1. 中国古典园林　从公元前11世纪到公元19世纪末叶，包括四个阶段：园林的生成期、园林的转折期、园林的全盛期、园林的成熟期。

2. 中国近代园林　西方园林文化的引进与结合是中国近代园林的主要特点。园林类型主要是：外国人在租界地建造的公园；由地方政府、商绅、华侨等筹资兴建的公园；由原有的皇家园林和坛庙向群众开放并在一些名胜游览地基础上建的公园；革命根据地修建的公园；西方形式或中西结合的私人宅院和官邸花园等形式。

3. 中国现代园林　可分为三个阶段：1949—1957年是我国园林绿地建设起步阶段，1958—1978年是我国园林建设缓慢发展阶段，1979年至今是我国园林建设持续高速增长阶段。1992年我国开始大力推动城市的"园林城市"的创建工作。20世纪中期以后，园林范畴延伸出大地景观规划领域，主要研究如何保护自然，控制人类的行为，有序地开发自然资源，以使人类与自然和谐共存。园林的基本功能得到进一步的扩展，园林风格以植物造景为主，建筑比例适度，与周围环境景观相协调，美化城市景观，充分发挥园林综合效益；使用先进技术和材料，经济效益显著。

复习思考题

2-1 中国古典园林起源是什么？其最早的功能是什么？

2-2 影响中国古典园林向风景式方向发展的因素有哪些？

2-3 "魏晋风流"是指什么？代表什么时代美学思潮？

2-4 什么是文人园林，其风格特征是什么？

2-5 中国古典园林的园林成熟期，私家园林发展形成三大地方风格？是哪三大地方风格？各有什么特征？其代表园林有哪些？

2-6 简述中国古典园林史的各发展分期的特点。

2-7 简述宋代皇家园林中东京艮岳的历史发展、总体布局及风格特点。

2-8 园林全盛期的寺观园林主要特征有哪些？

2-9 简述明清时期私家园林中无锡寄畅园的历史发展、总体布局及风格特点。

2-10 简述清代皇家园林中颐和园的历史发展、总体布局及风格特点。

2-11 简述清代私家园林中苏州留园的历史发展、总体布局及风格特点。

2-12 中国近代园林的主要特点是什么，主要有哪些园林类型？

2-13 中国现代园林的风格特征和代表园林有哪些？

第3章

外国园林史

3.1 外国古代时期园林（约公元前3000—公元500年）

知识要点

- ◆ 掌握古埃及、古希腊、古罗马、古巴比伦、古波斯园林的风格特点
- ◆ 熟悉古埃及、古希腊、古罗马、古巴比伦、古波斯园林的类型及代表作品
- ◆ 了解古埃及、古希腊、古罗马、古巴比伦、古波斯园林的代表作品及其总体布局和园林特点

3.1.1 古埃及园林

1. 古埃及园林的发展背景与特点

（1）古埃及园林的发展背景

埃及位于非洲大陆的东北部，尼罗河从南到北纵穿其境，冬季温暖，夏季酷热，全年干旱少雨，沙石资源丰富，森林稀少，日照强烈，温差较大。尼罗河的定期泛滥，使两岸河谷及下游三角洲成为肥沃的良田。

大约公元前3100年，南方的美尼斯统一了上、下埃及，开创了法老专制政体，即所谓前王朝时代（约公元前3100—公元前2686年），并发明了象形文字。从古王国时代（约公元前2686—公元前2034年）开始，埃及出现种植果木、蔬菜和葡萄的实用园，与此同时，出现了供奉太阳神的神庙和崇拜祖先的金字塔陵园，成为古埃及园林形成的标志。中王国时代（约公元前2033—公元前1568年）的中上期，重新统一埃及的底比斯贵族重视灌溉农业，大兴宫殿、神庙及陵寝园林，使埃及再现繁荣昌盛气象。新王国时代（约公元前1567—公元前1085年）的埃及国力曾经十分强盛，埃及园林也进入繁荣阶段。园林中最初只种植一些乡土树种，如埃及榕、棕榈，后来又引进了黄槐、石榴、无花果等。

从公元前671年开始，埃及先后遭到亚述人、波斯人的入侵，到公元前332年马其顿的亚历山大大帝击败波斯人，终于结束了长达3000多年的"法老时代"。公元前305年亚历山大的部将建立托勒密王朝，此时，古埃及文化与古希腊文化相互影响和渗透而得到很大发

展。公元前30年，埃及被罗马征服。公元640年，埃及又被阿拉伯人占领，以后逐渐成为阿拉伯世界东部的政治、经济和文化中心。

（2）古埃及园林的类型及特征

古埃及园林的形式与特征是其自然条件、社会生产、宗教风俗和人们生活方式的综合反映。古埃及园林可以划分为宫苑园林、贵族花园、圣苑园林和陵寝园林等四种类型。

1）古埃及宫苑园林和贵族花园等宅园的特点：

① 重视园林改善小气候的作用。古埃及自然环境比较恶劣，人们首先追求的是创造出相对舒适的居住小环境。因此，古埃及人早期造园活动中，除了强调种植果树、蔬菜，增加经济效益的实用目的以外，十分重视园林改善小气候的作用。在干燥炎热的条件下，营造阴凉湿润的环境成为园林的主要功能，树木和水体成为园林的最基本要素。树木、棚架、凉亭提供荫庇，水体既可增加空气湿度，又能提供灌溉水源，水中养殖水禽鱼类、种植睡莲等，为园林平添自然情趣。

② 强调园林的人工气息，布局采用整形对称的规则式。古埃及宅园多选择建造在临近河流或水渠的平地上，园内一般地形平展，少有高差上的变化。园地多呈方形或矩形，在总体布局上有统一的构图，采用中轴对称的规则布局形式，显得严谨有序。大门与住宅建筑之间是笔直的甬道，构成明显的中轴线，两边对称布置凉亭和矩形水池。入口处理成门楼式建筑，称为塔门，十分突出。池水略低于地面，呈沉床式，以台阶联系上下。四周围以厚重的高墙，园内以墙体分隔空间，或以棚架绿廊分隔成若干小空间，互有渗透与联系。另外，园林花木的行列式栽植，水池的几何造型，都反映出在恶劣的自然环境中人们力求改造自然的人本思想。

③ 植物的种类丰富，种植方式多样。植物应用上，主要以实用及庇荫效果为主，有椰枣、棕榈、洋槐等庭荫树及行道树，有石榴、无花果、葡萄等果木，迎春和月季也开始在园中栽植，此外还有蔷薇、矢车菊、罂粟、银莲花、睡莲等花卉。早期园林中，花木品种较少，亦不鲜艳多彩，主要是因为气候炎热，绿色淡雅的花木能给人以清爽的感受。当埃及与希腊文化接触之后，花卉装饰才形成一种时尚，在园林中大量出现。植物种植方式多样，如庭荫树、行道树、藤本植物、水生植物及桶栽植物。甬道覆盖着葡萄棚架形成绿廊，桶栽植物通常点缀在园路两旁。

2）浓厚的宗教思想以及对永恒生命的追求，促使圣苑园林及陵寝园林的产生。该类园林中的动、植物种类的运用受宗教思想的影响，将树木视为奉献给神灵的祭祀品，以大片树木表示对神灵的尊崇，雄伟而有神秘感的庙宇建筑周围都有大片林地围合而成的圣苑，其中还有大型水池，池中种有荷花和纸莎草，并放养作为圣物的鳄鱼。在法老及贵族巨大的陵墓周围有墓园，规模通常不大，园中以大量的树木结合水池，形成凉爽、湿润而又静谧的空间气氛。

2. 园林实例：古埃及底比斯法老宅园（图3-1）

古埃及底比斯的法老宅园，园址呈方形，用地十分紧凑，以栏杆和树木分隔空间。走进厚重的围墙上开出的园门后，首先是夹峙着狮身人面像的林荫道，然后是宫殿，殿前矗立着两座方尖碑。园内因有大量的水面而凉爽宜人，宫殿两侧有泳池；宫殿后为石砌驳岸的大水池，池上可荡舟，并有水鸟嬉戏其中。大水池的中轴上设置码头和瀑布，强调了中轴线。道路两侧种植的无花果、埃及榕、棕榈形成浓荫。园内布置有凉亭，装饰着花台，葡萄藤爬满

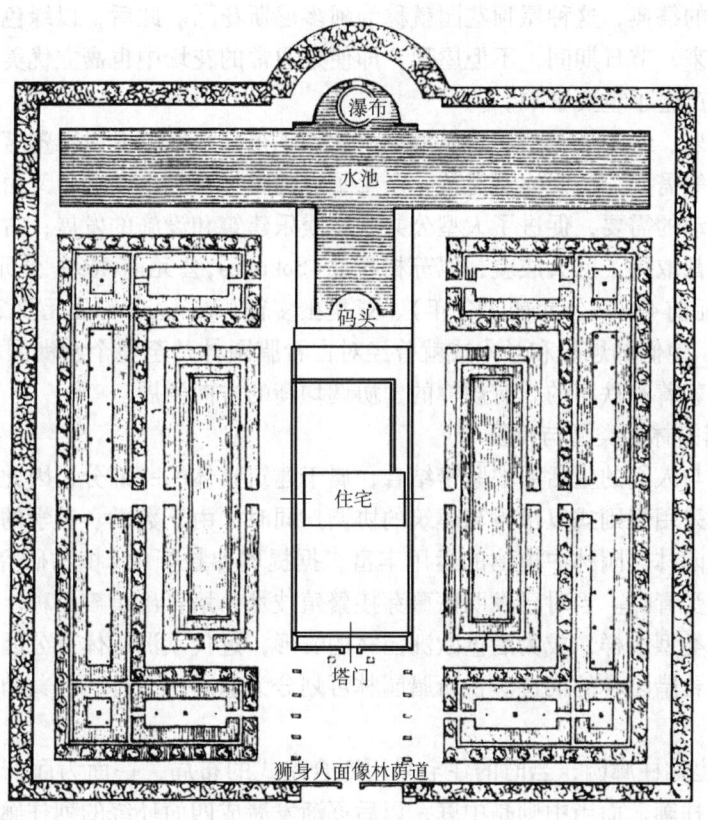

图 3-1　法老宅园

树干。可见，古埃及的王宫通常是由几座小型殿堂散布在园林中，四周围以高墙，园内以墙体分隔空间，形成若干个小院落。各院落中有格栅、棚架和水池等，装饰有花池和草地，布置有一些凉亭。

3.1.2　古希腊园林

1. 古希腊园林的发展背景与特点

（1）古希腊园林的发展背景

古希腊是欧洲文明的摇篮，古希腊园林艺术和情趣，对后来的欧洲园林产生了深远的影响。

古希腊与古埃及隔海相望，位于欧洲东南部的希腊半岛，包括地中海东部爱琴海诸岛及小亚细亚西部的沿海地区。全境多山，海岸曲折，天然良港甚多，航海事业发达。古希腊文化源于爱琴文化，虽由众多城邦组成，却创造了统一的古希腊文化，在公元前12世纪之前曾经几度辉煌，此后，由于遭到多利安人的野蛮摧残而逐渐衰落。

古希腊人信奉多神教，他们曾经编纂了丰富多彩的神话，希腊神话堪称世界神话之最。公元前10世纪，盲人作家荷马(Homer)的《荷马史诗》中有大量的关于树木、花卉、圣林和花园的描述。古希腊庙宇林立，除了祭祀活动外，往往兼有音乐、戏剧、演说等文娱内容。古希腊有个祭祀爱神阿多尼斯的节日，届时雅典的妇女都在屋顶上竖起阿多尼斯雕像，周围环以土钵，钵中种的是发了芽的莴苣、茴香、大麦、小麦等，这些绿色的小苗好似圣洁的花环，表达对爱神的祭典，这种屋顶花园就称为阿多尼斯花园。此后，以绿色花环围绕雕像的方式逐渐固定下来，节日期间，不但屋顶，即使是通常的花坛中也矗立优美的雕像，这对欧洲园林花坛艺术产生了重要影响。

古希腊的音乐、绘画、雕塑和建筑等艺术达到了很高水平，尤以雕塑著称于世。古希腊人因战争、航海等需要，酷爱体育竞技，产生了古代奥林匹克运动会；又由于民主思想的发达，公共集体活动的需要，促进了大型公共园林娱乐建筑和设施的发展；古希腊在哲学、美学、数理学领域都取得了巨大成就，以苏格拉底（Sokrates，公元前469—公元前399年）、柏拉图（Platon，公元前427—公元前312年）、亚里士多德（Aristotales，公元前384—公元前322年）为杰出代表，他们的思想和学术成就曾经对古希腊园林乃至整个欧洲园林产生了重大影响，使西方园林朝着有秩序的、有规律的、协调均衡的方向发展。

（2）古希腊园林的类型与特征

古希腊园林与人们的生活习惯紧密结合，属于建筑整体的一部分，因此建筑是几何形空间，园林布局也采用规则式以求得与建筑的协调。同时，由于数学、美学的发展，也强调均衡稳定的规则式园林。园林中植物的运用丰富，据提奥弗拉斯的《植物研究》记载约500余种，而以蔷薇最受青睐。当时已发明蔷薇芽接繁殖技术，培育出重瓣品种。

古希腊园林类型多样，成为后世欧洲园林的雏形，近代欧洲的体育公园、校园、寺庙园林等都残留有古希腊园林的痕迹。古希腊园林可划分为宅园、圣林、公共园林和学术园林等四种类型。

1）宅园：也称柱廊园，当时的住宅采用四合院式的布局，一面为厅，两边为住房。厅前及另一侧常设柱廊，而当中则是中庭，以后逐渐发展成四面环绕的列柱廊的庭院。早期的中庭内全是铺装地面，装饰着雕塑、瓶饰、大理石喷泉等，后来，中庭内种植各种花草，形成美丽的柱廊园。以后的古罗马时期也得到继承和发展，并对欧洲中世纪寺庙园林的形式有明显影响。

2）圣林：圣林是祭祀的场所，古希腊人同样对树木怀有神圣的崇敬心理，相信有主管林木的森林之神，把树木视为礼拜的对象，因而在神庙外围种植树木，称为圣林。起初圣林内只用庭荫树，后来也种果树。

3）公共园林：公共园林是公众均可享用的。古希腊由于民主思想发达，公共集会及各种集体活动频繁，为此建造了众多的公共建筑物。如由于战争的需要推动了希腊体育运动的发展，而大量建造的训练场地和竞技场，开始仅为训练用，后来在场地旁种植遮阳的树木，并且逐渐发展成为大片林地，其中除了林荫道外，还有祭坛、亭、柱廊及座椅等设施，成为近代欧洲体育公园的前身。

4）学术园林：古希腊哲学家常常在露天公开讲学，尤其喜爱在优美的公园里聚众演讲。以后，学者们开始建造自己的学园，园内有供散步的林荫道，种有悬铃木、齐墩果、榆树等，还有覆满攀缘植物的凉亭。学园中也设有神殿、祭坛、雕塑和座椅，以及纪念杰出公民的纪念碑，雕塑等。

2. 园林实例：帕加蒙城（Pegamon）的季纳西姆体育场（Gymnasium）（图3-2）

建在帕加蒙城的季纳西姆体育场规模巨大，建在山坡上，分为三个台层；台层间的高差达12~14m，有高大的挡土墙，墙上有供奉神像的壁龛。上层台地周围有柱廊环绕，周边为生活间及宿舍，中央是装饰美丽的中庭，中台层为庭园，下层是游泳池。周围有大片森林，

第3章 外国园林史

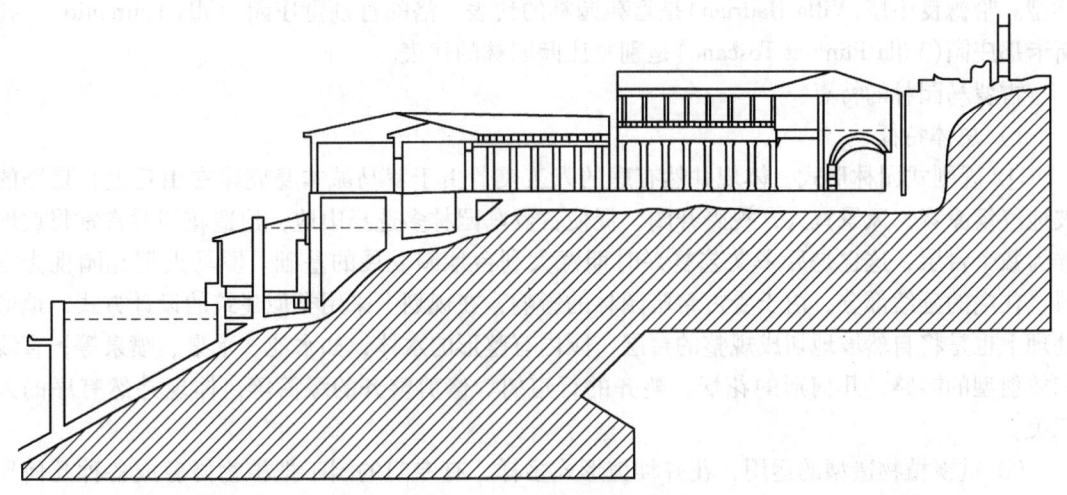

图 3-2 帕加蒙城的季纳西姆体育场(剖)

林中放置了众多神像及其他雕塑、瓶饰等。

这种类似体育公园的运动场，一般都与神庙结合在一起，其原因主要是由于体育竞赛往往与祭祀活动相联系，是祭奠活动的主要内容之一。这些体育场常常建造在山坡上，并且巧妙地利用地形布置观众看台。

3.1.3 古罗马园林

1. 古罗马园林的发展背景与特点

（1）古罗马园林的发展背景

古罗马北起亚平宁山脉，南至意大利半岛南端，境内多山的丘陵地区。冬季温暖湿润，夏季闷热，而坡地凉爽，这些地理气候条件对园林布局风格有一定影响。

罗马最初是个较小的城市国家，公元前753年立国，公元前509年废除王政，实行共和制，并开始建造罗马城，其后国力渐盛，其势力范围扩大到地中海地区。罗马城规划气势宏伟，在奥古斯时代分为四大区域：第一区位于市中心，建筑物密集；第二区环绕中心区，建筑物较少；第三区位于城市外缘，建筑物为别墅；第四区是城堡，为大贵族的别墅区。古罗马的别墅分为田园别墅和城市别墅两种类型。1~2世纪是罗马帝国的鼎盛时代，地跨欧、亚、非三大洲，成为当时与东方秦汉王朝并峙的大帝国。

古罗马帝国初期尚武，对艺术和科学不甚重视，公元前190年征服了古希腊之后才全盘接受了希腊文化。古罗马在学习古希腊的建筑、雕塑和园林之后，才逐渐有真正的造园事业，同时，也继承和发展了古希腊园林艺术。古罗马园林除了受到古希腊影响外，还受到古埃及和中亚、西亚园林的影响，出现过类似古巴比伦空中花园、猎苑，美索不达米亚的金字塔式台层的园林形式。早期的古罗马园林以实用为主要目的，包括果园、菜园和种植香料、调料植物的园地，以后逐渐强调园林的观赏性、装饰性和娱乐性。

（2）古罗马园林的类型与特征

古罗马园林可以分为宫苑园林、别墅庄园、中庭式庭园（柱廊式）和公共园林（指竞技场、浴场、剧场等公共建筑前布置的广场、绿地，以供人们进行社交活动、娱乐和休息）等四种类型。哈德良山庄(Villa Hadrian)是宫苑园林的代表，洛郎丹别墅庄园(Villa Laurentin)、托斯卡那庄园(Villa Pliny at Toscane)是别墅庄园园林的代表。

古罗马园林的特点：

1）总体特征

① 规则式园林形式，体现井然有序的人工美。由于罗马城本身就建在山丘上，夏季的坡地气候凉爽，风景宜人，视野开阔，促使古罗马园林多选择山地，建造花园时常常将坡地辟为数个台层，这也是后来文艺复兴时期意大利台地园发展的基础。罗马人把花园视为宫殿、住宅的延续部分，由于受古希腊园林的影响，在规划上采用类似建筑的设计方式，地形处理上也是将自然坡地切成规整的台层，园内有整形的水体，如水池、水渠、喷泉等；直线和放射型的园路、几何形的花坛、整齐的行道树、修剪整齐的绿篱等，体现井然有序的人工美。

② 重视植物造型的运用，花卉种植形式多样。有专门的园丁把植物修剪成各种几何形体、文字、图案，甚至复杂的牧人或动物形象，称为绿色雕塑或植物雕塑。花卉种植形式有花台、花池，专类园如蔷薇园、杜鹃园、鸢尾园、牡丹园等。此外，还兴建"迷园"，迷园图案设计复杂、迂回曲折、扑朔迷离、娱乐性强，专类园和迷园在以后欧洲园林中都曾十分流行。

③ 花园中普遍运用雕塑。从雕刻的栏杆、桌、椅、柱廊到墙上浮雕、圆雕等，为园林增添了装饰效果。

2）别墅庄园：采用规则式布局，常是严整对称的。选址常在山坡上或海岸边，以便借景。庄园有供生活起居用的别墅建筑，也有宽敞的园地，园地一般包括花园、果园和菜园。花园又可划分为供散步、骑马及狩猎用的三部分。建筑旁的台地主要供散步用，有整齐的林荫道，有装饰性绿篱，有花坛、花池及树坛。一般建筑前不种高大的乔木，以免遮挡视线。供骑马用的部分，主要是以绿篱围绕着的宽阔林荫道。狩猎园则是有高墙围着的大片树林，林中有纵横交错的林荫道，并放养各种动物供狩猎、娱乐用。园中或建有温水游泳池，或者有供开展球类游戏的草地。园林在远离建筑物的地方保持自然面貌，植物不再修剪成型。

3）古罗马中庭式庭园：（柱廊园）是对古希腊中庭式庭园（柱廊园）的继承和发展。古罗马庭园通常由三进院落组成，第一进为迎客的前庭，第二进为列柱廊式中庭，第三进为露坛式花园。中庭里往往有水池、水渠，渠上架小桥，木本植物种在很大的陶盆中，草本植物种在方形的花池或花坛中，廊柱的墙上有风景画。

2. 园林实例：托斯卡那庄园(Villa Pliny at Toscane)（图3-3）

托斯卡那庄园周围群山环绕，绿荫如盖，依自然地势形成一个巨大的阶梯剧场。别墅前面布置一座花坛，环以园路，两边有黄杨篱，外侧是斜坡，坡上有各种动物的黄杨造型。花坛边缘的绿篱修剪成各种不同的栅栏状。园路的尽头是林荫散步道，呈运动场状，中央是上百种不同造型的黄杨和其他灌木，周围有墙和黄杨篱。花园中的草坪也精心处理。此外，还有果园，园外是田野和牧场。

别墅建筑入口是柱廊。柱廊一端是宴会厅，厅门对着花坛，透过窗户可以看到牧场和田野风光。柱廊后面的住宅围合出托斯卡那的前庭。还有一处较大的庭园，园内种有四棵悬铃木，中央是大理石水池和喷泉，庭园内阴凉湿润。庭园一边是安静的居室和客厅，还有一处厅堂就在悬铃木下，室内以大理石做墙裙，墙上有绘制着树林和小鸟的壁画。厅的另一侧还

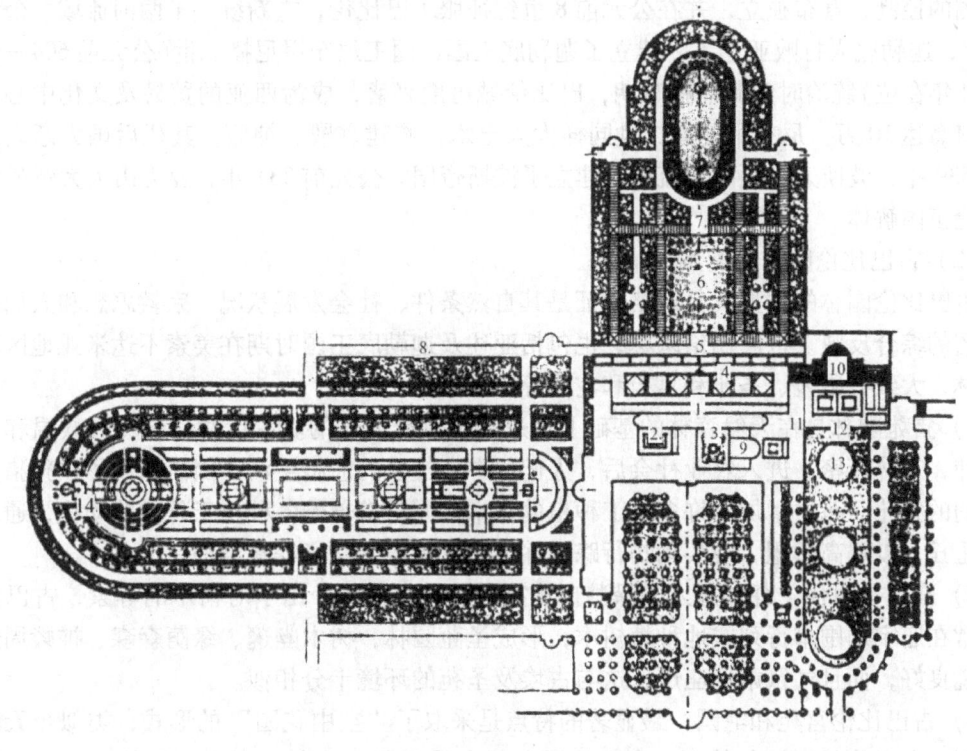

图 3-3　托斯卡那庄园
1—柱廊式中庭　2—前庭　3—四悬铃木庭园　4—露台　5—装饰性坡道
6—老鸦企属植物　7—散步道及林荫道　8—运动场丛林　9—住宅
10—大理石水池　11—大客厅　12—浴室　13—球场　14—工作及休息亭

有小庭院，中央是盘式涌泉，带来欢快的水声。

柱廊的另一端，与宴会厅相对的是一个很大的厅，从这里也可以欣赏到花坛和牧场，还可以看到大水池，水池中巨大的喷水，像一条白色的缎带，与大理石池壁相互呼应。

3.1.4　古巴比伦园林

1. 古巴比伦园林的发展背景与特点

（1）古巴比伦园林的发展背景

古巴比伦文明与古埃及文明几乎同时放射出灿烂的光辉，巴比伦王国位于底格里斯河与幼发拉底河之间的美索不达米亚平原。这里气候温暖而湿润，在河流冲积而成的平原上林木茂盛，物产丰富，使这块土地富饶而美丽。然而，两河的流量受上游雨量影响很大，时而会泛滥成灾，加之这里地形一马平川，无险可守，以至战乱频繁。

公元前 4000 年，最早生活在这里的东南部的苏美尔人和西北部的阿卡德人，建立了奴隶制国家，大约公元前 1900 年，来自西部的阿摩利人征服了整个美索不达米亚地区，建立了强盛的巴比伦王国，都城巴比伦是当时两河流域的文化与商业中心，著名的汉穆拉比国王（约公元前 1792—公元前 1750 年在位）统一了分散的城邦，疏浚沟渠，开凿运河，国力日盛。同时他大兴土木，建造了华丽的宫殿、庙宇及高大的城墙。

汉穆拉比死后，国力日衰，公元前 16 世纪为赫梯人所灭。北部的亚述人乘机摆脱巴比

伦王国的控制，宣布独立，并在公元前8世纪征服了巴比伦，重新统一了两河流域。公元前612年，迦勒底人打败亚述人，建立了迦勒底王国，国王尼布甲尼撒二世（公元前604—公元前562年在位）统治时为其鼎盛时期，巴比伦城再度兴盛，成为西亚的贸易及文化中心，城市人口高达10万。尼布甲尼撒二世同样大兴土木，修建宫殿、神庙，其死后国力渐衰。公元前539年，波斯人占领两河流域，建立了波斯帝国。公元前331年，亚力山大大帝最终使巴比伦王国解体。

（2）古巴比伦园林的类型及特征

古巴比伦园林的类型及其风格特征是其自然条件、社会发展状况、宗教思想和人们的生活习俗的综合反映。古巴比伦园林，也包括亚述及迦勒底王国时期在美索不达米亚地区建造的园林，大致有猎苑、圣苑和宫苑和宅园等园林类型。

1）猎苑园林是在天然森林的基础上经过人工改造形成的。古代两河流域气候温和，雨量充沛，森林茂密。进入农业社会后，人们仍眷恋过去的渔猎生活，因而出现了以狩猎为娱乐目的的猎苑。苑中增加了许多人工种植的树木，同时豢养着各种用于狩猎的动物，通常堆叠着土丘，以登高远望，观察动物行踪，并还建有神殿、祭坛等建筑物。

2）在远古时代，森林是人类躲避自然灾害的理想场所。出于对树木的尊崇，古巴比伦人常常在庙宇周围呈行列式地种植树木，形成圣苑园林，树木幽邃、绿荫森森、神殿周边不仅环境良好，而且气氛肃穆庄严，这与古埃及圣苑的环境十分相似。

3）古巴比伦宫苑和宅园：最显著的特点是采取了"空中花园"的形式，类似今天的屋顶花园。在炎热的气候条件下，人们为避免居室受到阳光直射，通常在屋前建造宽敞的走廊，起通风和遮阳的作用，同时在屋顶平台上铺以泥土，种植花草树木，成为空中花园，并配有灌溉设施。由于两河流域基本上是平原地带，故人们十分热衷堆叠土山，在高地上设建筑，既突出主景，又能开阔视野，同时，在洪水泛滥时，高地也更为安全。

2. 园林实例：宫苑园林"空中花园"（图3-4）

"空中花园"又被译为"悬园"或"架空园"，被誉为古代世界八大奇迹之一。公元前2000年左右，位于幼发拉底河下游古代苏美尔名城乌儿城曾建有亚述古庙塔，或称"大庙塔"，亚述古庙塔主要是大型宗教建筑，其次才是用于美化的"花园"。它包括层层叠进并种有植物的花台、台阶和顶部的一座庙宇。亚述古庙塔只是"空中花园"的雏型，并不是真正的屋顶花园，其塔身上仅有一些植物而且又不在"顶"上。

真正的屋顶花园是此后1500余年才出现的古巴比伦"空中花园"，是公元前604—公元前562年在位的迦勒底国王尼布甲尼撒二世为讨其王妃的欢心而建造的。相传王妃出生于伊朗西北部山区的米底王国，为安慰王妃思乡之苦，建造了这种类似于在高山上的屋顶花园。

空中花园并非悬在空中，而是建在数层平台上的层层叠叠的庭园，空中花园由厚墙支承，每一台层的外部边缘都有石砌的、带有拱券的外廊，其内有房间、洞府、浴室等，台层上覆土，种植各种乔灌藤本树木及花草，台层之间有阶梯联系。台层的角落处设置提水的辘轳，将河水提到顶层台层上，逐层往下浇灌植物，同时形成活泼动人的水帘或跌水。据称空中花园最下层的方形底座边长约140m，最高层距地面约22.5m。这些覆被着植物，愈往中心愈升高的台园建筑，如绿色的金字塔耸立在巴比伦的平原上，蔓生和悬垂植物及各种树木花草遮住了部分柱廊和墙体，万紫千红，远远望去，仿佛挂在中天，空中花园由此得名。

第3章 外国园林史

图3-4 空中花园
1—主入口 2—客厅 3—正殿 4—空中花园
5—入口庭院 6—行政庭院 7—正殿庭院 8—王宫内庭院 9—哈雷姆庭院

3.1.5 古波斯园林

1. 古波斯园林的发展背景与特点

（1）古波斯园林的发展背景

公元前6世纪，古波斯兴起于伊朗西部高原、波斯湾东岸，公元前559年波斯南部的一个部落王，用了约5年的时间统治了整个波斯国，先后征服了吕底亚王国、巴比伦城、埃及等地区，仅在20年的短时期中，就建立了一个庞大的波斯奴隶主帝国。公元前529年，居鲁士死于一次部落交战。大流士大帝（公元前522—公元前486年在位）时，波斯国力日盛，并入侵希腊，大流士大帝死时，波斯仍与希腊激战，继位者薛西斯一世和阿塔薛西斯继续奉行侵略国策，但成效甚微。公元前479年波斯人被赶出希腊全境，至公元前330年，它的独立地位被亚历山大大帝的军队所推翻。

古波斯地跨亚非两大洲，影响至欧洲西部，它充分吸取了埃及文化和两河流域文化的优秀成果，创造了灿烂的波斯文化，最突出的特点就是其文化的折衷性。古波斯文化发达，都城波斯波利斯是当时世界上有名的大城市，对周边国家和地区经济、文化影响很大。波斯花卉发展最早，资源丰富，后传入世界各地，是西亚造园的发祥地之一。

（2）古波斯园林的类型及特征

古波斯园林的形式及其风格特征是古波斯自然条件、宗教思想及其折衷性文化特点的综合反映。古波斯园林大致包括游猎园、宫苑、庭园等园林类型。波斯奴隶主们的祖先经历过原始的狩猎生活方式，进入农耕文明以后，仍怀念过去的狩猎、牧渔生活，同时亦作为一种娱乐观赏方式，因而选地造园，蓄养动物，作为游猎园，同古巴比伦的猎苑极为相似。

古波斯园林的特征主要表现：

1）水是最重要的造园要素，有特殊的地下引水灌溉系统，小型的水景形式。波斯地处荒漠高原，气候炎热干旱，水显得非常珍贵，不仅种植需要水，而且降低温度、增加空气湿度也需要水，水成为波斯人的极大享受，因此水是波斯园林中最重要的造园要素。在干旱少雨的气候条件下，为保证植物的正常生长，必须每天浇灌，特殊的引水灌溉系统就成为园林的一个特点。即人们利用山上的雪水，通过地下隧道引入园林，以减少地表蒸发，在需要的地方，从地面打井至地下隧道处，再将水提上来。灌溉方式是利用沟渠、定时地将水直接灌溉到植物的根部，而不是通常的从上而下的浇灌方式。水不仅浇灌植物，而且形成各种水景，由于波斯园林面积不大，水又十分珍贵，波斯园林一般不采用大型水池或跌水，而是采用盘式涌泉的方式，泉水几乎是一滴滴地跌落。水池之间以狭窄的明渠连接，坡度很小，偶有小水花（图3-5）。

图3-5　典型的八角星形水池喷泉

2）古波斯园林建筑的纯世俗性和折衷性。波斯建筑模仿巴比伦和亚述人的高起月台和阶梯式建筑风格，仿制有翼公牛、光泽鲜艳的琉璃砖，以及美索不达米亚建筑的其他装饰图形，但营造法式上却没有采纳美索不达米亚建筑的两个主要特点，即拱门和圆顶，而是吸取了埃及的圆柱和柱廊结构，内部布局以及棕榈纹、莲花纹装饰柱础的手法，反映出古埃及文化的影响，但圆柱上的槽沟和柱头下方的涡旋纹又是古希腊的作风，表明波斯文化的折衷性。古波斯园林建筑的独特之处，还在于它的纯世俗性质，波斯的大型园林建筑不是神庙，而是宫苑。

3）古波斯庭园具有典型的民族风格，最有代表性的古波斯庭园是天堂园。庭园呈长方形，周围是矩形花坛、草坪、沟渠、柏树、果树等。中央有矩形的水池，并射出四条水渠，代表天堂中水、酒、乳、蜜四条河流。在园路的交叉点上，设置了用青瓷砖镶边的浅水池，或缭绕着蔓藤的园亭，这种园林布局是后世伊斯兰园林的原型。

4）古波斯民族酷爱绿荫树，在庭园的土墙内侧都密植绿荫树。

2. 园林实例：古波斯庭院天堂园（图3-6）

古波斯庭园中最著名的就是天堂园。古波斯的天堂园通常面积较小，平面为矩形，四周有围墙，外观显得比较封闭，类似建筑围合的中庭，与人的尺度非常协调，其内有十字型的林荫路，构成中轴线。中轴线将园分割成四区，栽有花草，在十字型林荫路交汇点处设中心水池，象征天堂，故名"天堂园"。

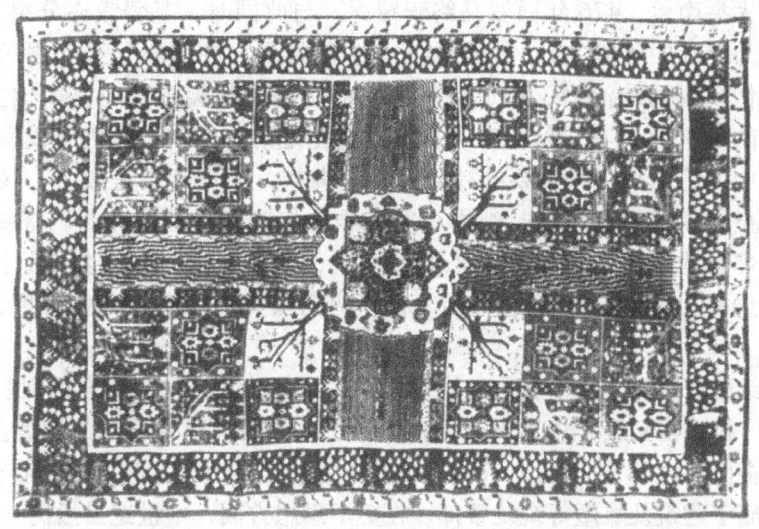

图 3-6　图案是一座被十字水渠分为四块花圃的花园的波斯毯

3.2　外国封建时期园林(约公元 500—公元 1760 年)

知识要点

◆ 掌握中世纪、伊斯兰、日本、文艺复兴时期意大利、法国勒洛特尔式、德国、俄罗斯、英国风景式园林的风格特点。

◆ 熟悉中世纪、伊斯兰、日本、文艺复兴时期意大利、法国勒洛特尔式、德国、俄罗斯、英国风景式园林的类型及代表作品。

◆ 了解中世纪、伊斯兰、日本、文艺复兴时期意大利、法国勒洛特尔式、德国、俄罗斯、英国风景式园林的代表作品的总体布局。

3.2.1　中世纪西欧园林

1. 中世纪西欧园林的发展背景与特点

（1）中世纪西欧园林的发展背景

中世纪是西欧历史上光辉思想泯灭、科技文化停滞、宗教蒙昧主义盛行的所谓"黑暗时代"。从 5 世纪罗马帝国瓦解到 14 世纪文艺复兴运动开始，历经大约 1000 年。在这个不断蛮族入侵，充满血泪的动荡岁月中，人们纷纷皈依天主基督，或安身立命，或求精神解脱，因而教会势力长足发展，占据政治、经济、文化和社会生活的各个方面。所以，中世纪的文明主要是基督教文明，与此呼应，中世纪的园林则以寺院庭园为代表。

从 3 世纪开始，罗马帝国陷入政治危机，内战频繁，民不聊生，395 年分裂为东、西罗马。东罗马建都于拜占庭，西罗马仍以罗马为首都。从此，西罗马历经野蛮民族日尔

曼、斯拉夫等大举南侵，476年西罗马终于覆灭。与此同时，基督教亦分裂为东正教和天主教，在分裂与混乱中收揽人心，获得出人意料的发展。在西罗马灭亡之后的数千年间，教皇同时兼世俗政权的统治者，形成政教合一的局面。教会本身也是大地主，全盛时期拥有整个欧洲的30%多的良田沃土。在拥有大量土地财产的主教区内又设有许多小教区，由牧师管理。中世纪的另一个重要的社会集团是贵族。大贵族既是领主，又依附于国王、高级教士和教皇。领主们在自己封地内享有特殊的权利，并层层分封，等级森严。11世纪后，欧洲大部分地区的爵位及官职采取世袭制，领主权力进一步集中，国王权力相对削弱，出现城堡林立现象。但13世纪后，由于火药及其他工程技术的发展，城堡逐渐失去防御意义。

由于中世纪经济穷困，政治腐化，战争频繁，社会动荡，加之教会仇视一切世俗文化，采取愚民政策，排斥古希腊、古罗马文化，不利于欧洲园林建筑艺术的发展。4世纪末叶，罗马皇帝狄奥多西一世(Theodosius,379—395年在位)竟以镇压邪教为名，将全国所有古希腊、古罗马的庙宇建筑及雕塑等统统毁掉。在美学思想方面，中世纪虽然仍有古希腊、古罗马的影响，但却与宗教神学相联系，把"美"加以神学化和宗教化。

(2) 中世纪西欧园林的类型与特征

欧洲中世纪数百年政教合一，促使教权的强大统一，而王权却分散孤立，因而中世纪的欧洲没有出现过像中国皇家园林那样壮丽恢弘的宫苑，却只有以实用性为目的的寺院园林和简朴的城堡园林。而且，就园林发展而论，中世纪前期以寺院庭园为主，后期以城堡庭园为主。寺院庭园的代表作品有9世纪初建成的瑞士圣·高尔教堂(St. Gall)（图3-7）、意大利罗马的圣保罗教堂(San Paule)（彩图15）等。法国的比尤里城堡和蒙塔尔吉斯城堡是比较有代表性的城堡庭园。

中世纪西欧园林特征：

1) 园林都是以实用性为主。但随着战乱平息和生活稳定，园林装饰性、娱乐性日趋浓厚。有些果园逐渐增加观赏树木，铺设草地，种植花卉，点缀凉亭、喷泉、座椅等设施，将果园演变为游乐园。

2) 园林中流行设置用低矮绿篱组成图案的花坛，图案呈几何形或鸟兽形状及徽章纹样。在其空隙填充各种颜色的碎石、土、碎砖等，这种类型的花坛称开放型结园(Open Knot Garden)；如果在空隙中种植色彩艳丽的花卉，则叫封闭型结园(Closed Knot Garden)。最初花坛高出地面，种植并不密集，周围环绕木条、砖瓦等，以后与地面平齐，种植密度很高，类似近代的花坛，常设在墙前或广场上。

3) 花架式亭廊是中世纪庭园的显著特征，即称为"绿廊"。用绿廊将庭园的三边或所有各边包围起来，或者将庭园纵横分割成四个部分，廊中设坐凳，廊架上爬满各种攀缘植物。

4) 寺院园林中，建筑物的前面有连拱廊围成的露天庭院，称为"前庭"(attrium)。前庭的中央有喷泉或水井，供人们进入教堂时用水净身。寺院庭园的主要部分是教堂及僧侣住房等建筑围绕的中庭，面对中庭的建筑前有一圈柱廊，类似古希腊、古罗马的中庭式柱廊园。稍不同的是，古希腊、古罗马中庭旁的柱廊多是楣式，柱子之间均可与中庭相通；中世纪寺院内的中庭旁的柱廊多采用拱券式，并且，柱子架在矮墙上，如栏杆一样将柱廊与中庭隔开，只在中庭四边的正中或四角留出通道。中庭仍是十字形或交叉

第3章 外国园林史

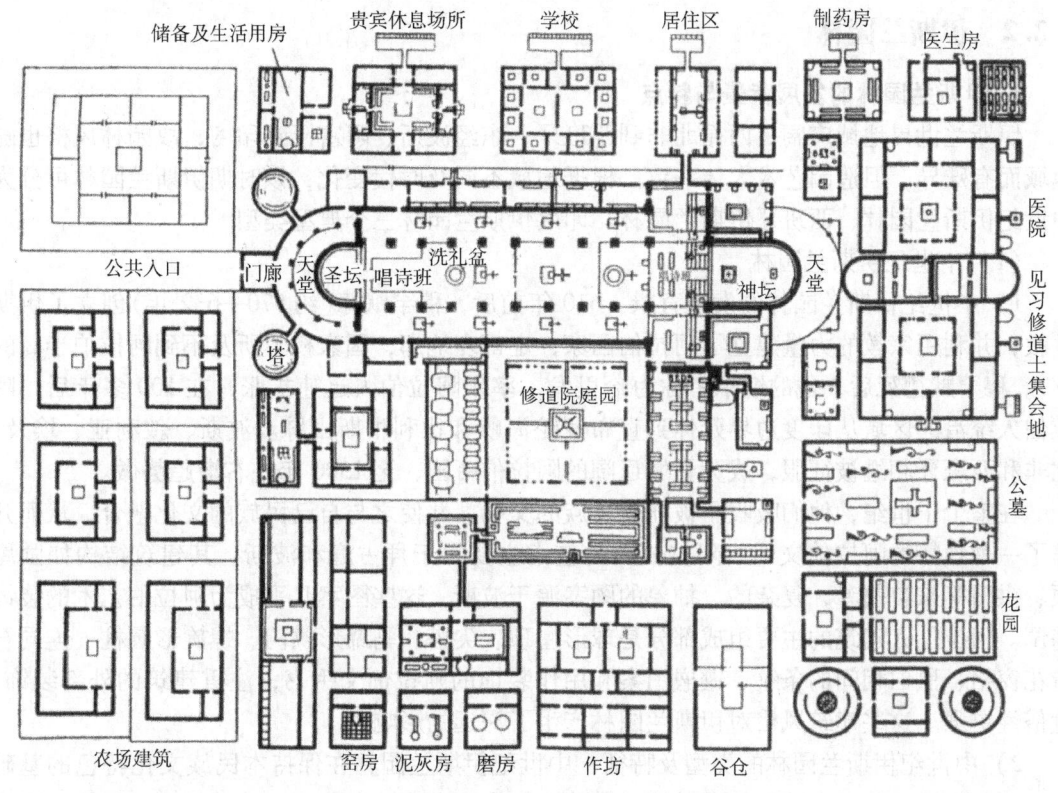

图3-7 圣·高尔教堂

的道路将庭院分成四块，正中的道路交叉处为喷泉、水池或水井。四块园地以草坪为主，点缀果树和灌木、花卉。

5）城堡园林中流行设置迷园，用大理石，或草皮铺路，以修剪的绿篱围在道路两侧，形成图案复杂的通道。

2. 园林实例：瑞士圣·高尔教堂（St. Gall）（图3-7（820—830年由僧侣绘制））

圣·高尔教堂于9世纪初建在瑞士的康斯坦斯湖畔，占地约1.7hm^2，内有僧侣们日常生活的一切设施。全院分为三个部分：①中央部分为教堂及僧侣用房、院长室等；②南部及西部为畜舍、仓库、食堂、厨房及工场、作坊等附属设施；③东部为医院、僧房、药草园、菜园、果园及墓地等。中央部分有典型的以建筑围绕的中庭柱廊园，十字形园路当中为水池，周围四块草地；在医院及僧房、客房建筑间也有面积很小的庭园。此外，在医院及医生宿舍旁有药草园，内有12个长条形畦，种植了16种草本药用植物，有的药用植物同时也具有观赏价值。墓地内整齐地种植了15种果树，有苹果、梨、李、花楸、桃、山楂、榛子、胡桃及月桂等，周围有绿篱围绕；墓地以南是排列着18个畦的菜园，其中种植了胡萝卜、莳萝、糖萝卜、荷兰防风草、香草、卷心菜等。

圣·高尔教堂的规划反映出教会自给自足的特征，同时，教会掌握着文化、教育、医疗大权，寺院里有学校、医院宿舍、病房、药草园等。在总体规划上功能分区明确，庭园则随其功能而附属于各区，显得井然有序。

3.2.2 伊斯兰园林

1. 伊斯兰园林的发展背景与特点

伊斯兰世界地域广阔,西循北非到西班牙,东经波斯、阿富汗到印度,故园林风格也随地域而有殊异,但造园艺术大体一致。根据地域不同及时代变化,该时期伊斯兰园林可分为中世纪伊斯兰园林、西班牙伊斯兰园林、印度伊斯兰园林三个典型类型。

(1) 中世纪伊斯兰园林

1) 中世纪伊斯兰园林的发展背景:610年前后,穆罕默德(约570—632年)创立了伊斯兰教,并利用宗教的力量建立了阿拉伯国家,定都麦地那,国家权力所及不到阿拉伯半岛的1/3。穆罕默德死后,他的继承者称为哈里发,率领阿拉伯人迅速扩张,在100多年后,阿拉伯人统治的区域从印度边界延伸到直布罗陀海峡和比利牛斯山脉。波斯、叙利亚、埃及、北非和西班牙相继被征服,成为疆域辽阔的阿拉伯帝国,至1300年左右渐趋势微。

在整个中世纪,他们吸收了被征服民族的文明,并使之与自己民族的文化融合,从而开辟了一种独特的阿拉伯文明,阿拉伯人的艺术主要源于拜占庭和波斯。其建筑结构如圆屋顶、拱门等来自前者,复杂的、抽象的图案源于波斯,这些图案几乎成为阿拉伯艺术的装饰基调。阿拉伯人建筑的主要组成部分是球形屋顶、尖塔、马蹄形拱门、螺旋形圆柱,连同石造花窗格、黑白相间的条纹、镶嵌图案和用作装饰的阿拉伯文手书,注重建筑的外部装饰,世俗性更强。这些建筑风格对伊斯兰园林产生了深远的影响。

2) 中世纪伊斯兰园林的类型及特征:中世纪伊斯兰园林在保持本民族文化特色的基础上,吸收古巴比伦及古波斯的游猎园、圣苑、空中花园、波斯庭园、王宫等园林风格,形成了"波斯伊斯兰式"的园林类型。主要类型有水法园、庭园、别墅园、城堡等。最有显著特征的是水法园,阿拉伯地区的自然条件近于波斯,把水看成是造园的灵魂。其水法创作和园林艺术,跟随回教军的远征传到了北非和西班牙,至13世纪又传到印度北部和克什米尔地区。水法由西班牙传到意大利后,得到了发展,更加巧妙和壮观。伊朗的柴哈尔园、伊拉姆园、法萨巴德园、菲恩园都是中世纪伊斯兰园林的代表作品。

中世纪伊斯兰园林的特点是:

① 阿拉伯帝国干旱少雨多沙漠,故把水看得极为珍贵。园林用水及灌溉方式类似于古波斯,水池是组成庭园的重要部分,大多配置在建筑物的前方,也有设在建筑物内部的,形状只有方形或八角形,没有圆形。不模仿自然,其样式由展开的几何学图形构成,曲线是被视作不合理的形状加以排斥的。喷泉是中世纪波斯庭园的重要设施。

② 布局上伊斯兰园林面积较小而且封闭。庭园大多是矩形,最典型的布局方式便是以十字形抬高的园路,将庭园分成四块,园路上设有灌溉用的小水渠。或者以此为基础,再分出更多的几何形部分,而在宏伟的宗教建筑的前庭,则配置与之相协调的大尺度的园林。

③ 园址用地面积很大的园林,也常由一系列的小型封闭院落组成。院落之间只有小门相通,有时也可通过隔墙上的栅格和花窗隐约看到相邻的院落。园内的装饰物很少,仅限于小水盆和几条坐凳,体量与所在园林空间的体量相适宜。在并列的小庭园中,每个庭园的树木尽可能用相同的树种,以便获得稳定的构图。尽管园中有一些花卉装饰,但阿拉伯人更欣赏人工图案的效果,它们更能表达出人的意愿,因此,园中更多的是黄

杨组成的植坛。

④ 在装饰方面，彩色陶瓷马赛克的运用十分广泛，其色彩和图案效果使得伊斯兰园林艺术别具一格。贴在水盘和渠底部的马赛克，在流动的水下富有动感，在清澈的水池下如镜子一般，它们还被用在水池池壁及地面铺砖的边缘，装饰台阶的踢脚及坡道，效果更胜于大理石。甚至大面积地用于坐凳的表面，成为经久不变的装饰。在围绕庭园的墙面上，也有马赛克墙裙，有时园亭的内部从上到下都贴满了色彩对比强烈的马赛克图案，形成极富特色的装饰效果。

⑤ 庭园中植物运用丰富。最喜爱种植蔷薇，其次是悬铃木和松树。

(2) 西班牙伊斯兰园林

1) 西班牙伊斯兰园林的发展背景：当西欧在中世纪基督教统治下，文化艺术处于停滞之时，伊比利亚半岛的形势却迥然不同。早在古希腊时期，这里就有来自希腊的移民，后又成了罗马帝国的属地。8世纪初，信奉伊斯兰教的摩尔人侵入伊比利亚半岛，平定了半岛的大部分地区，建立了以科尔多瓦为首都的西哈里发王国。摩尔人大力移植西亚文化，尤其是波斯、叙利亚的伊斯兰文化，在建筑和园林上，创造了富有东方情趣的西班牙伊斯兰样式。

从8世纪到15世纪，西班牙处于西班牙人和葡萄牙人驱逐阿拉伯人收复失地的斗争中。700多年的时间里战争不断，但摩尔人仍然在伊比利亚半岛南部创造了高度的人类文明，当时的科尔多瓦人口达100万，是欧洲规模最大，文明程度最高的城市之一，摩尔人建造了许多宏伟壮丽，带有鲜明伊斯兰艺术特色的清真寺、宫殿和园林，可惜留下来的遗迹并不多。1492年，信奉天主教的西班牙人攻占了阿拉伯人在伊比利亚半岛上的最后一个据点，建立了西班牙王国。

2) 西班牙伊斯兰园林的类型及特征：西班牙伊斯兰园林的主要类型是西班牙伊斯兰宫苑庭园和别墅花园。其代表作有格拉纳达的阿尔罕布拉宫、格内拉里弗花园和塞维利亚的喀扎尔园等。

西班牙伊斯兰园林的特点：

① 继承并发展伊斯兰园林艺术。早在8世纪，阿卜德·拉赫曼一世（750年—788年在位）就以其祖父在大马士革的园林为蓝本，在首都科尔多瓦造园，还派人从印度、土耳其和叙利亚引种植物，如石榴、黄蔷薇等都是当时引进的。同时，从罗马人遗留下来的庄园中借鉴其结构、材料及做法，有些庄园的建筑材料直接来自古罗马的建筑物。受古罗马人的影响，人们把庄园建在山坡上，将斜坡辟成一系列台地，围以高墙，形成封闭的空间，在墙边种上成行的大树，形成隐秘的氛围，这也是伊斯兰园林所追求的效果。墙内往往布置交叉或平行的运河、水渠等，以水体来分割园林空间，运河中还有喷泉。笔直的道路尽端常常设置亭或其他建筑。有时在墙面上开有装饰性的漏窗，墙外的景色可以收入窗中。

② 伊斯兰园林的道路常用有色的小石子或马赛克铺装，组成漂亮的装饰图形。园中地面除留下几块矩形的种植床以外，所有地面以及垂直的墙面、栏杆、坐凳、池壁等面上都用鲜艳的陶瓷马赛克镶铺，显得十分华丽。

③ 宫苑庭园典型的形式是方形或矩形的院落，周围是装饰华丽的阿拉伯（伊斯兰）式拱廊，在庭园的中轴线上，有一方形或矩形水池，并设有喷泉，在水池和周围建筑之间，种植灌木、乔木，配以花草。

④ 园中常用黄杨、月桂、桃金娘等修剪成绿篱，用以分隔园林形成几个局部。绿化植

物常用芳香植物，也常用攀缘植物如常春藤、葡萄及迎春等爬满凉棚。

（3）印度伊斯兰园林

1）印度伊斯兰园林的发展背景：在中世纪后期，当西欧各国开始经济发展和文化进步的同时，印度人却接连遭受了一系列异族的劫掠和蹂躏。征服印度的第一批穆斯林是来自阿富汗的土耳其人，并以德里为中心进行了整整5个世纪的统治。印度有了许多变化，建造了工艺精美的清真寺等伊斯兰风格的建筑，但在文化上却很少创新，一度生机勃勃的文化受到明显的破坏。13、14世纪，蒙古人进入印度，尤其是帖木儿的侵袭，是印度历史上破坏性最大的一次异族入侵，帖木儿横扫阿富汗、波斯和美索不达米亚，继而入侵印度，公开宣称，要使异教徒都皈依伊斯兰，不足一年，印度已成一片废墟。

16世纪，印度遭受来自北方穆斯林一次新的入侵，帖木儿的后裔巴布尔创建了强大的莫卧儿王朝，到他的孙子阿克巴时莫卧儿王朝进一步强盛。沙杰罕统治时期，莫卧儿王朝继续发展，在文化和艺术领域莫卧儿王朝积极与外国进行商业和文化交流，因而，无论在文学、艺术还是在社会总的风气方面都出现了印度、土耳其、阿拉伯和波斯文化融为一体的现象，尤其是建筑样式最完美无缺地反映了印度教风格与穆斯林风格之间互相影响的结果。于16、17世纪时形成了自成一家的印度—穆斯林建筑风格，印度的伊斯兰园林也在此时达到鼎盛时期。

2）印度伊斯兰园林的类型及特征：印度伊斯兰园林类型主要有宫苑、庭园、别墅园和陵园。最具代表的有：宫苑扎哈拉园、庭园中的忠实园、陵园中的胡马雍陵、泰姬陵和别墅园中的里夏德园、夏利玛尔园。

印度伊斯兰园林的风格特点：

① 莫卧儿王朝统治时期的印度建筑式样最完美地反映了印度教风格与穆斯林风格之间互相影响的结果。穆斯林的尖塔、尖形拱门和球状圆顶与印度建筑传统强调水平线条和精致的建筑饰物完美结合，终于在公元16、17世纪产生了风格鲜明的印度伊斯兰建筑形式。

② 印度伊斯兰园林依然以伊斯兰"天国"为样本，布局简单，基本上是一座精心绿化的庭院。位于中心的十字形水渠把整个园林平均分成四部分，正中央是一个喷泉，泉水从地下引来，喷出后随水渠向四方流去，造园艺术与其他各地的伊斯兰园林大体一致。

③ 水是构成印度伊斯兰庭园的主要因素。水具有装饰、沐浴和灌溉三种用途，经常用池贮存，水池不仅充满凉意，而且可以兼作沐浴净身的宗教活动的浴池和灌溉植物的贮水池。

④ 园亭是庭园不可缺少的设施，兼有装饰和实用两种用途。

⑤ 植物着重于栽植绿荫树，形成大片绿荫，偏爱观赏树木，而不太用花草。

2. 园林实例：西班牙阿尔罕布拉宫苑（图3-8、图3-9）

阿尔罕布拉宫以曲折有致的庭院空间取胜，在庭院造景中，有着丰富及动静变化的水景非常突出。同时，精细的墙面装饰，又为庭院空间带来华丽的气质，其中的桃金娘宫庭院和狮子宫庭院尤为精彩，建成以后的阿尔罕布拉宫，成为伊斯兰建筑艺术在西班牙最典型的代表作。

阿尔罕布拉宫又名红宫，因宫墙为红土夯成以及周围山丘也是红土之故。位于西班牙南部安达鲁西亚地区的格拉纳达古城海拔700m的山丘上。1248年，那斯里德王朝（Nasrid Dy-

第3章 外国园林史

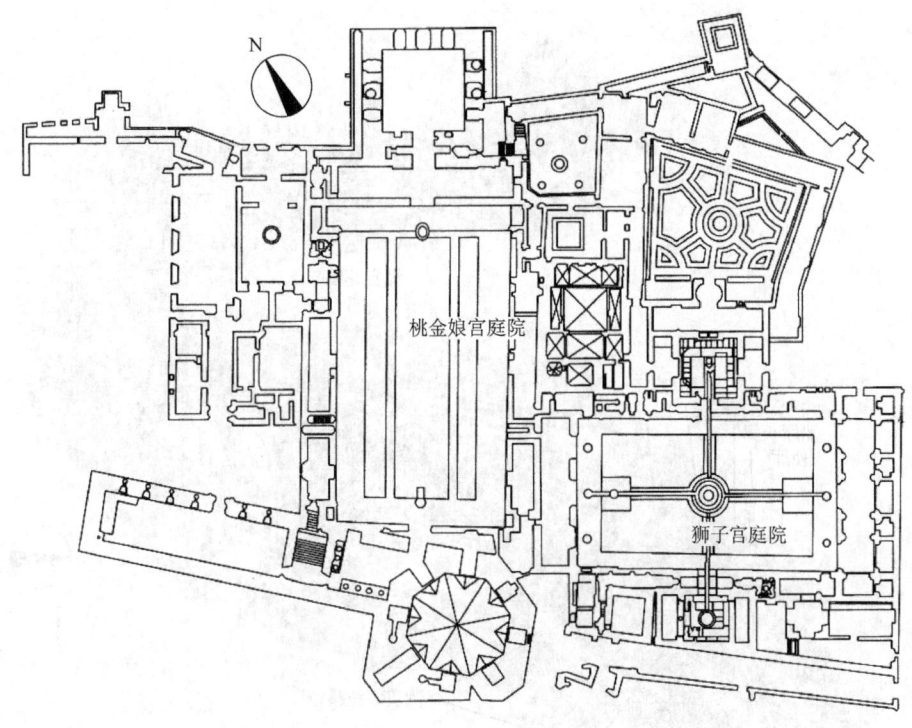

图 3-8 阿尔罕布拉宫局部

nasty）穆罕默德一世（Muhammad 1238—1271 年在位）建都格拉纳达，开始在阿尔罕布拉山上大兴土木，逐渐形成一座规模巨大的宫城，面积达 130hm²，外围长 4000m 的环形城墙和 30 个坚固的城堡要塞。100 年后，建成了宫城中的核心部分——桃金娘宫和狮子宫庭院，以及无数华丽的厅堂、宫殿、庭园等，最终形成了极其华丽的阿尔罕布拉宫苑。1492 年，斐迪南德二世收复格拉纳达，注意保护被征服民族的文化遗产，没有改变阿尔罕布拉宫原有的建筑，只是在格拉纳达城及阿尔罕布拉宫中另建了文艺复兴风格的宫殿。拿破仑征服欧洲之际，也在阿尔罕布拉宫的花园中增添了一些具有明显法国风格的景物。

阿尔罕布拉宫苑的主要庭院有桃金娘宫庭院、狮子宫庭院、柏木庭院和达那哈庭园等。

桃金娘宫庭院建于 1350 年，东面宽 33m，南北长 47m，是一个近似黄金分割比的矩形庭院。中央有 7m 宽、45m 长的大水池，水面占庭院面积的 1/4，两边各有 3m 宽的整形灌木桃金娘种植带。庭园的东西两面是较低的住房，与南北两端的柱廊连接，构图简洁明快。南面的柱廊为双层，原为宫殿的主入口，从拱形门券中可以看到庭院全貌；北面有单层柱廊，其后是高耸的科玛雷斯塔，池水紧贴地面，显得开阔而亲切；水池南北两端各有一小喷泉，与池水形成静与动、竖向与平面、精致与简洁的对比；两排修剪整齐的桃金娘篱，为建筑气氛很浓的院子增添了一些自然气息，其规整的造型与庭院空间又很协调。桃金娘宫庭院虽由建筑环绕，却不感到封闭，在总体上显得简洁、幽雅、端庄而宁静，充满了空灵之感。

狮子宫庭院（彩图 16）是阿尔罕布拉宫中的第二大庭院，也是最精致的一个，建于 1377 年。庭院东西长 29m，南北宽 16m，四周是 124 根大理石柱的回廊，东西两端柱廊的中央向院内凸出，构成纵轴上的两个方亭。这些林立的柱子，给深入其境的游人以进入椰林之感，复杂精美的拱券上的透雕则恰似椰树的叶子一般。十字形的水渠将庭院四等分，形成 4 个下

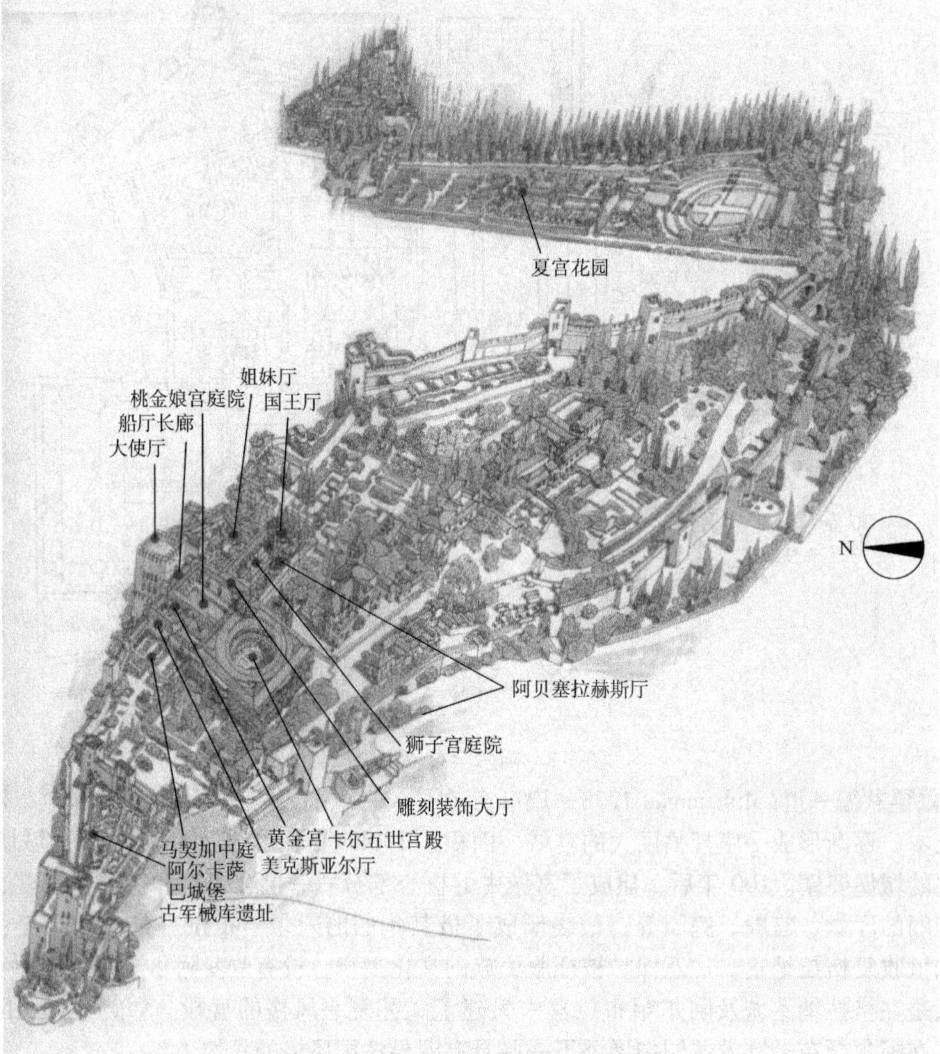

中外园林简史

图 3-9　西班牙阿尔罕布拉宫鸟瞰图

沉式花圃，栽种有花卉和橘树，交点上有著名的狮子喷泉，中心是圆形承水盘及向上的喷水，四周围绕着 12 座石狮，由狮口向外喷水，象征沙漠中的绿洲。

柏木庭院建于 16 世纪中期，是边长只有十多米的近方形庭院，空间狭而不抑。北面有轻巧而上层空透的过廊，由此可观赏周围的美景，另外三面则是简洁的墙面。庭中植物种植十分精简，在黑白卵石镶嵌成图案的铺装地上，只有四角耸立着 4 株高大的意大利柏木，中央是八角形的盘式涌泉。

达那哈庭院是个平面略近正方形的梯形院落，边长约 19m，中央是一个方角圆边的水池，设有盘式喷泉，形成院中的主景，此园 16 世纪后被改造，水池周围布置了黄杨镶边的多种多样的花坛和高大的柏树，通过达那哈院的拱道可达柏木庭院。

阿尔罕布拉宫苑通过狭小的过道串联着一个个或宽敞华丽、或幽静质朴的庭院，穿堂而过时，无法预见到下一个空间，给人以悬念与惊喜。

第3章 外国园林史

3.2.3 日本园林

1. 日本园林的发展背景与特点

(1) 日本园林的发展背景

日本大部地区气候温和湿润，风景秀丽，居民喜爱自然，一般居室开敞通透，庭院成为居室的重要延伸部分。

6世纪中叶佛教传入日本。公元612年，百济国人在日本皇宫南庭建须弥山和吴桥，从而出现了象征佛教宇宙观的庭园。7—9世纪中日交往频繁，日本吸收了大量唐代文化，包括学习造假山技术，造园热中于"唐风意匠"，同时接受了中国的神仙思想。许多园林在池中造蓬莱、方丈、瀛州仙岛。

11世纪净土宗传入日本，寺庙中多建造象征佛国极乐净土的庭园，疏池，建中岛，种莲花。宇治的平等院、平泉的毛越寺、横滨市的金泽都是典型的净土庭园。

13世纪以后禅宗思想传入，出现了反映禅宗境界的"枯山水"(Kalezansi)，以耙出水纹模样的白砂象征溪流和海洋，布置石组象征山岳、涧壑、落瀑及海中岛屿，配以自然式造型的树木和苔藓，缩山河海洋于很小的庭院之中。14世纪梦窗国师撰写的《作庭记》(又名《前栽秘抄》)是日本最早系统论述造园设计的专著。1339年在京都建成的西芳寺庭园和1346年建造的天龙寺庭园是他的代表作品。从那时起直到16世纪80年代，日本的造园一直在这种风格的控制之下，其中最具代表性的有京都的鹿苑寺北山殿(金阁寺)、慈照寺东山殿(银阁寺)、龙安寺庭园、大德寺大仙院、妙心寺灵云院书院等。这一时代著名的造园家还有善阿弥和画家雪丹等杨等。

15世纪源出于寺庙的茶庭流行，茶庭是布置在茶室前封闭的小院、草坪或青苔铺地，以步石(飞石)代路，布置石组、绿树、石灯笼、洗手钵(手水钵)等，创造"和、敬、清、寂"的精神环境，以便摒却杂念，专心享受具有禅宗意境的饮茶情趣。16世纪后期日本又接受了中国的道家阴阳思想，庭园中布置龟岛、鹤岛和"七、五、三"石组。

到了16世纪，随着造园由寺庙发展到宅邸、别墅，出现了可供绕池漫步或乘船游赏，在其中会友品茶以为风雅活动的"环游式园林"(回游庭园)，茶庭的内容和风格也扩大到回游庭园中，园林内容日益丰富，茶室、书院、亭、轩、涉石(泽飞)、水滨卵石滩(洲浜)、绿荫、草坪等陆续出现。这一时期最著名的庭园有京都的醍醐寺三宝院、桂离宫、修学院离宫、二条城二之丸庭园、大德寺方丈院，东京的小石川后乐园、六义园，冈山的后乐园，香川的栗林御园等。小堀远州是17世纪前半期著名的造园家，京都二条城二之丸庭园和大德寺孤蓬庵庭园是他的代表作品。

(2) 日本园林的类型和特征

日本园林类型有：池泉筑山庭、"枯山水"平庭、茶庭、"回游式"风景园。其园林的特点有：

1) 池泉筑山庭：平安时期面积比较大，有湖和土山，以具有自然水体形态的湖面为主。奈良时期大量吸收中国的盛唐风格，湖面较大则必在湖中堆置岛屿并以桥接岸，也以一湾溪流代替湖面，树木和建筑物沿湖配列，基本上是天然山水的模拟。典型实例有天龙寺庭园。

2) "枯山水"平庭：最初多见于寺院园林，设计者多为禅宗僧侣。他们赋予园林以恬淡出世的气氛，把宗教的哲理与园林艺术完美地结合起来，把"写意"的造景发展到了极

103

致，也抽象到了极致，这是日本园林的主要成就之一，影响广泛。其主要特点：

① 地面铺白沙（象征水面），主要以石头组合来体现岛屿山峦，于咫尺之地幻化出千顷万壑的气势。这种庭园纯属观赏的对象，游人不能在里面活动。

② 讲究置石，利用单块石头本身的造型和它们之间的配列关系。石形务求稳重，底广顶削，不作飞梁、悬挑等奇构，也很少堆叠成山。

③ 一般不配置植物，如要则栽植不太高大的观赏树木，注重修剪树的外形姿势而又不失其自然形态。典型实例有京都龙安寺雨庭。

3）茶庭：茶庭即茶室所在的庭园，为举行以品茶为主题的茶道场所，15世纪随着"茶道"的流行而出现。其主要特点：

① 面积比池泉筑山庭小，要求环境安静便于沉思冥想，故造园设计比较偏重于写意。

② 人们要在庭园内活动，因此而用草地代替白沙。草地上铺设石径、散置几块山石并配以石灯和几株姿态虬曲的小树。

③ 茶室门前设石水钵，供客人净手之用。这些东西到后来都成为日本庭园中必不可少的小品点缀。

典型实例有吉田邸庭园。

4）"回游式"风景园："回游式"是以步行方式循着园路观赏庭园，面积较大，典型的形式以池为中心，池中布列着一个大岛和两个小岛；四周配以茶庭，并有园路相连。其整体是对自然风景的写实模拟，但就局部而言则又以写意的手法为主。典型实例有京都桂离宫。

2. 园林实例：京都桂离宫苑

（1）历史渊源

桂离宫位于京都市右京区桂清水町桂川西岸，为茶庭与池泉园的结合，是日本古典园林的第一名园，代表了日本传统庭园的主要风格和特性。

桂离宫是智仁亲王和智忠亲王父子创立的。智仁亲王、智忠亲王都是文人，所以说，桂离宫可以说是日本文人园的代表之作。桂离宫原名桂山庄，因桂川在它旁边流过而得名，智仁亲王1620年开始建造，1625年建成。1645年智忠亲王重修增筑，于1649年完工。公元1883年，桂山庄成为皇室的行宫，并改称桂离宫，由小堀远州设计。

（2）总体布局（图3-10）

桂离宫东西宽266m，南北长324m，面积约66990m^2。庭园的西部主要以书院、茶庭为主，东部为池泉。水面面积8853.9m^2，设有溪流和叠水。在水面中有一个被称为"大岛"的岛，其中有园林堂和赏花庭，另外还有两个"中岛"。同时在东北部有被称为"出岛"的两个小岛，松琴亭所在地也形成了从东南至西北走向的出岛，在这个三角形地带营造了多处的书院。

山庄的东部有一条被称为桂川畔的小路，并通过一片竹林，这里最早被称为桂离，表现出山庄庭园与自然相协调的造园思想。接下来，从表门入，通过一条砂砾小道来到御幸门，门两侧连接着围栏，入门后有一条用红、青、黑色的砂砾铺设的御幸道。从御幸道向左侧眺望，可以看到红叶山，又称为红叶马场，山上种植了很多红枫。这个山是作为远处月波楼的对景而设计的，从红叶山向左渡过大飞石就可以到达松琴亭，正面是苏铁山，这里的飞石多采用自由自在的设计手法，与池岸的飞石十分相似。

从赏花亭往西北通过土桥再往西南就可以到达园林堂，园林堂是作为桂离宫家族世世代

第3章 外国园林史

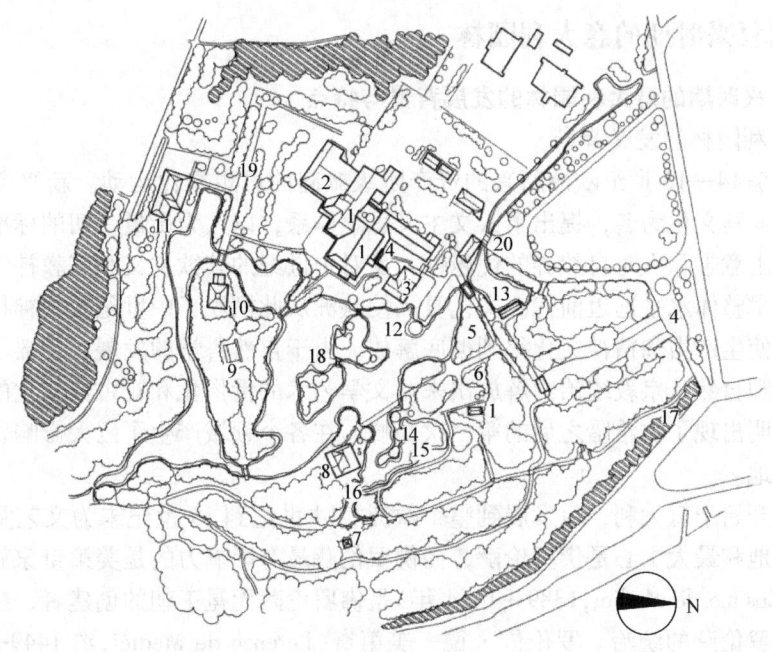

图 3-10 日本京都桂离宫平面图
1—书院 2—新御殿 3—月波楼 4—表门 5—红叶山 6—苏铁山
7—田字亭 8—松琴亭 9—赏花亭 10—园林堂 11—笑意轩 12—冲力松
13—御舟屋 14—天桥立 15—滨州 16—石桥 17—桂垣 18—神仙岛 19—梅马场 20—通用门

代的牌位堂而建造的，周围的飞石十分简洁，几乎能达到以假乱真的程度。园林堂往西北走通过土桥就是古书院正面的出岛。在桥的前面有一个石灯笼，桥的北侧有两个东西并排的中岛，设置了两处连接桥，周围并无配置石组，只是种了几颗苍劲的松树。古书院前的池畔作为船停靠的码头。园林堂往南走是梅马场，从梅马场再往南可以看到三角雪见的石灯笼，左侧是笑意轩。其前面有三光灯笼，造型简练。

(3) 园林特点

桂离宫是多种风格的综合体，既是池泉园，又是书院造庭园，也是池泉园、茶庭和文人园。桂离宫的建筑和庭园有机地结合在一起，是庭园中最完美的作品之一。

桂离宫以泉源为中心，构筑水池，池中布置五个岛屿，岛屿之间用桥相连。这五个岛屿和水池即是日本国土的象征。桂离宫以大书院为主体建筑，书院分为古书院、新书院、新御殿成雁行式布局，是日本书院建筑的代表。桂离宫所有的园林小品建筑都有出处，与中国文化或诗句有关。取名桂离宫即与汉文化有关，中国汉代有桂宫，把嫦娥所居称为桂殿或月殿，当然，离宫显出退隐之意。造园时总体布局的依据就是白居易的《池上篇及序》，园林堂、笑意轩、月波楼、赏花亭都来自中国诗文，如月波楼引自白居易的"月点波心一颗珠"。桂离宫庭园整体就像是连续的茶庭，大部分建筑是茶室建筑，书院建筑中有茶室，小品建筑也有茶室，茶室大部分为草庵风式，柱子是弯曲的，还带树皮，屋顶是草顶，有些连脊和宝顶也没有。桂离宫是舟游与回游相结合的园林，既可依园路步行，徜徉穿梭于山水之间，又可坐船穿梭于洲岛之间。所有建筑的正立面都面向水池，通船的水路上架起高大的土桥，水湾处架设石梁。平面布局不是轴线式，而是中心式，所有景点都环水而建。

105

3.2.4 文艺复兴时期的意大利园林

1. 文艺复兴时期的意大利园林的发展背景与特点

（1）意大利园林的发展背景

文艺复兴是14—16世纪欧洲新兴的资产阶级掀起的思想文化运动。新兴资产阶级以复兴古希腊、古罗马文化为名，提出了人文主义思想体系，以人为衡量一切的标准，重视人的价值，人的自由意志和人对自然界的优越性，反对中世纪的禁欲主义和宗教神学，从而使科学、文学和艺术整体水平远迈前代。文艺复兴使欧洲从此摆脱了中世纪教会神权和封建等级制度的束缚，使生产力和精神文化得到彻底解放。由于自然科学的发展，动摇了基督教的神学基础，把人和自然从宗教统治中解放出来。文学艺术的世俗化和对古典文化的传承弘扬都标志着欧洲文明出现了古希腊之后的第二次高峰，在各个领域产生了巨大影响，也为欧洲园林开辟了新天地。

文艺复兴开始于意大利，后发展到整个欧洲。14世纪到15世纪末为文艺复兴初期。文艺复兴的策源地和最大中心是佛罗伦萨，而佛罗伦萨最有影响力的是美第奇家族，科西莫·德·美第奇（Cosimo de Medici,1389—1464年）是佛罗伦萨无冕王朝的创建者，从此开始了美第奇家族对佛罗伦萨的统治。罗伦佐·德·美第奇（Lorenzo de Medici,约1449—1492年）21岁主政佛罗伦萨，15世纪下半叶在自己的别墅与花园中分别建立了"柏拉图学园"和"雕塑学校"。在罗伦佐的感召下，佛罗伦萨集中了包括米开朗琪罗（Michelangelo Buonarroti,1475—1564年）在内的大批文学艺术家，可谓群星灿烂，创作空前。佛罗伦萨的豪门和艺术家皆以罗马人的后裔自居，醉心于罗马的一切，欣赏乡间别墅生活，追求田园牧歌情趣，并建造了一批别墅与花园，由此推动了园林理论的研究。13世纪末，博洛尼亚的法学家克雷申齐（Pietro Crescengi,1230—1305年）用拉丁文写过一本庭园指导书《Opus Ruralium Connodoruin》。真正系统论述园林的是阿尔贝蒂（Leon Battista Aiberti,1404—1472年），他既是著名的建筑师和建筑理论家，又是人文主义者和诗人，他在1452年完成并于1485年出版的《论建筑》（De Architectura）一书。阿尔贝蒂被看作是园林理论的先驱者。文艺复兴初期那些最著名的别墅庄园都是为美第奇家族的成员建造的，且具有相似的风格和特征，所以我们称这一时期流行的别墅庄园为美第奇式园林。

16世纪为文艺复兴中期，罗马继佛罗伦萨之后成为文艺复兴运动中心。接受新思想的教皇尤里乌斯二世（Pape Julius Ⅱ,1443—1513年）支持并保护人文主义者，采取措施促进文化艺术发展。一时之间，精英云集，巨匠云集，使罗马文化艺术迅速登上巅峰。尤里乌斯首先让艺术大师们的才华充分体现在教堂建筑的宏伟壮丽上，以彰显主教花园的豪华、博大的气派。米开朗琪罗、拉斐尔（Raffaello Sanzio,1483—1520年）等人就是这个时期离开佛罗伦萨来到罗马的，他们在此留下了许多不朽的作品。文艺复兴中期最具特色的是依山就势开辟的台地园林，它对以后欧洲其他国家的园林发展影响深远。意大利独特的地形和气候条件，也是意大利台地园林形成的重要自然因素。

16世纪末至17世纪是文艺复兴后期，欧洲的建筑艺术追求奇异古怪、离经叛道的风格，被古典主义者称为巴洛克风格。巴洛克风格在文化艺术上的主要特征是反对墨守陈规陋习，反对保守教条，追求自由、活泼、奔放的情调。文艺复兴是从文化、艺术和建筑等方面首先开始的，以后才逐渐波及造园艺术。巴洛克建筑与追求简洁明快与整体美的古典主义风

格不同,而倾向于繁琐的细部装饰,喜欢运用曲线加强立面效果,爱好以雕塑或浮雕作品来形成建筑物华丽的装饰。巴洛克建筑风格对文艺复兴后期意大利园林产生了巨大的影响,罗马郊外风景如画的山岗一时出现很多巴洛克式园林。

(2) 文艺复兴时期意大利园林的类型及特征

根据文艺复兴各个时期流行的主要园林风格的差异,把文艺复兴时期意大利园林划分为美第奇式园林、台地园林和巴洛克式园林三大类型。美第奇式园林的代表作品有卡雷吉奥庄园、卡法吉奥罗庄园和菲埃索罗庄园。台地园林的代表作品有意大利台地园林的奠基人造园家多拉托·布拉曼特设计的第一座台地园林梵蒂冈附近的望景楼园、玛达玛庄园(Villa Madama)、红衣教主蒙特普西阿诺的美第奇庄园(Villa Medici at Rome)、法尔奈斯庄园(Villa Palazzna Farnese)、埃斯特庄园(Villa d'Este)、兰特庄园(Villa Lante)和卡斯特园庄园(Villa Castello)。16、17世纪之交,阿尔多布兰迪尼庄园(Villa Aldobrandini)的兴建,成为巴洛克式园林萌芽的标志。巴洛克式园林流行盛期,出现了许多著名的作品,其中最具代表性的有伊索拉·贝拉庄园(Villa Isola Bella)、加尔佐尼庄园(Villa Garzoni)和冈贝里亚庄园(Villa Gamberaia)等。

文艺复兴时期意大利园林各类型的风格特点:

1) 文艺复兴初期多流行美第奇式园林。选址比较注重丘陵地和周围环境,要求远眺、俯瞰等借景条件。园地依山势辟成多个台层,但各台层相对独立,没有贯穿各台层的中轴线。建筑往往位于最高层以借景园外,建筑风格尚保留一些中世纪痕迹。建筑和庄园比较简朴、大方。喷泉、水池可作为局部中心,并与雕塑结合。水池造型比较简洁,理水技巧不甚复杂。绿丛植坛是常见的装饰,图案花纹很简单,多设在下层台地。此外,这一时期产生了用于科研的植物园,并大量兴建,植物园也逐渐加强了装饰效果和游憩功能。

2) 文艺复兴中期多流行台地园林。十分强调园林的实用功能,提供交际、娱乐、避暑、休养的场所,选址多建在郊外的山坡上,依山势辟成多个台层,形成独具特色的台地园。园林规划布局严谨,有明确的中轴线贯穿全园,联系各个台层,使之成为统一的整体。庭园轴线有时分主、次轴,甚至不同轴线呈垂直、平行或放射状。中轴线上多以水池、喷泉、雕像以及造型各异的台阶、坡道等加强透视线的效果,景物对称布置在中轴线两侧。各台层上往往以多种水体造型与雕像结合作为局部中心。建筑有时也作为全园主景而置于园地的最高处。庭园作为建筑的室外延续部分,力求在空间形式上与室内协调和呼应。庭园中尤其在上面的台层上,往往设置拱廊、凉亭及棚架,即可遮阳,又便于眺望。

台地园林的理水技术发达,不仅强调水景与背景在明暗与色彩上加以对比,而且注重水的光影和音响效果,并以水为主题形成多姿多彩的水景。如水风琴(Water Organ)、水剧场(Water Theatre)等,它们利用流水穿过管道,或跌水与机械装置的撞击产生悦耳的音响;还有突出趣味性的水景处理,如秘密喷泉(Secret fountain)、惊愕喷泉(Surprise fountain)等也能够产生出其不意的游观效果。

台地园林的植物造景亦日趋复杂,将密植的常绿植物修剪成高低错落的绿篱、绿墙、绿荫剧场的舞台背景,绿色壁龛、洞府等。绿丛植坛是台地园的产物,一般设在低层台地上,以便居高临下清晰地欣赏其图案和造型。在规则地块种植不加修剪的乔木,形成树畦,也是台地园常见的种植方式。树畦有整齐的边缘,又有比较自然的树冠,常作为水池、喷泉的背景或起到组织空间的作用。此外,迷园形状也变得日趋复杂,外形轮廓多种多样。园路也变化多端,花坛、水渠、喷泉等细部造型也多由直线变成各种曲线。

3）文艺复兴后期主要流行巴洛克式园林。受巴洛克建筑风格影响，园林艺术也具有追求新奇，表现手法夸张的倾向，并在园林中充满装饰小品。园内建筑体量一般很大，占有明显的控制全园地位。园中的林荫道纵横交错，甚至采用三叉式林荫道布置方式。植物修剪技术空前发达，绿色雕塑图案和绿丛植坛的花纹也日益复杂精细。

2. 园林实例：意大利兰特花园(Villa Lante)（图 3-11）

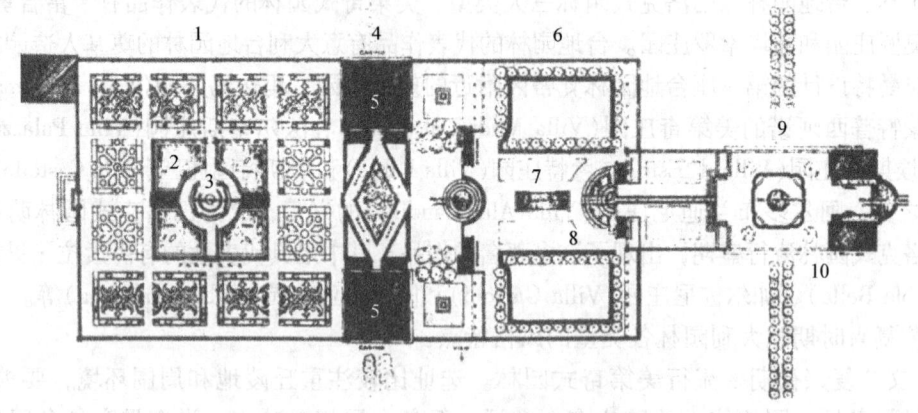

图 3-11 意大利兰特花园平面图
1—第一台层 2—中心水池 3—池中圆岛及雕像 4—第二台层
5—建筑 6—第三台层 7—水渠 8—水池 9—顶层台地 10—洞府凉廊

兰特庄园位于罗马以北 96km 处的维特尔博城（Viterbo）附近的巴涅亚小镇，是 16 世纪中叶所建庄园中保存最完整的一个。1566 年，当维尼奥拉正在建造法尔奈斯庄园之际，又被红衣主教甘巴拉（Gardinale Gambara）请去建造他的夏季别墅，维尼奥拉也因此园的设计而一举成名。甘巴拉主教花费了 20 年时间才大体建成了这座庄园。庄园后来又出租给兰特家族，由此得名兰特庄园。

庄园坐落在朝北的缓坡上，园地约为 76m×244m 的矩形。全园设有四个台层，高差近 5m。入口所在底层台地近似方形，四周有 12 块精致的绿丛植坛，正中是金褐色石块建造的方形水池，十字形园路连接着水池中央的圆形小岛，将方形水池分成四块，其中各有一条小石船。池中的岛上又有圆形泉池，其上有单手托着主教徽章的四青年铜像，徽章顶端是水花四射的巨星。整个台层上无一株大树，完全处于阳光照耀之下（彩图 17）。

第二台层上有两座相同的建筑，对称布置在中轴线两侧，依坡而建，当中斜坡上的园路呈菱形。建筑后种有庭荫树，中轴线上设有畸形喷泉，与底层台地中的圆形小岛相呼应。两侧的方形庭园中是栗树丛林，挡土墙上有柱廊与建筑相对，柱间建鸟舍。

第三台层的中轴线上有一长条形水渠，据说曾在水渠上设餐桌，借流水冷却菜肴，并漂送杯盘给客人，故此又称餐园（Dining Garden），这与古罗马哈德良山庄内的做法颇为类似。台层尽头是三级溢流式半圆形水池，池后壁上有巨大的河神像。在顶层与第三台层之间是一斜坡，中央部分是沿坡设置的水阶梯，其外轮廓呈一串蟹形，两侧围有高篱。水流由上而下，从"蟹"的身躯及爪中流下，直至顶层与第三台层的交界处，落入第三台层的半圆形水池中。

顶层台地中心为造型优美的八角形水池及喷泉，四周有庭荫树、绿篱和座椅。全园的终点是居中的洞府，内有丁香女神雕像，两侧为凉廊。这里也是贮存山水和供给全园水景用水的源泉，廊外还有覆盖着铁丝网的鸟舍。

兰特庄园突出的特色在于以不同形式的水景形成全园的中轴线。由顶层尽端的水源洞府开始，将汇集的山泉送至八角形泉池；再沿斜坡上的水阶梯将水引至第三台层，以溢流式水盘的形式送到半圆形水池中；接着又进入长条形水渠中，在第二、第三台层交界处形成帘式瀑布，流入第二台层的圆形水池中；最后，在第一台层上以水池环绕的喷泉作为高潮而结束。这条中轴线依地势形成的各种水景，结合多变的阶梯及坡道，既丰富多彩，又有统一和谐的效果。建筑分立在两旁，也是为了保证中轴线的连贯。从水源的利用上，也最充分地发挥了应有的效果。

3.2.5 法国勒洛特尔式园林

1. 法国勒洛特尔式园林的发展背景与特点

（1）勒诺特尔式园林的发展背景

1661 年法国路易十四（Louis XIV）亲政，法国专制王权进入极盛时期。路易十四大力削弱地方贵族权力，政治上采取一切措施加强中央集权，宣称"朕即国家"，集政治、经济、军事、宗教大权于一身；经济上推行重商政策，促进资本主义工商业发展；文化上以古典主义作为御用文化。到 17 世纪下半叶，绝对君权专制政体的建立及资本主义经济的发展，导致社会安定，进而追求豪华排场的生活，这些都为法国古典主义园林艺术的发展提供了适宜的环境。于是，安德烈·勒诺特尔（1613—1700 年）这位被誉为"王之造园师和造园师之王"的园林艺术大师，创造性地开创了勒诺特尔式园林，标志着法国园林艺术的成熟和真正的古典主义园林时代的到来。勒诺特尔的成名作品是沃·勒·维贡特府邸花园，这是法国园林艺术史上一件划时代作品，也是法国古典主义园林的杰出代表。他的其他重要作品还有凡尔赛宫苑、枫丹白露城堡花园（1660 年）、圣·日尔曼·昂·莱庄园（1663 年）、圣克洛花园（1665 年）、尚蒂伊府邸花园（1665 年）、香勒里花园（1669 年）、索园（1673 年）、克拉涅花园（1674—1676 年）、默东花园（1679 年）等。法国古典主义园林由布瓦索等人奠定，勒诺特尔进行创作并形成伟大风格，最后勒诺特尔的弟子勒布隆（1679—1719 年）与德扎利埃（1680—1765 年）合著《造园的理论与实践》一书，被看作是"造园艺术的圣经"，标志着法国古典主义园林艺术理论的完全确立。

（2）法国勒诺特尔式园林类型及特征

法国勒诺特尔式园林作品很多，可以划分为宫苑园林、府邸花园和公共花园等三种类型。宫苑园林代表作品有凡尔赛宫苑（Versailles）、特里阿农宫苑（Trianon）和枫丹白露宫苑（Fontainebleau），而以凡尔赛宫苑最为著名。府邸花园代表性作品有沃·勒·维贡特府邸花园、尚蒂伊府邸花园和索园，而以沃·勒·维贡特府邸花园（彩图 21）为杰出代表。

法国勒诺特尔式园林的风格特征：

1）以园林的形式表现皇权至上的主题思想。宫殿位于放射状道路的交点上，宫苑中延伸数千米的中轴线，都强烈地表现出皇权至上思想。凡尔赛宫苑中轴线采用东西方向，宫殿的起居室和太阳神阿波罗雕像均面向太阳升起的东方，以太阳运行的轨迹，象征一种周而复始，永恒统治的主题。

2）体现中央集权的政体和等级制度。在园林构图中，府邸居中心地位，起着控制全园的作用，通常建在园林的制高点上。建筑前的庭院与城市中的林荫大道相衔接，后面的花园在规模、尺度和形式上都服从于建筑。前后花园中都不种高大的树木，以突出府邸或便于俯瞰整个花园。林园既是花园的背景，又是花园的延续，花园本身的构图，也体现出专制政体中的等级制度。在贯穿全园的中轴线上加以重点装饰，形成全园视角中心，最美的花坛、雕像、泉池等集中布置在中轴上。横轴和次要轴线，对称布置在中轴两侧。小径和甬道的布置，以均衡和适度为原则。整个园林因此编织在条理清晰、秩序严谨、主从分明的几何网格之中，中央集权的政体得到理性的体现。

3) 具有庄重典雅的风格和外向性的特征。法国古典主义园林着重体现路易十四统治下的秩序，是庄重典雅的贵族气势，是人工化的特点。广袤是体现园林的规模与空间的尺度上的最大特点，追求空间的无限性，因而具有外向性的特征。尽管设有许多瓶饰、雕像、泉池，却并不密集，反而有简洁明快、庄重典雅之效。

4) 把园林作为府邸的"露天客厅"来修建。因此，需要很大场地，并要求地形平坦或略有起伏，有利于中轴两侧形成对称的效果。有时需要起伏的地形，但高差不大，整体上平缓而舒展。

5) 创作水景采用法国平原上常见的湖泊、河流形式，以形成镜面似的水景效果。除了形色各异的喷泉外，动水较少，只在缓坡上做一些跌水景观。从护城河、水濠沟、水渠到运河，主要展现静态水景，以辽阔、平静、深远的气势取胜。

6) 广泛采用丰富的阔叶乔木集中种植在林园中，形成茂密的丛林。树林边缘经过修剪，又被直线形道路所包围，而形成整齐的外观。这种丛林的尺度与巨大的建筑、花坛比例协调，形成完美统一的艺术效果。丛林内又设小型空间，体现统一中求变化、融变化于统一的思想。丛林体现出树林的整体形象，而每棵树木都失去了个性，甚至将树木作为建筑要素，布置成绿色长廊、高墙、天井，或成排的立柱，给人一种绿色宫殿的感觉。

7) 府邸旁创造出以花卉为主的刺绣花坛。在法国温和的气候条件下，适应以花卉为主的大型刺绣花坛，在黄杨矮篱组成的图案中，底衬用彩色的砂石或碎砖，富有装饰性，犹如图案精美的地毯。

8) 在路边或交叉路口大量设置水池、喷泉、雕塑及小品装饰。

2. 园林实例：法国凡尔赛宫苑(Versailles Palace)

（1）历史溯源

17世纪下半叶，法国成为欧洲最强大的国家。国王路易十四是继古罗马皇帝之后，欧洲最强有力的君主。路易十四选择的凡尔赛，原是位于巴黎西南22km处的一个小村落，周围是一片适宜狩猎的沼泽。1624年，路易十三在这里兴建一所简陋的行宫，为砖砌的城堡式建筑，四角有亭，围以壕沟，外观朴实无华。路易十四12岁时初去凡尔赛，对此地风光情有独钟。登基后，遂决定不惜一切代价，在此营造前所未有的盛会场所。他聘请全国最著名的造园大师勒诺特尔主持兴建，又选用最杰出的建筑师、雕塑家、造园家、画家、水利工程师加盟其中。所以，凡尔赛宫苑的兴造，代表着当时法国文化艺术和工程技术上的最高成就。凡尔赛宫从1662年始建，至1688年大致完成，历时26年之久。凡尔赛宫苑成为使勒诺特尔名垂青史的作品，它最完美地体现着古典主义的造园原则，也成为了强大的国家和强大的君主的纪念碑。

（2）总体布局（图3-12）

第3章 外国园林史

凡尔赛宫苑占地面积 1600hm²，其中花园面积达 100hm²，加上外围的大林园，总面积 6000 余 hm²。宫苑的中轴线长约 3km，如包括伸向外围及城市的部分，则长达 14km。宫殿坐东朝西，建造在人工堆起的台地上，中轴向东、西两边延伸，形成贯穿并统领全局的轴线（彩图 19）。东面是三侧建筑围绕的前庭，正中有路易十四面向东方的骑马雕像。庭院东面的入口处有"军队广场"，从中放射出三条林荫大道向城市延伸。园林布置在宫殿的西面，近有花园，远有林园。宫殿二楼正中，朝东是国王的起居室，由此可眺望穿越城市的林荫马路，象征路易王朝控制巴黎、控制法兰西乃至整个欧洲的博大雄心。朝西的二层中央，原设计为平台，改为"镜廊"，好似伸入园中的半岛，又是花园中轴线的焦点，由此眺望园林，视线深远。

宫殿突出部分前建刺绣花坛，后改成"水花坛"，由五座泉池组成而未能实现，现在的"水花坛"是一对矩形抹角的大型水镜面。大理石池壁上装饰着爱神、山林水泽女

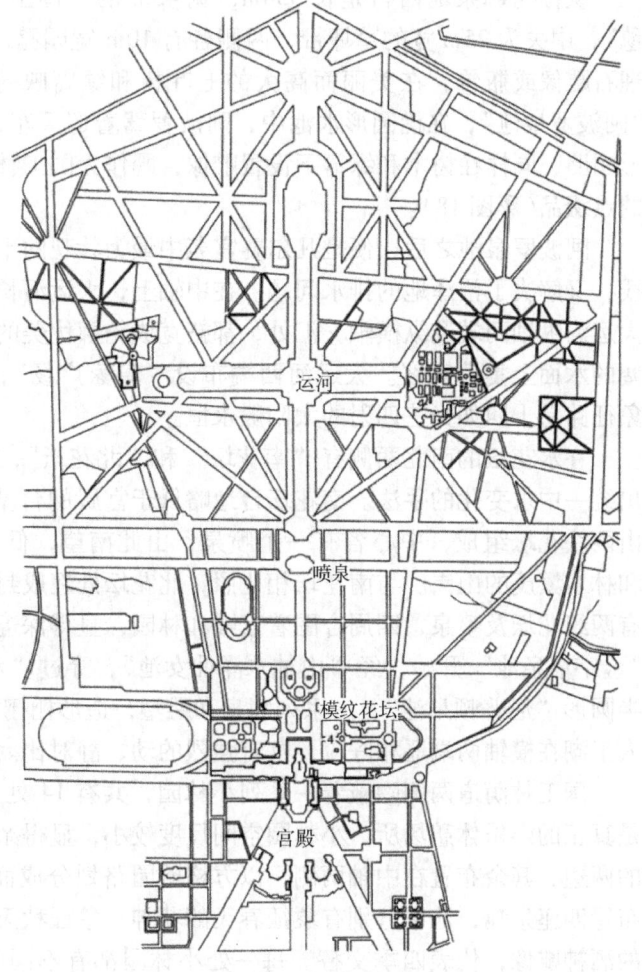

图 3-12 凡尔赛宫

神以及代表法国主要河流的青铜像。塑像都采用卧姿，与平展的水池很协调。坛水清澈，倒映着蓝天白云，与远方明亮的大运河交相辉映。

从水花坛西望，中轴线两侧有茂密的林园，高大的树木修剪整齐，有发达的林冠线，增加了中轴线的立体感和空间变化。花园中轴的艺术主题是歌颂"太阳王"路易十四的。花园中轴线的起点是"拉托娜泉池"，池中是四层大理石圆台，拉托娜（Latona）雕像耸立顶端，手牵着幼年的阿波罗（Apollo）和阿耳忒弥斯（Artemis），遥望西方。下面有口中喷水的乌龟、癞蛤蟆和跪着的村民。水花喷溅，雾霭缭绕，在罗马神话中，孪生兄妹太阳神阿波罗和月亮神阿耳忒弥斯是拉托娜与天神朱庇特（Jupiter）的私生子，乌龟、癞蛤蟆之类是那些曾经对她有所不恭、对她唾骂的村民被天神惩罚而变的。拉托娜泉池两侧各有一块镶有花边的草地，称为"拉托娜花坛"，中央是圆形水池和高大的喷泉水柱，草地的外轮廓与拉托娜泉池嵌合一起，显得协调完美。

111

中外园林简史

从拉托娜泉池西行是长330m，宽45m的"国王林荫道"，法国大革命时改称"绿地毯"，中央为25m宽的草坪带，两侧各有10m宽园路。其外侧，每隔30m立着一尊白色大理石雕像或瓶饰，在美丽而高大的七叶树和绿篱映衬下更显典雅娇美。林荫道的尽头是"阿波罗泉池"，在椭圆形水池中，阿波罗驾着巡天车，迎着朝阳破水而出。泉池两侧有弧形园路，同样在树木和绿篱下设置雕像，既作为国王林荫道的延续，也作为阿波罗泉池广场的点缀品（彩图18）。

阿波罗泉池之后，便是凡尔赛宫苑中最为壮观的十字型大运河，既延伸了花园中轴透视线，又解决了沼泽地的排水问题。在中轴上，大运河长1650m，宽62m，横臂长1013m。在大运河纵轴两端及纵横轴交汇处，都拓宽成轮廓优美的水池。路易十四经常乘坐御舟，在宽阔的水面上宴请宾客。大运河西端布设"皇家广场"，有10条道路以此为中心向外放射，象征路易十四如光芒四射的太阳般永恒。

在水花坛的南北两侧有"南花坛"和"北花坛"，两座花坛一南一北，一开一合，表现出统一中求变化的手法。南花坛台地略低于宫殿的台基，是建在柑橘园温室上的屋顶花园，由两块花坛组成，中心各有一个喷泉，由此南望，低处是柑橘园，远处是"瑞士人工湖"和林木繁茂的山岗。与南花坛相比照，北花坛处理成封闭式的内向空间，这里地势较低，也有两组花坛及喷泉，四周合围着宫殿和林园，显得深邃而幽静。北面因水景美妙而著称，从"金字塔泉池"开始，经"山林水泽仙女池"，穿过"水光林荫道"，到达"龙池"，尽端为半圆形"尼普顿泉池"，一系列喷泉和雕塑，造形栩栩如生，引人入胜。尼普顿泉池与瑞士人工湖在横轴两端遥相呼应，富有强烈的动、静对比。

国王林荫道两侧隐蔽着一系列小林园，共有14处，是凡尔赛宫苑中最独特的部分，也是真正的娱乐休憩场所。小林园空间尺度较小，显得亲切宜人。小林园除两处在水光林荫路的两边，其余布置在中轴两侧，以方格网园路划分成面积相等的12块。园路的四个交点上布置四座泉池，池中分别有象征春天的花神、象征秋天的谷神、象征夏天的农神和象征冬天的酒神雕像，代表四季交替。每一处小林园都有不同的题材、构思和鲜明的风格，著名的有：迷园（被毁后改为"王后林园"）、沼泽园（后改成"阿波罗浴场"）、水剧场（后改为"绿环丛林"）、水镜园、帝王岛（后改为"国王花园"）、柱廊园等。

凡尔赛的水源难以满足大运河和1400多座泉池的用水，为此采用了很多水工机械，兴建了大量的水工程。凡尔赛宫苑雕塑林立，其主题和艺术风格十分统一。

3.2.6 德国园林

1. 德国园林的发展背景与特点

（1）德国园林的发展背景

德国位于中欧西部，北临北海和波罗的海，地势由南向北逐渐低平，中部为丘陵和中等山地，属温带气候，从西北向东和东南逐渐由海洋性转为内陆性气候。公元前后，在多瑙河和莱茵河流域，已定居着许多日耳曼部落，并逐渐形成部落联盟和部落公国。919年，萨克森公爵亨利一世（Heinrich I,919年—936年在位）当选为东法兰克王国的国王，建立萨克森王朝，正式创立德意志国家。其子奥托一世（Otto I,936年—973年在位）962年由罗马教皇加冕为神圣罗马帝国皇帝。11世纪上半叶，德意志皇权处于极盛时代，神圣罗马帝国皇帝与罗马教皇产生激烈冲突，由此导致皇权的衰落和分离主义势力的加强。14世纪中叶确立的诸侯邦国分立体制,更加剧了德意志的分裂。由于没有中央集权的统一国家和统一市场,严重妨碍了资本主义生产关系的发展,16世纪初叶,出现了要求摆脱教皇控制、改革封建关系的宗教改革运动,继而又出现了大规模的农民战争。17世纪初叶发生的30年战争,是欧洲历史上的第一次大规模的国际战争,德意志成为外国势力角逐的场所,社会经济遭受严重破坏。战后,神圣罗马帝国分裂为300多个小邦,各邦诸侯在自己的统治范围内,建立起专制主义政权,最大的两个权力中心是普鲁士和奥地利。一直到1871年,普鲁士国王威廉一世(Wilhelm I,1797年—1888年)加冕成为德意志帝国皇帝,才结束了德意志分裂割据的局面,实现了国家的统一。

(2) 德国园林的类型与特征

德国本身并没有自己的造园传统,园林作品大多是经法国或荷兰造园家之手设计建造的,带有强烈的法国或荷兰园林的特征,同时也有意大利园林风格的影响,因此德国园林自身的特点并不明显。

1) 德国城堡庭园:德国的大部分城堡一直到18世纪仍保留着防御性的壕沟,园林也处于壕沟的包围之中,由一系列大小不一的庭园和花坛组成。园中装饰性喷泉的设计常常作为主要部分,花坛也十分精美,植物造型在德国也非常流行。园内大多建有园林建筑,如园亭、凉亭、鸟舍等,布置在花坛中央或四周。此外,高台也是常见的造园要素之一,呈四方形,其上筑有瞭望台,设有平缓的蹬道;亦有呈圆形的高台,登道则布置成螺旋形。果园和菜园大多建在远离主庭园的地方,并有坚固的栅栏或壕沟保护。

2) 文艺复兴时期德国园林:16世纪初期,德国也受到意大利文艺复兴运动的影响,然而,德国却没有在意大利的影响下产生新的造园样式。该时期德国宫廷花园都是由荷兰造园家仿照意大利或法国样式来建造的。德国造园的发展主要表现在对植物学的研究及新品种的栽培方面,在16世纪初期就开始营造私人植物园,1580年在莱比锡建造了第一个公共植物园。

3) 德国勒诺特尔式园林:从17世纪下半叶开始,受法国宫廷的影响,德国的君主们开始竞相建造大型园林,法国勒诺特尔式造园样式也随即传入德国。这些园林作品大多是由法国造园师设计建造的,也有一些是荷兰造园家的作品。从德国的勒诺特尔式园林中,主要反映的是法国勒诺特尔式造园的基本原则,同时也有荷兰勒诺特尔式园林风格的影响,但在一些造园要素的处理上有其独到之处。德国勒诺特尔式园林中最突出的是水景的运用,法国式的喷泉、意大利式的水台阶以及荷兰式的水渠处理得非常恢宏、壮观;绿荫剧场也是德国园林中常见的要素,比意大利园林中的剧场更大,又比法国园林中的绿荫剧场布局紧凑,结合雕像的布置,具有很强的装饰性,同时兼有实用功能,还有的绿荫剧场中的雕像从近到远逐渐缩小,在小空间中创造出深远的透视效果,是巴洛克风格强调透视原理的典型实例。德国勒诺特尔式园林或由于建造周期很长,或前后经过多次改造,有着多种时期、多种风格并存的特点。建筑物或花园周围设有宽大的水壕沟,保留了更多的中世纪园林的痕迹。巴洛克透视原理的运用、巴洛克及洛可可式的雕像和建筑小品,结合古典主义园林的总体布局,使德国园林的风格不那么纯净,却富于变化。

2. 园林实例:海伦豪森宫苑(Gardens of the Herrenhausen Palace)(图3-13)

海伦豪森宫苑位于汉诺威市郊,原是1666年为约翰·腓特烈公爵(Johann Friedrich von Carlenberg)建造的带花园的游乐宫,称为海伦豪森。宫殿由意大利建筑师奎里尼(Quirini)设计，花园由勒诺特尔设计，而后由法国造园师马尔丹·夏尔博尼埃和他的儿子亨利完成了花园的建造。夏尔博尼埃赋予花园以巴洛克风格特征，并一直保留至今。该花园是德国至今在整体上还保留着原状的极少数巴洛克园林之一。

海伦豪森宫苑的花园面积达到 $50hm^2$，三面由水渠环绕，北面为宫殿和画廊，中央是高 82m 的大喷泉，花园以大规模的水景工程而闻名。

1686 年，在花园中建造了一座温室。1689 年，又建了一座露天剧场，舞台纵深达 50m，装饰着千金榆树篱和镀金铅铸塑像，成为花园中最吸引人的部分。阶梯式的观众席后面有绿荫凉架。这座巴洛克风格的剧场是惟一现在还上演节目的花园剧场。1696 年建造的由马蹄形的水壕沟围合的花坛部分，明显反映出荷兰花园的特色。1699 年，花园的南部完全重建，由四个方块组成，其中以园路再分隔成三角形植坛，中间种有果树，外围是整形的山毛榉，称为"新花园"。东、西两边各有半圆形广场濒临水壕沟。夏尔博尼埃又在南面做了一个更大的圆形广场，称之为"满月"，与两个半圆形广场相呼应。"新花园"的中心还有一大型水池，喷水高达 80m，成为欧洲之最。1720 年兴建了一处柑橘园，1727 年，又建了一座可容纳 600 盆柑橘的廊架。19 世纪时，园中还在逐步增置一些设施。第二次世界大战中，海

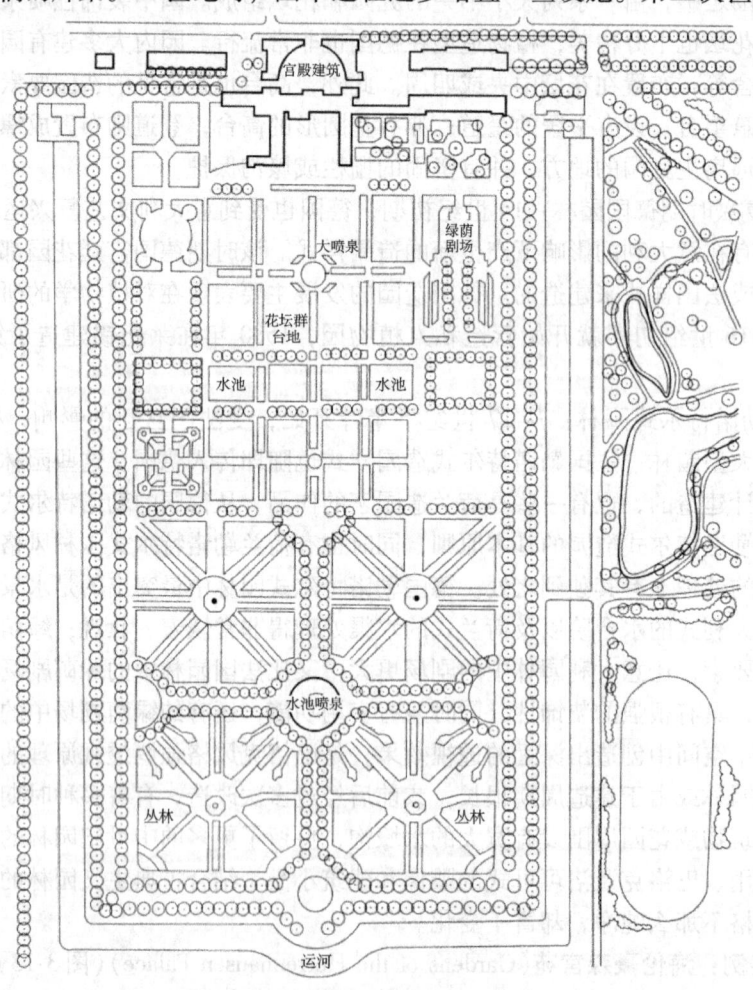

图 3-13　海伦豪森宫苑

伦豪森宫苑遭到极大破坏，宫殿被炸成废墟，从而使花园失去了中轴线的参照点，后重新修复。

3.2.7 俄罗斯园林

1. 俄罗斯园林的发展背景与特点

（1）俄罗斯园林的发展背景

俄罗斯位于欧亚大陆北部，地跨东欧北亚的大部分土地，境内地势东高西低，70%的土地是平坦辽阔的平原，河流湖泊众多、沼泽广布。俄罗斯全境多属温带和亚寒带大陆性气候，冬季漫长严寒，夏季短促凉爽，春秋季节甚短。公元6世纪，东斯拉夫人散居在德涅特河以东、第聂伯河中游一带，9世纪，东斯拉夫人原始公社制度日趋瓦解，9世纪末形成一个大公国——基辅罗斯，12世纪，由于封建土地所有制的发展，基辅罗斯各地大贵族的势力随之增强，王公之间为争夺基辅大公的继承权彼此混战，基辅罗斯分裂为若干独立的公国。13世纪，蒙古人西侵罗斯，在伏尔加河下游建立金帐汗国，从此，东北罗斯（后称俄罗斯）处在蒙古人的统治下，西南罗斯（后称乌克兰）和西部罗斯（后称白俄罗斯）归并于波兰和立陶宛。在东北罗斯中，莫斯科公国日渐强大，成为东北罗斯的政治中心，在15世纪末到16世纪初，相继征服各公国，结束东北罗斯长期分裂割据的局面，建立统一的俄罗斯国家，彻底摆脱蒙古人两个多世纪的统治。17世纪，俄国在法律上确立农奴制度，因此在经济、军事、文化上很落后。17世纪末，彼得一世（即彼得大帝）开始执政，他仿效西欧国家，对内实行改革，加强了俄国的经济、军事实力，在文化上获得显著进展，对外争夺世界霸权，夺得波罗的海的出海口，向南一直扩张到里海，俄国开始成为欧洲强国之一，园林艺术也因而得到发展。彼得大帝去世以后，俄国在1725—1762年间，更换了五位国王，政局不稳也影响了园林事业的发展。直至1762年，叶卡捷琳娜二世即位，对内实行中央集权，对外扩张，重新巩固了王位；1801年亚历山大一世（1801—1825年在位）即位，由于在与拿破仑交战中取得胜利，开创了俄罗斯帝国的新时期，俄国成为欧洲大陆最强大的国家，这一局面一直持续到19世纪中叶。

（2）俄罗斯园林的类型与特征

俄罗斯园林始于12世纪上半叶，在一些城市及郊外出现了称为"乐园"的别墅花园，其中既有实用性的果园、菜园，也有游乐性的花园。1495年，莫斯科遭受一场毁灭性的大火，城市受到严重毁坏。在这场灾难中，花园绿地成为人们避灾的安全岛，因此花园绿地开始受到重视，国王伊凡三世（1462—1505年在位）于当年下令拆除了城市中沿莫斯科河岸的建筑物，建造了名为"察理津草原"的宏伟花园。16—17世纪时，在莫斯科还建了一些宫廷花园，比较著名的是在克里姆林宫中为彼得大帝的母亲建造的屋顶花园"上花园"。

在俄罗斯园林发展史上，彼得大帝时代处于一个明显的转折期。彼得大帝醉心于西欧的园林，在他的倡导、支持下，法国勒诺特尔式园林风格得以在俄罗斯广为传播。1715年请来法国造园师勒诺特尔的高徒勒布隆建造与凡尔赛媲美的园林佳作彼得宫。

18世纪末，英国自然风景园风靡全欧洲，俄罗斯也深受其影响，开始进入自然式园林的历史阶段。叶卡捷琳娜二世积极支持自然式风景园的建设，这都促使俄罗斯园林由规则式向自然式过渡。这一时期又可分为两个阶段：初期（1770—1820年）为浪漫式风景园时期，其后（1820—1850年）为现实主义风景园时期。巴甫洛夫园和特洛斯佳涅茨园都是以森林景观为基础的俄罗斯自然式园林最出色的代表作,其创作方法对以后的俄罗斯园林,以至十月革命后的苏联园林的建设都产生了深远的影响。

1)彼得大帝以前俄罗斯园林:该时期俄罗斯园林与欧洲中世纪园林有许多类似之处。花园分属于国王、贵族及寺院,规模都不大,基本上是以实用为主的园林。采取规则式规划,布局简单。园中种植果树、浆果、芳香植物和药用植物。园中常设水池,既有装饰作用,又可供养鱼、灌溉,也是夏季游泳、冬季溜冰的场所。园中常以浓荫蔽日的林荫道通向园中建筑。郊区的花园多位于风景优美的地方,因此,实用与美观结合、规则式规划与自然环境结合是这一时期俄罗斯园林的特色。

2)俄罗斯勒诺特尔式园林:在园林功能方面,由过去以实用为主,转向以娱乐、休息为主;规模上日益宏大,并且,由简单朴素的形式,转向构图上丰富多彩。在总体构图上追求比例的协调和完美的统一性。在总体规划中往往以辉煌壮丽的宫殿建筑为主体,形成控制全园的中心,由宫殿向外展开的中轴线,贯穿花园,使宫、苑在构图上紧密结合,融为一体。

在其造园要素上精心处理。如建造在山坡上的彼得宫,虽然是仿凡尔赛宫苑建造的,但是,从选址和地形处理上,都显得更胜一筹。利用山坡建造的水台阶和水渠,在金碧辉煌的雕塑和制作精湛的喷泉的衬托下,更加引入注目。而且,俄罗斯园林在选址时,借鉴意大利台地园的经验和凡尔赛的教训,注重园址上有充沛的水源,保证了园林水景的用水。园林中既有法国园林宏伟壮观的效果,又有意大利园林中常见的处理水景和高差较大的地形的巧妙手法,使得这些园林常具有深远的透视线,而且形成辽阔、开朗的空间效果。

植物选择上以乡土树种为主,使园林带有强烈的地方风格。由于俄罗斯寒冷的气候条件,园中难以种植黄杨,而黄杨却是法国、意大利园林中组成植坛图案的主要材料,后来,俄罗斯人试用樾橘及桧柏代替黄杨,取得了成功;还以乡土树种,如栎、复叶槭、榆、白桦形成林荫道,以云杉、落叶松形成丛林。金碧辉煌的宫殿建筑和以乡土树种为主的植物种植,都使俄罗斯园林带有强烈的地方色彩和典型的俄罗斯传统风格。

3)浪漫式风景园:追求表现一种浪漫的情调和意境,人为创造一些野草丛生的废墟、隐士草庐、英雄纪念柱、美人的墓地,以及一些砌石堆山形成的岩洞、峡谷、跌水等,试图以展现在人们眼前的一幅幅画面,引起种种情感上的共鸣——悲伤、哀悼、惆怅、庄严肃穆或浪漫情调等。园中的植物虽然不再被修剪,但也未能充分发挥其自然美的属性,只是为了衬托景点、突出景色,在园中或组成框景,或起着背景的作用。

4)现实主义风景园:注重刻画植物的姿态、色彩美和植物的群落美;园中景观的主要组成不再只是建筑、山丘、峡谷、峭壁、跌水等,而开始重视植物本身。

2. 园林实例:彼得宫(Gardens of the Peterhof Palace)(图3-14)

彼得宫位于彼得堡郊外濒临芬兰湾的一块高地上,始建于1709年,占地800hm^2,包括宫苑和阿列克桑德利亚园两部分。宫苑又由面积15hm^{2}的"上花园"及面积102.5hm^{2}的"下花园"组成。位于上、下花园之间的宫殿,高高耸立在面海的山坡上。由宫殿往北,地形急剧下降,直至海边,高差达40m,这一得天独厚的自然地理环境,使彼得宫具有了非凡的气势。

由彼得堡来此,首先进入作为宫殿前景的"上花园"。这里布局严谨,构图完美,园的中轴线与宫殿中心一致,中轴线穿过宫殿,又与"下花园"的中轴相连,一直延伸到海边。

第3章 外国园林史

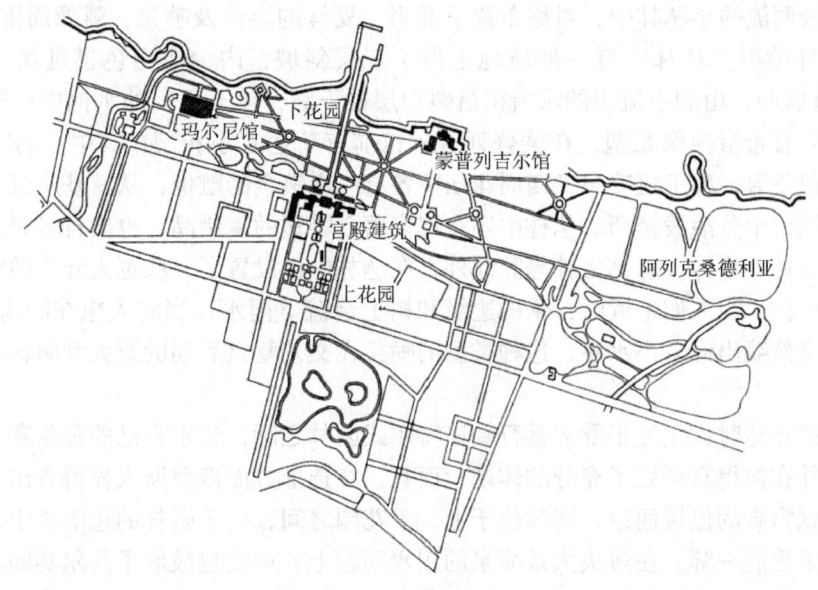

图3-14 彼得宫苑

宫殿以北的台地下面是一组雕塑、喷泉、台阶、跌水、瀑布构成的综合体。中心部位为希腊神话中的大力士参孙（Samson）搏狮像，巨大的参孙以双手撕开狮口，狮口中喷出一股高达20m的水柱。周围屛斗形的池中也有许多以希腊神话为主题的众神雕塑，还有象征涅瓦河、伏尔加河的河神塑像，以及各种动物形象的雕塑；各种形式的喷泉喷出的水柱高低错落、方向各异、此起彼伏、纵横交错，然后，跌落在阶梯上、台地上，顺势流淌，汇集在下面半圆形的大水池中，再沿运河归入大海。当喷水时，所有雕塑都沐浴在一片水光之中，形成绚丽的水景画面；而各种水的音响则组成一曲动听的乐章（彩图20）。

宫殿的底部顺着下降的地势，形成众多的洞府，洞外喷泉水柱将洞府笼罩在一片水雾之中，宛如水帘洞一般。水池周围还有许多大理石的瓶饰，从瓶中也喷出巨大的水柱。这一组雕塑喷泉综合体，是按照彼得大帝的构思形成的，以此象征俄罗斯在波罗的海取得的伟大胜利。

大水池两侧对称布置着草坪及模纹花坛，中有喷泉。草坪北侧有围台的两座柱廊，柱廊与宫殿、水池、喷泉，雕塑共同组成了一个完美的空间。水池北的中轴线上为宽阔的运河，两侧为绿毯般的草地，草地上有一排圆形小水池，池中喷出一缕清泉，它们与宫前喷泉群的宏伟场面形成对比，显得十分宁静；草地旁为道路，路的外侧是大片丛林。这一轴线——运河、草地、道路及两旁丛林的处理，与凡尔赛中的大运河、国王林荫道及小园林三者之间有着惊人的相似之处；而且，在彼得宫的丛林中也有许多丰富的小空间，不同的是，这里的道路以宫殿、玛尔尼馆、蒙普列吉尔馆三者为基点，各向外放射出三条道路，在交叉点上布置引人入胜的景点，显得更为错综复杂，令人目不暇接。尤其是在宫前台地上，沿中轴视线可以一直延伸到无垠的大海，其深远感虽不如凡尔赛，但在辽阔的程度上则有过之，若由宫殿居高临下眺望大海，则视线更加开阔。从运河桥上回望宫殿，宫殿显得雄伟壮观。这一地形上的特色，又具有意大利台地园的优点，在一定程度上弥补了彼得宫在规模上大大逊色于凡尔赛宫苑之不足。

117

中外园林简史

　　在中轴线两侧的小丛林中，对称布置了亚当、夏娃的雕像及喷泉，雕像周围有12支水柱由中心向外喷射。丛林中有一处坡地上做了三层斜坡，内为黑白色棋盘状，称"棋盘山"。上端有岩洞，由洞中流出的水沿棋盘斜面层层下跌，流至下面的水池中；棋盘两侧有台阶，旁边立着希腊神像雕塑；在蒙普列吉尔馆前有荷兰式小花园，其中心的喷泉水柱花纹，宛如一顶王冠，称王冠喷泉，四周花坛中各有一座镀金的雕像，从其基座流出的水形成一串串水铃铛，十分活泼轻巧。丛林中还有许多著名雕塑的复制品，也出自名家之手，如青年阿波罗、酒神、牧神、森林之神等。此外，在丛林中也设置了一些逗人开心的喷泉，如一柄伞或一株小树，当人们走近时，伞的边缘和树上会流下雨水；当游人想在园椅上小憩时，周围地面会突然喷出许多小水柱，这种类型的喷泉在文艺复兴后期的意大利园林中曾经十分流行。

　　彼得宫的建造时代正处于欧洲盛行勒诺特尔式园林之际，追求自己的凡尔赛正是彼得大帝的愿望，并在彼得宫得到了充分的体现，而且，在选址方面俄罗斯人显得青出于蓝而胜于蓝；另外，就宫殿的位置而论，建筑位于上、下花园之间，处于园林的包围之中，从景观效果来看，似乎更胜一筹。在解决大量喷泉的用水问题上，可能也汲取了凡尔赛的教训，彼得宫的喷泉至今仍能不停地运行，这也是俄罗斯人引以为豪的一点。

3.2.8　英国风景式园林

1. 英国风景式园林的发展背景与特点

（1）英国风景园林的发展背景

　　18世纪英国自然式风景园林的出现，结束了规则式园林统治欧洲数千年的历史，成为西方园林艺术领域的一场极为深刻的革命。风景式园林的产生和形成，同当时英国文学、艺术等领域美学观点的转变，兴起尊重自然的信念有密切关系，为风景园的产生奠定了理论基础。

　　英国的自然地理、气候条件对风景式园林的形成起到了一定作用。英国丘陵起伏的地形，要兴建勒诺特尔式园林那样宏伟壮丽的效果，必须得动土方，改造地形，因此，当欧洲兴起勒诺特尔式园林时，英国受影响程度小。同时，英国境内多雨湿润，对植物生长尤其是草本植物发展十分有利，因而草坪、地被植物无需精心浇灌即可碧绿如茵。

　　当时良好的社会条件也促成了风景式园林在英国的出现。从16世纪开始，英国为争夺制海权而制造大量舰船，增加了对木材的需要，造成了森林面积不断缩减。为此，英国于1544年颁布了禁止砍伐森林的法令，从而，在一定程度上保护了英国草原上的林丛景观。此外，英国的圈地运动使牧区不断扩大，农业上采用牧草与农作物轮作制，使英国田野呈现出碧绿万顷，牛羊如云的草原景观。

　　中国园林的影响，在一定程度上促进了英国风景园的形成。16世纪中叶以后，欧洲基督教传教士纷纷来华传教，他们游览了中国皇家宫苑和江南山水写意园林之后，为中国园林"虽由人作，宛自天开"的精湛技艺所折服。中国园林艺术从此在欧洲得到广泛传播，尤其是结合英国独特的地理、气候和植被环境，发展成为自然风景式园林。

　　英国自然风景式造园思想首先在英国政治家、思想家和文人中产生，他们为风景式园林的形成奠定了理论基础，并借助他们的社会影响，使得自然风景式园林一旦形成，便广为传播，影响深远。主要人物和作品有：威廉·坦普尔（William Temple, 1628—1699年），英格

兰的政治家和外交家,他于1685年出版的《论伊壁鸠鲁的花园》;约瑟夫·艾迪尼(Jogeph Addison,1672—1719年),文艺家和政治家,他于1712年发表《论庭园的快乐》;亚里山大·蒲柏(Alexander Pope 1688—1744年),著名诗人和园林理论家,发表《论绿色雕塑》;斯梯芳·斯威特则(Stephen Switzer),园林理论家,1715年出版《贵族、绅士及造园家的娱乐》;贝蒂·兰利(Batty Langley 1696—1751年),1728年出版《造园新原则及花坛的设计与种植》;威廉·钱伯斯(William Chambers,1723—1796年),出版《中国的建筑意匠》、《东方庭园论》。

真正的自然式造园是从布里奇曼(Charles Bridgeman,? —1738年)开始的,他参与了著名的斯陀园(Stowe)的设计和建造工作,该园是规则式园林与自然式之间的过渡状态的代表,首创了"哈哈"隐垣。威廉·肯特(Winiam Kent,1686—1748年)是真正摆脱规则式园林的第一位造园家,成为真正的自然风景园林的创始人。肯特的造园核心是完全模仿自然、再现自然。朗斯洛特·布朗(Lancelot Brown,1715—1783年)是肯特的学生,是继他之后英国园林界的权威,他设计的园林200多处,被誉为"大地的改造者"。胡弗莱·雷普顿(Humphry Repton,1752—1818年)是18世纪后期最著名的风景园林大师,主张风景园林要由画家和造园家共同完成,给自然风景园林增添了艺术魅力。威廉·钱伯斯更是极力传播中国园林艺术风格,认为造园不仅是改造自然,还应体现出渊博的文化、高雅情趣和意境。

英国风景式园林以其返本复初的自然主义思想和天然纯朴自由的风格冲破了长期统治欧洲的规则式园林教条的束缚,极大地推动了当时欧洲各国园林风格的变迁,对近代欧洲乃至世界各国园林的发展都产生了深远的影响。

(2) 英国自然风景式园林的类型和特征

英国自然风景园林可以划分为宫苑花园、别墅庄园、府邸花园等三种园林类型。宫苑花园的代表作品有布伦海姆宫风景园(Park of the Blenheim Palace)和邱园(Royal Botanic Gardens,Kew)。别墅庄园的代表作品有查兹沃斯风景园(Chatsworth Park)和斯陀园(Stowe Park)。府邸花园代表作品是霍华德庄园(Park of the Castle Howard)和斯托海德花园(Stourhead Park)。

英国自然风景式园林的风格特征:

1) 造园思想核心是再现自然,重塑自然,追求的是广阔的自然风景构图,较少表现风景的象征性,而注重从自然要素直接产生的情感。所以英国风景只是模仿自然、表现自然、回归自然,是自然风光的再现,较少有诗情画意和高于自然的意境。英国风景式园林中排除直线条园路、几何形水体和花坛,中轴对称布局和等距离的植物种植形式。尽量避免人工雕琢痕迹,以自由流畅的湖岸线、动静结合的水面、缓缓起伏的草地上高大稀疏的乔木或丛植的灌木取胜。

2) 注重园林内外环境的默契结合。园边往往不筑墙而挖一条宽沟以区别内外,又能防止牲畜入园,称为"哈哈"隐垣,而在视线上,园林与外界都无隔离之感,极目所至,远处的农舍田野、起伏的丘陵草地、云朵般的羊群,蔚蓝的大海及海面上成群结队的飞禽等,均可成为园内借景,从而扩大了园林的空间感。

3) 理水方面摒弃了规则式园林几何形水体、大量喷泉设施和直线水道等理水手法,把自然水体及其相关人文景观引入园内。园内往往利用自然湖泊或设置人工湖,湖中有岛,并有堤桥连接,湖面辽阔,有曲折的湖岸线,近处草地平缓,远方丘陵起伏,森林茂密。湖泊下游设置弯曲的河流,河流一侧又有开阔的牧场,沿河流域布置有庙宇、雕塑、桥、亭、村舍等。

4)按自然种植植物。开阔的缓坡草地散生着高大的乔木和树丛,起伏的丘陵生长着茂密的森林。树木不需要人工修剪和整形,以乡土树种为主。

2. 园林实例:英国邱园(Royal Botanic Gardens,kew)(图3-15)

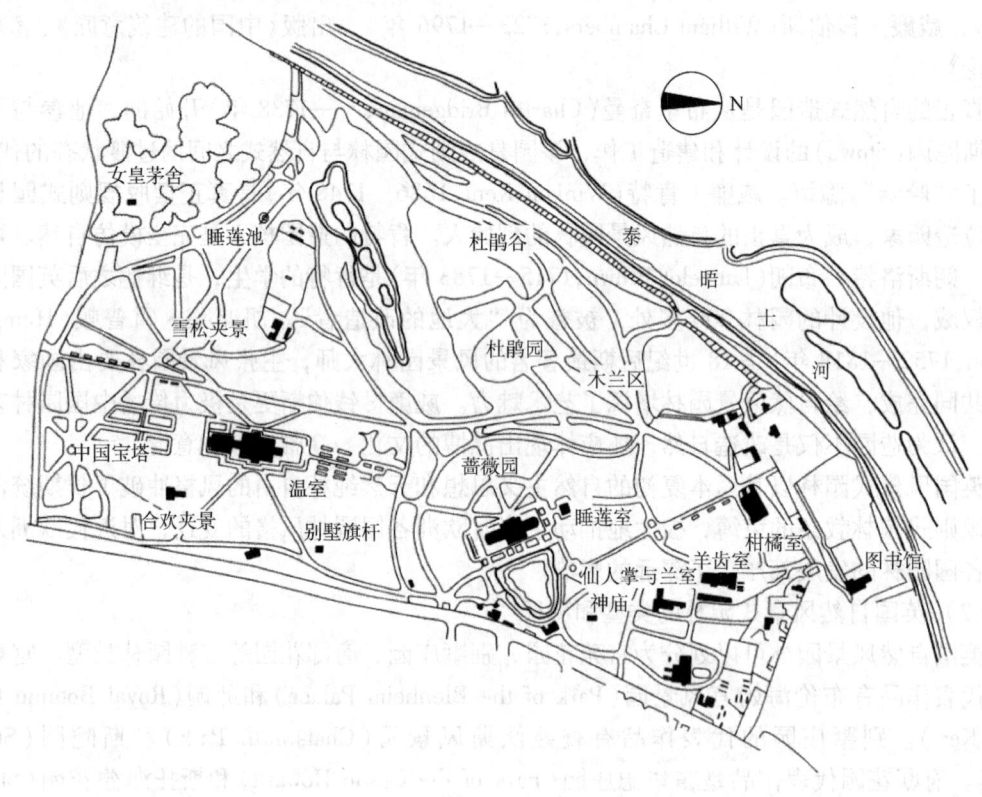

图3-15 邱园平面图

邱园为英国皇家植物园,其建造时期正是英国风景园盛行之际,同时又处在欧洲园林追求东方趣味的热潮之中。1731年威尔士亲王腓特烈(Freaderiek)开始居住于此,称为邱宫。当时,亲王夫人在此收集植物品种。1759年奥古斯塔公主在宫殿周围开始建植物园,当时面积4hm^2,此时,著名园林建筑大师威廉·钱伯斯被国王乔治三世聘请到邱园,留下了大量中国式风格的建筑作品。如1761年修建的中国塔及孔庙、清真寺亭、桥、假山、岩洞、废墟等,这些建筑标志着中国园林风格对英国园林的影响。1841年邱园扩建为121hm^2,邱园现为世界一流的植物研究中心,是世界上惟一的世界遗产植物园。

邱园首先以邱宫为中心,以后在其周围建园,又逐渐扩大面积,增加不同局部,形成了多个中心。其主要内容是植物园,因此其规划又不同于一般完全花园。邱园以邱宫、棕榈温室等为中心,形成局部的优美环境,加之自然的水面、草地、风姿美丽的孤植树,茂密的树丛,绚丽多彩的月季亭,千奇百怪的岩石园等,使邱园不仅在园林艺术方面有很高的观赏价值,而且在国际植物学方面具有权威地位。具有中国风格的园林建筑如亭、桥、塔、假山、岩洞等亦为邱园增添风采(彩图22)。

邱园从欧洲、亚洲、澳洲、美洲等世界各地引种的植物,引种4.5万种,植物标本800

第3章 外国园林史

万份，异彩纷呈，复杂多样。如中国的银杏、白皮松、珙桐、鹅掌楸等名贵树木栽培其中，这是邱园的显著特色之一。

邱园90%以上为展览区，按生态、分类学或观赏特性设置展区，如岩石园、湿生园、喜石灰植物园；按分类学设竹园、月季园、杜鹃园、小檗谷、鸢尾园，以及按哈钦松分类系统布置成花坛的草本园；按观赏价值形成野趣园、乡趣园（乔木野花草地）。其温室分多浆植物、睡莲、蕨类、兰类等植物室，其棕榈室最为著名，有温室共1500 m^2 。

3.3 外国工业社会时期园林（约公元1760年—公元1945年）

知识要点

- ◆ 了解英国近代园林、美国园林的发展背景
- ◆ 掌握英国近代园林、美国园林的类型和各类型的特点及代表园林作品

3.3.1 英国近代园林

1. 英国近代园林的发展背景与特点

（1）英国近代园林的发展背景

18世纪中叶到19世纪初，英国发生了工业革命。伴随着工业革命的发生，机器工业和人类技术能力的进步，人类改变自然的能力迅速膨胀，18世纪中后期到20世纪中期的近200年的时间中，城市人口急剧膨胀，城市用地也不断扩大，人们对居住环境的要求也越来越高，愈来愈多的公众强烈呼吁开放公众公园，继利物浦伯肯海德公园（Birkinghead Park）于1859年开放为世界上第一个公众公园后，往日由皇家、贵族富豪们驰马狩猎和观赏游玩的私家园林逐渐被迫陆续开放为公园。随着城市建设规模的扩大，城市公共绿地也相继诞生，出现了真正为居民设计，供居民游乐、休憩的花园或大型公园。近代园林的类型也多种多样，有城市公园、动物园、植物园和各类型的城市公共绿地等。

（2）英国近代园林的特点

英国近代园林在继承了英国风景式园林风格特点的基础上，吸收了文艺复兴及古典主义时期的优秀园林传统，从而使英国近代园林为人们提供了更加舒适、快乐的游憩环境。

1）为了适应生产力发展和城市建设的需要，历史保留下来的宫苑、庄园绝大多数改为公园，且按照园林内容和形式的不同分为动物园、植物园等。

2）城市广场、街道、滨水地带、公共建筑、校园、住宅区等场所的绿化也成为城市一道道亮丽的风景线。

3）植物引种和大型植物园也是近代英国园林发展趋势。随着园林内部植物的丰富，出现了不仅按分类布置植物以科学的体现植物的进化过程，而且还按照植物的自然生态习性布置植物以科学地反映植物的自然区域分布。在一些植物园，甚至一般公园中，也随园内地势、方向、地质及气候不同而种植适生植物。

4）植物配置符合自然环境、生态条件和植物生长发育的特点，在花叶色彩、树木体

型、轮廓等方面既有对比，又有协调，并且强调植物风格与建筑造型的配合，以获得最佳的园林绿化、美化和观赏效果。

2. 城市公园实例：英国伯肯海德公园(Birkeng-head Park)（图 3-16）

（1）简介

英国伯肯海德公园（Birkeng head Park）是世界园林史上的第一个城市公园，公园于 1843 年由帕克斯顿（Joseph Paxton）负责设计，1847 年完工。

（2）总体布局

公园整体布局分为上园与下园两大部分，园内林木葱茏、草坪起伏、水面开阔，植物品种丰富，具有典型的英式公园风格。公园水面按地形条件分为"上湖"和"下湖"。开挖水面的土方在周围堆成山坡地形。水面自然曲折，窄如溪涧，宽如平湖。湖心岛为游人提供了更为私密、安静的空间环境。公园绿化以疏林草地为主，高大乔木主要布局于湖区及马车道沿线，公园中央为大面积的开敞草地，它不仅为当地居民提供了运动的场地，还提供了各种庆典场所。公园内的建筑采用地方材料，公园中的许多小屋，建筑风格为"木构简屋"（Compendium Cottage），包括意大利小屋、哥特式小屋、城堡式小屋、中央小屋以及两个罗马式小屋和栅栏，由折衷主义产生的这种排列方式是公园的主要特征。

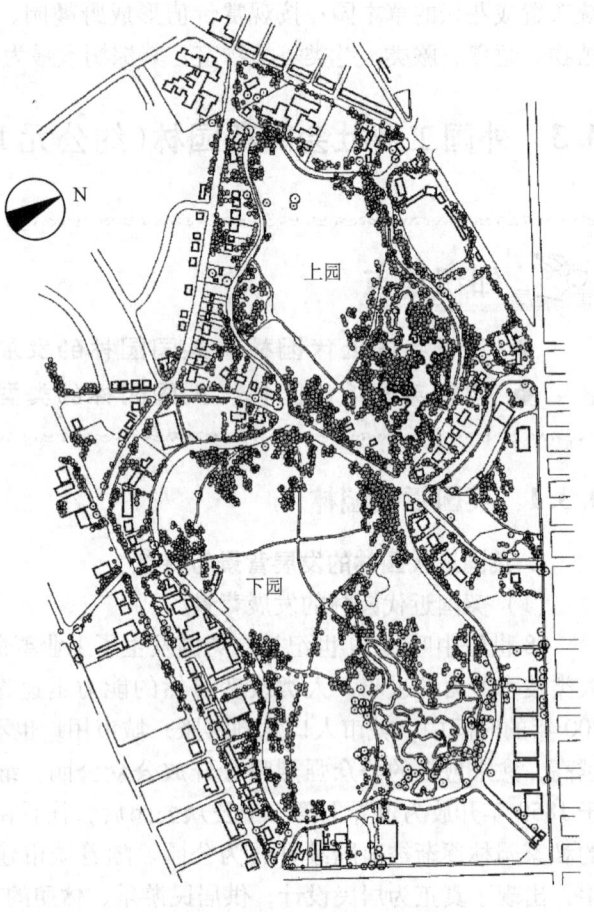

图 3-16 伯肯海德公园总平面图

公园内人车分流是帕克斯顿最重要的设计思想之一。公园由一条城市道路（当时为马车道）横穿，方格化的城市道路模式被打破，同时大大方便了该城区与中心城区的联系。蜿蜒的马车道构成了公园内部主环路，沿线景观开合有致、丰富多彩。步行系统则时而曲径通幽，时而极目旷野，在草地、山坡、林间或湖边穿梭。四周住宅面向公园，但由外部的城市道路提供住宅出入口。

（3）历史意义

伯肯海德公园于 1977 年被英国政府确立为历史保护区。作为世界园林史上的第一个城市公园，伯肯海德公园不仅具有历史文物价值，而且其美学价值、社会价值、环境价值，特别是其经济上的成功，留给了世界一个永久的启迪。该公园的建成并开放，给世界范围内的公园运动带来了深刻的影响，尤其是影响了奥姆斯特德对美国纽约中央公园的规划设计。

3.3.2 美国园林

1. 美国园林的发展背景与特点

（1）美国园林的发展背景

美国园林风格的形成、发展与美国历史文化发展具有异曲同工之效，分为殖民时代、城市公园时代和国家公园时代三大发展期。在殖民统治初期，移民们将各自民族文化与当地自然环境结合，创造出了具有各自民族文化特征的建筑及居住环境，称之为早期殖民式庭园，一般由果树园、蔬菜园及药草园组成，园内及建筑周围点缀着花卉和装饰性灌木。1840年左右，美国的城市很快就繁荣起来，出现了一些经过规划而建造的城镇，呈现出公共园林的雏形；随着城市的快速发展，这就要求公园有新的发展。19世纪末，随着工业高速发展，大规模地铺设铁路，开辟矿山，美国西部大片草原被开垦，茂密的森林遭到严重破坏，赖以生存的动、植物濒临灭绝之灾，从此，建立大型国家公园以保护天然动植物群落，特殊自然景观和特色地质地貌的生态环境保护工程在美国许多地方破土动工。

（2）美国园林的特征

近代美国园林在吸收借鉴英国自然风景式园林风格的基础上，结合本国自然地理环境条件，加以独特创造，形成了美国特色的园林风格，园林类型主要有城市公园、城市园林绿地系统和国家公园。城市公园最为杰出的代表作品是纽约中央公园；城市园林绿地系统则以"绿色宝石项链"规划设计为杰出代；美国黄石国家公园开创了世界上国家公园的先河。美国园林的风格特征主要体现在以下几个方面：

1）近代美国园林不仅为观赏园林艺术之美而创造，更重要的是为公众的身心健康而创造。因此，在园林规划设计中体现出提高城市生态环境质量，将自然引入城市，使人们获得最大健康和快乐的生态园林理念，代表了美国园林的根本特征。

2）美国的国家公园以冰川、火山、沙漠、矿山、山岳、水体、森林和野生动、植物等自然资源保护为主，兼及人文资源的保护，即在科研、美学、史学等方面有价值的资源都给予保护。然而，由于美国率先兴起国家公园，不论是产生背景、立意，还是内容、形式和功能，都与传统欧洲园林有较大差异，没有明显的继承性。

3）美国城市公园属于自然风景式园林，开阔的水体，弯曲的水岸线，中心地带牧场式的起伏草地、蜿蜒的园林小径，天然的乔、灌木树林，给人以悠闲舒适之感；丰富的娱乐设施更符合居民的游憩需要，使城市公园成为真正意义上的公园。

4）在城市园林绿地建设中，把公园和城市绿地纳入一个体系进行系统规划建设，从而导致城市生态规划的产生，这是对欧洲城市绿地园林建设的重大发展。

2. 城市公园实例：美国纽约中央公园（Center Park）（图3-17）

（1）历史溯源

中央公园位于曼哈顿的矩形区中，南起59街，北抵110街，东西两侧被著名的第五大道和中央公园西大道所围合的，基地长4000m，宽800m，面积3.4km^2。始建于1856年，于1876年开始对公众开放，由奥姆斯特德与沃克斯共同设计、管理完成了公园的施工，1876年，中央公园以"人民公园"的名义正式开放。

1926年，第一个充满笑声与活力的儿童游戏场建成了，到1940年，公园里出现了20多个游戏场，同时，还建成了溜冰场、球场等。公园原来为马车设计的车行路也开放成为跑

图 3-17 纽约中央公园总平面图
1—中央公园北部/第 110 大街
2—梅尔黑人区
3—北部森林
4—温室花园
5—第 8 大道
6—第 5 大道
7—穿城第 97 大街
8—网球场
9—杰奎琳·肯尼迪·欧纳西斯水库
10—穿城第 85 大街
11—大草坪
12—都市艺术博物馆
13—穿城第 79 大街
14—望景楼/远望石
15—漫步区
16—湖泊
17—拱桥
18—贝斯塞达台地
19—草莓园
20—林荫道
21—绵羊草地
22—草坪上的酒馆
23—穿城第 65 大街
24—赫克舍球场
25—中央野生动物园
26—中央公园南部/第 59 大街

步道和溜冰道。人们不仅可以在公园里休息漫步，也可以进行积极的运动，这个举动使公园吸引了大批的居民。以前不许进入的大片草坪，也成为聚会、打棒球、晒太阳浴、举行音乐会的地方。现在的中央公园每年接待几百万人。人们可以滑旱冰、跑步、就餐、在夏天看免

第3章 外国园林史

费的演出，或者只是在巨大的草坪上晒晒太阳。公园早已经不再是可远观不可亵玩的花园，而是从多个角度介入人们生活的"人民公园"。

（2）中央公园的设计美学特征

1）完美的交通方案

中央公园基地长4000m，宽800m，为此，奥姆斯特德设计了4条横贯公园的马路。马路下沉到地下，由藤蔓围绕的石拱桥连接两边的土地。人们行走在公园里，很难觉察到这些下沉的交通道路，由此保持了公园在视觉和经验上的完整性。

奥姆斯特德设计了环绕整个公园的车行道，最初是为马车兜风而设置。现在，除少许路段对机动车开放外，大多数都用于慢跑或溜旱冰。主要道路约为9.6km长，另有比较密集的二级和三级路网。道路基本上都是曲线的连接，平滑、形状优美，路上的景色变化多姿。平滑的曲率，多变的景色，自由的穿插，足够的长度，使在环道上进行运动成为一种享受。

2）自然的再造

中央公园的设计风格十分简洁。中央公园的设计标志——蜿蜒的步道、自然的风光和大尺度的开放空间，它的主题是水、草坪与树林，也可以说是第二自然。公园里的建筑数量被控制到了最少。事实上，奥姆斯特德与沃克斯只设计了四座建筑，以及若干与周围环境协调的乡村风味的石桥，所有这些设计的目的，就是让游客只面对最纯粹的乡村风光。

基地原坐落于岩石上，沼泽遍布，并且在中间被一座水库隔断。方案保留了很多岩石，同时将一些沼泽适当扩充为水面。旧水库后来被填平，成为今日公园里最大的草坪。事实上，奥姆斯特德的设计完全改变了基地的地形地貌，除去公园里偶尔露出一角的巨大岩石，目前看上去还像是自然形成的山坡地形，藤蔓丛生的山林树木，蜿蜒的水体全部是设计出来的。

3.3.3 苏联园林

1. 苏联园林的发展背景与特点

（1）苏联园林的发展背景

苏维埃时期（1917—1991年）的俄罗斯风景园林受到社会和政治的强烈影响。1917年俄国十月革命后，成立了世界上第一个社会主义国家，所有的土地都国有化了，所有沙皇和贵族的园林都成为"国家财产"；一些著名的宫殿和园林都像国家博物馆一样对大众开放。1941—1945年，第一次世界大战的胜利彻底改变了世界格局，苏联地位空前提高，战后，苏联社会的精神面貌发生了重大的转变，进入了快速发展的时代，这一时期的城市、园林和建筑更像是政治的载体，领导阶层希望通过这些有形的物质来表达统治思想、影响人民，并寻找能够与新型建筑和城市设计形态相适应的风景园林新形式。1991年苏联解体。

（2）苏联园林的主要类型

1）文化与休憩公园：在20世纪20年代末形成，是公共园林的一种新类型。形成一个集体育、文化和政治教育等多重功能于一体的"综合性文化设施"。1929年开放的莫斯科高尔基中央文化休憩公园是这类公园中的第一个，到1934年全国各地已经有150座文化休憩公园。

2）纪念性园林：分为三大时期：首先是被用来纪念十月革命、英雄人物和革命领袖，旨在宣扬俄罗斯革命和世界无产阶级文化成果的，圣彼得堡的战神广场是早期苏维埃政权的纪念性园林中最好的一个例子。在1941—1945年的卫国战争中，出现了胜利公园、综合性纪念公园和纪念陵园等其他苏维埃风景园林形式，公园最重要的意识形态功能之一就是纪念和歌颂在卫国战争中牺牲的苏维埃人民的英雄。而在1960—1980年的"发达社会主义"时期，出现为纪念苏维埃政权和领导人的特殊纪念日而创建了新型的苏维埃公园，如列宁格勒（即圣彼得堡）的列宁诞辰100周年纪念公园和共青团组织成立30周年纪念公园等。这些纪念性公园大都是建在新城区的多功能休闲公园。

3）历史园林：大多数历史园林如彼得宫、巴甫洛夫园、沙皇村、加特契纳公园和许多其他园林得到了完整的修复。

4）森林公园：在苏维埃时期，人们对城市和近郊森林残留地的发展问题给予了极大的关注，绿色成为苏联以及现在俄罗斯联邦的城市特色之一。苏联很多城市郊区的大片森林被规划为森林公园，它们既为市民和游客提供游憩观赏之处，又改善了城市生态环境。莫斯科东北面有大面积的森林，1960年森林公园的面积从280km² 扩大到1750km²，如同一条绿带环绕市区，人们亲切地称它为"绿色项链"。

（3）苏联园林的特点

1）出现了一种新型的社会主义文化与休憩公园，该类型公园的主要特点是形成一个集体育、文化和政治教育等多重功能于一体的"综合性文化设施"。

2）苏联园林出现了大量的纪念性园林、陵园和胜利公园等，园林建设强调纪念性的表达和权力的象征，公园最重要的意识形态功能之一就是纪念和歌颂苏维埃人民的英雄。

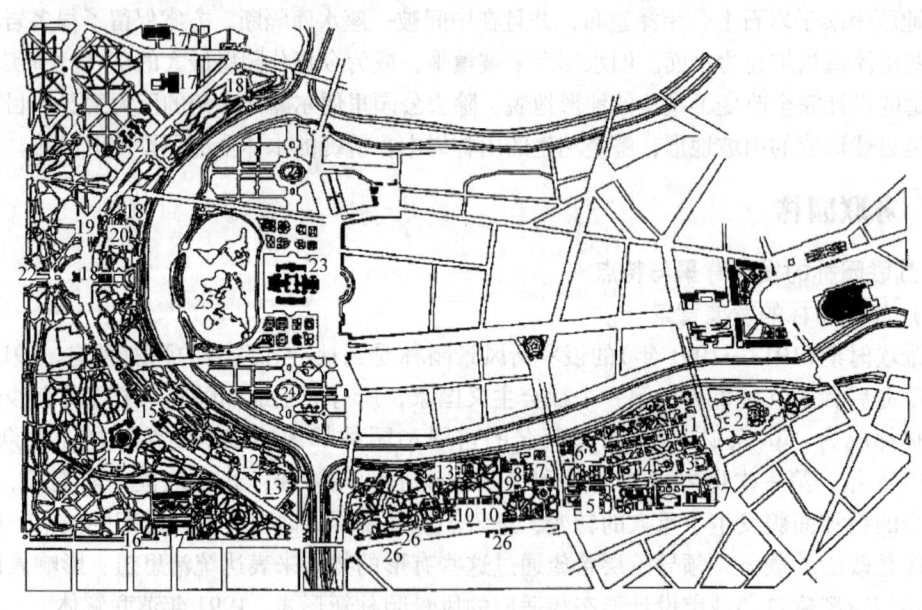

图 3-18　高尔基中央文化休憩公园总平面图

中央大花坛区：1—主要出入口的陈列馆　2—主要出入口前的小游园　3—运动场　4—公共游戏场和娱乐场所　5—现有的医院房屋　6—少先队水池　7—文化教育工作陈列馆

尼斯库奇花园区：8—"绿化"剧场　9—娱乐宫　10—各种业务用建筑物　11—音乐剧院　12—公园艺术博物馆　13—休息亭和休息室

列宁山区：14—植物园温室　15—植物博物馆　16—植物园出入口　17—城市公用房屋　18—斯大林宪法纪念塔（具有往河边的道路）　19—滑雪跳板　20—运动场　21—古生物博物馆和动物园　22—莫斯科西南区方面的出入口

路士尼克区：23—青年宫　24—带有公园的运动场　25—带有世界地图的水池　26—住宅

3）苏维埃风景园林的另一个重要特点是对最优秀的历史园林修复流派的发展。大多数历史园林如彼得宫、巴甫洛夫园、沙皇村、加特契纳公园和许多其他园林得到了完整的修复。俄罗斯园林修复流派的工作基础是深入而科学的资料研究、详细的场地文物发掘与分析，以及现代化的科技手段。

4）在苏维埃时期，人们对城市和近郊森林残留地的发展问题给予了极大的关注，包括建立完善的绿地布局和发展广阔的绿化系统，绿色成为苏联以及现在俄罗斯联邦的城市特色之一。

2. 文化与休憩公园实例：俄罗斯莫斯科高尔基中央文化休憩公园（图3-18）

1929年开放的莫斯科高尔基中央文化休憩公园是这类公园中的第一个，也是莫斯科最大的公园，位于市中心地区莫斯科河沿岸，占地100hm²，它的大门靠着克里姆桥。公园分3个主要部分，第一个部分是从大门一直到绿色剧院，展览会、体育场、游览场所和许多有趣的玩艺场所都设在这里，即中央大花坛区；第二个部分沿着莫斯科河，包括著名的尼斯库奇内依花园在内，这一带林木葱茏，绿草如茵；第三个部分是列宁山区。自从1929年公园开放以来，每逢具有重大意义的节日，莫斯科人就在这里进行庆祝活动。在平时，许多业余艺术团体的音乐会、歌剧、展览会、科学和艺术报告会、象棋比赛、集体游戏、游泳、溜冰、划船等，也都在这里举行。

3.4　现代西方园林的多样发展（约公元1945年至今）

知识要点

- ◆ 了解现代西方园林五种发展类型的时代背景
- ◆ 掌握现代西方园林多样发展的五种类型，各发展类型的主要特征和代表园林作品和人物

3.4.1　生态主义与现代园林

1. 生态主义的发展背景和特征

（1）生态主义的发展背景

西方景观设计的生态主义思想可以追溯到18世纪的英国风景园，其主要原则是"自然是最好的园林设计师"。19世纪奥姆斯特德的生态思想使城市中心的大片绿地、林荫大道、充满人情味的大学校园和郊区，以及国家公园体系应运而生。20世纪30年代至40年代"斯德哥尔摩学派"的公园思想，也是美学原则、生态原则和社会理想的统一。不过，这些设计思想，多是一种基于经验主义的生态学观点之上。20世纪60年代末至70年代美国"宾夕法尼亚学派"的兴起，为20世纪景观规划设计提供了科学量化的生态学工作方法。现代生态主义设计思想主要集中体现在自然式设计、乡土化设计、保护性设计和恢复性设计四种表现形式上。

（2）生态园林的主要特征

生态园林是现代园林建设的发展趋势，它以保持生态平衡、美化环境、减少生态环境灾

害为主要研究目标,主张因地制宜、适地适树、遵循生态学原理,其主要特征体现在以下几个方面:

1)生态园林的主体是自然生物群落或模拟自然生态群落。要使园林景观稳定、协调发展,维持生态平衡和改善人们居住的生态环境,就必须实行园林类型的多样化和园林景观的生物多样性。

2)强调利用生态系统的循环和再生功能,构建城市园林绿地系统。

3)最大限度的发挥材料的潜能,减少因生产、加工、运输材料而消耗的能源,减少施工中的废弃物。

4)设计中多运用乡土植物,尊重场地上的自然再生植被,节制引用外来物种。

2. 园林实例:德国杜伊斯堡风景公园

(1)历史溯源

由德国慕尼黑工业大学教授,景观设计师彼得·拉茨(Peter Latz)设计的杜伊斯堡风景公园(图3-19)是埃姆舍公园中最引人注目的组成部分之一,也是彼得·拉茨的代表作品之一。公园座落于杜伊斯堡市北部,这里曾经是有百年历史的 A. G. Tyssen 钢铁厂,尽管这座钢铁厂历史上曾辉煌一时,但它却无法抗拒产业的衰落,于1985年关闭了,无数的老工业厂房和构筑物很快淹没于野草之中。1989年,政府决定将工厂改造为公园,1994年公园部分建成开放。

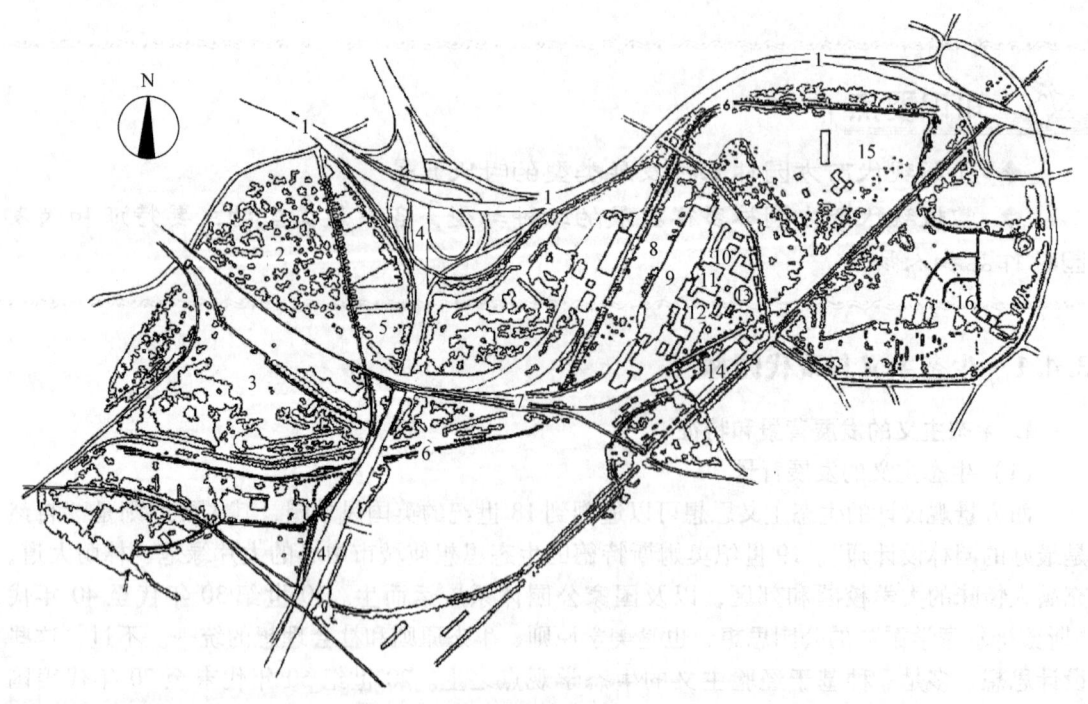

图3-19 杜伊斯堡风景公园总平面图

1—42#高速公路 2—Kakergelande(现在是鸟类森林) 3—Schachtgelande(现在是草地) 4—59#高速公路 5—三角洲音乐城 6—克利尔沃特水道 7—火车站公园 8—水上公园 9—熔渣广场 10—金属广场 11—高炉 12—科伯广场 13—储气库 14—电力站 15—锰矿区 16—农场区

(2) 设计理念

公园的主要设计思想是要表现钢铁的制造加工过程；设计方法是重新诠释和改造，通过生态设计和视觉设计改变工业设施的功能和应用，让其转型而不是毁掉它们。首先，工厂中的构筑物都予以保留，部分构筑物被赋予了新的使用功能，设计也从未掩饰历史，任何地方都让人们去看、去感受历史，建筑及工程构筑物都作为工业时代的纪念物保留下来，它们不再是丑陋难看的废墟，而是如同风景园中的点景物，供人们欣赏。其次，工厂中的植被均得以保留，荒草也任其自由生长，工厂中原有的废弃材料也得到尽可能地利用。第三，水可以循环利用，污水被处理，雨水被收集，引至工厂中原有的冷却槽和沉淀池，经澄清过滤后，流入埃姆舍河。

拉茨在设计中最大限度地保留了工厂的历史信息，利用原有的"废料"塑造公园的景观，从而最大限度地减少了对新材料的需求，减少了对生产材料所需的能源的索取（彩图36、彩图37）。

(3) 总体布局（图3-19）

在一个理性的框架体系中，拉茨将上述要素分成四个景观层：以水渠和储水池构成的水园、散步道系统、使用区以及铁路公园结合高架散步道。这些景观层自成系统，各自独立地存在，只在某些特定点上用一些要素如坡道、台阶、平台和花园将它们连接起来，获得视觉、功能、象征上的联系。顶层是结合高架散步道的铁路园，底层是低标高的水园。其他独立的系统包括田野、林地为主的使用区和与街道同一水平的散步道系统，其中散步道系统将长期破碎的城区重新连接起来。

由于原有工厂设施复杂而庞大，为方便游人的使用与游览，公园用不同的色彩为不同的区域作了明确的标识：红色代表土地，灰色和锈色区域表示禁止进入的区域，蓝色表示为开放区。公园以大量不同的方式提供了娱乐、体育和文化设施。

3.4.2 "极简主义"与现代园林

1. "极简主义"的发展背景和特征

(1) "极简主义"的发展背景

几何规则式是现代极简主义景观最常使用的手法。西方的园林设计最早从古埃及就是沿着几何式的道路开始发展的，经过古罗马时期、中世纪和文艺复兴时期，园林在各时期都有各自的特点，但规则式的造园手法一直得到使用。"极简主义景观"一词从彼得·沃克处开始的，且他也是被公认的目前最具有成熟稳定极简风格的景观设计师，彼得·沃克融合20世纪60年代初开始的极简艺术、勒诺特的古典主义（即法国勒诺特尔式园林）和早期现代主义三种艺术思想创作出一种新颖的景观设计风格——极简主义景观，他的作品产生了广泛而深远的影响。而且，一些其他风格的设计师在作品中也或多或少地体现出"极简主义"的特征，使景观中的"极简主义"成为了当代景观设计中具有代表性的、普遍的艺术追求。

(2) "极简主义"景观的特征

"极简主义"景观把景观作为一门不从属于任何物体，注重艺术感觉的体系，作品题材广泛，但都具有极简的本质特点：强烈、简洁、几何形构图、系列化秩序、客观表现景观本身等特征，具体体现在以下几个方面：

1) 自然环境因素的创新引入：光、风、雾、云作为自然环境的要素，被设计师以抽象的形式,运用各种手段创新地引入到风景园林中,直接或间接地体现设计师的思想,为都市人提供一处感受自然的场所。

2)传统设计要素的独特运用:对于水、石、植物等传统的设计要素,借助科学技术的手段,在表现手法上更加宽广和自由。如在植物方面,极简主义园林不是将植物作为传统的装饰背景,从属于哪一个要素,而是作为独立的景观,它可以用雕塑的形式来展现,另外极具雕塑形状的仙人掌以及欧洲刺柏,都是极简主义园林中经常运用的植物材料。

3)现代材料的运用:通过选用新颖的建筑或装饰材料,达到只有现代园林所特有的质感、光影、色彩、结构等特征。

4)极简的形式语言:条带、圆形、方形网格、锥形体是极简主义设计师最常用的,利用最基本的几何形式所扩展的图形,以及它所具有明确的方向性和能够表达特定的事物和思维的发展过程的特征,来引导视线、切割和联系空间。

2. 园林实例:德国慕尼黑机场凯宾斯基酒店(Hotel Kempinski)(图 3-20)

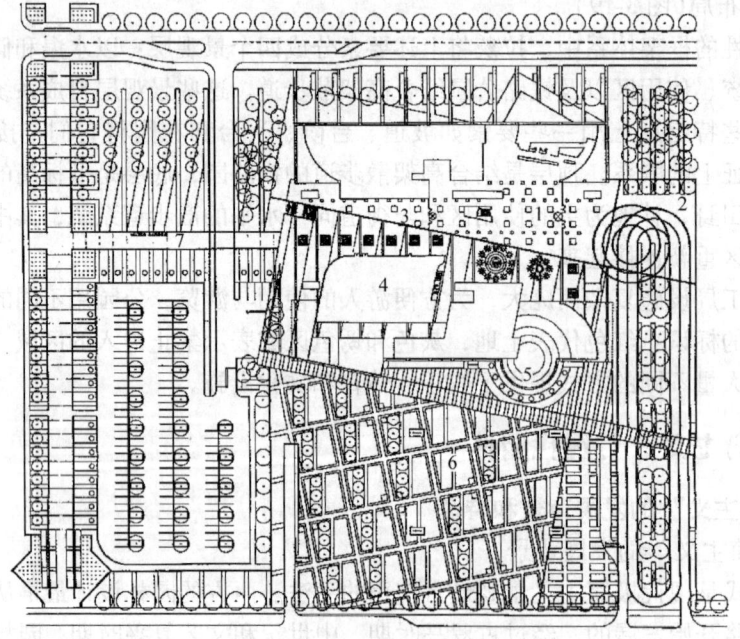

图 3-20　德国慕尼黑机场凯宾斯基酒店总平面图
1—酒店入口大厅　2—入口　3—啤酒园　4—旅馆　5—餐厅　6—花坛园　7—边路

(1) 设计背景

1994 年建成的德国慕尼黑机场凯宾斯基酒店(Hotel Kempinski)景观设计,是彼得·沃克在欧洲的一个引起广泛关注的作品。酒店建筑由设计慕尼黑机场的墨菲/扬(Murphy/Jahn)建筑师事务所设计。

(2) 总体布局(彩图 33)

彼得·沃克将环境分为三个部分:旅馆前车行交通区域、停车场和位于地下车库上的花园。花园是其中最精彩的部分,设计反映出彼得·沃克对欧洲规则式园林和现代艺术的热爱。他用黄杨绿篱围合成一个正方形的空间,用红色的碎石和绿色的草地将里面的地面划分成不同的区域,在草地上种植 3 株柱状的高耸杨树,在绿篱的一角是一个修剪成立方体的紫杉篱，这些要素组成一个正方形的景观单元，将这个单元与旅馆建筑呈 10°左右的角度，系列化地排列，每个单元中间留出必要的步行道路，在花园中留出地下车库车行和步行出入口，形成一个图案式的构图，如同勒诺特园林中的花坛园。花园设计考虑的主要是从酒店的客房中或是从路过的车辆中欣赏花园，而不是进入花园，花园中也没有设置座椅或是其他设施。两条用蓝色和黄色玻璃覆盖的光带垂直相交，分别穿过酒店大厅和花园把酒店、酒店前交通区域和花园紧密地联系起来。

3.4.3 大地艺术与现代园林

1. 大地艺术的发展背景和特征

（1）大地艺术的发展背景

在西方现代艺术的发展中，大地艺术的出现为现代艺术的变革与创新开辟了一条新的道路，形成了一个非常有影响的艺术流派。大地艺术诞生于 20 世纪 60 年代的美国，艺术家们以一种批判现代都市生活和工业文明的姿态，将目光投向城市之外，以大地作为艺术创作的对象，进行新的艺术类型的尝试，形成了大地艺术流派。由于大地艺术常常以土方工程的形式出现，所以也被称为土方艺术、地景艺术、自然艺术等。大地艺术贴近了景观，改变着人们的生态观念和自然观念，其触角深入到风景园林专业涉及的领域，对西方现代风景园林设计产生了重要的影响。

（2）大地艺术的特征

1）材料的艺术：主要体现在材料的选择与基地的紧密结合。在大地艺术中，土壤、石头、木头、冰雪、砂石都成为设计师常用的材料；沙漠、森林、农场或工业废墟，成为设计师关注的对象；当设计者选择了如沙漠、森林、农场或工业废墟时，他们同时也选择了与之对应的创作材料，如砂、石、木、草等。

2）抽象的艺术：从创作手法上看，大地艺术的作品多采用减法和几何元素相组合，用简洁的元素表现深奥的思想。点、线、环、螺旋、金字塔是最频繁使用的形式，表现出一定的抽象性特征。

3）四维空间的艺术：大地艺术最吸引设计师的是其强调过程的体验。这种体验不单是三维空间上的，还有第四维时间上的。为了表现时间这种不可视的非物质空间，往往通过插入不连续的片段或具有象征意义的元素来暗示瞬间性。

4）对工业废弃地的关注：设计师通过对工业废弃地的特别张显，对工业生产的副作用进行揭示和批判，吸引人们关注生态问题和社会问题，流露出的就是这样一种关注社会和环境的态度。

2. 园林实例：巴塞罗那北站广场（图 3-21）

（1）发展概况

西班牙巴塞罗那是欧洲闻名的艺术之都，1991 年竣工的北站广场是该市为迎接奥运会而进行的城市更新的一部分。公园建在原来铁轨占用的土地上，由建筑师阿瑞欧拉（Andreu Arriola Modorell）和费欧尔（Carme Fiol Costa）与来自纽约的女艺术家派帕（Beverly Pepper）合作设计。

（2）总体布局

设计通过三件大尺度的大地艺术作品为城市创造了一个艺术化的空间。一是形成入口的

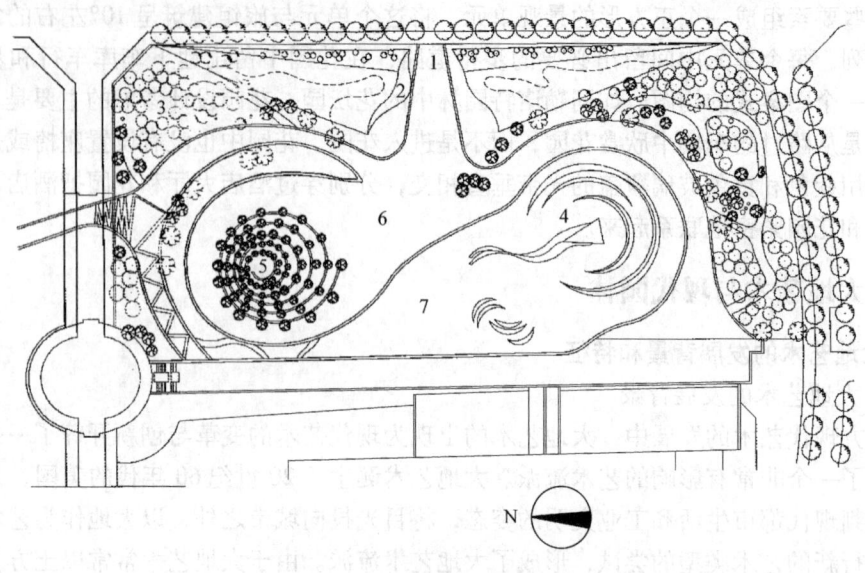

图 3-21　巴塞罗那北站广场总平面图
1—公园主入口　2—挡土墙　3—林荫小道
4—落下的天空　5—树林螺旋线　6—小广场　7—大草坪

两个种着植物的斜坡；二是名为"落下的天空"的盘桓在草地上的如巨龙般的曲面雕塑；三是沙地上点缀着放射状树木的一个下沉式的螺旋线——"树林螺旋"，既可作为露天剧场，又是休憩座凳。三件作品均采用从白色、浅蓝色到深蓝色的不规则的釉面陶片作装饰，在光线的照射下形成色彩斑斓的流动图案，让人联想到高迪或米罗的作品。设计师用最简单的内容成功地解决了基地与城市网格的矛盾，创造了不同的空间，提供了公园的各种功能，成为当代城市设计中艺术与实用结合的成功范例（彩图 27）。

3.4.4 "解构主义"与现代园林

1. "解构主义"的发展背景和特征

（1）"解构主义"的发展背景

解构主义这个字眼是从"结构主义"中演化出来的。解构主义作为一种创作方法和设计美学，其成就和影响主要表现在建筑创作之中。解构主义原本是 20 世纪 60 年代后期起源于法国的一种哲学思潮。20 世纪 70 年代之后，一些先锋派建筑师开始将解构主义理论用于建筑实践，特别是埃森曼和盖里这些有影响的建筑师从理论和实践方面对解构主义建筑作了富有成效的探索和实践，埃森曼以及另外一个法国解构主义的建筑师屈米，他们合作设计的巴黎拉·维莱特公园方案，把解构主义推向了高潮。

（2）"解构主义"的特征

首先是对完整、和谐的形式系统的解构，建筑成了一种即兴创作，一种随意的拼凑，一种"在搬运中被损坏的模型"，一种支离破碎的古怪堆积，各类景观设施既充满了矛盾和冲突、杂乱无章，又深具匠心，出奇制胜，在偶然、巧合、不协调和不连续的设计思路中，把一种不稳定、不连续和分拆的张力释放出来。其次是对建筑中心论解构，解构主义建筑师认为这种空间等级的划分是不合理的，代之以更具前瞻性和更富有弹性的空间组织形式。再

第3章 外国园林史

次是对建筑惯常的功能意义与价值的解构,不允许出现惯常意义的建筑,只能出现一种反建筑概念的建筑。第四是对确定性的解构。总之,解构主义不仅张扬了思想比形式重要这样一种价值,同时也从反造型和反美学角度张扬了另一些反价值,比如错置比秩序重要,差异比同质重要,残破比完整重要,丑陋与狂怪比优美、和谐重要,过程比结局重要等。

2. 园林实例:拉·维莱特公园

(1)历史溯源

拉·维莱特公园位于巴黎东北角,是为纪念法国大革命200周年而在巴黎兴建的九大"总统工程"之一,1982年4月8日开始了拉·维莱特公园国际性方案招标,建筑师屈米最终成为公园的总体设计师。

(2)总体布局(图3-22)

拉·维莱特公园本身面积33hm²,是巴黎市区内最大的公园之一。包括公园北面的国家科学、技术和工业展览馆以及南面的钢架玻璃大厅和音乐城,总占地面积达到55hm²。在交通上以环城公路和两条地铁线与巴黎相联系。园址上有两条开挖于19世纪初期的运河,东西向的乌尔克运河,主要为巴黎的输水和排水需要修建的,它将全园一分为二;南北向的圣德尼运河是出于水上运输之需,从公园的西侧流过。

屈米的设计构图并没有过多地考虑园址的现状,也不是寻求以公园来协调环境的周边关系,而是考虑到许多不确定因素的影响,采用了一个独立性很强的、非常结构化的布局方式,以点、线、面三个分离的体系重叠在整个园址上,并延伸到园外的城市中,使设计方案具

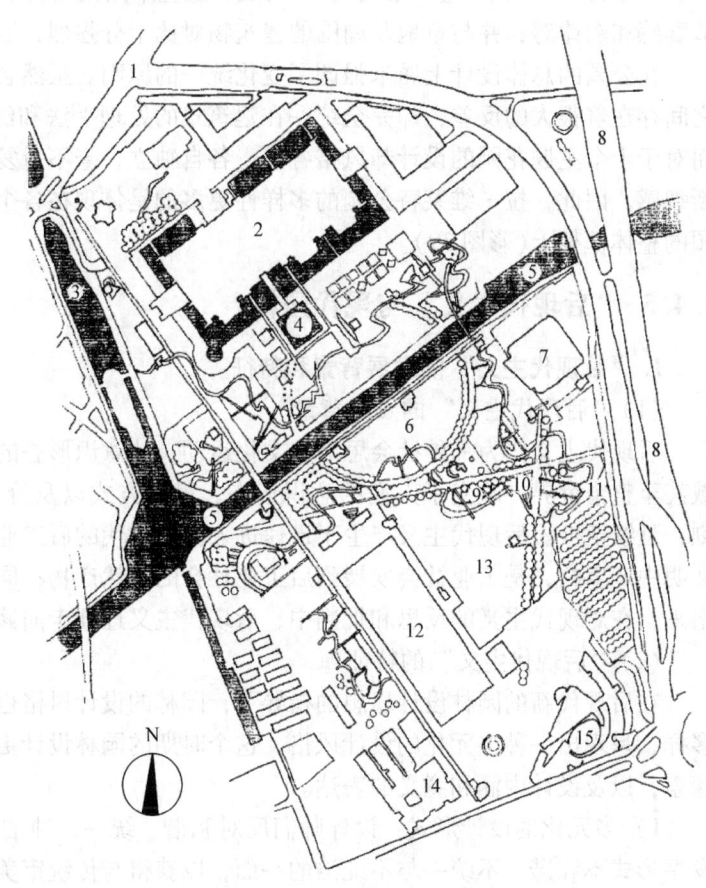

图3-22 拉·维莱特公园总平面图
1—拉维莱特门 2—拉维莱特科学城 3—圣丹尼斯运河 4—"水晶球"科学城
5—乌尔克运河 6—圆形草皮 7—天顶 8—环城林荫大道 9—竹公园
10—声音公园 11—布拉斯咖啡屋 12—"大厅"屠宰场 13—三角形草皮
14—国立高等音乐戏剧学院 15—拉维莱特音乐城

有很强的伸缩性和可塑性,从而也使得公园能够随着城市的发展而发展。屈米将设计重点放在点、线、面三个体系之间相互关系的处理上,使它们彼此之间或覆盖、或延续、或断开,具有很强的适应性。

三个体系中的线性体系构成了全园的交通骨架，它由两条长廊、几条笔直的种有悬铃木的林荫道、中央跨越乌尔克运河的环形园路和一条称为"电影式散步道"的流线型园路组成。以东西向及南北向的两条长廊将公园的主入口和园内的大型建筑物联系起来，同时强调了运河景观，长廊波浪型的顶篷使空间富有动感。为了打破轴线的僵硬感，长达2km的流线型园路蜿蜒于园中，并将十个象征电影片断的主题花园联系起来。园路的边缘还设有坐凳、照明等小品，两侧伴有10～30m宽度不等的种植带，以规整式的乔、灌木种植起到联系并统一全园的作用。

在线性体系之上重叠着"面"和"点"的体系。面的体系由上述十个主题花园和几块形状不规则的、耐践踏的草坪组成，以满足游人自由活动的需要。点的体系由呈方格网布置的、间距为120m的一组"游乐亭"构成。这些采用钢结构的红色小建筑给全园带来明确的节奏感和韵律感，并与草地及周围的建筑物对比十分强烈，因而非常突出（彩图38）。

在公园的总体设计上屈米强调了变化统一的原则。虽然各体系、各建筑要素和植物要素之间存在着很大的反差，却完全统一在建筑式的处理手法和红色的"游乐亭"的控制之下。而对于十个主题花园的设计却风格各异，各自独立，毫不重复，彼此之间有很大的差异感和断裂感。因此，拉·维莱特公园的多样性更多的是体现在各个主题花园的处理上，而不是公园的整体框架上（彩图39）。

3.4.5 "后现代主义"与现代园林

1. "后现代主义"的发展背景和特征

（1）"后现代主义"的发展背景

后现代主义作为一种社会思潮和文化运动，从意识形态的各个方面影响到社会的各个领域甚至整个世界，改变了人们的意识形态、思维方式以及价值观念，它的影响力广泛而深刻，延续至今。后现代主义产生于迅速进入信息时代的后工业社会基础之上，是从西方工业文明中产生的，是工业社会发展到后工业社会的必然产物；同时，它又是从现代主义里衍生出来，在对现代主义的反思和批判中，后现代主义逐渐走向修正和超越。

（2）"后现代主义"的特征

在后现代新的园林设计思想的指导下，园林的设计风格也发生了极大的变化，手法更加多样，呈现出一种多元化的设计风格。这个时期的园林设计更为注重的是在形式创新方面的探索，以及设计内涵和意义的表达。

1）多元化的设计形式：设计师们反对和谐、统一、纯洁与稳定等传统审美原则，力图发掘形式不和谐、不统一与不纯洁的一面，以获得与传统审美完全不同的设计效果。在构图和布局上，抛弃现代主义简洁而均衡的构图原则，尝试采用相互冲突、无关序列的叠置与解构的布局方式和构图，体现出一种超现实主义的意境和趣味，形成不同以往的空间体验。

2）材料与技术的创新运用：由于科技的发展使得许多新材料与技术得到开发和应用，使设计达到独特的质感、色彩、透明度、光影等特征，造园素材的内涵与外延都得到了极大的扩展与深化。

3）色彩关系：后现代主义园林设计师们不再拘泥于颜色的处理，在设计中用浓烈刺目或诙谐的色彩相互对比，力求呈现与传统审美完全不同的设计效果，这对园林行业来讲也是一种极大地丰富。

4）丰富的设计内涵：后现代主义注重对传统经典、历史文脉的关注，从传统化、地方化、民间化的内容和形式中找到自己的立足点，并从中激活创作灵感，将历史的片断、传统的语汇用于新的创作之中，但又不是简单的复古，而是带有明显的"现代意识"，经过撷取、改造、移植等创作手段来实现，强调新的创作过程和新的艺术内涵。

2. 园林实例：巴黎雪铁龙公园（图 3-23）

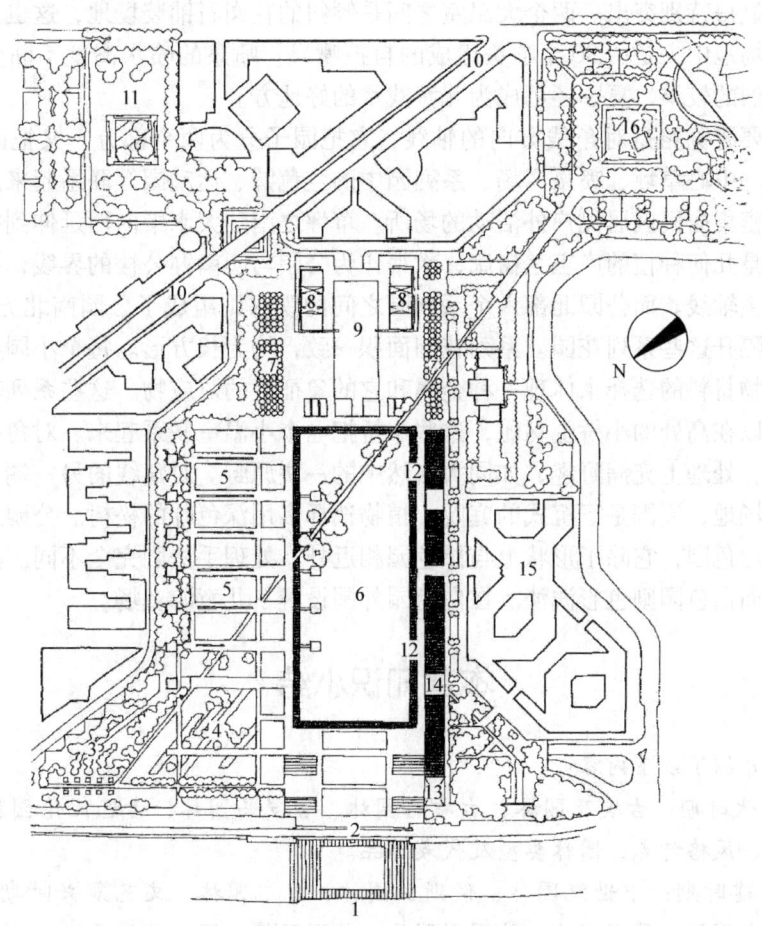

图 3-23　巴黎雪铁龙公园总平面图
1—塞纳河　2—高架铁路桥　3—奥布雷公园　4—运动公园　5—系列公园　6—中央草坪　7—排成柱列式的栏树　8—温室　9—成柱列式布置的喷泉　10—伯拉德大街　11—白色公园　12—线形荷花池　13—跌水　14—抬高的水道　15—商业建筑　16—黑色公园

（1）简介

位于巴黎市西南角的雪铁龙公园原址是雪铁龙汽车厂的厂房。20 世纪 70 年代工厂迁至巴黎市郊后，市政府决定在这块地段上建造公园，并于 1985 年组织了国际设计竞赛。风景师 C. Clement 和建筑师 P. Berger 负责公园的北部设计，包括白色园、两个大温室、七个小温室、运动园和六个系列花园；风景师 A. Provost 和建筑师 J. P. Vignier 及 J. F. Jodry 负责公园南部的设计，包括黑色园、中心草坪、大水渠和水渠边七个小建筑。

（2）总体布局（彩图 29）

雪铁龙公园以 3 组建筑来组织，这三组建筑相互间有严谨的几何对称关系，它们共同限

定了公园中心部分的空间，同时又构成了一些小的系列主题花园。第一组建筑是位于中心南部的七个混凝土立方体，设计者称之为"岩洞"，它们等距地沿水渠布置。与这些岩洞相对应的是在公园北部，中心草坪的另一侧的七个轻盈的、方形玻璃小温室，它们是公园中的第二组建筑，在雨天也可以成为游人避雨的场所。岩洞与小温室一实一虚，相互对应。第三组建筑是公园东部的两个形象一致的玻璃大温室，尽管它们体量高大，但是材料轻盈，比例优雅，所以并不显得特别突出。两个大温室之间是倾斜的花岗石铺装场地，这也是公园中唯一的一块广场，场地中央是由80个喷头组成的自控喷泉。喷泉的喷水高度不断变化，不仅在视觉上产生强烈的较果，夏季还可成为儿童戏水的好地方。

公园中主要游览路是对角线方向的轴线，它把园子分为两个部分，又把园中各主要景点，如黑色园、中心草坪、喷泉广场、系列园中的兰色园、运动园等联系起来。公园中心的大草坪是周围密集居民区居民户外活动的场所。草坪之南的大水渠向西延伸到塞纳河边的岩石园区，东边是几何种植的广玉兰树廊，水渠作为公园与园南办公楼的界线，同时也构成了东、西方向的主轴线。而公园北部六个系列园之间的跌水则组成了公园南北方向的辅轴线，跌水同时也分隔开这些系列花园。系列花园面积一致，均为长方形。每个小园都通过一定的设计手法及植物材料的选择来体现一种金属和它的象征性的对应物。这些系列花园游人均可以进入，也可以在高处的小桥上鸟瞰，这些小桥把七个小温室联系起来。对角线西北方向的终点是运动园，处理上充满野趣，如同大自然中的一块原野。对角线的另一端是黑色园，其中心是方形的场地，周围是下沉式的庭院，植物选择多用深色叶的松树。公园东北角与黑色园相对应的是白色园，它除了形状上与黑色园相近外，处理手法则完全不同。黑色园象一片浓密的树林，而白色园则色彩浅淡。在白色园外围设置了儿童游戏场。

本章知识小结

本章主要介绍了以下内容：

1. 外国古代时期：古埃及园林、古希腊园林、古罗马园林、古巴比伦园林、古波斯园林的发展概况、风格特点、园林类型及代表作品。

2. 外国封建时期：中世纪园林、伊斯兰园林、日本园林、文艺复兴时期意大利园林、法国勒洛特尔式园林、德国园林、俄罗斯园林、英国风景式园林的发展概况、风格特点、园林类型及代表作品。

3. 外国工业社会时期：英国近代园林、美国园林和苏联园林的发展概况、风格特点、园林类型及代表作品。

4. 现代西方园林的多样发展背景和特征。

不同时期各类园林类型的风格特点是本章学习的重点。通过本章的学习能够了解外国园林发展的基本脉络，掌握不同时期各类园林类型的风格特点，熟悉不同时期各类园林的代表作品的基本情况。

复习思考题

3-1 古罗马园林类型有哪些？其园林主要特征是什么？

第3章　外国园林史

3-2　外国封建时期伊斯兰园林有三个典型类型，其园林特点有什么异同？
3-3　日本园林的类型有哪些？其园林类型的风格特点有哪些？
3-4　文艺复兴时期意大利园林可以划分为哪三大园林类型。其园林类型的风格特点有哪些？其各自的代表作品有哪些？
3-5　简述意大利兰特花园的布局及造园特点。
3-6　法国勒诺特尔式的风格特征有哪些？其代表作品有哪些？
3-7　简述法国凡尔赛宫苑的总体布局。
3-8　英国自然风景式园林的风格特征是什么？其代表作品有哪些？
3-9　英国近代园林的发展背景与主要特点是什么？
3-10　美国园林的发展背景与风格特征是什么？美国园林的发展类型主要有哪些？
3-11　苏联园林的类型有哪些？
3-12　生态主义景观设计的内涵、设计手法和设计思想主要体现在哪些方面？
3-13　极简主义景观特征体现在哪些方面？
3-14　大地艺术的主要特征有哪些？
3-15　解构主义有何特点？
3-16　后现代主义园林设计风格体现在哪些方面？

第4章

中外园林的代表人物及其理论

4.1 计成

知识要点

◆ 了解计成的个人经历
◆ 掌握计成的设计思想和理论著作《园冶》的主要特征和其代表园林作品

4.1.1 计成的园林理论著作——《园冶》

1. 计成生平简介

计成(1582—?)，明末著名造园家，字无否，号否道人，苏州吴江人。计成少年时代即以善画山水而知名，在青年时代到过北京、湖广等地，中年回到江南，定居镇江，专事造园。计成在一次参观堆假山作业中提出了应按真山形态堆垛假山的主张，并动手完成了这座假山石壁工程，由于作品形象佳妙，宛若真山，于是名闻遐迩。他的代表作还有"寤园"、"石巢园"、"影园"等。并于1634年写成中国最早的和最系统的造园著作——《园冶》，被誉为世界造园学最早的名著。

2. 园林理论著作《园冶》

《园冶》是计成在完成吴玄"五亩园"与汪氏"寤园"后，于1634年成书，是计成将园林创作实践总结提高到理论的专著。书中既有实践的总结，也有他对园林艺术独创的见解和精辟的论述，并有园林建筑的插图235张。《园冶》采用以"骈四骊六"为其特征的骈体文，是一部历史上的重要造园专著，在文学上也有其一定的地位。

《园冶》共三卷，卷一的"兴造论"和"园说"是全书的立论所在，即造园的思想和原则，后有相地、立基、屋宇、装折、门窗、墙垣、铺地、掇山、选石、借景十篇。在十篇的论述中，相地、立基、铺地、掇山、选石、借景篇是专门论述造园艺术的理论，也是全书的精华所在。特别是相地、掇山、借景更是该书精华的精华，而屋宇、装折、窗、墙垣则着重建筑艺术的具体论述。

《园冶》一书的精髓，可归纳为"虽由人作，宛自天开"，"巧于因借，精在体宜"两句话，这两句话的精神贯穿于全书。"虽由人作，宛自天开"，说明造园所要达到的意境和艺术效果，以建筑、山水、花木为要素，取诗的意境作为治园依据，取山水画作为造园的蓝图,经过艺术剪裁,以达到虽经人工创造,又不露斧凿的痕迹。造园不是单纯地摹仿自然,再现原物,而是要求创作者真实地反映自然,又高于自然。"巧于因借,精在体宜"是《园冶》一书中最为精辟的论断,亦是我国传统的造园原则和手段。"因"是讲园内,即如何利用园址的条件加以改造加工。《园冶》说:"因者,随基势高下,体形之端正,碍木删桠,泉流石注,互相借资;宜亭斯亭,宜榭斯榭,小妨偏径,顿置婉转,斯谓'精而合宜'者也"。而"借"则是指园内外的联系。《园冶》特别强调"借景"、"为园林之最者","借者,园虽别内外,得景则无拘远近",它的原则是"极目所至,俗则屏之,嘉则收之"。造园者巧妙地因势布局,随机因借,就能做到得体合宜。

4.1.2 园林实例:扬州影园(图 4-1)

影园为清初扬州八大名园之一,在扬州城西南隅,与城墙仅一水之隔,由计成设计并指挥施工。

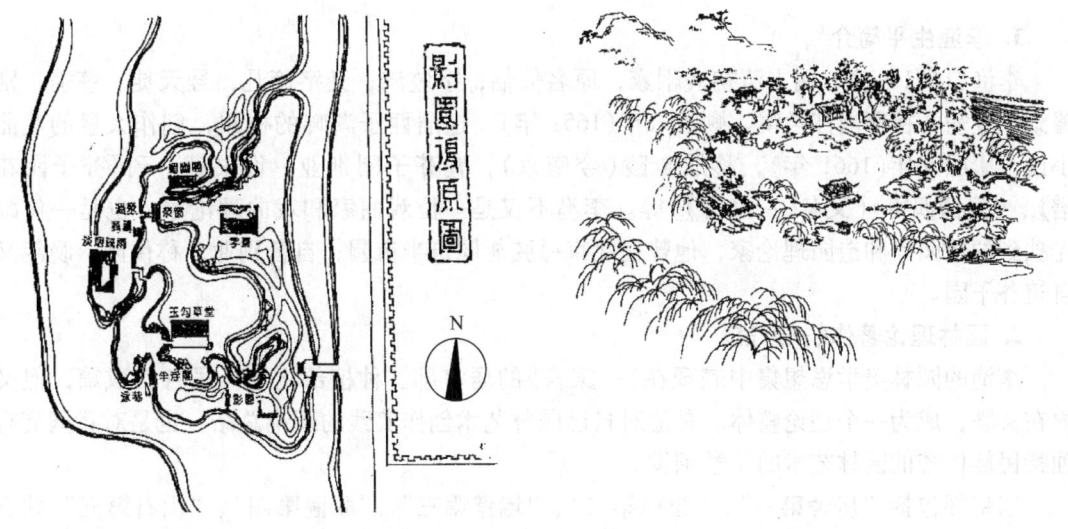

图 4-1 影园复原图

影园的总体布局特点:

1) 构园主题是"列千寻之耸翠,浚一派之长源"。全园以水为中心,山为衬托,突出山环水抱的园林境地,通过借景突破自身在空间上的局限,借入周围环境内的极佳景色,延伸与扩大视野的广度和纵深度,使园与自然景色融汇一体,人作与天开紧密结合。

2) 影园是湖上一岛,被内、外城河环抱,岛中和水面形成"岛中有湖",小内湖上的玉勾草堂的小岛,这又形成"湖中又有岛"的形态。形成"湖中有湖""岛中有岛",步步深入的空间。使园林布局层层叠叠,格外深邃,具蕴藉含蓄的情调。

3) 全园建筑量少,为使建筑融入大自然中,采用散点式布置,建筑本身雅洁小巧,亲切宜人,因景而生,体现出疏朗而质朴的自然情调。

4) 顺自然之势安排观景路线,在观赏路线上有节奏的串联大小空间,在变化与曲折中求空间上的深度、广度和层次,大大增加了园林内部空间的层次。

总之,影园的创作进程"首先是创造自然美和生活美的'生境',然后进一步上升到艺术美的'画境',进而升华到美的'意境'最后达到三者相互渗透、情景交融的高潮"。

4.2 李渔

知识要点

◆ 了解李渔的个人经历
◆ 掌握李渔的设计思想和理论著作《一家言》的主要特征和其代表园林作品

4.2.1 李渔的园林理论著作——《一家言》

1. 李渔生平简介

李渔(1611—?),明末清初戏剧家,原名仙侣,字笠鸿,又字谪凡,号天徒、笠翁,别署湖上笠翁,祖籍浙江兰溪。顺治八年(1651年),迁居西子湖畔的杭州,创作大量的戏曲小说。康熙元年(1661年),移居金陵(今南京),置芥子园别业,设书铺,刊《芥子园花谱》、《闲情偶寄》(又名《一家言》)等。李渔不仅是一位戏曲家和戏曲理论家,也是一位眼光独到的造园家和造园理论家,他曾在北京弓弦胡同筑半亩园;自营别业,称伊园;晚年又自筑芥子园。

2. 园林理论著作《一家言》

李渔的园林美学思想集中表现在《一家言》的居室部、种植部之中。虽各自成篇,但又内在关联,成为一个理论整体。是他对自己园林艺术创作实践的理论总结,也是对我国富有独特民族传统的园林艺术的美学阐发。

居室部包括"房舍第一"、"窗栏第二"、"墙壁第三"、"联匾第四"、"山石第五"共五个部分。第一部分涉及到园林的地基选择,房舍方向("向背")的确定;屋檐的实用和审美效果;天花板("顶格")的艺术设计;园林庭院的空间处理原则(如"房舍忌似平原,须有高下之势","径莫便于捷,而又莫妙于迂");庭院地面铺设("甃地")的美学处理等。第二部分除详细谈了窗栏设计的艺术原则及各种窗栏图样以外,还着重论述了窗子在园林艺术中的重要美学意义,即关于"借景"问题,这是李渔园林美学思想中最富有光彩的部分之一。第三部分专谈墙壁,涉及到墙壁在园林中的艺术效果问题,以及各种不同的墙壁(如"界墙"、"女墙"、"厅壁"、"书房壁")的艺术处理方法。第四部分谈"联匾",这是中国园林建筑中特有的艺术因素,它对创造中国园林诗情画意的艺术意境起着重要作用。李渔独出心裁,创造了不少前所未有的联匾式样,并具体绘图示范,说明其美学特征。第五部分论述山石在园林艺术中的美学价值和品格,以及用山石造景的各种艺术方法。

种植部包括"木本第一"、"藤本第二"、"草本第三"、"众卉第四"、"竹木第五"等五部分。分别论述了各种花木的栽培、特别是它们的审美品格和观赏价值。在我国古代有关园林艺术的理论著作中,像《一家言》这样详细、具体论述花木的美学品格和观赏价值的并不多见。

4.2.2 园林实例：北京半亩园

1. 历史溯源

半亩园位于北京市东城区弓弦胡同，清初兵部尚书贾汉复的宅园，园中假山是李渔所掇，当时誉为京城之冠。半亩园历经显宦名士多主，皆不改其雅。道光年间此园为江南河道总督麟庆所得，取名为"半亩园"。

2. 总体布局(图4-2)

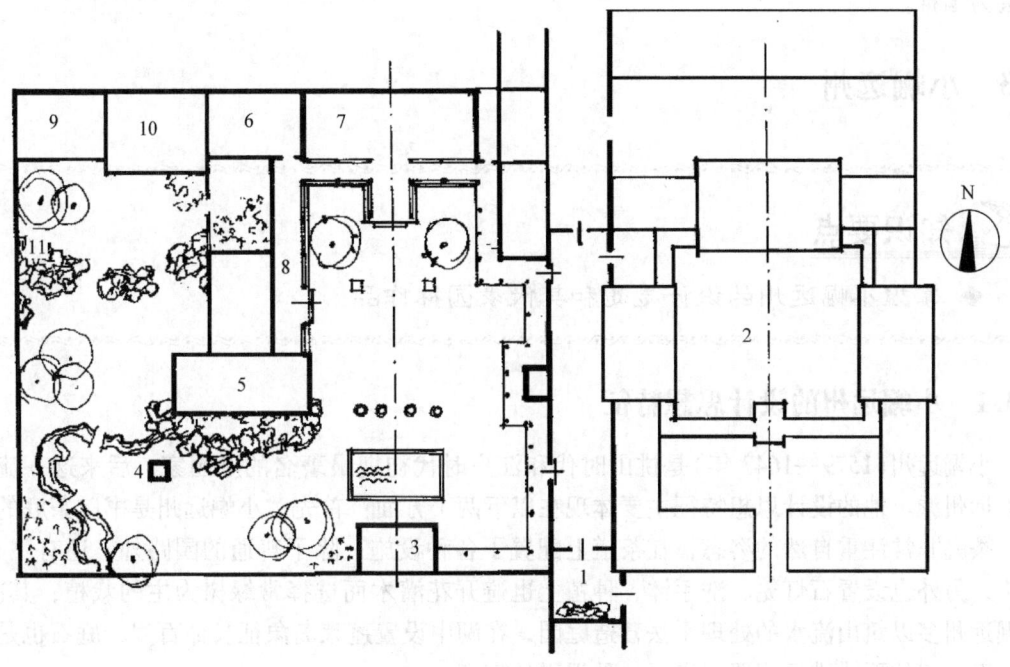

图4-2 北京半亩园平面图
1—园门 2—住宅 3—玲珑池馆 4—留客亭 5—退思斋
6—近光阁 7—云荫堂 8—曝画廊 9—拜石轩 10—郎擐妙境 11—海棠吟社

园名"半亩"，喻其小也，占地 $0.4hm^2$。园紧邻邸宅的西侧，园门设在宅与园之间的夹道的南端，进入园林的入口有两处，一处在夹道之南，正对着小荷池，是外客的入口；另一处在夹道之北，可直接进入园林的正厅"云荫堂"，是主人和内眷的出入口。园分为东、西两区，东区是园林的主体，呈不规整的三合院的格局。正厅"云荫堂"前出抱厦，堂前的庭院陈设日晷、石笋、盆栽等小品，庭院南端为长方形的小荷池。东厢作成随墙的曲折游廊，设两个出入口通往宅邸。西厢为"海棠吟社"和"曝画廊"，其南端连接书斋"退思斋"。退思斋和曝画廊的平屋顶作成"台"的形式，名"蓬莱台"，台之北端为二层楼房"近光阁"。退思斋的南外墙与其前的假山合而为一，可以保证室内冬暖夏凉的效果。假山设石洞、蹬道，循蹬道登临台上，能远眺紫禁城宫阙、北海小白塔以及景山等处的借景，也可作为登高赏月的地方。绕过退思斋前的假山即进入西区，迎面一亭翼然，名"留客亭"。亭之西为一湾溪水与假山衔接，渡石桥往西为玲珑池馆，往北又是一组青石大假山，山上建六角亭。穿过假山的拱门便是一个安静的小庭园，正厅"郎擐妙境"，其东、西两侧分别为近光阁、拜石轩。这个庭园用青石假山屏障维宁谧安静的一区，是园主人的日常读书、赏石的地方。

园林的总体布局别具独特的章法：东区于变化中寓有严整的意味，体现了浓郁的北方宅园性格；西区则为山水空间和三个小庭园空间的组合，利用屋顶平台拓展视野，充分发挥其优越的借景条件，但规划上忽视了建筑的疏密安排有所逊色。同时，因为北京内城水源匮乏，因而半亩园的水体很小，但即便如此，也力图与假山相嵌合，于咫尺间表现大自然山水的缩移摹写。此外，整座园林以铺陈古雅见长，富丽且有书卷气，庭院有多幅名家楹联，格调甚为幽雅。

4.3 小堀远州

知识要点

◆ 掌握小堀远州的设计思想和其代表园林作品

4.3.1 小堀远州的设计思想特征

小堀远州（1579—1647 年）是桃山时代和江户时代初期最著名的庭园家，后来这一流派就称远州派。他的设计思想特征主要体现在以下两个方面：首先，小堀远州是书院茶庭的始祖，茶庭非常注重自然的姿态，在茶道上配置了各种设施，除了普通的园路外，还有飞石、汀步，另外也设置石灯笼、洗手钵，种植上也避开花灌木而选择常绿树为主的栽植；其次，小堀远州多以筑山流水的处理手法营造庭园，在湖中设置蓬莱岛象征长命百岁，庭石也是按七、五、三的形式进行配置，表示一种祝愿的寓意。

4.3.2 园林实例：京都修学院离宫

1. 历史溯源

修学院离宫位于日本京都市左京区比睿山麓，是日本三大皇家园林之一。修学院的建造由后水尾上皇所设计与指导，连模型都是他亲力亲为。园林始建于 1655 年，竣工于 1699 年。

2. 总体布局

修学院离宫建于比睿山麓，山坡上全为农田。为了不破坏农田景观，整个离宫分成三个小园，称下御茶屋、中御茶屋和上御茶屋，形成园中园的结构。三园间用松道相接，道边就是农田。

下御茶屋面积 4390m^2，面积最小。以寿月观为主景，前铺白砂飞石，从上御茶屋引下的水做成曲水，经两道瀑布，汇于观前水池，其中有一瀑布称白丝瀑，水池中有小岛。此外，此区还有萤泉、神形灯笼、箭楼形灯笼、弯曲阁（已毁）。下御茶屋为山庄的基地，上皇曾在此举行歌会和宴会。中御茶屋位于下茶屋的东南方，比睿山的登山口，音羽川的右岸，主要部分面积 6900m^2。上御茶屋位于三园最高处，面积也最大，达 45900m^2，是整个

离宫的精华处，是以倒三角形的浴龙池为中心的回游式大池泉庭院。水池称浴龙池，池中用土堆成三个小岛：中岛、三保岛、万松坞，形成一池三山格局。中岛上建穷邃亭，中岛与山体间建枫桥，中岛与万松坞间建千岁桥。水池西面筑土堤，称西浜，为掩盖土堤大坡而在坡外植三层生长的植篱，从山下根本看不出是土堤，而是一道道绿化景观。植篱用常绿树、落叶树混植，四季变幻着色彩。西浜全长 200 多米，浜下为层层植篱，浜上为堤路，站在堤上，可内观池景，上观山景，下观田景。上御茶屋是舟游与回游结合的园林，园中除了有回游道路外，还有码头、舟屋和小船。在山坡最高处建有邻云亭，亭为茶室，西南侧用鸭川石铺地，称为"一二三石"，亭内北面称为洗诗台，洗诗台东立有利休式石灯笼。邻云亭是专为观景而设，临池部分有宽大的檐廊和广缘，游人可坐可站，能尽情欣赏山下的大型植篱和水池景观。更可贵的是妙在借景，近借山端、松崎、定池、深泥池、北山，远借京都市区街巷、爱宕山、西山等。山坡上的大型植篱被修剪成曲线形，层层而上，层与层之间为上山蹬道，远观则见绿不见路，十分巧妙。

由于园中丰富的景观变化，修学院离宫形成了八景和十境，即：邻云夜雨、茅檐秋月、平田落鹰、修学晚钟、松崎夕照、村路青岚、睿峰暮雪等 8 景和寿月观、弯曲阁、穷邃亭、云亭、洗诗台、菩提树、浴龙池、止止斋、万松坞等十境。

4.4 勒诺特尔

知识要点

- ◆ 了解勒诺特尔的时代背景和个人经历
- ◆ 掌握勒诺特尔的设计思想和其代表园林作品

4.4.1 勒诺特尔简介

17 世纪，园林史上出现了一位开创法国乃至欧洲造园新风的杰出人物——安德烈·勒诺特尔(1613—1700 年)，勒诺特尔的造园保留了意大利文艺复兴庄园的一些要素，又以一种更开朗、华丽、宏伟、对称的方式在法国重新组合，创造了一种更显高贵的园林，追求整个园林的宁静开阔，统一中又富有变化，富丽堂皇、雄伟壮观的景观效果。

安德烈·勒诺特尔出生在蔬菜和鲜花丛中，父亲是路易十三时期土伊勒里花园的园丁。安德烈 13 岁起，师从巴洛克绘画大师伍埃习画。在伍埃的画室里，他结识了许多同窗好友和其他来访的当代艺术家，其中两位重要的古典主义者画家勒布仑和建筑师芒萨尔对他的艺术思想影响很大。1636 年，勒诺特尔离开伍埃的画室，改习园艺。在此后的许多年里，他一直与父亲一起，在土伊勒里花园从事一般性的园艺工作。同时，他还学习过建筑、透视法和视觉原理，受古典主义者影响，研究过笛卡尔的机械主义哲学，这些都体现在他的设计作品中。使勒诺特尔这位古典主义园林艺术天才的实践者得以脱颖而出的，是沃·勒·维贡特庄园，他采用了一种前所未有的样式，这是法国园林艺术史上的一件划时代的作品，也是法国古典主义园林的杰出代表。大约从 1661 年开始，勒诺特尔便开始投身于凡尔赛宫苑的建造中。从那时起直到1700年去世，他作为路易十四的宫廷造园家长达40年，被誉为"王家造园师和造园师之王"。他设计或改造了许多府邸花园，充分表现出其高度的艺术才能，形成了风靡欧洲长达一个世纪之久的勒诺特尔式园林。其主要作品除沃·勒·维贡特庄园（图4-3）和凡尔赛外，还有枫丹白露、索园等等。

4.4.2 勒诺特尔的设计思想特征

勒诺特尔园林的伟大之处在于创造了更为统一、均衡、壮观的整体构图，其核心在于中轴的加强，使所有的要素均服从于中轴，按主次排列在两侧，这是在古典主义美学思想的指导下产生的。与意大利园林相比，其空间更为宏伟，更有秩序，关系更明确。在勒诺特尔的大部分作品中，府邸总是中心，起着统率的作用，通常建在地形的最高处，建筑前的庭院与城市中的林荫大道相衔接，其后面的花园，在规模、尺度和形式上都服从于建筑。常以落叶密林为丛林背景，大量采用黄杨和紫杉作图案花坛。从府邸到林园，花园中的人工味及装饰性逐渐减弱。林园既是花园的背景，又是花园的延续。园林在水景方面多为整形河道、水池，主要展示静态水景，以形成镜面似的水景效果为主，以辽阔、平静、深远的气势取胜，尤其是运河的运用，成为勒诺特尔式园林中不可缺少的组成部分。在园内道路上，以水池、

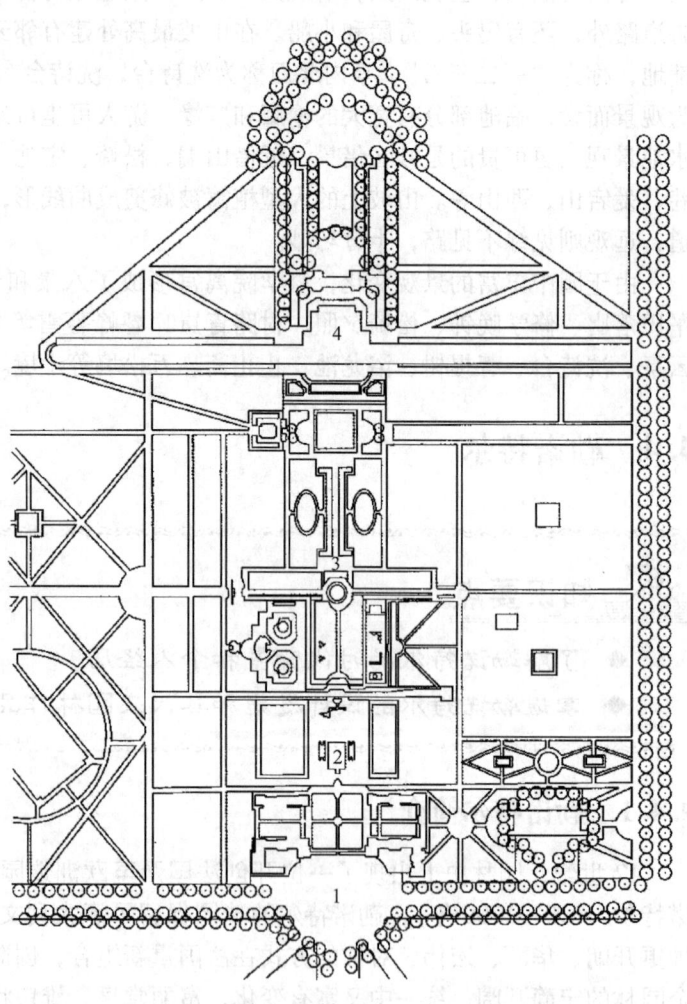

图4-3 法国沃·勒·维贡特府邸花园总平面图
1—入口广场 2—府邸建筑平台 3—花坛群台地 4—运河

喷泉、雕塑及小品装饰在路边或交叉口，犹如一串项链上的粒粒珍珠。虽不似自然式园林中步移景异的效果，却也有着引人入胜的作用，令人目不暇接。

4.4.3 园林实例：法国沃·勒·维贡特府邸花园（彩图21）

1. 历史溯源

沃·勒·维贡特府邸花园是勒诺特尔式园林最重要的作品之一，标志着法国古典主义园林艺术走向成熟，它使得设计者勒诺特尔一举成名。该园1656年才真正开工，历时5年建

成，园地面积达到 70 多 hm²。不仅府邸本身富丽堂皇，而且花园的丰富与广袤也是前所未有的。

2. 总体布局(图 4-3)

花园中轴线长达 1km，两侧是顺向布置的矩形花坛，宽约 200m。花坛的外侧是茂密的林园，以高大的暗绿色树林，衬托着平坦而开阔的中心部分。花园在中轴上采用三段式处理，各具鲜明的特色，且富于变化。第一段濒临府邸，以刺绣花坛为主，强调人工装饰性；第二段以水景为主，重点在喷泉和水镜面；第三段以树木草地为主，增加了自然情趣。二段之间的过渡，也是循序渐进，独具匠心。第一段以圆形的水池结束，下方有横向水渠与大运河相呼应。第二段以方形的水镜面结束，预示着大运河的到来。运河与飞瀑形成了强烈的动、静对比，岩洞巾装饰的雕像和喷泉，又进一步活跃了水景气氛。

在花园两边的林园中，以笔直的园路和几何形构图，与花园相协调。在空间上，封闭的林园与开放的花园又形成强烈的对比。高大的树木，形成花园的背景，构成向南延伸的空间，最后在花园的南端，围合成半圆形的绿荫剧场，透视深远。规则式的花园，往往从侧面去观赏时，景观更富有变化，因此，在林园边布置蔽荫的园路，形成宜人的散步道(彩图 40、彩图 41)。

4.5 威廉·肯特

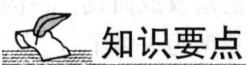 知识要点

◆ 熟悉威廉·肯特的设计思想和其代表园林作品

4.5.1 威廉·肯特的设计思想特征

威廉·肯特(William kent)(1686—1748 年)是真正摆脱了规则式园林的第一位造园家，也是卓越的建筑师、室内设计师和画家。肯特的作品创造出了一条新路，成为真正的自然风景园的创造人。他在园中摒弃了绿篱、笔直的园路、行道树、喷泉等，而欣赏树冠潇洒的孤植树和树丛。他还善于以十分细腻的手法处理地形，经他设计的山坡和谷地，错落有致，令人难以觉出人工刀斧的痕迹。他认为风景园的协调、优美，是规则式园林所无法体现的。对肯特来说，新的造园准则即完全模仿自然，再现自然，而"自然是厌恶直线的"，这就是肯特造园思想的核心。

肯特的思想对当时风景园的兴起，以及对后来风景园林师的创作方法都有极为深刻的影响。他为后人留下了不少园林及建筑作品，如海德公园的纪念塔、邱园的邱宫等。由于他是画家，在他的园林设计作品中十分明显的体现出受到法、意、荷等国风景画家的影响，甚至有时完全以名人绘画作为造园的蓝本。他认为画家是以颜料在画布上作画，而造园师是以山石、植物、水体在大地上作画，他的这一观点在当时风景园的设计有极大的影响。

4.5.2 园林实例：英国斯托园

斯托园(Stowe Park)的园主是考伯海姆勋爵。该园是由最激进的建筑师在斯托建造的一座反映其政治与哲学思想的庄园。为使花园的构图、形式与建筑一致，在一个世纪的时间里，有许多的建筑师和造园师参与工作，并经数次改造。花园规划最初采用了17世纪80年代的规则式，1715年后，花园的规模急剧扩大，园中点缀着一些建筑物和豪华庙宇，直到1740年，斯托园似乎仍然欲与凡尔赛相媲美。

最初负责工程的造园是布里奇曼在斯托巨大的园地周围布置一道隐垣，使人的视线得以延伸到园外的风景之中。大约1730年，肯特代替了布里奇曼，他逐渐改造了规则式的园路与甬道，并在主轴线的东面，以洛兰和普桑的绘画为蓝本建了一处充满田园情趣的"香榭丽舍"花园。山谷中流淌的小河，称为"斯狄克斯"，它是传说中地狱里的河流之一。肯特在河边建造的几座庙宇倒映水中，他还在园中布置古希腊名人的雕塑。为了批评当时人精神上的堕落，他建造了一座废墟式的"新道德之庙"；在河的对岸，有"英国贵族光荣之庙"；在"香榭丽舍"花园边的山坡上有一座"友谊殿"。

园的东部处理成更加荒野和自然的风景，微微起伏的地形，避免一览无余，使得风景中的建筑具有各自的独立性，向南可见建筑师吉伯斯建造的"友谊殿"。这座纪念性建筑完全借鉴风景画中的造型，非常入画，以后成为风景园的象征。斯托园的桥梁跨越一处水池东边的支流，水池原为八角形，后被肯特改成曲线形，在一座小山丘上，有吉伯斯建造的"哥特式庙宇"。

肯特十分赞赏布里奇曼在园中创造的隐垣，并且进一步把直线型的隐垣改成曲线，将沟旁的行列式种植改造成群落状，这样一来，就更使得园与周围的自然地形融为一体了。

4.6 朗斯洛特·布朗

知识要点

◆ 熟悉朗斯洛特·布朗的设计思想和其代表园林作品

4.6.1 朗斯洛特·布朗的设计思想特征

朗斯洛特·布朗(Lancelot Brown)(1715—1783年)是肯特的学生，也是继肯特之后英国园林界的权威。布朗曾随肯特在斯托园从事设计工作，1741年被任命为总园林师，他是斯托园的最后完成者。布朗原是蔬菜园艺家，后在伦敦学习建筑，再转为风景园林师。由于他所处的时代正是英国风景园兴盛之际，由他设计、建造或参与、改造的风景式园林约有200多处。由于他对任何立地条件下建造风景园都表现得极有把握，人们因此称他为"万能的布朗"。

布朗擅长处理风景园中的水景，他的成名作就是为格拉夫顿公爵设计的自然式水池，以后他又在布伦海姆宫苑改建中大显身手。此园原是勒诺特尔式花园，由布朗改建为自然风景园,成为他最有影响的作品之一,也是他改造规则式花园的标准手法。他去掉围墙,拆除规则式台层,恢复自然的缓坡草地;将规则式水池、水渠恢复成自然式湖岸,水渠上的堤坝则建成自然式的瀑布,岸边为曲线流畅、平缓的蛇形园路;植物方面则按自然式种植树林、草地、孤植树和树丛;他也采用隐垣的手法,而且比布里奇曼和肯特用得更得心应手。

布朗设计和改造的园林尽量避免人工的痕迹,以自由流畅的湖岸线、平静的水面、缓坡草地、起伏地形上散置的树木取胜。他排除直线条、几何形、中轴对称以及等距离的植物种植形式。他的追随者们将其设计誉为另一种类型的"诗、画、乐曲"。

4.6.2　园林实例:英国布伦海姆宫风景园

布伦海姆宫(Park of the Blenheim)是凡布高于1705年为第一代马尔勒波鲁公爵建造的,造型奇特,开始显示出远离古典主义的样式,但是,最初由亨利·怀斯建造的花园仍然采用勒诺特尔式,在宫殿前面的山坡上,建了一个巨大的几何型花坛,面积超过$31hm^2$。凡布高在府邸入口前方的山谷建造了壮阔的帕拉第奥式的桥梁(彩图25)。

1764年,布朗承接了马尔勒波鲁后人建造风景园的任务,重新塑造了花坛的地形并铺植草坪,草地一直延伸到巴洛克式宫殿前。布朗又对凡布高建造的桥梁所在地的格利姆河段加以改造,只保留了"伊丽莎白岛",取消两条通道,在桥西面建了一条堤坝,从而形成壮阔的水面。原来的地形被水淹没了,出现两处弯曲的湖泊,在桥下汇合。因为水面漫溢桥墩上,使桥梁失去了原有的高大感,与水面比例更加协调,布朗成功地将布伦海姆的巴洛克式花园改造成全新的风景园。

布朗注重自然要素直接产生的情感效果,他较少追求风景园的象征性,而是追求广阔的风景构图,他认为风景园及其周围的自然环境应该融合起来。他创作的风景园总是以几处弯曲的蛇形湖面和几乎完全自然的驳岸而独具特色。通道也不再是与入口大门相接的笔直通道,而是采用大的弧形园路与住宅相切。布伦海姆园林成为风景园的典型范例。

4.7　唐宁

知识要点

◆　掌握唐宁的设计思想和理论著作《园林理论与实践概要》的主要特征和其代表园林作品。

4.7.1　唐宁的设计理论著作——《园林理论与实践概要》

美国第一个近代造园家唐宁(Andrew Jackson Downing)(1815—1852年)1815年10月31日出生于纽约,从1832年起,唐宁就开始在当时的许多园艺杂志上发表文章。1841年,26岁的唐宁发表了他的第一篇独立著作《园林的理论与实践概要》(A Treatise on the Theory & Practice of Landscape Gardening),这篇论文是美国景观园林发展史中进行美学意义探索的第一次真正的尝试,时至今日,它仍然是这一领域最好的著作之一。

 中外园林简史

唐宁的景观园林理论，很大程度上受到了两个人的影响：一个是 A. C. Quatremere de Quincy 的有关模仿学说的理论；另一位是英国园林大师 John Claudius Loudon，对唐宁的影响更为直接。

唐宁在他论文的第 1 版中曾提出在景观园林设计中，想要营造出一种自然的景象，没有比自然本身更合适的了，尤其是当人工设计很好地隐蔽在自然景观之中时。他在 Loudon 的临摹式、如画式与园艺式的分类中又加入了唯美式风格，唯美式风格中有着流畅和渐变的曲线，柔软的表面，丰满茂盛的植物。他指出在景观园林的设计中应该使用本地的景观作为理想的基础，充分利用林间斜坡，宽阔的河边草地，点缀着如画般松树杉木的峻山以及遍布芹和雪松的深谷，模仿的目标应是自然而不是园林。唐宁事实上创造了美国景观园林艺术的整体风格，他坚持简洁、自然、永恒，反对复杂、人造和临时性。

4.7.2　园林实例：华盛顿林荫大道

唐宁设计工作的顶峰全部体现在他为华盛顿林荫大道所作的设计中。在最初的规划中，这一"L"型的从总统的住处一直延伸到国会大厦的地区在原先的计划中，没有做太多的景观设计，并且一幢巨大的诺曼底式的城堡被建在两个凛然不可侵犯的权威建筑两端之间。唐宁受到总统的邀请做这样一个整体的改进规划。他的规划思想首先是要建成一个国家公园，它可以成为美国首都的一种装饰；第二，它可以提供一个景观园林的自然主义风格的范例，以影响整个国家的整体风格；第三，建成一个在华盛顿地区气候条件下适宜生长的所有树种的集合，通过给这些树配挂通用的科学树名，形成一个公共自然博物馆，使得游历华盛顿的每一个人都会熟悉所有树种的习性和生长。

虽然他的计划并没有最后实现，但是在今天，我们仍然可以想象如果不是因为他的逝世，他的计划可以如期实施，华盛顿将呈现出的另一种情形。

4.8　奥姆斯特德

知识要点

◆ 了解奥姆斯特德的时代背景和个人经历
◆ 掌握奥姆斯特德的设计思想和其代表园林作品

4.8.1　奥姆斯特德的设计思想特征

弗雷德里克·劳·奥姆斯特德（Frederick Law Olmsted）（1822—1903 年）被普遍认为是美国景观设计学的奠基人，是美国最重要的公园设计者。他最著名的作品是其与合伙人沃克在 100 多年前共同设计的位于纽约市的中央公园。他是美国城市美化运动原则最早的倡导者之一，也是向美国景观引进郊外发展想法的最早的倡导者之一，奥姆斯特德的理论和实践活动推动了美国自然风景园运动的发展，他的主要设计思想特征主要体现在以下两大方面：

1）景观规划的自然性。奥姆斯特德的风景园林设计理念受英国田园与乡村风景的影响

甚深，英国风景式园林的两大要素，田园牧歌风格和优美如画风格，都为他所用，前者成为他公园设计的基本模式，后者他用来增强大自然的神秘与丰裕。芒福德称赞他"使城市自然化"（Naturalized the City）了，他把乡村、田园、自然融于城市之中，把自然之美景以公园的形式引入城市。公园设计还体现了人本思想，公园距离适宜，他为儿童设计了游戏场地，为残疾人士提供了休憩场所，道路宽敞且有树荫，行走在园道上，城市噪音被隔离或削减，整个设计充满了森林般的美景。

2）城市的开发共建系统。奥姆斯特德把公园、园道及规划过的住宅小区或卫星郊区（Satellite Suburb）等几个概念联系在一起，认为一个管理运行良好的城市主要花园（Main Garden）可以为城市发展提供一个发展中心，利用干线（Trunk Line）可把它与城市建成区及预定规划区连接起来，成为"开放型城市郊区"（Open Town Suburb）。

另外，奥姆斯特德对规划地形及市政公共设施方面的考虑也是很周全的，他所设计的新社区、运动场、动物园等适用于原有地形，以使污水和雨水可按等高线的走向排放。他根据当地的气候条件和自然地貌做出最适宜的规划，这一点在斯坦福大学校园规划中体现得淋漓尽致。

4.8.2 园林实例：美国波士顿公园系统

1. 概述

被波士顿人亲昵地称为绿宝石项链（Emerald Necklace）的公园系统（图 4-4），是奥姆斯特德应波士顿公园委员会的要求而提出的，波士顿公园系统从波士顿公地到富兰克林公园绵延约 16km，由相互连接的九个部分组成：

（1）波士顿公地（Boston Common）
（2）公共花园（Public Garden）
（3）麻省林荫道（Commonwealth Avenue）
（4）滨河绿带（Esplanade），又称查尔斯河滨公园（Charles bank Park）
（5）后湾沼泽地（Back Bay Fens）
（6）河道景区和奥姆斯特德公园（River way & Olmsted Park），又称浑河改造工程（Muddy River Improvement）
（7）牙买加公园（Jamaica Park）
（8）阿诺德植物园（Arnold Arboretum）
（9）富兰克林公园（Franklin Park）

2. 各部分的主要内容

（1）波士顿公地

按照新英格兰的习俗，波士顿初建时期就在肖马特半岛西部偏南的地方划定了一块公地，供居民放养奶牛、士兵操练、以及游戏、散步等户外活动，最早的历史纪录始见于1634 年。以后逐步演变为一座公园。波士顿公地中仅有的建筑设施是：一个体量不大的管理处，一座 1877 年建设的南北战争纪念碑，一座音乐亭和一处面积较大的儿童涉水池。

（2）公共花园

直到 19 世纪初，这里还是一片盐碱沼泽地，可供人们钓鱼、溜冰。1839 年，在这块填海得来的土地上建设了美国第一座植物园，面积约 $10hm^2$。1859 年，在植物园的中央建设了一条贯穿全园的法式中轴线，1861年在中轴线中部开挖了一片英式田园风光的小湖和一座跨湖的法式吊桥。1869年，在面向麻省林荫道的主入口竖起了华盛顿的骑马雕像。1877年起湖中设置了脚踏推进的游船——天鹅船，1987年在花园东北部设置了一组根据童话故事《给小鸭子让路》创作的雕塑，二者都是孩子们的最爱，并已成为波士顿的象征。

（3）麻省林荫道

麻省林荫道宽60m，中间有30m宽的街心绿带，从公共花园向西延伸1500m，两侧的住宅都面向大道，使街心绿带构成社区的活动中心。奥姆斯特德把这条街心绿带向西延伸了100多m，形成总面积将近5hm²，联系波士顿公地、公共花园和公园系统新建部分的绿色纽带。绿带中央每隔一定距离就有一处纪念当地杰出人物或集体的雕像或纪念碑，这一传统至今还在延续，是把散步、小憩和缅怀英烈结为一体的好地方。

（4）滨河绿带

绿带设计目的是提供"合理的户外教育"。园中设置了美国第一座免费露天运动场、游戏场

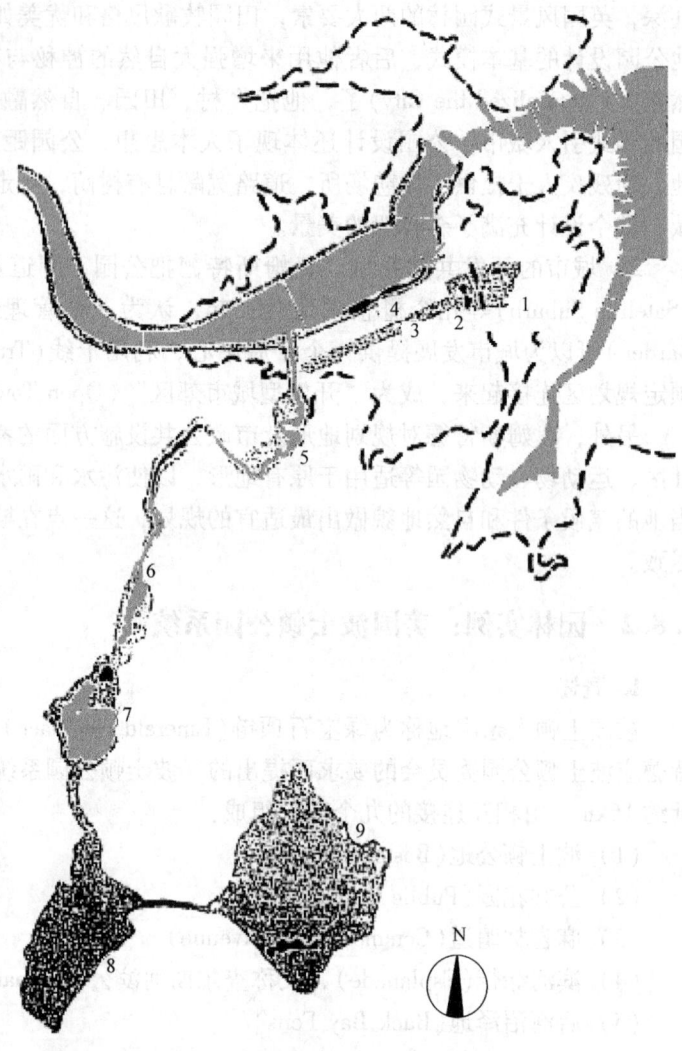

图4-4 美国波士顿公园系统总平面图
1—波士顿公地 2—公共花园 3—麻省林荫道 4—滨河绿带
5—后湾沼泽地 6—河道景区和奥姆斯特德公园 7—牙买加公园 8—阿诺德植物园 9—富兰克林公园

和为劳动妇女服务的免费托儿所等，是野餐、散步、骑自行车和多种水上活动的好地方。优美的环境、免费的通俗音乐演奏与公益宣传相结合，可以吸引数以千计的群众前来参加，形成了市中心区的公共集会场所。

（5）后湾沼泽地

这座公园面积约60hm²，是新建公园系统的起点，也是美国19世纪英式风景园林运动的典范：弯曲通畅的流水、朴素浪漫的石桥、自由散植的大树、随风摇曳的芦苇，给城市带来一派乡野风光，处处体现出奥姆斯特德风景建设的指导思想——"无为"（neglect，也可理解为顺应自然）。

（6）河道景区和奥姆斯特德公园

浑河是波士顿市和布鲁克莱恩镇的界河，1885—1895 年间，波士顿和布鲁克莱恩根据奥姆斯特德的设计方案分别购置了两岸的土地，整治河道，广植树木，修建石桥和沿河小道，统称浑河改造工程：上游较宽，被称为奥姆斯特德公园；下游较窄，被称为河道景区。除水面外，主要就是供人们沿河散步、骑马、骑车的小道。和后湾沼泽地一样，这个完全人造的景区经过多年天然培育，几乎回归了自然。

（7）牙买加公园

浑河的上游是波士顿面积最大、水质最好的天然湖泊——牙买加湖。它是 1.2~1.5 万年前的冰川遗迹，面积 25hm²，最深处水深 16m，以天然泉水为水源。1892 年，奥姆斯特德以湖为中心设计了牙买加公园，总面积约 50hm²。公园的主要活动是划船、钓鱼，主要建筑物是暗红色的哥特式木结构租船管理处。

（8）阿诺德植物园

它是美国最著名的植物园之一，总面积为 107hm²，共收集了世界各地的树木约 6000 种，其特征是以收集东北亚的，尤其是中国和日本的树种为主。植物园十分注意对社会的宣传教育，经常在报上通知，将于某日某时约请某专家向公众介绍当地公园系统的历史或某种植物的栽培管理方法，并组织参观。

（9）富兰克林公园

该公园被认为是奥姆斯特德在全国各地设计的 17 座大公园中的 3 座极品之一，面积 210hm²，是波士顿最大的公园。由于它位于公园系统的末端，波士顿人又把它喻为绿宝石项链的"护身钻"（Hope Diamond）。该公园的"主要目的是向公众提供一个规模巨大、朴素宁静、享用乡野多树景色的地方；作为对应和陪衬，园路要具有野性、崎岖、如画、和适应森林环境的外表。"

4.9 刘敦桢

 知识要点

◆ 了解刘敦桢的生平和主要理论著作

4.9.1 刘敦桢生平

刘敦桢（1897—1968 年）1897 年出生于湖南新宁。1913 年公费东渡，先后就学于东京正则学校及东京高等工业学校（今东京工业大学）建筑科。1921 年毕业后在东京池田建筑师事务所工作。1922 年回国，创立了第一家全由华人组营的华海建筑师事务所。1923 年 8 月创中国第一所中等建筑技术专业——苏州工业专门学校建筑科并执教。1925 年在湖南大学土木系执教；设计了湖南大学教学楼及城内名胜天心阁。1926 年返回苏州工业专门学校建筑科继续任教。1927 年底建筑科迁南京，建我国第一所高等建筑专业——中央大学工学院建筑系，任副教授。1930 年加入我国最早成立的民间研究中国古建筑的学术机构——中国营造学社，7 月率中大建筑系师生赴山东、河北参观古建筑，为国人最早进行的建筑科学考察

活动。1932年7月辞去中大建筑系教职，赴中国营造学社专门从事中国古建筑研究，任社研究员及文献部主任，与法式部主任梁思成先生一起在建筑界有"南刘北梁"之说。1949年南京解放，继续在南京大学及南京工学院建筑系从事教学与科研，其中最重要的业绩是两次主持了全国范围的建筑史编写，以及对传统民居和江南古典园林的系统研究，它们对提高本学科的研究水平和开拓新的研究领域方面，在国内外都产生了巨大的影响。1955年，被任命为一级教授和中科院技术科学部委员。1958年，积极参与并筹备"三史"（《中国古代建筑史稿》、《中国近代建筑史稿》、《建国十年》）写作工作。1960年，主持南京瞻园改建、扩建工程，并亲自设计石山等。"文革"期间受到无端迫害，1968年含冤逝世，终年71岁。

4.9.2 刘敦桢的主要理论著作

1928年，刘敦桢发表第一篇有关中国古建筑的论文《佛教对中国建筑之影响》。抗战期间，对云南、四川、西康等地古建筑进行调查，填补我国建筑史上的一大空白。1952年开始，刘敦桢对国内的传统民居进行野外调查，在此基础上，1956年发表专著《中国住宅概论》，在国内学术界掀起了对这一领域全面开展研究的热潮，在国外也引起学术界的关注，被翻译成多国文字出版。刘敦桢在研究民居的同时，也对全国的古典园林进行了全面地了解，尤其是苏州的古典园林，1957年发表了初稿《苏州的园林》，引起建筑学界的震动，促进了在全国范围内研究我国传统园林艺术的高潮，其意义不亚于其推动居民研究的重要性。由他的学生和后人整理，定名为《苏州古典园林》于1979年由中国建筑工业出版社正式出版，该书于当年即获全国科学大会奖，1982年又获全国优秀科技图书奖，现已译为英、日版发行于海外。

刘敦桢个人专著和主持编辑的著作主要有：《中国建筑史参考图集》、《中国住宅概说》、《建筑十年（1949—1959）》、《中国建筑简史》（一、二册）、《中国古代建筑史》、《苏州古典园林》等书。

4.10 童寯

知识要点

◆ 了解童寯的个人生平经历和主要理论著作

4.10.1 童寯生平

童寯（1900—1983年）是我国当代建筑学家、建筑师、建筑教育家和画家，是国内最先从事园林研究及著作的，是我国最早的园林家，是近代研究中国古代园林的第一人。与刘敦桢先生、梁思成先生和杨廷宝先生一起被世人称为"建筑四杰"。

童寯先生字伯潜，满族人，1900年10月出生于辽宁省沈阳县。1925年清华学校毕业后留学美国，入宾夕法尼亚大学建筑系，1928年获硕士学位。在校期间，曾先后获得全美大学生设计竞赛一、二等奖牌各一枚。1928—1930年，分别在美国费城本科尔建筑师事务所

和纽约伊莱康建筑师事务所担任绘图员。随后离美赴欧洲参观考察古典建筑，途中完成大批绘画作品，目睹新建筑运动的成就。1930年9月回国，应聘东北大学建筑系教授，1944年任中央大学建筑系主任。1931年冬到1937年与赵深、陈植在上海组成华盖建筑师事务所。1938—1944年在重庆、贵阳设华盖建筑师事务所分所。1950年，与其他13位建筑师、工程师成立"联合建筑师工程师事务所"，1952年，事务所解散，从此中止建筑设计创作。童寯先生重要建筑设计有：南京国民政府外交部大楼、大上海大戏院、南京首都饭店、南京中山文化教育馆、南京下关电厂等一大批近代建筑精品。1952年后，任南京工学院建筑系、建筑研究所教授，主要从事教学和建筑理论研究。1983年3月28日病逝于南京，享年83岁。

4.10.2　童寯的主要理论著作

在1932—1937年间，童寯先生遍访上海、苏州、无锡、常熟、扬州及杭、嘉、湖一带，考察庭园，独自踏勘、摄影、测绘，于1937年写成《江南园林志》，该书分文字和图片两部分，文字部分包括造园、假山、沿革、现状、杂识5篇，论述中国造园的传统特色和一般原则，阐释假山艺术，介绍江南各地著名园林的沿革、现状、艺术特点并作出评价。第2版增收《随园考》一文，增补了部分图片，共收图片340多幅。该书是中国最早采用现代方法进行测绘、摄影的园林专著。书中述及的一部分园林现已残破或者废记，这方面的资料尤具历史价值。

童寯的其他园林类主要著作有《造园史纲》，该书略述东西方造园沿革史全例，从福州天国乐园到当代抽象的园艺，指出17、18世纪中国、日本与英、法等国的造园成就及其相互影响，兼涉现在造园职业及专业教育。

《东南园墅》，该书介绍了中国古典园林的内涵与特征，运用比较学的方法，阐述了东西方园林在审美、布局以至给人感受上的异同，即"西方园林悦目，东方园林悦心"。

《园论》对中国园林和世界园林的历史、特色和区别，以及中国园林对东西方园林的影响，加以详尽的论述。

另外还有有关建筑方面的著作：《新建筑与流派》、《苏联建筑》、《日本近现代建筑》、《建筑科技沿革》。主要论文"外中分割"、"随园考"、"北京长春园西洋建筑"等。英文论著有《Chinese Gardens》（中国园林）、《Foreign Influence in Chinese Architecture》（中国建筑的外来影响）等、出版画册有《童寯画选》、《童寯素描选》等。

4.11　布雷·马克斯

知识要点

◆ 掌握布雷·马克斯的设计思想和其代表园林作品

4.11.1 布雷·马克斯的设计思想特征

巴西风景园林设计师布雷·马克斯（Roberto Burle Marx）（1909—1994年）是20世纪杰出的艺术家和园林设计巨匠，他运用现代艺术语言与巴西当地植物材料，创造出了风格独特的园林作品，在近现代园林发展史上占有重要的地位，他不仅开创了一种前无古人的园林形式，而且他的园林在世界范围内产生了深远的影响。其设计方法影响了很多后来的景观设计师，他的主要设计思想特征体现在以下几个方面：

1）布雷·马克斯是位优秀的抽象画家，他用艺术的手法来设计景观，给人耳目一新的感觉。他用流动的、有机的、自由的形式设计花园，一如他的绘画风格。他用大量的同种植物形成大的色彩区域，如同在大地上而不是在画布上作画，他曾说："我画我的花园"（I Paint My Gardens），这正道出了他的造园手法。他将绘画中有机的线条运用到园林中来，自由流畅的曲线花床是最能体现布雷·马克思绘画式平面造园要素之一。他的园林没有任何琐碎之感，这种绘画式平面体现了整体美、抽象美和图案美。

2）布雷·马克斯的作品发挥了当地植物的永恒魅力，使那些被当地人看作是杂草的乡土植物在花园中大放异彩，创造了具有地方特色的植物景观。他强调植物叶型、质感、花色、数量的大面积的对比，从而突出植物的观赏特性。他还发明了一些新的栽植方式，如用一些旱生植物种植在墙上做装饰，或将攀援植物爬在中心柱上，形成绿色的图腾柱，这些后来都被广为传播。

3）布雷·马克斯的作品同时也继承了巴西的传统，特色鲜明的马赛克铺装的地面，也是展现他设计风格的要素之一。布雷·马克斯的马赛克铺装色彩还是传统的黑、白、棕色，而图案是抽象的，极具艺术魅力，柯帕卡帕那海滨大道的铺装设计达到了极致，抽象的线条图案隐喻了巴西特有的地形地貌，海边步行道的水波纹铺装无疑是海的表达。

4）布雷·马克斯的景观设计平面形式强烈，但他的作品绝不仅仅是二维的、绘画的。而是通过垂直要素的运用，使园林获得了适宜的空间感和尺度感，垂直线的使用扩大了深度感，增加了层次。他的园林景观就像是一幅幅水平面与垂直线组合的画面。草地、砾石和水面提供了一个平坦的、连绵不断的大空间，乔木和灌木的使用与低矮的植物形成对比，分割与限定了空间。在草坪上他常常种植一些俏丽挺拔的棕榈科植物来界定空间，就是在敷土不够或不宜种植乔木的地方，都没有放弃对垂直要素的使用，他用植物装饰的金属立柱或其他柱体达到了同样效果，将视线引向上方。

5）布雷·马克斯的园林营造了乐观愉快和人道的人性空间，他认为园林是人与自然交流对话的场所。炎炎烈日下，遮荫树为市民送上一份清凉，尺度亲切的坐凳邀请人们坐下休息。垂直的造园要素，界定了宜人的室外空间。他的园林各要素，包括石头、树林、花床、墙和雕塑等都传达着愉悦气氛。

4.11.2 园林实例：巴西奥德特·芒太罗花园

1948年，布雷·马克斯为他的朋友芒太罗设计的芒太罗花园（Odette Monteiro）（图4-5）

坐落在一个宽阔的山谷中，自然景观构成了园林的一部分。园内的建筑形象平平，于是马克斯便将其注意力转向了基地上那壮丽的山景。弯曲的道路将人的视线引向远方，大团块的各色花卉勾勒出道路的轮廓，花卉颜色的强烈对比具有很强的视觉冲击力。园内还有一个小湖，湖边栽着水生植物，园中还做了用不同植物拼成流动图案的花床。马克斯将建筑融入自然园林中，利用自然景观和植物材料创造出美丽的园林，显示了他驾驭建筑与环境的能力，艺术的植物栽植形式同自然很好的融在一起，丝毫没有显示人统治自然的强烈意志。芒太罗花园可以说是布雷·马克斯设计的最充满活力的私家园林之一（彩图43）。

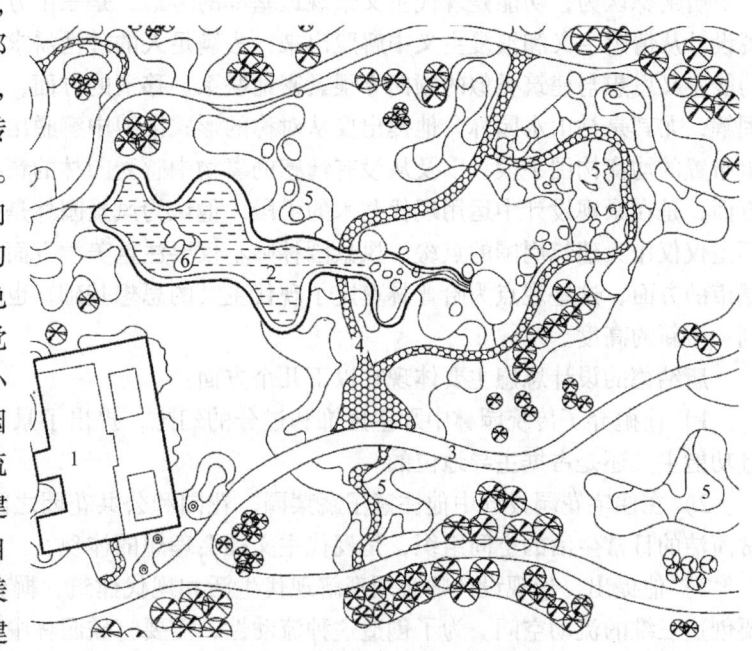

图4-5 芒太罗花园总平面图
1—住宅建筑 2—湖 3—道路 4—小径 5—植物组群 6—水生植物

4.12 唐纳德

知识要点

◆ 掌握唐纳德的设计思想和理论著作《现代景观中的园林》的主要特征和其代表园林作品

4.12.1 唐纳德的设计思想及著作《现代景观中的园林》

唐纳德（Christopher Tunnard）（1910—1979年）曾学习园艺和建筑结构，他于1937年开始在《建筑评论》上发表一系列文章，后来这些文章被整理成《现代景观中的园林》（Gardens in the Modern Landscape）一书。虽然唐纳德的观点几乎全是从艺术和建筑的同时代思想中吸收过来的，但他例举的一些新园林的实例，仍然对当时英国传统的园林设计风格产生了很大冲击。唐纳德在书中提出了现代园林设计的三个方面，即功能的、移情的和美学的。

唐纳德认为，功能是现代主义景观最基本的考虑，是三个方面最首要的，功能主义使景观设计从情感主义和浪漫主义中解脱出来，去满足人的理性需求，如休息和消遣，唐纳德的功能主义思想与建筑类似的倾向有很紧密地联系。移情的方面，来源于唐纳德对日本园林的理解，尤其是枯山水园林，他提出要从对称的形式束缚中解脱出来，提倡尝试日本园林中石组布置的均衡构图手段，以及从没有情感的事物中感受园林的精神实在的设计手法。第三个方面，是在景观设计中运用现代艺术的手段，他认为风景园林是一个大的综合性的景观，而不是仅仅作为建筑周围的点缀，风景园林师不仅要注重美学方面，同样重要的还有社会的和城市的方面，这些观点为哈普林奠定了现代主义的思想基础，也使他将自己的专业水平提升到一个新的高度。

唐纳德的设计思想主要体现在以下几个方面：

1）他抛弃了传统园林中那些虚饰和过分的幻想，提出了景观设计三个方面的主张，并且功能主义还是占据主导地位的。

2）在住宅花园设计中他注意了蔬菜园、花园和公共花园之间的区分与结合，是一个非常简洁的日常生活的空间组织，是现代主义社会理想的体现。

3）他提出，景观设计师必须理解现代生活和现代建筑，摒弃所有陈规老套，在园林中要创造三维的流动空间。为了创造这种流动性，需要打破园林中场地之间的严格划分，运用隔断和能透过视线的种植设计来达到，并且提出在园林中使用一些新材料，如玻璃、耐风雨侵蚀的胶合板和混凝土等。

4）在城市规划方面，他的成就发展了区域或线形城市的概念。

4.12.2 园林实例："本特利树林"住宅花园

1935年，唐纳德为建筑师谢梅耶夫（S. Chermayeff）设计了名为"本特利树林"住宅花园（Bentley Wood）（图4-6）。花园的露台设计，显示了唐纳德的现代景观设计三个方面的直接和精美的表达。住宅的餐室透过玻璃拉门向外延伸，直到矩形的铺装露台。露台的一个侧面用墙围起来，尽端被一个木框架限定，框住了远处的风景。在木格附近一侧的基座上，侧卧着亨利·摩尔的抽象雕塑，面向无限的远方，基座一旁有一小段台阶，这里唐纳德将功能、移情和艺术完美的结合起来。

图4-6 "本特利树林"住宅花园

4.13 托马斯·丘奇

知识要点

- ◆ 了解托马斯·丘奇的时代背景和个人经历
- ◆ 掌握托马斯·丘奇的设计思想和其代表园林作品

4.13.1 托马斯·丘奇的设计思想特征

托马斯·丘奇(Thomas Church)(1902—1978年)是美国现代园林的开拓者,他从20世纪30年代后期开始,开创了被称为"加州花园"的美国西海岸现代园林风格。丘奇等加州现代园林设计师群体被称为加利福尼亚学派,其设计思想和手法对今天美国和世界的风景园林设计有深远的影响。他的设计富有人情味,他反对形式绝对主义,认为设计方案的确定要根据建筑物的特性、基地的情况以及客户希望的生活方式,他认为"规则式或不规则式,曲线或直线,对称或自由,重要的是你以一个功能的方案和一个美学的构图完成。""加州花园"的基本特征是:它是一个艺术的、功能的和社会的构图,它的每一部分都综合了气候、景观和生活方式而仔细考虑过,是一个本土的、时代的和人性化的设计。

丘奇是20世纪少数几个能从古典主义和新古典主义的设计完全转向现代园林的形式和空间的设计师之一。他的贡献在于:他开辟了一条通往新世界的道路,他的设计平息了规则式和自然式之争,使建筑与自然之间有了一条新的衔接方式。同时,他对材料的创造性使用,如木、混凝土、砖、砾石、草和地被等,通过精细和丰富的铺装纹样、材料之间质感和色彩的对比,创造出极富人性的室外生活空间。加粒料、拉毛或掺色的混凝土、美国盛产的木材以及红色的陶土砖是他最喜爱的材料,对今天美国和其他国家的景观设计都有着深远的影响。

正如"哈佛革命"的发动者之一,"加利福尼亚学派"的另一位出色的设计师埃克博所描述的,丘奇是美国"最后一位伟大的传统设计师和第一位伟大的现代设计师"。

4.13.2 园林实例:唐纳花园

唐纳花园(Donnel Garden)(图4-7)是丘奇最著名的作品,庭院由入口院子、游泳池、餐饮处和大面积的平台所组成。平台的一部分是美国杉木铺装地面,另一部分是混凝土地面。庭院轮廓以锯齿线和曲线相连,肾形泳池流畅的线条以及池中雕塑的曲线,与远处海湾的"S"形线条相呼应。树冠的框景将原野、海湾和旧金山的天际线带入庭院中。

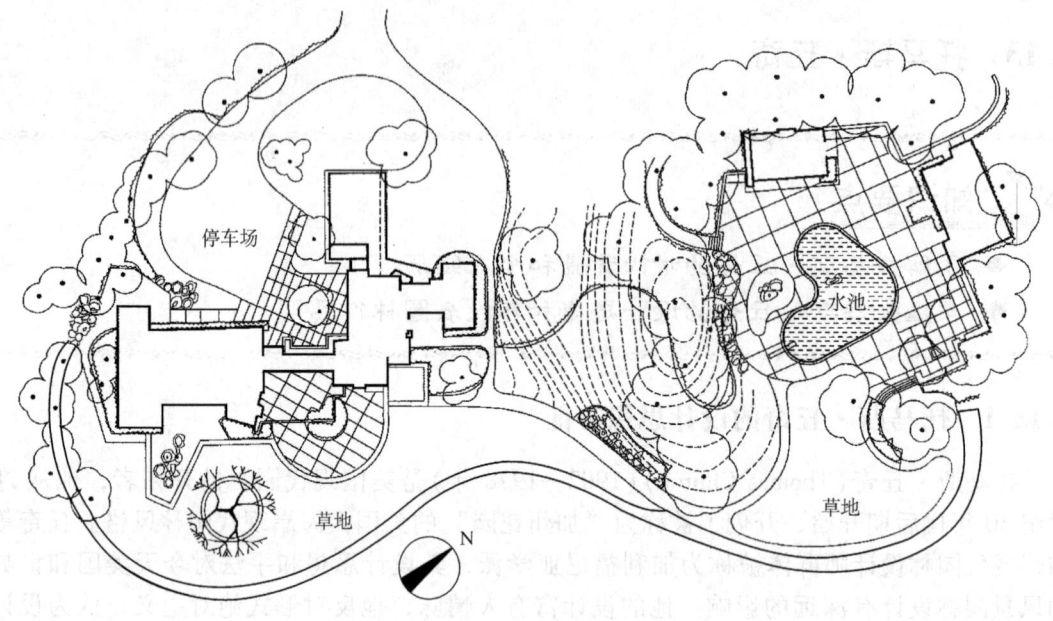

图 4-7　唐纳花园

4.14　劳伦斯·哈普林

知识要点

◆ 掌握劳伦斯·哈普林的设计思想和其代表园林作品。

4.14.1　劳伦斯·哈普林的设计思想特征

作为二战后的风景园林师，哈普林（Lawrence Halprin）（1916—2009）是与美国现代园林一起成长起来的。哈普林的设计风格受丘奇思想影响很深，但他对设计细部的要求比丘奇更加精致，并往往更加高雅，对植物的选择运用也更加艺术化和冒险性。作为美国现代风景园林设计第二代的代表人物之一，他的工作范围十分广阔，从雕塑喷泉设计到城市更新、地域规划，他创造着属于整个社会的景观，并且始终坚持在最终使用者的需求基础上进行设计。与其说哈普林是将植物看作是设计根本的"风景园艺师"，不如说他更是一位人类生活空间的改造者。哈普林的设计思想特征主要体现在以下几个方面：

1）对水与混凝土的运用——人工化的自然要素。哈普林的园林设计具有典型的面貌，特别注重运用水和混凝土来构筑景观，他的绝大多数公园里都有巨大的裸露混凝土构筑物；对自然界的关注也很早地便体现在哈普林的设计思想中。哈普林的设计所追求的效果，经常是"如同在自然界般的体验"，通过观察研究体验出自然过程的抽象之道，发现"自然界的某些能创造出场所感的特征"，并将其概念化，运用城市环境的创造中。

2) 城市中的舞台——创造可使用和参与的景观。如同对自然的痴迷，哈普林的风景园林设计也体现出对人类的本性特别是人的运动和行为活动的敏感。他认为室外空间就是一个舞台，有安静而沉寂的，有活泼跳动的，有坚硬与柔和的，阴的与阳的……。他认为设计创造的本源与目的，即创造以人为本的人性空间，认为设计不仅是视觉意象的建立，更是人们在其中移动时有其他感官的感受，如嗅觉、触觉等，即"视觉与生理"的设计。他认为设计作品通过使用者的参与，能使城市变得更有生活气息，如同舞台需要人的参与才能发挥其真正的作用一样。哈普林是世界上第一个给人们提供了一处可进入的广场空间的风景园林师。

3) 现代城市空间的复兴——对环境与人的关怀。哈普林将城市看作是一次令人振奋与欢愉的经历，对人的感官的刺激很重要。哈普林对环境问题的关注使他开始设计功能性很强的景观项目，以寻求人与自然二者需求之间的平衡，特别是在那些城市化痕迹严重的地域。哈普林对人的关怀是建立在对人性的分析与研究上的，环境和人之间是互相影响的，他认为每一处景观都会在不同的人的反应和行为下变得与以前不同，在景观中追求的是诗意的感受，是激情，它将使在景观中走来走去的人们的生活更丰富多彩。哈普林的许多作品大都渗透着"美国精神"，往往带有极强的空间参与性，充分体现出现代城市景观的开放性、公共性和大众化。

4.14.2 园林实例：波特兰大市系列广场

哈普林最重要的作品是20世纪60年代为波特兰大市设计的一组广场和绿地，即波特兰大市系列广场(Lovejoy Plaza/Ira C. keller Fountain)（图4-8），三个广场由一系列已建成的人行林荫道来连接。"爱悦广场"(Lovejoy Plaza)是这个系列广场的第一站，就如同广场名称的含义，是为公众参与而设计的一个活泼而令人振奋的中心。广场的喷泉吸引人们将自己淋湿，并进入其中而发掘出对瀑布的感觉。喷泉周围是不规则的折线台地。系列广场的第二个节点是柏蒂格罗夫公园

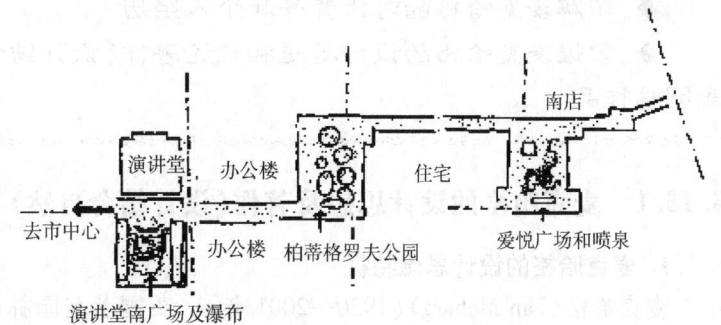

图4-8 波特兰大市系列广场位置图

(Pettigrove Park)。这是一个供休息的安静而青葱的多树荫地区，曲线的道路分割了一个个隆起的小丘，路边的座椅透出安详休闲的气氛。波特兰系列广场的最后一站是演讲堂前庭广场(Auditorium Forecourt)（图4-9），现称为Ira C. Keller Fountain，是整个系列的高潮（彩图30）。爱悦广场的生气勃勃、柏蒂格罗夫公园的松弛宁静、演讲堂前庭广场的雄伟有力，三者之间形成了对比，并互为衬托。

对哈普林来说，波特兰系列广场所展现的是他对自然的独特的理解：爱悦广场的不规则台地，是自然等高线的简化；广场上休息廊的不规则屋顶，来自于对落基山山脊线的印象；喷泉的水流轨迹，是他反复研究加州席尔拉山(High Sierras)山间溪流的结果，而演讲堂前

庭广场的大瀑布，更是对美国西部悬崖与台地的大胆联想。哈普林认为，如果将自然界的岩石放在都市环境中，可能会变得不自然，在都市尺度及都市人造环境中，应该存在都市本身的造型形式。他依据对自然的体验来进行设计，将人工化了的自然要素插入环境。把这些事物引入都市，是基于某种自然的体验，而不是对自然的简单抄袭，这也是历史上任何优秀园林的本质。哈普林还认为，他设计的岩石和喷水不仅是供观赏的景观，更重要的是游憩设施，大人小孩都可以进入玩耍。正如哈普林所预想的，这些设施有相当高的利用频率，人们喜爱这里，这里可以发生任何事情，有很多趣味。瀑布背景前的水池上，有一些平台，这些平台不仅仅是观赏的场所，而且也创造了其他的活动。现代舞蹈、音乐、戏剧都选在这儿进行表演，显示了同一地点的不同的使用方式。波特兰大市系列广场设计的成功，使哈普林声名远扬。

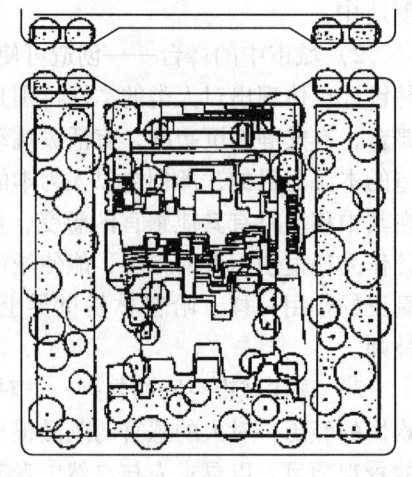

图 4-9　演讲堂前庭广场平面图

4.15　麦克哈格

知识要点

◆ 了解麦克哈格的时代背景和个人经历
◆ 掌握麦克哈格的设计思想和理论著作《设计结合自然》的重要特征及其代表园林作品

4.15.1　麦克哈格的设计思想及著作《设计结合自然》

1. 麦克哈格的设计思想特征

麦克哈格（Lan Mcharg）（1920—2001 年），英国著名园林设计师、规划师和教育家，美国宾夕法尼亚大学研究生院风景园林设计及区域规划系创始人及系主任。他被认为是继美国景观设计之父奥姆斯特德之后最著名的景观设计师和规划师，是奥姆斯特德的继承者。他不是应用生态方法的第一人，但他是 20 世纪美国最富有影响力的人物之一，他的影响让更多的景观设计师关注生态，他将卓有见识的设计理论合理运用于景观规划领域，促进各景观要素的均衡协调。他的主要设计思想体现在以下几个方面：

1）由于对环境特殊的关注，麦克哈格并不欣赏几何式的意大利文艺复兴园林和法国巴洛克园林，而对英国风景园和东方的园林情有独钟，日本的庭园艺术尤其打动他，他认为庭园是静思的主要场所——不是烧烤和社会集会的场所，而是博大精深的象征。

2）麦克哈格将主要的精力放在了景观规划领域，促使设计师关注这样一种思想：景观

第4章 中外园林的代表人物及其理论

相当重要的不仅仅是艺术性布置的植物和地形,景观设计师需要时刻提醒自己,他们的所有技巧都是紧密联系于整个地球生态系统的。

3)麦克哈格运用生态学建立了土地利用规划的模式,同时注重保护视觉特征。他强调土地利用规划应遵从自然固有的价值和自然过程,即土地的适宜性,并因此完善了以因子分层分析和地图叠加技术为核心的规划方法论,从而将景观规划设计提高到一个科学的高度,成为本世纪规划史上一次最重要的革命。

4)在园林景观设计方面,麦克哈格扩展了这门学科的范围,并将它提升至科学的高度,从此,园林景观设计开始向包括多门综合性学科的方向发展。

2. 麦克哈格的著作《设计结合自然》

1969年麦克哈格出版的《设计结合自然》是他的代表作,该书1971年获全美图书奖,是一本具有里程碑意义的专著。本书在很大意义上扩展了传统"规划"与"设计"的研究范围,将其提升至生态科学的高度,使之真正向着包含多门综合性学科的方向发展。作者以丰富的资料、精辟的论断,阐述了人与自然环境之间不可分割的依赖关系、大自然演进的规律和人类认识的深化。作者提出以生态原理进行规划操作和分析的方法,使理论与实践紧密结合。书中通过许多实例,详细介绍了这种方法的具体应用,对城市、乡村、海洋、陆地、植被、气候等问题均以生态原理加以研究,并指出正确利用的途径。

麦克哈格在书中通过实例与生态理论的共同阐述极力向人们宣传自然价值观转变的重要性,这种自然价值观的转变似乎比生态科学的规划方法更为重要。规划师、管理者与民众如果没有把这种基本的观念深植于心的话,是难以在规划过程中彻底贯彻任何生态思想的,尊重自然的人类发展模式也就无从谈起。人们要转变自然价值观念,建立正确的价值体系,他提出应当在规划中注重生态学的研究,并建立具有生态观念的价值体系,必须时刻重视与尊重自然的价值,否则必将遭到自然的报复。了解自然,麦克哈格认为"对土地必须要了解,然后才能去很好地使用它、管理它,这就是生态的规划方法"。他认为生态规划方法应该是一种简单的连续的对地域进行研究,以了解地域基本状况。通过了解,揭示出地域是一个相互作用的系统,是一个宝库和价值体系。在他的规划思想与实践中,既不把重点放在设计方面,也不放在自然本身上面,而是把重点放在介词"结合"上面。他认为:"如果要创造一个善良的城市,我们需要同时选择城市和自然,缺一不可。两者虽然不同,但互相依赖;两者同时能提高人类生存的条件和意义。"生态规划方法能用来了解自然和系统地表述一个和自然结合的规划方法。这些思想在当时的时代背景下是具有现实意义和深远影响的,直至今日依旧对我们的规划工作有着指导作用。

4.15.2 园林实例:布朗克斯区滨河公园

该滨河公园位于纽约布朗克斯区,面积为20hm^2,由麦克哈格和生态学家Jim Thorne、Lee alexander以及园林设计师Carol Smyser和Dorthy Wurman一起设计,设想中的公园将作为一个环境教育中心。麦克哈格的方案是将这处场地恢复为原先的森林群落。他的计划包括对覆盖了此处近半数面积,有着200年历史的森林的整理恢复,同时努力保持场所的延续性。这个设计被誉为园林设计中的"合气道":运用了生态学的可持续性这种强大的自然力量去创造富于多样性,同时也易于管理的园林,这是因为他们与场所的自然环境相适应的缘故。

中外园林简史

本章知识小结

本章主要精选了中外园林史上最杰出的一些代表人物，通过归纳总结他们的设计思想特征及其理论著作和代表作品，阐述了各时期的景观设计风格特征和对现代园林建设所作出的伟大贡献。

复习思考题

4-1 《园冶》一书的思想精髓体现在哪些方面？
4-2 勒诺特尔的设计思想特征主要体现在哪些方面？
4-3 唐宁的有关园林理论与实践的观点体现在哪些方面？
4-4 奥姆斯特德的设计思想特征主要体现在哪些方面？
4-5 布雷·马克斯的设计思想特征主要体现在哪些方面？
4-6 唐纳德的现代园林设计思想主要体现在哪些方面？
4-7 哈普林的设计思想特征主要体现在哪些方面？
4-8 麦克哈格的《设计结合自然》理论主要体现在哪些方面？

附录 园林实例

F.1 中国古典园林

F.1.1 皇家园林实例：秦代兰池宫

1. 历史溯源

秦始皇十分迷信神仙方术，曾多次派遣方士到东海三仙山求取长生不老之药，当然毫无结果。于是乃退而求其次，在园林里面挖池筑岛，摹拟海上仙山的形象以满足他接近神仙的愿望，这就是"兰池宫"。秦始皇引水为池，就近建筑兰池宫。秦朝末年，兰池宫遭毁弃。

2. 总体布局

秦代的水景园，在咸阳城东 12.5km。兰池宫是一个人工湖，水流曲折，水域宽广，湖面可以荡舟，又配以蓬莱山、鲸鱼石等景观。《三秦记》："始皇引渭水为池，东西二百里，南北二十里，筑土为蓬莱，刻石为鲸，长二百丈"。兰池宫山水相依，宫阁掩映，实为园林佳境，是皇家的游乐场所。

3. 风格特点

兰池宫引渭水为池，池中堆筑岛山，乃是首次见于史载的园林筑山、理水的并举。堆筑岛山名为蓬莱山以摹拟神仙境界，比战国时燕昭王筑台以求仙的做法更赋予一层意象的联想，开启了西汉宫苑中的求仙活动的先河。从此以后，皇家园林又多了一个求仙的功能。兰池宫在园林发展史中的生成期占着重要的地位。

F.1.2 皇家园林实例：大内御苑乾隆花园（宁寿宫花园）

1. 历史溯源

宁寿宫建成于乾隆三十六年到四十一年（1771—1776年）之间。宁寿宫建筑群的北半部划分为中、东、西三路，西路即宁寿宫花园。这座园林是乾隆预为其做满60年皇帝之后归政作太上皇时颐养休憩而建造的，故又叫做乾隆花园。

2. 总体布局（图 F-1）

园林的用地窄而长，东西宽37m、南北纵深达160m，面积大约 $0.6hm^2$，前后一共分为五进院落，每进院落的布局均不相同。

园门衍祺门以北为第一进，迎门假山一座犹如屏障，山洞中通一径引人入园。正厅古华轩是面阔五间的敞厅，轩内的天花木雕极为精致。西厢的禊赏亭面阔三间，前出抱厦，亭内设流杯渠，自假山上引水注入，寓意于东晋文人"曲水流觞，修禊赏乐"的故事。庭院沿墙叠石为假山，把高大的宫墙加以适当掩蔽。西北角的山顶建旭辉亭，可登高远眺园外宫禁之借景。东南的假山之后留出一个小院，院内古柏数株，浓荫满地，廊回抱连接正厅抑斋及其侧的矩亭。小院的东南角叠山石为基座，上建撷芳亭。从这里俯看古华轩，整个庭院一览无余。古华轩以北，一带磨砖对缝清水墙，墙肩为彩色石片镶贴的台明，这种做法很别致，不同于一般的宫苑墙垣，设双卷垂花门，过此便是第二进院落。

第二进是北京典型的三合式住宅院落，正厅遂初堂面阔五间带前后廊，东西厢房各五间。庭院内湖石点景，花木扶疏，气氛宁静，有抄手游廊和窝角游廊连接正厅、两厢和垂花门。

穿过遂初堂，第三进院落以一座叠石大假山为主体。庭院之中峰峦突起，洞堂相通，环山布置建筑物四幢。主峰之上建方亭耸秀亭，居高临下可南望禁中宫阙。山北为两层的正厅粹赏楼，面阔五间，山之西为面阔五间的配楼延趣楼，两楼之间以窝角游廊连接。假山的东南面，山坳回抱着一幢三开间坐北朝南的小建筑名三友轩，三面出廊，西山墙上开一大方窗。三友轩的窗棂均为紫檀木透雕的松竹梅图案，取"岁寒三友"之意，窗外花影摇曳，石笋挺秀，其幽静意趣宛若处在深山大壑之中。这个院落以山景为主题，身临其境，仰视观赏居多。固然能体现幽奥的造景意匠，但毕竟假山叠石过分壅塞，难免有坐井观天之感。

第四进院落的主体是两层的符望阁，平面方形，面阔五间带周围廊，琉璃瓦攒尖屋顶。符望阁也是全园的体量最大、外观最华丽的建筑物，底层室内均为金镶玉嵌、精工细雕的装修，纵横穿插间隔犹如迷宫；登楼凭槛远眺，园外宫阙以及景山、北海琼华岛、钟鼓楼等历历在目。阁南屏列叠石假山一区，主峰之上建碧螺亭。亭之平面呈五瓣梅花形，五柱五脊，紫琉璃剪边蓝琉璃攒尖屋顶，下部柱间安装折枝梅花图案的汉白玉石栏杆，通体形象十分精巧别致。亭南石梁飞架，通往前院的萃赏楼二楼。假山的西南为曲尺形的楼房养和精舍，其北为玉粹轩。

第五进的正房也就是整座园林的后照房倦勤斋，通脊九间，东部五间正对符望阁，左右各有空透的游廊。西跨院的北房四间即倦勤斋的西部，靠西墙为坐西朝东的竹香馆，其前另以弓形矮墙围成一小院。院内翠柏两株，修竹数竿，配盆花山石构成玲珑小巧、别有洞天的一区。

3. 风格特点

宁寿宫花园的总体规划采取横向分隔为院落的办法，弥补了地段过于狭长的缺陷。五进

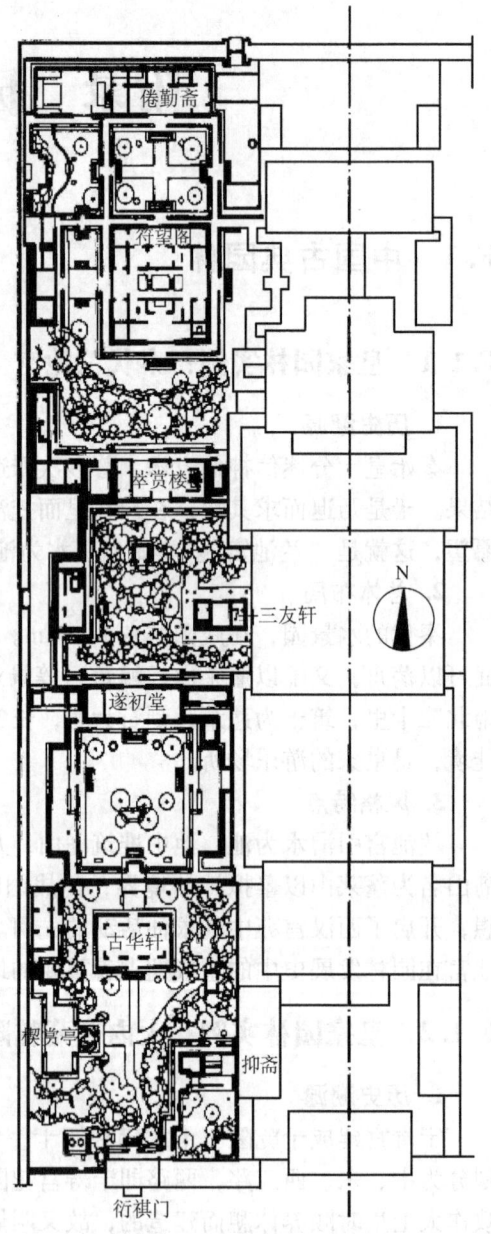

图 F-1　乾隆花园（宁寿宫花园）平面图

院落各有特色，互不雷同，形成一条引人入胜、步移景异的纵深观赏路线。园内的三处假山限于空间狭小多用峭壁、悬崖、拔峰的手法，使人们仰视而不能穷其颠末，颇具幽奥的气势。建筑密度较大，因而尽量求其体形、装饰、装修上的变化以适应园林的气氛，大量使用琉璃瓦件、彩绘等来强调宫廷的色彩。建筑与叠山紧密结合而增益活泼的意趣，在某些场合还构成立体交叉以便于上下交通。主要建筑物的命名如遂初堂、符望阁、倦勤斋等都直接反映乾隆"归政"的愿望，也有助于意境的联想。总体的布局虽有明显的中轴线，但并非一气贯穿南北纵深，而是根据院落的具体情况而约略错开少许，成为不拘一格的"错中"做法。所有这些，都是造园艺术上的匠心独运之处。不过，总的看来，毕竟内容过多，建筑过密，终不免失之壅塞；虽创设多处制高点以收摄园外借景，仍未能弥补幽闭有余而开朗不足之弊，这些，又都有悖于风景式园林的造景主旨。

F.1.3 皇家园林实例：离宫御苑圆明园

1. 历史溯源

圆明园位于北京西郊，畅春园的北面，早先是明代的一座私家园林。清初收归内务府，康熙四十八年（1709年）赐给皇四子作为赐园。它的规模比后来的圆明园要小得多，大致在前湖和后湖一带，园门设在南面，与前湖、后湖构成一条中轴线的较规整的布局。雍正三年（1725年）开始扩建，这就是清代的第三座离宫御苑。

乾隆（弘历）在做皇子的时候，赐居在圆明园内长春仙馆，把桃花坞作为他读书的地方。乾隆登皇位后，在乾隆二年（1737年）命画院朗世宁、唐岱、孙祜、沈源、张万邦、丁观鹏绘圆明园全图，张挂在清晖阁。乾隆在世的时候，对圆明园曾累牍不断地有新的修建。1744年，乾隆把到这时为止的圆明园取景四十，各赋有诗，命沈源、唐岱绘四十景图，汪由敦书四十景诗，加上胤禛的圆明园记和弘历的后记，合为《御制圆明园图咏》。凡是雍正《圆明园记》中没有题咏的景区，大半部分是乾隆所建，有月地云居、山高水长、慈鸿永祜、多稼如云、北远山村、方壶胜景、别有洞天、澡身浴德、涵虚朗鉴、坐古临流、曲院荷风十一区。

长春园跟圆明园并列而居其东，圆明园的东南又有一园叫做万春园或绮春园，乾隆时以圆明、长春、万春号称三园，由圆明园总管大臣统辖，因此习惯上把三园总称为圆明园。到了嘉庆时候，仁宋（颙琰）曾修缮圆明园的安澜园、舍已城、同乐园、永乐堂，并在园的北部营造省耕别墅。嘉庆十九年（1814年）构竹园一所，1817年曾修葺接秀山房。道光时候，曾在1836年重修圆明园殿、奉三无私殿、九洲清晏殿这三殿，又新建清辉殿，在咸丰九年（1859年）落成。

圆明园是中国园林艺术上一个光辉的杰作，有我国传统的民族风格，是我国劳动人民和无数园林匠师们的智慧和血汗的结晶。然而，这座人类历史上独一无二的壮丽园林，在19世纪中叶为帝国主义侵略军所焚毁，园中所藏中国历代珍贵图籍、历史文物以及各种金珠宝物皆丧失殆尽。

2. 总体布局（图F-2、图F-3）

圆明园大体上可依水系构图分为五区。第一区包括朝贺理政的正大光明殿、勤政亲贤殿、保合太和殿等，可称为宫区。第二区可称为后湖区，包括环后湖为中心的九处（即九洲清晏殿、慎德堂、镂月开云、天然图画、碧桐书院、慈云普护、上下天光、杏花春馆、坦坦荡荡、茹古涵今），以及后湖东面的曲院风荷、九孔桥，东南面的如意馆、洞天深处、前垂天觊，西

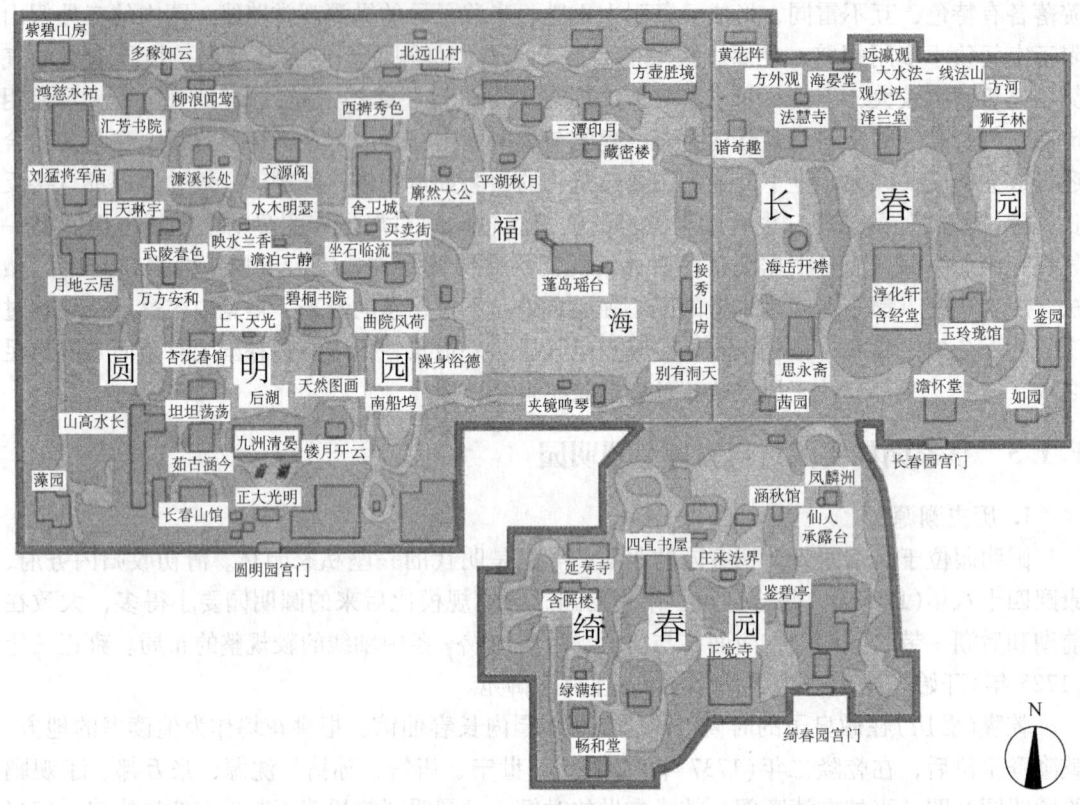

图 F-2　清代圆明园平面图

图 F-3　清代圆明园鸟瞰图

附录 园林实例

面的万方安和、山高水长，西南面的长春仙馆、四宜书屋、十三所、藻园等。第三区虽有水系连接，但不像第二区那样有后湖为中心而明显，就地位来说，大致万总春之庙和濂溪乐处一组居中，东部包括西峰秀色、舍已城、同乐园、坐石临流、澹泊宁静、多稼轩、天神台、文源阁、映水兰香、水木明瑟、柳浪闻莺，南面有武陵春色，西部包括汇芳书院、安佑宫、瑞应宫、日天琳宇，西南有法源楼、月地云居等，北面有菱荷香。第四区可称为福海区，中心为蓬岛瑶台。环着福海有14处景观，即南岸有湖山在望、一碧万顷、夹镜鸣琴、广音宫、南屏晚钟、别有洞天，东岸有观鱼跃、接秀山房及东北隅的蕊珠宫、方壶胜景、三潭印月、安澜园等。第五区包括内宫北墙外的长条地区，从东面起有天宇空明、清旷楼、关帝庙、若帆之阁、课农轩、鱼跃鸢飞、顺木天，到西端的紫碧山房为止。

长春园中有人工堆成的大小叠山50余座，4条长河，两处湖池，以水体为主分隔各个景区。玉玲珑馆在东，思永斋在西，形成东西对称布局；如园在东，茜园在西，映清斋位东，小有天园于西，形成均衡对称之势。狮子园、如园、茜园、小有天园、鉴园5处为园中之园。另外，北面狭长的东西带为欧式宫苑区，人称西洋楼，包括谐奇趣、蓄水楼、养雀笼、方外观、海晏堂、远瀛万花阵、大水法等景观。从总体规划看，西洋楼是欧洲园林风格，但在细部处理上又吸收了中国的造园手法。西洋楼是自元末明初以来，欧洲园林建筑传播到中国所出现的第一批规模完整的作品，开中国园林、欧洲园林及建筑体系融合的先河。

万春园（绮春园）由若干个小园合并，建于不同时期，因此没有统一的布局，小园之间，各自独立，以河渠湖泊沟通，把全园连成整体。

兴建圆明园的基本思想，在雍正的《圆明园记》中已提得很明确，就是为了要"宁神受福少屏烦喧"，"而风土清佳，惟园居为胜"。在此思想指导下营建的宫苑，必然是规模宏敞、邱壑幽深，风土草木清佳，亭榭楼台具备，古今中外兼有，恨不得收尽天下名胜于一园，以此来满足皇家的占有欲、卧游享受。乾隆曾六下江南把国内四大名园，即海宁的安澜园、江宁的瞻园、苏州的狮子林、无锡的秦园和西湖等江南名景，图画以归，把它们规制的精华仿置园中，何地有奇异峰石，他也要罗致到圆明园中。

3. 主要景点

（1）濂溪乐处

濂溪乐处是一处观赏荷花的地方。荷花池的四周环以堤，堤外复有水道萦绕，形成水绕堤，堤环水，岛屿居中的地貌形势。岛的位置偏于西北，让出曲尺形的水面以栽植荷花。岛上建"慎修思永"一组建筑群。南面临湖，北面障以叠山。更于东南角上延伸出水廊"香雪廊"于水中，可以四面观赏荷池景色。这组建筑与湖南岸的"汇万总春"遥相呼应成对景。就小园的总体而言，是以层层虚实相间的山水空间环抱烘托建筑群的布局方式。

（2）廓然大公

这个小园林的布局是以三面临水的建筑环抱水池，池北岸叠山，池面形状曲折而有源有流。正厅"廓然大公"与叠山分居池之南北互成对景。正厅面北，可以观赏水池和对岸叠山之景。这种布局方式多见于江南宅园之中，上海的豫园、苏州的艺圃均属此类。小园林周围的外圈，以回合的叠山平岗作为障隔，更加强了这个局部空间的内聚性和幽邃气氛。

（3）西洋楼（彩图5）

西洋楼包括六幢西洋建筑物、三组大型喷泉、若干庭园和点景小品。

六幢建筑物，即谐奇趣、蓄水楼、养雀笼、方外观、海晏堂和远瀛观，都是欧洲18世纪中叶盛行的巴洛克风格（Baroque Style）宫殿式样。全部为承重墙结构，立面上的柱式、檐口、基座、门窗以及栏杆扶手均为欧洲古典做法。坡屋面不起翘，但在屋脊上施用中国的鱼、鸟、宝瓶等花饰。外檐的雕刻装饰细部采用不少中国式的纹样，雕琢十分精美，充分显示中国石雕工艺的高水平。

人工喷泉当时叫做"泰西水法"或"水法"，一共三组：第一组在谐奇趣南面的弧形石阶前和北面的双跑石阶前，由蓄水楼供水。第二组在海晏堂的西面大门前，由堂内的蓄水箱供水，沿门外两旁的"水扶梯"（Water Stair）下注于地面的水池，池两侧分别排列六只铜铸的喷水动物象征十二生肖，每隔一时辰，依次按时喷水。第三组在远瀛观的南面，是最大的一处喷泉，故又名"大水法"，由海晏堂蓄水箱供水。

主要庭园有三处：一处在谐奇趣之北，名叫万花阵，是摹仿流行于欧洲园林中的迷宫的形式。迷宫由绿篱灌木栽植成纵横曲折的夹道，人行其中往往迷失方向，以来回冲撞为取乐，但万花阵不用绿篱而代之以雕花青砖砌筑的矮墙。另外两处在大水法以东：线法山，类似欧洲中世纪园林中的"庭山"，介于两座牌坊之间，山顶建八角亭，皇帝经常环山跑马故又名"转马台"；其东的长方形水池对岸即线法墙，南北两边分别砌筑平行的砖墙五列，墙上张挂风景建筑的油画，利用透视学原理来加大景深，背后衬以蓝天作为天幕，很像现代的舞台布景。

植物配置采用欧洲规整式园林的传统手法，诸如整齐的绿篱，树木成行列栽植，灌木的修剪成型，用花草铺镶成地毡式的图案花坛等。园林小品点景则中国色彩较重，如大水法的两座喷水塔就做成中国宝塔的形式，水池也多带有中国纹样的雕饰。此外，竹亭和太湖石的特置也不少，欧洲园林中常见的裸体人身石雕像为照顾中国人的欣赏习惯一律不用，而代之以铜铸石雕的鸟兽虫鱼之类。

西洋楼的规划一反中国园林之传统，突出表现了欧洲勒诺特尔式的轴线控制、均齐对称的特点。东西方向上的轴线长约800m，但非一眼望穿，而是以建筑划分为有节奏的三段，这就融糅了中国院落布局的手法。南北方向上也有一条中轴线贯穿于远瀛观、大水法和观赏喷泉的御座"观水法"，并往南延伸到泽兰堂而与南景区的中轴线大致对应起来，以适当加强南北两个景区在园林总体上的联系。

4. 风格特点

圆明园的主题虽也是山水风景的创作，但跟北京其他的宫苑是不同的。圆明园不像颐和园那样有着万寿山上佛香阁建筑群或北海琼华岛上白塔建筑群那样宏伟的建筑作为全园的中心，并以此来表现帝王的至尊庄严。然而圆明园以包罗丰富的景区（圆明园计有100多处景区），众多的精美建筑群，来表现帝王的尊荣富贵。

圆明园巧妙选地，利用自然条件的特点——泉源丰富，引水四注并组成完整的水系。西南设一座进水闸，东北设两座出水闸，又把自流泉水四引，用溪涧方式构成了水系，同时可作为构图上分区的划分线。又把水汇注于中心地区形成较大水面，或称池、湖（如前湖），大的称海（如福海）。在挖溪池的同时就高地叠土垒石堆成岗阜，彼此连接，形成众多的山谷，在溪岗萦环的各个空间，构筑有成组的建筑群。无论山岗上、山坡上、庭院中遍植林木，尤以花木为多。因为水源好，土壤条件优越，所以"槛花堤树，不灌溉而滋荣，巢鸟池鱼，乐飞潜而自集"。

圆明园虽然有福海和后湖为水系的中心，但主要还是溪涧四引和区阜限坞的安排，在溪岗曲线或迥抱中形成的处所，就是一个景区，同时很明显的跟北宋山水宫苑即宋徽宗的寿山艮岳那样"以艮岳为主体，亭榭台阁，列于上下，水流横于前"的表现形式是不同的。圆明园的每个景区各有其不同的风景主题的表现，从平面构图上看，都是以不同组合的建筑群为主体。除了少数例外，大部景区都是四面临水，也就是说每个景区就好比是隋炀帝时西苑的每个院都有水渠曲绕。因此，圆明园的表现形式跟隋西苑可说是属于同一类型的，即山水建筑宫苑型。

圆明园并不是以水景为主题的水景园，水系的构成，结合岗阜的堆叠，成为平面构图上分区的，即创作景区的骨干。因此就全园布局来说，是曲水周绕，岗阜回抱，创作了众多的可以构景的形势，或者说景域。古人对于布局的基本原则之一，叫做"景以境出"，就是说景物的丰富和变化，都要从"境"产生，这里所谓"境"就是布局。

圆明园每一景区各有其独特的地形地貌。以环绕后湖和福海的景区为例，或背山面水，如上下天光、镂月开云、平湖秋月、君子轩、藏密楼等处；或左山右水，如柳浪闻莺、涵虚朗鉴、雷峰西照、接秀山房等处；或在山岗环抱之中，好似盆地一般，如武陵春色、安佑宫、廓然大公等处；或居隈溪之中，西面临水，好似水乡一般，如曲院荷风、濂溪乐处等处；或正临水面，以水取胜，如九孔桥、花神庙、淡泊宁静、汇芳书院、方壶胜境等处。

圆明园的布局还从建筑布局上着眼，因为建筑也是园的主题，除了少数为帝王后妃等居住寝所的建筑群，例如九洲清宴、保合太和殿、十三所等格局严整，以及像茹古涵今、长春仙馆等建筑组合略有变化外，各个景区的建筑组合都是富有变化的。虽然都是平屋曲室，但在组合上或错前或错后，并依势而用爬山、叠落等游廊连接组成。不仅平屋的图式有异，廊的样式也不同，或墙廊，或复廊，或敞廊，或直，或曲，或弯，各依景而定。总之，各个室屋的安排看似散乱，实际是左呼右应，曲折有致而富于变化。这些错落曲折的变化，绝不是平面构图上单纯地追求形式上的变化，而是为了构景的需要，主题的需要。令人惊奇的是圆明园中数十组建筑群的组合没有两组是雷同的。

F.1.4 皇家园林实例：离宫御苑避暑山庄

1. 历史溯源

康熙四十二年（1703年），在承德兴建"避暑山庄"，康熙四十七年（1708年）建成。园址之所以选择在塞外的承德，与当时清廷的重要政治活动"北巡"有着直接的关系。蒙族噶尔丹军事叛乱后为加强对蒙族人民的团结，巩固北部边疆，康熙二十年（1681年），在塞外的木兰地区建立广大的围场，定期每年举行"木兰秋狝"，为此在沿途建立一系列的行宫，修建规模最大的行宫，就是康熙四十七年建成的避暑山庄。

2. 总体布局（图F-4）

避暑山庄占地564hm^2，北界狮子沟，东临武烈河。园内的建筑和景点大部分集中在湖区及其附近，一部分在山区、平原区。其中，有康熙帝题名的康熙三十六景。乾隆时期，在原来范围内修建新的宫廷区，把"宫"和"苑"区分开来。另在苑林区内增加新的建筑，增设新的景点，其中有乾隆帝题名的乾隆三十六景，使园林景观更为丰富，离宫别苑更为突出。但个别地方因建筑密集，使康熙时的天然野趣削弱许多。全园有四大景区：宫廷区、山岳景区、平原景区、湖泊景区。山庄的总体布局按"前宫后苑"的规制，宫廷区设在南面，其后为广大的苑林区。宫廷区包括三组平行的院落建筑群：正宫、松鹤斋、东宫。广大的苑

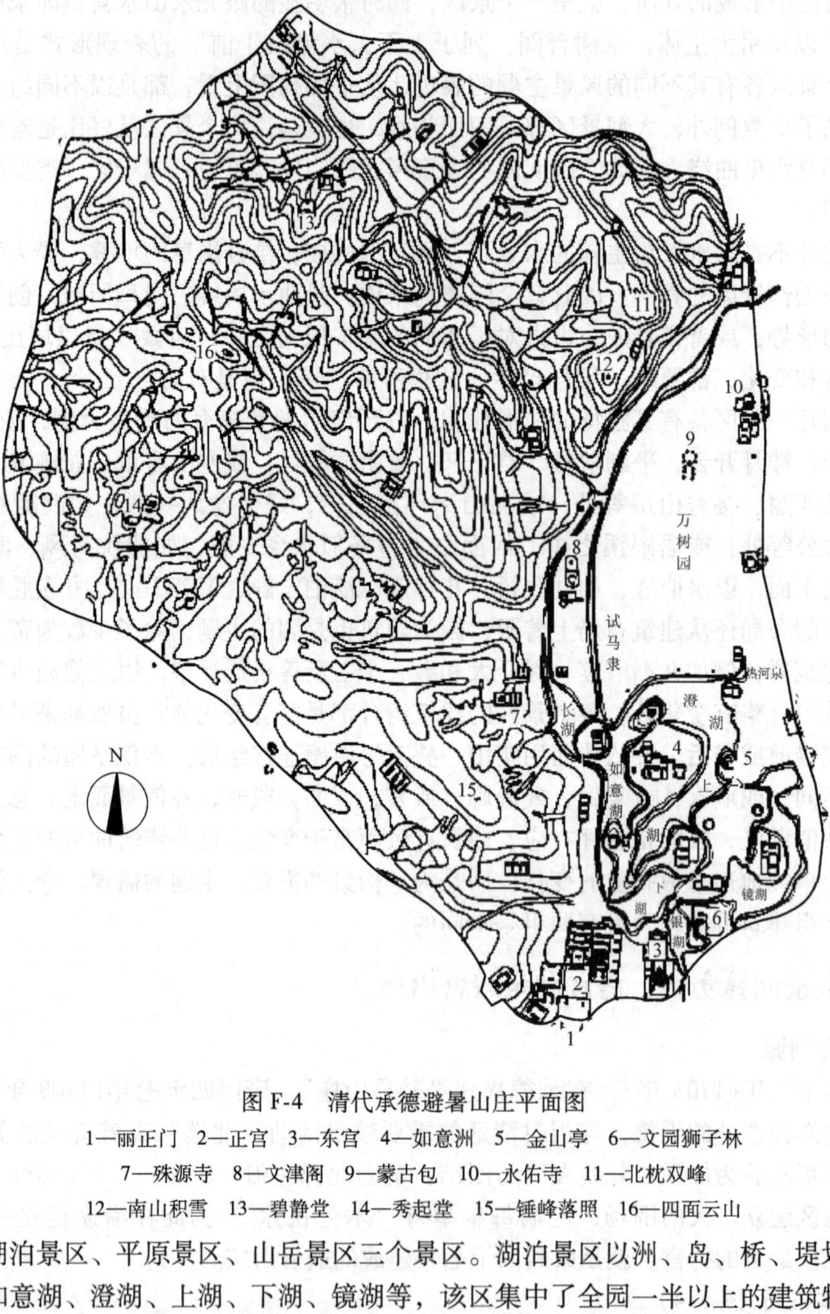

中外园林简史

图 F-4　清代承德避暑山庄平面图
1—丽正门　2—正宫　3—东宫　4—如意洲　5—金山亭　6—文园狮子林
7—殊源寺　8—文津阁　9—蒙古包　10—永佑寺　11—北枕双峰
12—南山积雪　13—碧静堂　14—秀起堂　15—锤峰落照　16—四面云山

林区包括湖泊景区、平原景区、山岳景区三个景区。湖泊景区以洲、岛、桥、堤划分成若干水域，有如意湖、澄湖、上湖、下湖、镜湖等，该区集中了全园一半以上的建筑物，是山庄的精华所在。如意洲是景区的建筑中心，金山亭为重点。西邻镜湖、东邻银湖的文园狮子林是山庄设计最精致的小园林。平原区位于山庄东北，建筑物很少。山岳景区占全园2/3的面积，建筑物布置疏朗，隐约突出天然野趣的主调，松林是该区的绿化基调。

3. 风格特点

避暑山庄具备五个特点：

1）有起伏的峰峦、幽静的山谷，有平坦的原野，有大小溪流和湖泊罗列，几乎包含了全部天然山水的构景要素。

2）湖泊与平原南北纵深联成一片，山岭则并列于西、北面，自南而北稍向东兜转略成环抱之势，坡度也相应由平缓而逐渐陡峭。有四条山峪通向湖泊平原，是后者进入山区的主要通道，也是两者之间风景构图上的纽带。山坡大部分向阳，既多幽奥僻静之地，又有敞向湖泊和平原的开阔景界。全园四大景区各具不同的景观特色又融合为一个有机的整体。彼此之间能够互为成景的对象。

3）狮子沟北岸的远山层峦叠翠，武烈河东岸一带多奇峰异石，都能提供很好的借景条件。

4）山区的大小泉沿山峪汇集入湖，武烈河水从平原北端导入园内再沿山麓流到湖中，连同湖区北端的热河泉，是为湖区的三大水源。湖区的山水则从南宫墙的五孔闸门再流入武烈河，构成一个完整的水系。这个水系充分发挥水体的造景作用，以溪流、瀑布、平濑、湖沼等多种形式来表现水的静态和动态的美，不仅观水形而且听水音，成为山庄景观最精彩的部分。

5）山岭屏障于西北挡住了冬天的寒风侵袭；夏日酷暑，由于高峻的山峰、密茂的树木再加上湖泊水面的调节，园内夏天的气温比承德市区低一些，具有冬暖夏凉的优越小气候条件。

避暑山庄的三大景区，湖泊景区具有浓郁的江南情调，平原景区宛若塞外景观，山岳景区象征北方的名山，乃是移天缩地、融冶荟萃南北风景于一园之内。蜿蜒于山地的宫墙犹如万里长城，园外有若众星拱月的外八庙分别为藏、蒙、维吾尔、汉的民族形式。园内外的这整个浑然一体的大环境就无异于以清王朝为中心的多民族大帝国的缩影，它的象征寓意可谓与圆明园异曲而同工。山庄不仅是一座避暑的园林，也是塞外的一个政治中心，从它的地理位置和进行的政治活动来看，后者的作用甚至超过前者。创设这样一个园内外的大环境，也正是为了在一定程度上渲染政治活动的气氛；而作为民族团结和国家统一的象征的创作意图，又是借助于造园的规划设计加以体现，并与园林景观完美地结合起来。这种情况，在清代皇家诸园中实为表现最突出，也是比较成功的一例。

F.1.5 私家园林实例：杜甫成都浣花溪草堂

1. 历史溯源

大诗人杜甫为避安史之乱，流寓成都，得到友人剑南节度使严武的襄助，于上元元年（760年）择地城西之浣花溪畔建置草堂。草堂因八月大秋风所破，大雨接踵而至，诗人作《茅屋为秋风所破歌》，虽写数间茅屋，表现的却是诗人忧国忧民的仁爱情怀和改变现实的理想。中唐后旧宅不在。北宋元丰年间（1078—1085年）重建茅屋，南宋初年，增建花园。元、明、清历代对杜甫崇敬有加，时有修葺。抗日战争时严重受损。1952年修复开放。

2. 总体布局（图F-5）

该园占地初仅一亩，随后又加以扩展。草堂南面为浣花溪，开门见河，引河入园。东寺西园格局，东面寺院称梵安寺，现为陈列室和茶室，西面为园林部分，又分为东西两区，东区以草堂建筑为主，西区以水池梅花为主。建筑区域南北轴线，轴线上依次布局了影壁、正门、大廨、诗史室、柴门、工部祠。工部祠东西两面有对屋，东为草堂书屋，西为恰受航轩。三者与南面的柴门构成一院落，但不用围墙，显得自由自在。工部祠东面不远建有一亭，内置少陵草堂石碑，亭为六角草亭。工部祠西北堆土为山。西区以水池溪流为中心，水西为梅苑，内建有一亭，名为览亭，以赏梅为主。

中外园林简史

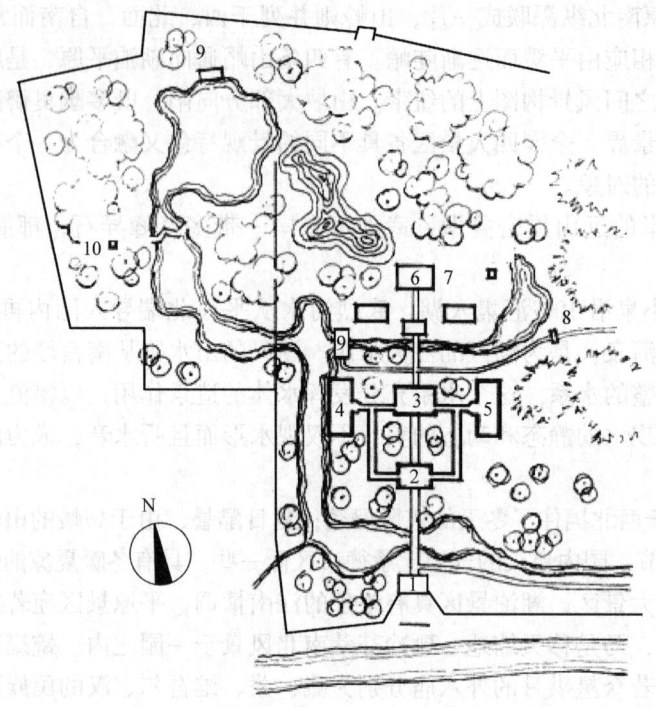

图 F-5　杜甫草堂西面园林部分平面图
1—正门　2—大廨　3—诗史堂　4—露梢枫叶轩　5—独立楼
6—工部祠　7—碑亭　8—花径　9—水榭　10—览亭

草堂的建筑布置充分利用天然的水景。园内的主体建筑物为茅草葺顶的草堂，建在临浣花溪的一株古楠树的旁边。园内大量栽植花木，主要有果树、桤木、绵竹等，因而满园花繁叶茂，荫浓蔽日，再加上浣花溪的绿水碧波以及翔泳其上的群鸥，构成一幅极富田园野趣而寄托着诗人情思的天然图画。

F.1.6　私家园林实例：苏州沧浪亭

1. 历史溯源

沧浪亭位于苏州城南，园主苏舜钦。苏舜钦北宋庆历年间（1044年），因获罪罢官，旅居苏州。购得城南吴越国中吴军节度使孙承佑别墅废园，保留废园的山池地貌原状，在北边的小山上构筑一亭，名沧浪亭。苏舜钦死后，此园屡易其主。元明废为僧寺，道光十年（1860年）毁于兵火，同治十二年（1873年）重修。2000年被列入"世界文化遗产名录"。

2. 总体布局（图F-6）

园林面积16.5亩，一面临河，临河景观是全园的绝胜处，西端为一亭，名为观鱼处。亭背为复廊，廊一面环园内假山，一面临河，廊东端为面水轩。过三架石梁桥进入园内，园内以山为主，山东为宋代筑成的黄石，山西为清代筑成的湖石。山的东部山顶有沧浪亭，亭上对联刻有苏舜钦和欧阳修的名句联缀成"清风明月本无价"，"近水远山皆有情"。亭周布置黄石、箬竹、乔木构成颇具野趣的山林景象，是全园主体。山南有明道堂，是园中最大的建筑。明道堂南为小院，院南为瑶华境界为一轩。在瑶华境界西，堆石为山，山内钩洞如室，山上建楼，名为看山楼，是借景佳处。看山楼侧有一小院，名为翠玲珑。翠玲珑西北有

172

半亭，名仰止亭。翠玲珑北为五百名贤祠，与明道堂一墙之隔。沧浪亭以古亭、借景、精美的漏窗门洞为胜，园林内容简朴，很富于野趣，一派天然野趣中不乏人工点缀之美。

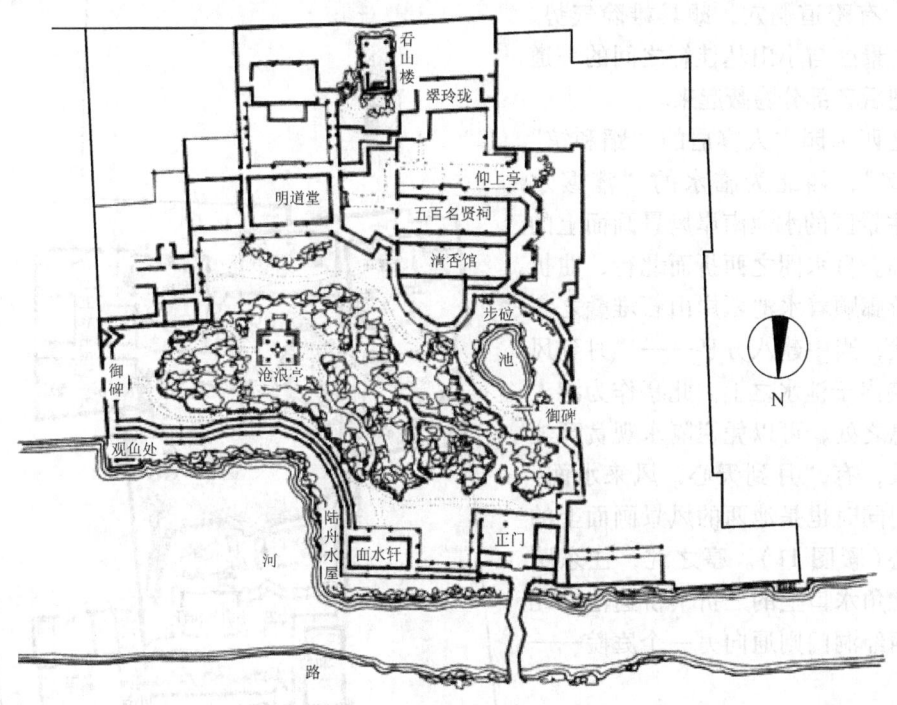

图 F-6　苏州沧浪亭平面图

F.1.7　江南私家园林实例：苏州网师园

1. 历史溯源

网师园在苏州城东南阔家头巷，始建于南宋淳熙初年（1174年），当时的园主人为吏部侍郎史正志，园名"渔隐"。此后宅院数易其主几经兴废，到清乾隆年间归广禄寺少卿宋宗元所有，改名"网师园"。网师即渔翁，仍含渔隐的本意，都是标榜隐逸清高的。同治年间，园归大官僚李鸿裔，园重新修建，并更园名为"苏邻小筑"。1917年，张作霖购此园，改名为"逸园"。1940年，园为文物鉴赏家何亚农买下，并复网师旧名。1950年何氏后人将网师园献与政府。1997年被列入《世界遗产名录》。

2. 总体布局（图 F-7）

网师园占地 0.4hm²，是一座紧邻于邸宅西侧的中型宅园。邸宅共有四进院落，第一进轿厅和第二进大客厅为外宅，第三进"撷秀楼"和第四进"五峰书屋"为内宅。园门设在第一进的轿厅之后，门额上砖刻"网师小筑"四字，外客由此门入园。另一园门设在内宅西侧，供园主人和内眷出入。

园林的平面略成丁字形，它的主体部分（也就是主景区）居中，以一个水池为中心，建筑物和游览路线沿着水池四周安排。从外宅的园门入园，循一小段游廊直通"小山丛桂轩"，这是园林半部的主要厅堂。轩之南是一个狭长形的小院落，沿南墙堆叠低平的太湖石若干组，种植桂树几株，环境清幽，犹若置身岩壑间。透过南墙上的漏窗可隐约看到隔院之

173

景，因而院落呈狭小但并不显封闭。轩之北，临水堆叠体量较大的黄石假山"云岗"，有蹬道洞穴，颇具雄险气势，它形成主景区与小山丛桂轩之间的一道屏障，把后者部分隐蔽起来。

轩之西为园主人宴居的"蹈和馆"和"琴室"，西北为临水的"濯缨水阁"是主景区的水池南岸风景画面上的构图中心。自水阁之西折而北行，曲折的随墙游廊顺着水池西岸山石堆叠之高而下起伏，当中建八方亭——"月到风来亭"突出于池水之上。此亭作为游人驻足休息之处，可以凭栏隔水观赏环池三面之景，有"月到天心，风来水面"的情趣，同时也是池西的风景画面上的构图中心（彩图11）。亭之北，往东跨过池西北角水口上的三折平桥达池之北岸，往西经洞门则通向另一个庭院——殿春簃。

水池北岸是主景区内建筑物集中的地方，"看松读画轩"与南岸的"濯缨水阁"遥相呼应构成对景。轩的位置稍往后退，留出轩前的三合小庭院。庭院内叠筑小型假山，配以花台和两株苍劲的古松，增加了池北岸的层次和景深，同时也构成了自轩内南望的风景画面的

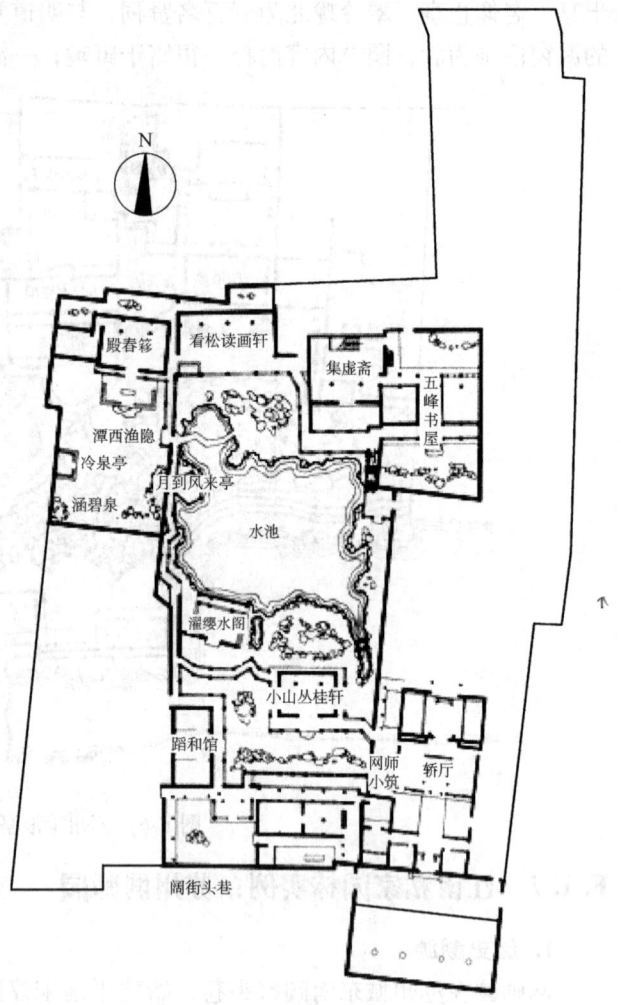

图 F-7　苏州网师园平面图

主题，故以"看松读画"命轩之名。轩之东为临水的廊屋"竹外一枝轩"，它在其后面的楼房"集虚斋"的衬托下益发显得体态低平、尺度近人。

"竹外一枝轩"的东南为小水榭——射鸭廊，它既是水池东岸的点景建筑，又是凭栏观赏园景的场所，同时还是通往内宅的园门。三者合而为一，故一入园即可一览全园之胜，设计手法全然不同于外宅的园门。射鸭廊之南，以黄石堆叠为一座玲珑剔透的小型假山，它与前者恰成人工与天然之对比，两者衬托于白粉墙垣之背景则又构成一幅完整的画面。假山沿岸边堆叠，形成水池与高大的白粉墙垣之间的一道屏障，在视觉上仿佛拉开了两者的距离从而加大了景深，避免了大片墙垣直接临水的局促感。这座假山与池南岸的"云岗"虽非一体，但在气脉上是彼此连贯的。水池在两山之间往东南延伸成为溪谷形状的水尾，上建小石拱桥"引静"一座作为两岸之间的通道。此桥的尺度极小，长 2.4m，宽 1m，花岗石砌成，俗称"涉桥"，颇能协调于局部的山水环境。

水池的面积并不大，仅 400 平方米左右。池岸略近方形但曲折有致，驳岸用黄石挑砌或叠为石矶，其上间植灌木和攀缘植物，斜出松枝若干，表现了天然水景的一派野趣。在西北

角和东南角分别做出水口幻化为"源流脉胁，疏水若为尽"之意。水池的宽度约20m，这个视距正好在人的正常水平视角和垂直视角的范围内得以收纳对岸画面构图之全景。水池四周之景无异于四幅完整的画面，内容各不相同却都有主题和陪衬，与池中摇曳的倒影上下辉映成趣，益增园林的活泼气氛。在每一个画面上都有一处点景的建筑物，同时也是驻足观景的场所，如濯缨水阁、月到风来亭、竹外一枝轩、射鸭廊。沿水池一周的回游路线又是绝好的游动观赏线，把全部风景画面串缀为连续展开的长卷。网师园的这个主景区是定观与动观相结合的组景设计的成功范例，尽管范围不大，却仿佛观之不尽，十分引人流连。

3. 风格特点

整个园林的空间安排采取主、辅对比的手法，主景区也就是全园林的主体空间，在它的周围安排若干较小的辅助空间，形成众星拱月的格局。西面的"殿春簃"与主景区之间仅一墙之隔，是辅助空间中之最大者。正厅为书斋"殿春簃"，位于长方形庭院之北，院南有清泉"涵碧"及半亭"冷泉"。院内当年辟作药栏，遍植芍药，每逢暮春时节，惟有这里"尚留芍药殿春风"，因此而命名景题。园南的小山丛桂轩和琴室均为幽奥的小庭院，"琴室"的入口从主景区内经曲折方能达到，一厅一亭几乎占去小院的一半，余下空间但见白粉墙垣及其前少许山石和花木点缀，其幽邃安谧气氛与操琴的功能十分协调。园东北角上的"集虚斋"前庭是另一处幽奥小院，院内修竹数竿，透过"月洞门"和"竹外一枝轩"可窥见主景区的一角之景，是运用透景的手法而求得奥中有旷，设计处理上与琴室又有所不同。此外，尚有小院、天井多处。正由于这一系列大大小小的幽奥的或者半幽奥的空间，在一定程度上烘托出主景区之开朗。

网师园的规划设计在尺度处理上有独到之处。如水池东南水尾的小拱桥，故意缩小尺寸以反衬两旁假山的气势，水池东岸堆叠小巧玲珑的黄石假山，意在适当减弱其后过于高大的白粉墙垣所造成的尺度失调。类似的情况也存在于园的东角，这里耸立着邸宅的后楼和集虚斋、五峰书屋等体量高大的楼房，与园中水池相比，尺度不尽完美，而又非堆叠假山所能掩饰。匠师们乃采取另外的办法，在这些楼房前面建置一组单层小体量、玲珑通透的廊、榭，使之与楼房相结合而构成一组高低参差、错落有致的建筑群。前面的单层建筑不但造型轻快活泼、尺度亲切近人，而且形成中景，增加了景物的层次，让人感到仿佛楼房后退了许多，从而解决了尺度失调的问题。不过，池两岸的"月到风来亭"体量似嫌过大，屋顶超出池面过高，多少造成与池面相比较的尺度不够协调的现象，虽然美中不足，毕竟瑕不掩瑜。

建筑过多是清乾隆以后尤其是同治、光绪年间的园林普遍存在的现象，网师园的建筑密度高达30%。人工的建筑过多势必影响园林的自然天成之趣，但网师园却能够把这一影响减小到最低限度。置身主景区内，并无圃于建筑空间之感，反之，却能体会到一派大自然水景的盎然生机。足见此园在规划设计方面确乎是匠心独运，具有很高的水平，无愧为现存苏州园林中的上品之作。

F.1.8 江南私家园林实例：苏州拙政园

1. 历史溯源

拙政园在娄门内东北街，始建于明正德四年(1509年)。园主人王献臣字敬止，弘治六年进士，历任御史、巡抚等职，因官场失意，乃卸任还乡，在购得娄门内的元代大弘寺遗址上掇山造园。王献臣借晋代文学家潘岳《闲居赋》中所说，取园名为拙政园。建园时，吴门画派大家"江南四大才子"之一的文徵明曾参与设计,并曾为拙政园绘图作记。王献臣之后,园林屡易其主,后来分为西、中、东三部分,或兴,或废,又迭经改建。咸丰十年(1860年)太平天国占据苏州期间,西部和中部作为忠王李秀成府邸的后花园,东部的"归田园居"则已荒废。光绪年间,西部归张履谦为"补园",中部的拙政园归官署所有。解放后进行抢修,1960年东部整修完毕,东、西、中三部分完整开放,1997年12月4日,被联合国教科文组织列入世界文化遗产名录。

2. 总体布局(图 F-8)

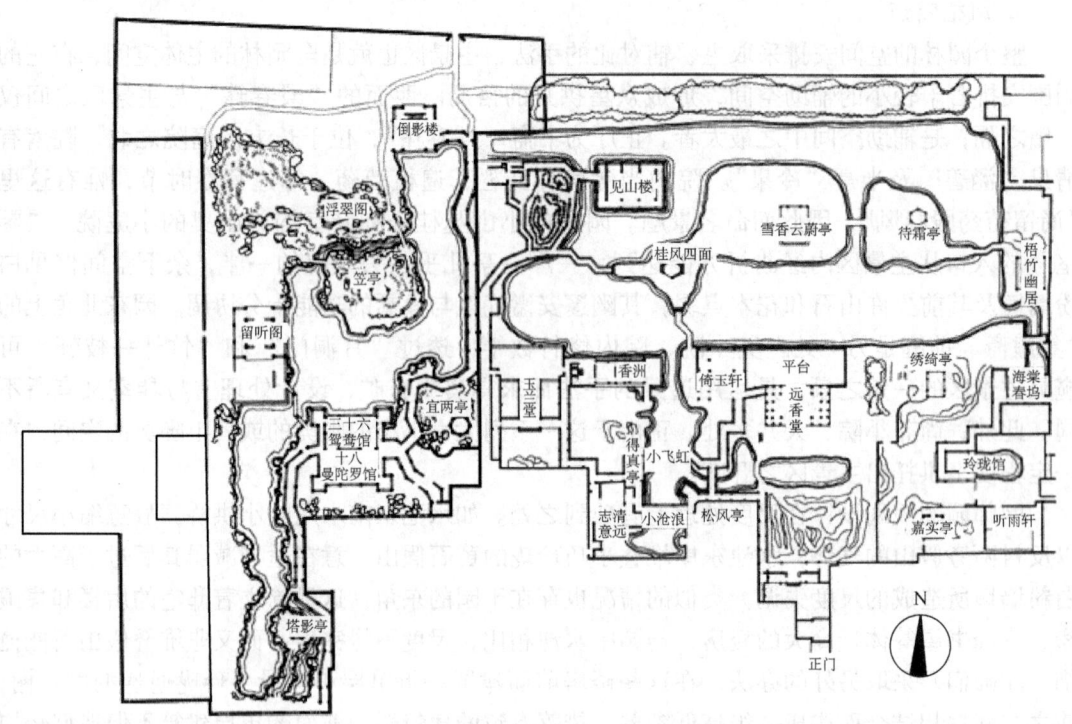

图 F-8　苏州拙政园平面图

现在,全园仍包括三部分:西部的补园、中部的拙政园紧邻于各自邸宅之后,呈前宅后园的格局,东部重加修建为新园。全园总面积4.1hm²,是一座大型宅园(彩图12)。

中部的拙政园是全园的主体和精华所在,它的主景区以大水池为中心。池的东西两端留有水口、伸出水尾,显示疏水若为无尽之意。池中垒土石构筑成东、西两个岛山,把水池分划为南北两个空间。西山较大,山顶建长方形的"雪香云蔚亭";东山较小,山后建六方形的"待霜亭"藏而不露,与前者成对比之烘托。岛山以土为主,石为辅。两山之间有溪谷,架小桥,山上遍植落叶树间以常绿树,岸边散植灌木藤蔓。大片梅花林则取意于苏州郊外的著名赏梅景点"香雪海",并以"雪香云蔚"为亭之名。因此,这岛山一带极富于苏州郊外的江南水乡气氛,为全园风景最胜处。西山的西南脚建六方形"荷风四面亭",它的位置恰在水池中央。亭的西、南两侧各架曲桥一座,又把水池分为三个彼此通透的水域。西桥通往"柳荫曲路"、南桥衔接于"南轩",为全园之交通枢纽。

原来的园门是邸宅备弄(火巷)的巷门,经长长的夹道而进入腰门,迎面一座小型黄石假山犹如屏障,免使园景一览无余。山后小池一泓,渡桥过池或循廊绕池便转入豁然开朗的主景区，这就是造园的大小空间转换、开合对比手法运用的典型一例。

越过小池往北为园中部的主体建筑物"远香堂"，周围环境开阔，堂面阔三间，堂北临水为月台，隔水眺望东西两山。夏天荷蕖满池，清香远溢，取周敦颐《爱莲说》中"香远益清，亭亭净植"之意，题名为"远香堂"。它与西山上的雪香云蔚亭隔水互成对景，构成园林中部的南北中轴线（图 F-9）。

图 F-9　苏州拙政园远香堂

自平台西侧的"南轩"循曲廊往南折而西便是一湾水尾，此即水池在南轩处分出的一支，向南延伸至园墙边。廊桥"小飞虹"横跨水上，过桥往南经方亭"得真亭"，又有水阁三间横架水面，名"小沧浪"。它与小飞虹南北呼应，配以周围的亭、廊构成一个空间内聚的独立幽静的水院。自小沧浪凭栏北眺，在这段纵深约七八十米的水尾上，透过亭、廊、桥三个层次可以看到最北端的见山楼，益显景观之深远、层次之丰富。得真亭面北，前有隙地栽植圆柏四株，成为亭前之主景。

由得真亭折北，有黄石假山一座。其西是清静的小庭院"玉兰堂"，院内主植玉兰花，配以修竹湖石。假山北面临水的为仿舟船形象的舫厅"香洲"，它的后舱二楼名"澄观楼"。香洲与南轩一纵一横隔水对望，此处池面较窄，故于舫厅内安装大玻璃镜一面，反映对岸景物，以便利用镜中虚景而获致深远效果。过玉兰堂往北即为位于水池最西端的半亭"别有洞天"，它与水池最东端的小亭"梧竹幽居"遥相呼应成对景，形成了主景区的东西向的次轴线。梧竹幽居亭的四面均为月洞门，在亭内透过这些洞门可以收纳不同的"框景"。

见山楼位于水池之西北岸，三面临水。由西侧的爬山廊直达楼上，可遥望对岸的雪香云

 中外园林简史

蔚亭、南轩、香洲一带依稀如画之景。爬山廊的另一端连接于曲折的游廊，通往略有起伏的平地上，形成两个彼此通透的、不规则的廊院空间，廊院中遍植垂柳故名"柳荫曲路"。往西穿过半亭，便是西部的"补园"。

在园的东南角上，有一处园中之园"枇杷园"，用云墙和假山障隔为相对独立的一区。园内栽植枇杷树，建"玲珑馆"和"春秋佳日亭"。北面的云墙上开月洞门作为园门，自月洞门南望，以春秋佳日亭为主题构成一景；回望，又以雪香云蔚亭为主题构成一幅绝妙的、宛若小品册页的"框景"。

中部的拙政园，水体约占园面积的3/5，水面广，故建筑物大多临水，藉水赏景，因水成景。水多则桥多，桥皆平桥，取其横线条能协调于平静的水面。靠北的主景区即是以大水面为中心而形成的一个开阔的山水环境，再利用山池、树木及少量的建筑物划分为若干互相穿插、处处沟通的空间层次，因而游人所领略到的景域范围仿佛比实际的要大一些。主景区的建筑比较疏朗，意在稍事点缀、烘托山水花木的自然景观。整个环境虽由人作，自然生态的野趣却十分突出，尚保留着一些宋、明以来的平淡简远的遗风。靠南的若干次景区则多是建筑围合的内聚和较内聚的空间，建筑的密度比较大，提供园主人生活和园居活动的需要，它们都邻近邸宅，实际上是邸宅的延伸。园中部的建筑布局是以次景区的"密"来反衬主景区的"疏"，既保证了后者的宛若天成的大自然情调，又解决了因园林建筑过多而带来的矛盾。

中部的拙政园是典型的多景区、多空间复合的大型宅园，园林空间丰富多变、大小各异。有山水为主的开敞空间，有山水与建筑相间的半开敞空间，也有建筑围合的封闭空间。这些空间之间既有分隔又有连系，能够形成一定的序列组合，为游人选择不同的游览路线创造了条件。这些游览路线大抵都具备前奏、承转、高潮、过渡、收束等环节，表现大园之以"动观"为主、"定观"为辅的诗一般的组景韵律感，最大限度地发挥其空间组织上的开合变幻的趣味和小中见大的特色。

西部的补园亦以水池为中心，水面呈曲尺形，以散为主、聚为辅，理水的处理与中部截然不同。池中小岛的东南角正当景界比较开阔的转折部位，临水建扇面形小亭"与谁同坐轩"，此亭形象别致，具有很好的点景效果，同时也是园内最佳的观景场所。凭栏可环眺三面之景，并与其西北面岛山顶上的"浮翠阁"遥相呼应构成对景。

池东北的一段为狭长形的水面，西岸延绵一派自然景色的山石林木，东岸沿界墙构筑水上游廊——水廊，随势曲折起伏，体态轻盈仿佛飘然凌波。水廊北端联接于"倒影楼"，作为狭长形水面的收束。它的前面的左侧以轻盈的水廊、右侧以自然景色作为烘托配衬，倒影辉映于澄澈的水面，构成极为生动活泼的一景。水廊的南端为小亭"宜两亭"，此亭建在假山之顶，与倒影楼隔池相峙、互成对景，既可俯瞰西部园景，又能邻借中部之景，故名"宜两"。

宜两亭的西侧，便是西部的主体建筑物"鸳鸯厅"，此厅方形平面，四角各附耳室一间，为昔日园主人于厅内举行演唱活动时仆人侍候之用。厅的中间用隔扇分隔为南、北两半。南半厅名"十八曼陀罗馆"，馆前的庭院内种植山茶花（曼陀罗花），庭院之南即为邸宅；北半厅名"三十六鸳鸯馆"，挑出于水池之上。由于此馆体形过于庞大，因而池面显得逼偏，难免造成尺度失调之弊。

馆之西，渡曲桥为临水的"留听阁"，当年此处水面遍植荷花，借唐代诗人李商隐"留得残荷听雨声"诗意而得名。由此北行登上岛山蹬道，可达山顶的"浮翠阁"，这是全园的最高点，但阁的体量亦嫌过大，多少影响了西部的园林尺度。自留听阁以南，水面狭长如盲

肠，西岸又紧邻园墙，这是造园理水的难题，一般应予避免。匠师们在水面的南端建置小型的点景建筑"塔影楼"，与留听阁构成南北呼应的对景线，适当地弥补了水体本身的僵直呆板的缺陷，可谓绝处逢生之笔。

东部原为"归田园居"的废址，1959年重建。根据城市居民休息、游览和文化活动的需要，开辟了大片草地，布置茶室、亭榭等建筑物。园林具有明快开朗的特色，但已非原来的面貌了。

F.1.9 寺观园林实例：北京大觉寺

1. 历史溯源

大觉寺在北京西北郊小西山山系的旸台山。寺后层峦叠嶂，林莽苍郁，前临沃野，景界开阔。寺始建于辽代，名清水院，为金章宗时著名的"西山八院"之一。明宣德三年（1428年）重修扩建，改今名。清康熙五十九年（1720年），当时的皇四子、后来的雍正帝对该寺进行了一次大规模的修建，乾隆十二年（1747年）重修。以后又陆续有几度增改、修葺，遂成为今日规模。

2. 总体布局（图F-10）

寺观建筑群坐西朝东，包括中、北、南三路。中路山门之后依次为天王殿、大雄宝殿、无量寿佛殿、大悲坛等四进院落。北路为方丈（北玉兰院）、僧房和香积厨等生活用房。南路为戒坛和清代皇帝行宫，后者即南玉兰院、憩云轩等几进院落，引流泉绕阶下，花木扶疏，缀以竹石，景观清幽雅致。

寺后的小园林即大觉寺附属园林，位于地势较高的山坡上。西南角上依山叠石，循磴道而上，有亭翼然名"领要亭"。居高临下可一览全寺和寺外群山之景，园的中部建龙王堂，堂前开凿方形水池"龙潭"。环池有汉白玉石栏杆，由寺外引入山泉，从石雕龙首吐水注入潭内。池水清澈见底，游鱼可数。泉水经水渠跌落汇于寺门前方池中，方池即中路山

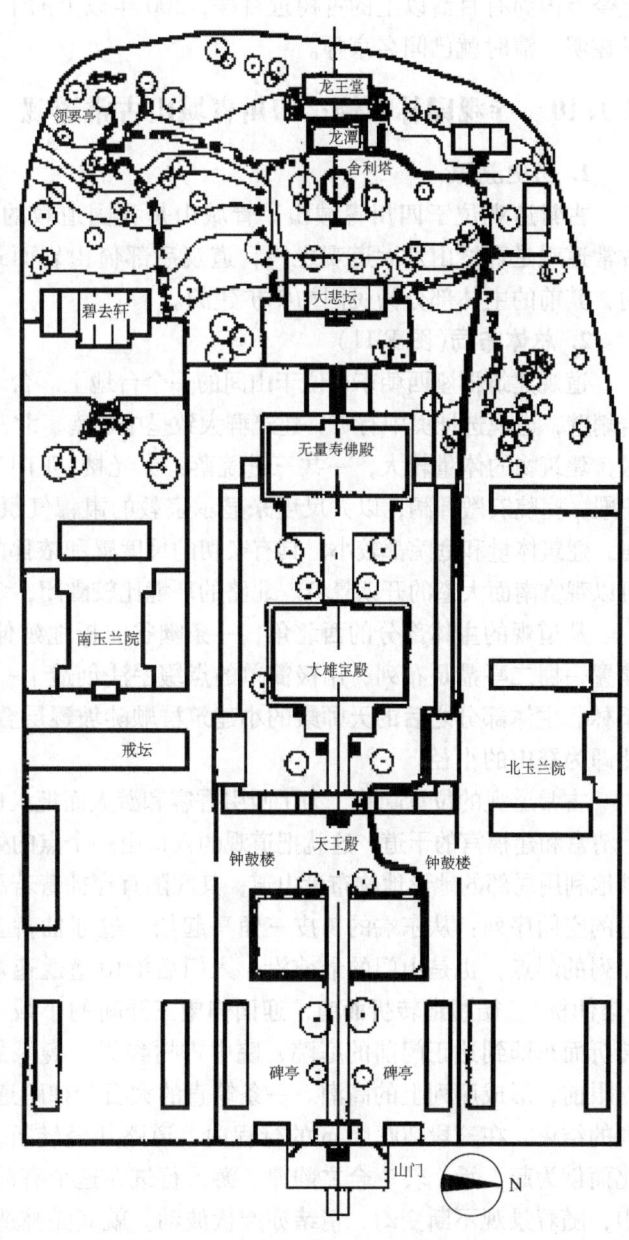

图F-10　北京大觉寺平面图

中外园林简史

门内的功德池。其上跨石桥,水中遍植红白莲花。园内还有辽碑和舍利塔等古迹。参天的高树大部分为松、柏,间以槲、栎、梨树等。浓阴覆盖,遮天蔽日,为夏日之清凉世界。

3. 风格特点

大觉寺的园林以水景与古树名木主要特色。早在辽代即因水景之胜而得名为"清水院"。由寺外引入两股泉水贯穿全寺,既作为饮用水,又创为多层次的各式水景。古树名木以松柏、银杏为主遍布寺内,尤以中路为多,四季常青,把整个寺院覆盖在万绿丛中。南、北两路的庭院内还兼植花卉,如太平花、海棠、玉兰、丁香、玉簪、牡丹、芍药等,更有多处修竹成丛,因此,大觉寺于古木参天的郁郁葱葱之中又透出万紫千红、如锦似绣的景象。至今寺内尚有百龄以上的古树近百株,300年以上的十余株,而无量寿佛殿前的千年银杏树早在明、清时就已闻名京师。

F.1.10 寺观园林实例:四川青城山古常道观

1. 历史溯源

古常道观位于四川青城山。青城山是我国道教的名山,素有"青城天下幽"之美誉。古常道观是青城山六大道观之一,道观后部倚山岩而筑成的天师洞及天师殿始建于光绪年间,其前的主体部分为民国初年扩建的。

2. 总体布局(图F-11)

道观建筑群座西朝东,位于山间的一个台地上。台地西高东低、南临大壑、北倚冲沟和山岩峭壁,道观选址奥中有旷。建筑群大致呈中、南、北三路多进院落的组合。中路为宗教活动区,建筑物的体量较大,一共三进院落:灵光楼(正门)、三清殿、黄帝祠。三清殿是全观的正殿,庭院宏敞开阔,以大尺度来显示宗教的肃穆气氛。南路为接待香客的客房和道长的住房,建筑体量和庭院都较小,具有亲切的尺度感和浓郁的生活气氛。最南端建五方形的敞厅,可以观赏南面大壑的开朗景色。北路的环境比较幽闭,多为一般道士的寝膳和杂务用房。

从道观的主体部分的西北角,一条幽谷曲折地延伸入山坳。在这里引山泉汇渚为小池,建置一榭二亭鼎足布列,用极简单的点缀手法创造了一处幽邃含蓄的小园林——道观的附属园林。主体部分之后的天师殿的小建筑群顺陡坡逐层叠起建置,道观的后门就设在这里,过此即为登山的小径。

古常道观的位置隐蔽,为了吸引香客和游人而把入口部分往前延伸200余米,联接于通往上清宫和建福宫的干道,这就把道观的入口由一个点的处理变成为一条线的延伸空间。沿线巧妙地利用局部的地形地物布设山道,其间随宜穿插着若干亭、廊、桥等小品点缀,构成一个渐进的空间序列:从东端的树皮三角亭起始,过迎仙桥上题为"五洞天"的牌坊门洞,这是序列的起点,也是山门的最前沿。入门后沿山壁逶迤弯曲,途经"翼然亭"和跨涧的廊桥"集仙桥",循蹬道转折而南,迎面仰望三开间的小殿"云水光中"作为正门的前奏。过此转折而东即到达正门前的庭院,院中古树参天。巍峨舒展、器宇轩昂的正门"灵光楼"耸立眼前,形成序列上的高潮。一条笔直的大石阶梯蹬道穿楼而过直达三清殿的前庭,是为序列的结束。在这段200余m的行程内,道路几经转折,利用若干小品建筑物结合地形之变化而创为起、承、转、合之韵律。游人行进在这个有前奏、过渡、高潮、收束的空间序列之中,随着景观不断变幻,情绪亦起伏波动。就其园林造景的意义而言,它是一段诱导人们渐入佳境的游动观赏线;就其宗教意境的联想而言,则又象征着由凡间进入仙界的过渡历程。

180

附录 园林实例

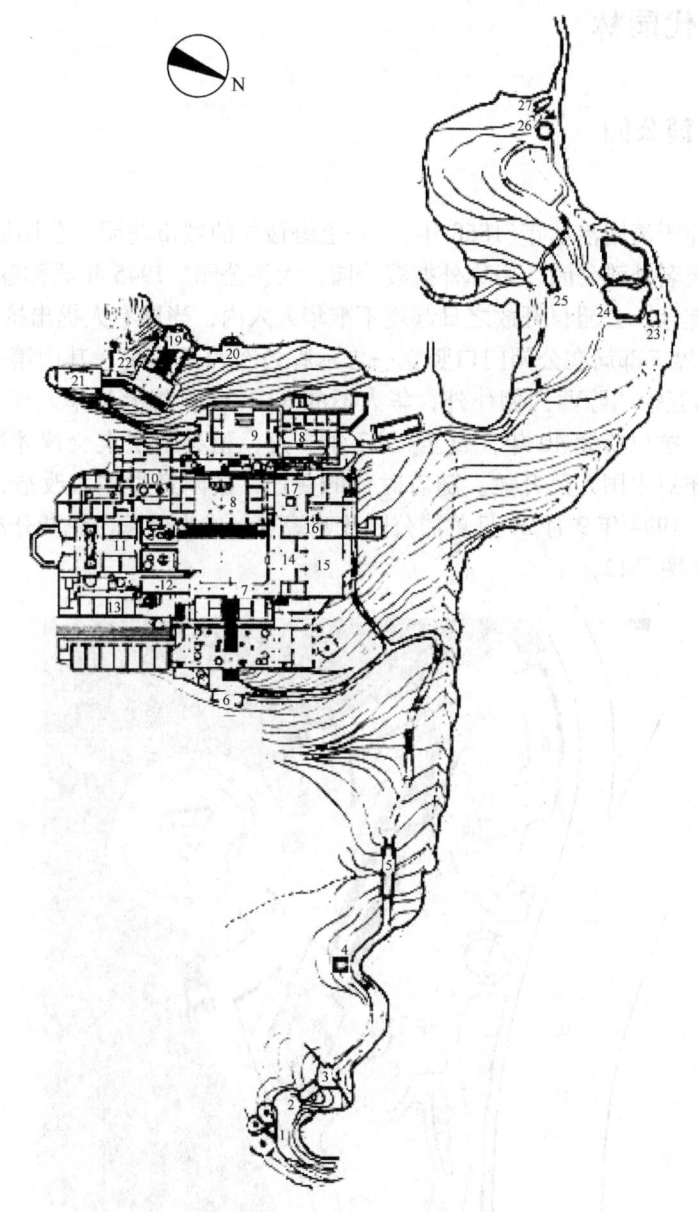

图 F-11　四川古常道观平面图

1—奥宜亭（树皮三角亭）　2—迎仙桥　3—五洞天　4—翼然亭　5—集仙桥　6—云水光中　7—灵光楼　8—三清殿　9—古黄帝洞　10—长啸楼　11—客厅　12—银杏楼　13—饮霞山舍　14—客堂　15—大饭堂　16—厨房　17—小饭堂　18—迎曦楼　19—天师殿　20—天师洞　21—三皇殿　22—曲径通幽　23—慰鹤亭　24—降魔石　25—怡乐仙窝　26—听寒亭　27—洗心池

3. 风格特点

古常道观在选址和山地建筑布置方面表现了卓越的技巧，它的内部庭院、园林以及外围的园林化环境的规划设计，均能做到因势利导、恰如其分。把宗教活动、生活服务、风景建设、道路安排等通过园林化的处理而完美地统一、结合起来，堪称寺观园林中的上乘作品。

181

F.2 中国近代园林

F.2.1 上海黄浦公园

1. 历史溯源

黄浦公园始建于清同治七年（1868年），是上海最早的城市花园。公园原名 Public Park，译为公共花园，曾名外滩公园，俗称外摆渡公园，大桥公园。1945年改称春申公园，次年1月改名黄浦公园迄今。公园自开放之日起就不准华人入内，当即有人提出抗议。清光绪十一年（1885年），租界工部局在公园门口竖立一告示牌公布六条园规，其中第一条"脚踏车及犬不准入内"，第五条"除西人佣仆外，华人不准入内"，竟将犬与华人相提并论。激起中国人民极大愤慨，抗议持续40年，直至1927年2月，租界纳税人会议才决定同意华人入园，翌年7月宣布对中国人民开放。随着时代的变迁，公园经过多次改造，1989年是距今最近的一次改造。1994年9月21日黄浦公园改建竣工，成为上海市免费开放的公园。

2. 总体布局（图F-12）

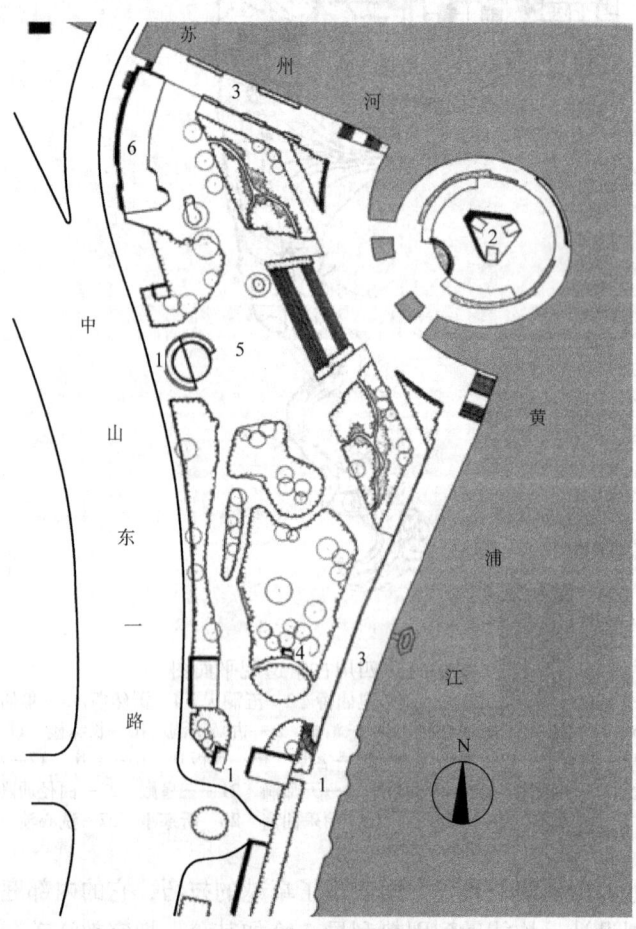

图F-12 上海黄浦公园平面图
1—入口 2—人民英雄纪念塔 3—江堤 4—雕塑 5—广场 6—办公楼

黄浦公园位于外白渡桥南堍东侧，东临黄浦江，南接外滩绿带，西临中山东一路，北濒苏州河，占地31亩。1989年改建后的布局，以上海市人民英雄纪念塔和主雕、浮雕为公园的构图中心，采用规则式的轴线布局，辅以自然柔和的块面布置。纪念塔下设集散广场，两旁绿化作几何型对称布局，台阶两旁设置梯形花坛，保留原有的古树名树，绿地面积达10.92亩。公园正门内是一座巨型雕塑——浦江潮。雕塑四周，绿荫环抱，花团锦簇，是游客摄影留念的好地方。雕塑后面的紫藤长廊供人休闲憩息；公园内郁郁葱葱的花园树木，给人赏心悦目之感。

公园的构图中心上海人民英雄纪念塔以黄浦江为背景，奔腾不息的江水象征着100多年来上海人民前仆后继、百折不挠的斗争历史；下沉式圆岛广场四周镶嵌的浮雕，记录了上海人民可歌可泣的革命业绩。广场中央拔地而起高达60m的三根花岗石塔体，寓意从鸦片战争—五四运动—解放战争以来在上海为人民革命事业英勇斗争，献出生命的人民英雄们永垂不朽。圆岛上层的题字碑镌刻着由江泽民总书记起草的"上海市人民英雄纪念塔"十个鎏金大字，是供人们瞻仰和举行纪念活动的主要场所。上海人民英雄纪念塔大型浮雕全长120m，总面积334.6m^2，全部用花岗石雕凿而成。中间自左至右七组浮雕表现了自清道光二十年(1840年)至1949年间，上海人民的革命斗争历史，两翼为装饰性的花环图案，象征着对革命先烈的悼念。

F.2.2 广州越秀公园（图F-13）

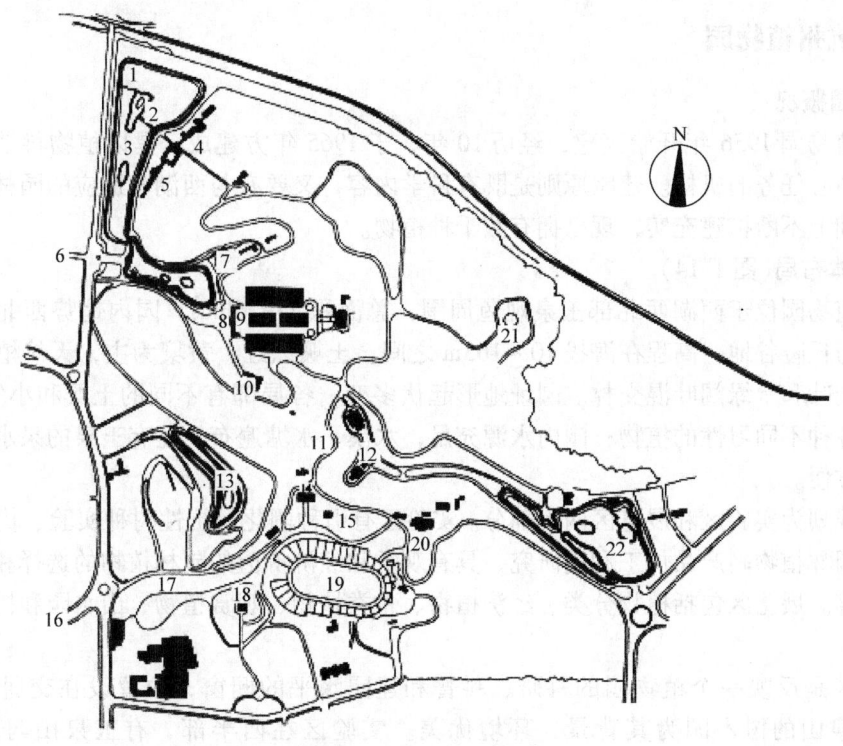

图F-13 广州越秀公园平面

1—钓鱼区 2—竞秀桥 3—北秀湖 4—饭店 5—花卉馆 6—正门 7—溜冰场 8—小卖部 9—游泳场 10—竹林冰室 11—桂花岗 12—金印青少年游乐场 13—南秀湖 14—镇海楼 15—海员亭 16—南站 17—儿童乐园 18—中山纪念碑 19—体育场 20—美术馆 21—电视塔 22—东秀湖

1. 历史溯源

越秀公园位于广州市解放北路，占地86hm²，绿化覆盖率90.3%，为广州市内大型的综合性公园。园内越秀山是白云山的余脉，历代都把越秀山作为城市的背山或"靠山"。早在西汉南越国时，建越王台，越秀山便是登临胜地。明代越秀山被纳入城内，故今园内有建于明洪武十三年（1380年）的著名古迹镇海楼及城墙；还有楚庭、佛山牌坊、孙中山纪念碑、五羊仙庭等名胜古迹。明清以来被列入羊城佳景的有：粤秀松涛、粤秀连峰、镇海层楼、粤台秋月。辛亥革命后，越秀山辟为公园。

2. 总体布局

公园有三湖七岗，分为五个区：古迹纪念区、北秀湖区、东秀湖区、蟠龙岗炮台区。古迹区以镇海楼为中心，东有美术馆、海员亭，南有中山先生读书处、越秀楼故址、中山纪念碑、古之楚庭坊、鸦片战争烈士纪念碑奠基处等。北秀湖区以北秀湖为中心，湖中有三岛，岛上有白鸽广场，另外还有童话大世界、小天使乐园、溜冰场、运动场、划船区等。南秀湖区是以南秀湖为中心的安静区，有五羊仙庭（有著名的广州标志五羊石雕）和钓鱼区等。东秀湖区以东秀湖为中心的娱乐区，有金印踏趣园、娱乐设施等。蟠龙岗炮台区是以岗顶为中心，有鸦片战争四方炮台。

F.3 中国现代园林

F.3.1 杭州植物园

1. 造园概况

杭州植物园1956年开始兴建，经历10年，于1965年方建成，是以植物科学实验和科学普及为中心任务的机构。建园原则是既有科学内容，又要有与西湖相适应的园林外貌。后在原有基础上不断扩建充实，现已拥有数千种植物。

2. 总体布局（图F-14）

杭州植物园位于西湖西北部玉泉观鱼周围，总面积249.6hm²。园内地势西北高，东南低，中部为丘陵谷地，高程在海拔10~165m之间，土壤以红、黄壤为主，天然植被基本类型是落叶阔叶和常绿阔叶混交林。园址地形起伏多变，各局部有不同的土壤和小气候环境，适于生长各种不同习性的植物；园内水源充足，水溪、水塘遍布，还有玉泉的泉水；与城市交通联系方便。

全园规划为实验区和展览区两大部分。实验区有引种驯化、抗性树种实验、优良果树种苗培育、园林植物副产品加工利用研究、具有观赏和经济价值的园林植物的选择和中间性生产等项内容。展览区包括植物分类、经济植物、竹类植物、观赏植物、山水园和树木园六个分区。

展览区是反映一个植物园的科研、科普和建园水平的橱窗，位置设在交通方便的东半部，玉泉山的树木园为其背景，环境优美。实验区在西半部，有玉泉山与展览区相隔，西有群山为屏，既不受参观游览者和园外干扰，又有小气候环境，有利于科研工作。

附录 园林实例

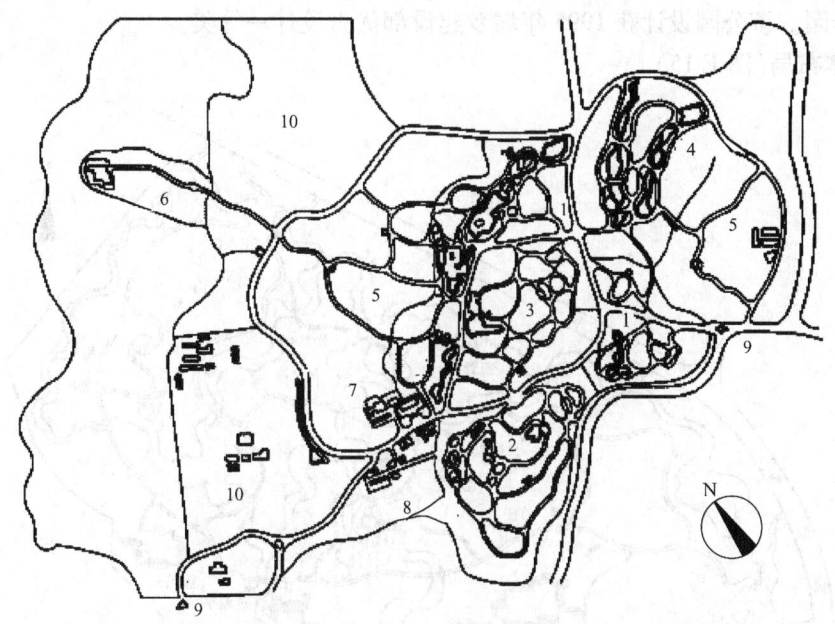

图 F-14 杭州植物园平面图
1—观赏植物区 2—植物分类区 3—经济植物区 4—竹类植物区 5—树木园
6—梅园 7—植物资源馆 8—引种温室 9—人口 10—引种试验区

展览区各分区布局：植物分类区面积 14.3hm²，是展示种子植物进化和按分类配置的活标本区，采用恩格勒和第尔斯的分类系统排列，分裸子植物亚门、双子叶植物纲和单子叶植物纲等小区，规划搜集 2000 种植物。经济植物区面积 9.83hm²，搜集和展示华东地区为主的经济植物，按用途分为淀粉、纤维、油脂、药用、栲胶、香料和特种工业原料七个部分，规划搜集 1000 余种，植物资源展览馆和展览温室建在此区内。竹类植物区面积 7.87hm²，规划搜集 150 余种，其中引种一些两广地区的丛生竹种，为了点景，植物铭牌采用假山石。观赏植物区面积 22.37hm²，位于植物园人口到"玉泉观鱼"干道两侧，根据杭州的传统习惯和自然条件，选用木兰、山茶、桂花、紫薇、海棠、樱花、碧桃、槭树、杜鹃等植物，按生态习性和观赏效果，组成五个专类园。山水园面积 4hm²，是以反映山水园林艺术为内容的一个区，设在"玉泉观鱼"旁的真山真水之间，又和树木园、观赏区的槭树杜鹃园联成一片。树木园面积 54hm²，分布在玉泉山和仁寿山两处，搜集当地和国内外乔灌木树种，为城市绿化和选择优良的造林树种提供科学根据，按不同的生态环境划分为 12 个种植区，规划搜集乔灌木 2200 余种和变种。

F.3.2 杭州太子湾公园

1. 造园概况

太子湾一带曾是南宋庄文、景献两太子的游憩地，位于西湖西南隅，南倚九曜山和南屏山，总面积为 17.75hm²。古时的太子湾为西湖一角，由于山峦泥沙世代流泄冲涮，逐渐淤塞为沼泽洼地。解放后曾是两次疏浚西湖的淤泥堆积处。1985 年，西湖引水工程开挖的引水明渠穿过太子湾中部，钱塘江水自南而北泄入小南湖。1987 年底，确定太子湾为供人们休闲游憩的自然山水园的公园性质。1988年开始规划设计，同年7月，组织施工，1990年局部竣工开园。该公园设计获1995年城乡建设部优秀设计一等奖。

2. 总体布局（图F-15）

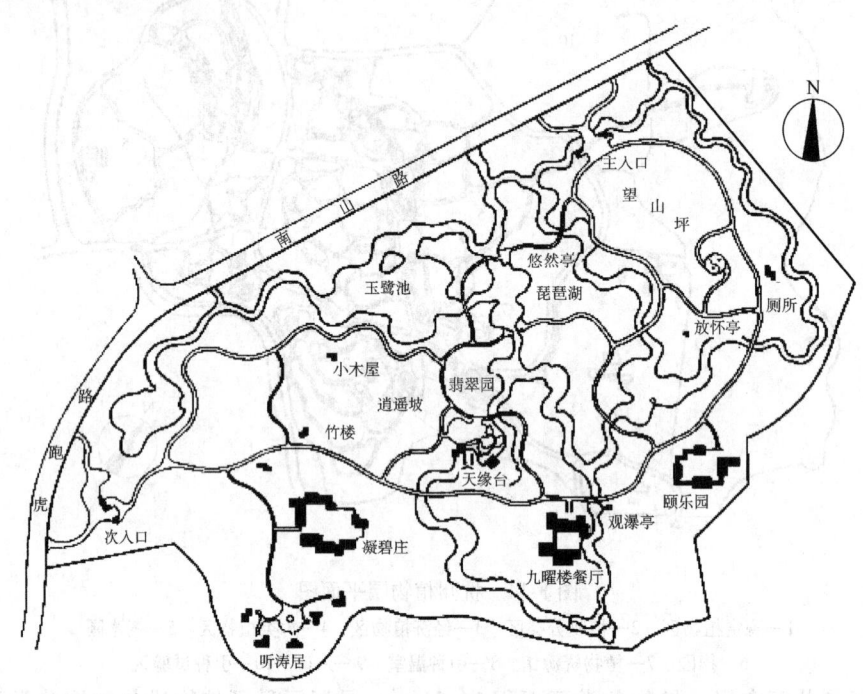

图F-15　杭州太子湾公园平面图

在总体构思中，太子象征龙种的化身，因此规划了一条"白龙"和一条"青龙"，中部曲折奔流而下的主河道象征"白龙"，西部自山麓向山顶蜿蜒舒展的草坡象征青龙。两条龙一上一下，一动一静，烘托出了太子湾的历史印迹和环境氛围。

太子湾公园的总体布局可以用符号"OSO"来概括，左边的"O"代表引水河湾以东蕴含东方哲理的山水园，右边的"O"代表引水河湾以西富有西方色彩的山水园，中间的"S"代表东西方园林文化交融合流的引水河湾。全园共分六个区，即入口区、琵琶洲景区、逍遥坡景区、望山坪景区、凝碧庄景区、公园管理区。

琵琶洲是全园最大的环水绿洲，有带状的山岗，半开放的林中空地，成丛的植被。逍遥坡是公园西部田园牧歌式的壮阔境域，游人步入此区，不约而同地感受到浓郁的异国情调。

公园用挖池掘溪、堆丘开路的办法，改造过于低平的地形和不够活泼自然的西湖引水明渠，组织和创造池、湾、溪、坡、坪、林、山麓平台、林中空地、疏林草地虚虚实实的园林空间。土丘高度自南而北逐渐降低，数量自南而北逐渐减少，恰似九曜、南屏两山向外延伸过渡的坡脚或余脉。

公园凭借钱塘江—西湖引水工程，将园内部分水系变为动水景观。引水河道接纳钱塘江水后沿池湾溪流左右迂回，分三个出水口泄入西湖；并在引水洞口上方筑邀月潭蓄积山水，旁设隐蔽水泵，将引进的钱塘江水抽入潭中，复将蓄水吐出，经珠帘壁、追云泷、试胆涧层层下跌，造成飞瀑激流叠水的动水景观，最后亦回归河道池湾，泄入西湖。

附录 园林实例

公园在绿化方面的总体构思本着尊从西湖、别开生面、回归自然、返朴归真的宗旨，植物配置力求单纯简洁，着意创造树成群、花成片、草成坪、林成荫的壮阔景观。充分体现我

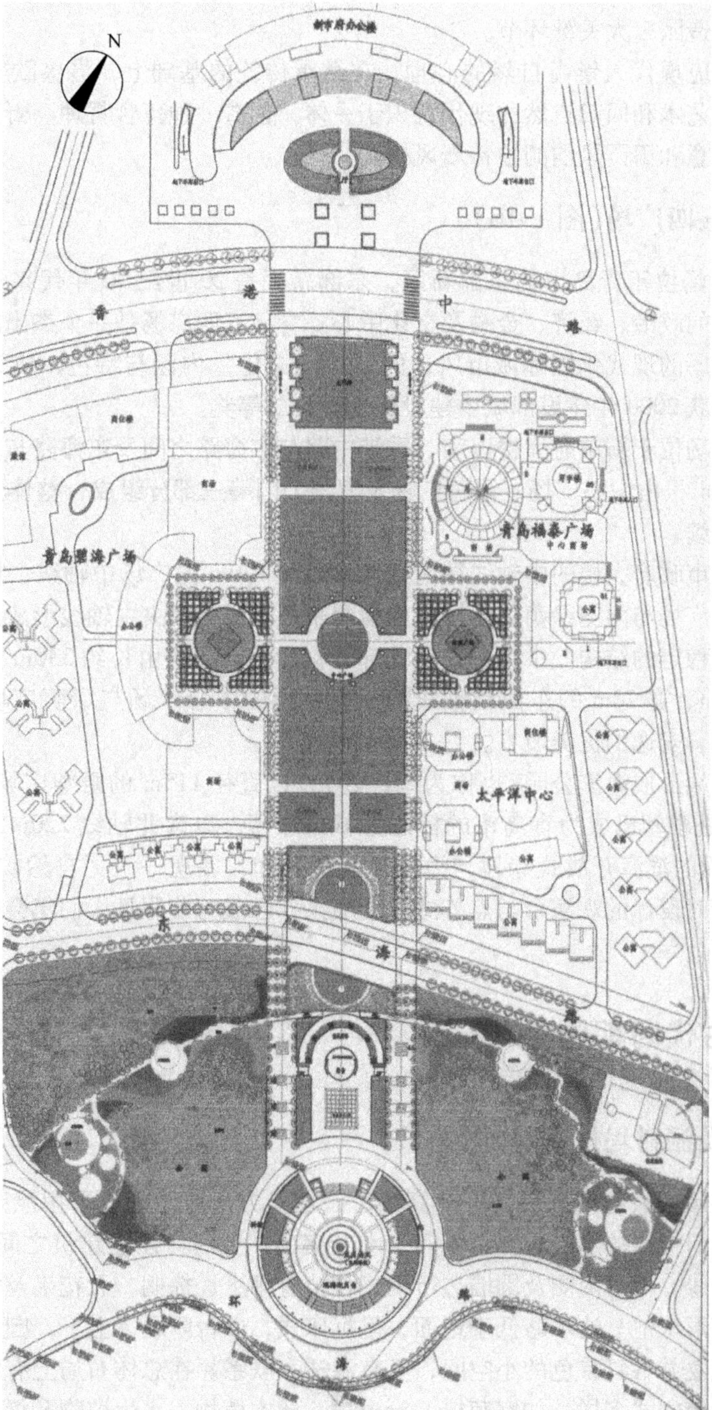

图 F-16　青岛五四广场平面图

国以绿为主、以植物造景为主的建园方针。

公园的规划布局与景观设计把握因山就势、顺应自然、追寻天趣的总原则。遵循山有气脉、水有源头、路有出入、景有虚实的自然规律和艺术规律，重点考虑地形改造、水系处理、道路设计这造园三大关键环节。

公园设计顺应现代人崇尚自然的心理，在继承传统的基础上，借鉴欧美园林文化之精华，融中西造园艺术和回归自然的现代意识于一体，创造一种蕴含哲理、野逸自由、简朴壮阔又富有诗情画意和田园风韵的独特新风格。

F.3.3　青岛五四广场（图F-16）

青岛五四广场位于青岛市的东部新区，东部新区是20世纪90年代兴建的现代化新城区，已成为青岛的政治、经济、金融及文化中心。青岛五四广场是一个杰出的城市环境艺术作品，融汇了浓厚的现代化国际城市风采的"广场文化"内涵与特色，成为青岛市新的城市象征。该项目获2000年建设部城乡建设优秀设计二等奖。

青岛五四广场位于新市府大楼以南、香港中路与东海路之间及东海路与环海路之间。广场总面积约10hm^2，由中心广场、绿荫广场及海滨公园等三部分组成，整体上是新市政府大楼外部环境的延续。

五四广场从市政府大楼的中轴线往南延伸形成约720m的广场中轴线，构成五四广场的中央主轴，中心广场与两侧绿荫广场构成的横向东西轴线与中央主轴线形成严整的十字形构架，构成严谨、稳定的结构。中央主轴的北部统称为北广场，由长约330m、宽90m的南北主轴线与长290m、宽70m的东西副轴线构成十字形的中心广场与绿荫广场，力求表达宁静、典雅与浓烈、安逸的优美境界。

中央主轴南端形成海滨公园（也称为南广场），以直径115m的雕塑广场形成视觉中心，"五月的风"主题雕塑已成为青岛市的标志性城市雕塑。以南北轴线220m、东西弓形曲线420m为构架组成的滨海开放式绿地与海滨风貌相融和，展现一派"自然旷观"的海、天、浪、鸥景色。同时设计的观演台与点阵式隐蔽喷泉，已成为节假日人们集会的场所和展示文化的舞台。

F.4　外国古代时期园林

F.4.1　古埃及派科玛拉庭院（图F-17）

古埃及的宅园一般地形平展，围有高墙。园地呈方形或矩形，采用严整对称的布局形式。入口处理成门楼式的建筑，称为塔门，十分突出。大门与住宅建筑之间是笔直的甬道，构成明显的中轴线。甬道两侧及围墙边行列式种植着椰枣、棕榈、无花果及洋槐等，两边对称布置凉亭和矩形水池。池水略低于地面，呈沉床式，以台阶联系上下。园中各部分以矮墙分隔成若干个独立并各具特色的小空间，互有渗透和联系。在总体布局上有统一的构图，显得严谨有序。种植方式多样，如庭荫树、行道树、藤本植物、水生植物及桶栽植物等；放养水禽等动物以活跃气氛，已初具现代园林的主要元素。造园立意及功能作用主要是为了满足对改善小气候条件的要求，力求创造一种凉爽、湿润、舒适的环境。水池、凉亭、棚架的设

附录 园林实例

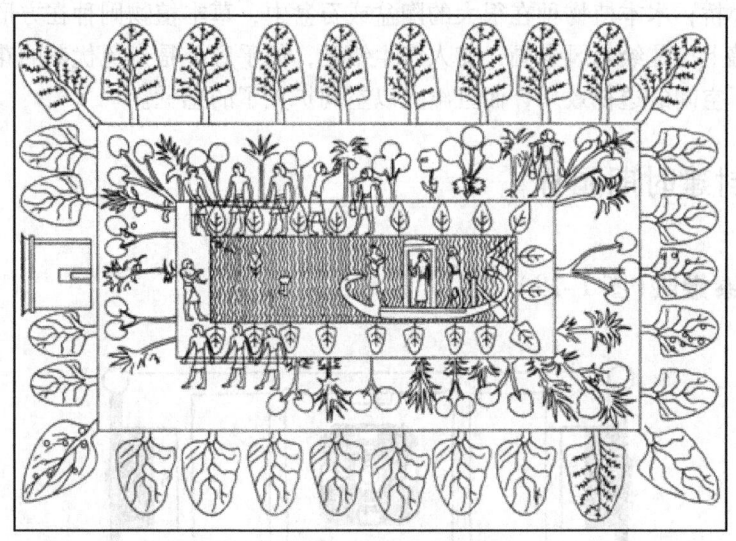

图 F-17　古埃及派科玛拉庭院

置也明显地反映出这一愿望，在植物应用上，主要以实用及庇荫效果为主。当埃及与希腊接触之后，花卉装饰在园中大量出现。

F.4.2　古罗马维蒂庭园（图 F-18）

公元前 79 年，罗马的庞贝城（Pompeii）因维苏威火山爆发而被埋没在火山灰下。近代考古学者对庞贝城遗址进行了发掘，并修复了一些宅园。从庞贝城遗址中可以看出，古罗马的宅园通常由三进院落构成，即用于迎客的前庭（通常有简单的屋顶）、列柱廊式中庭（供家庭成员活动的庭院）和真正的露坛式花园，各院落之间一般有过渡性空间。

维蒂（Vetti）住宅在庞贝城中有一定的代表性，其前庭与列柱廊式中庭是相通的，在前庭之后，是一个面积较大、由列柱廊环绕的中庭，院落三面开敞，一面辟门，光线充足。中庭共有 18 根白色柱子，采用复合柱式。庭园内布置着花坛，有长春藤棚架，地上开着各色山菊花。中央为大理石水盆，内有 12 眼喷泉及雕像。柱间和墙隅处，还有其他小雕像喷泉，喷水落入大理石盆中，水柱成花环状。中庭的

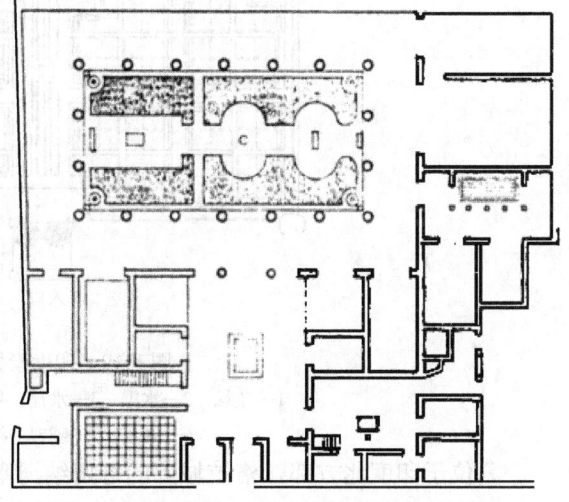

图 F-18　古罗马维蒂庭园

面积不很大，但是由精巧的柱廊、喷泉和雕像组成的装饰效果却简洁、雅致，加上花木、草地的点缀，创造出清凉宜人的生活环境。

古罗马的宅园与希腊的柱廊园十分相似，不同的是在古罗马宅园的中庭里往往有水池、

189

水渠，渠上架小桥；木本植物种在很大的陶盆或石盆中，草本植物则种在方形的花池或花坛中；在柱廊的墙上往往绘有风景画，使人产生错觉，似乎廊外是景色优美的花园。这种处理手法不仅增强了空间的透视效果，而且给人以空间扩大了的感觉。

F.5 外国封建时期园林

F.5.1 印度泰姬陵（图F-19）

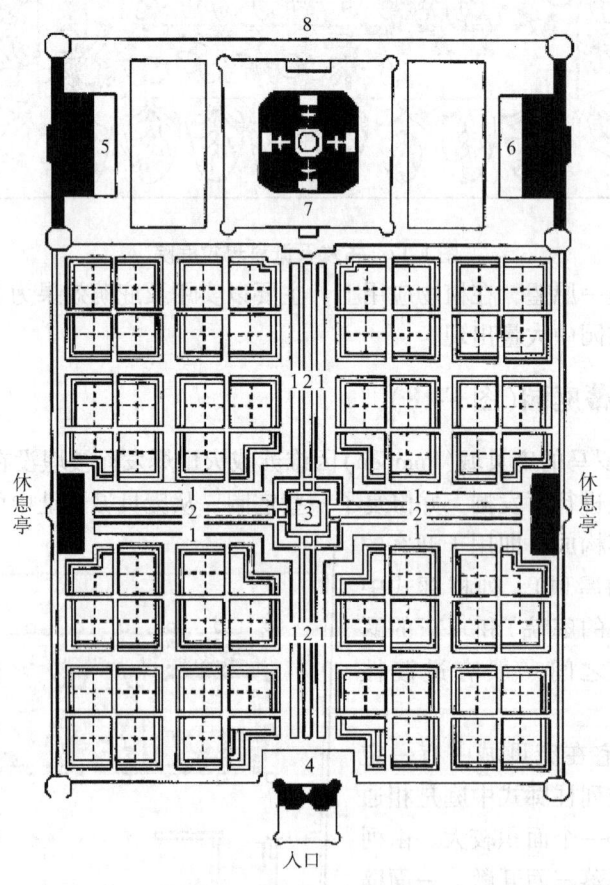

图F-19 印度泰姬陵平面
1—花坛 2—水渠 3—水池 4—二道门 5—清真寺
6—客房 7—陵寝 8—朱木拿河

陵墓位于印度北方邦亚格拉城郊的舒姆纳河南岸，是莫卧儿王朝第五代帝王沙杰罕为爱妻阿热曼·巴纽修建的陵墓，她为其怀十四胎时去世。陵墓得名于其妻的封号泰姬·玛哈尔。泰姬陵于1631年动工，雇佣了2万名来自印度、波斯、中亚细亚等地的工匠，历时22年完成。印度诗人泰戈尔称泰姬陵是"历史面颊上挂着的一颗泪珠"。

整座陵园位于一块长583m、宽304m的长方形地段上，环绕以红砂石墙，与其他莫卧儿时期陵园相比较，泰姬陵的特点在于陵墓主体建筑耸立在园区的北端，从而把正方形的花园完整地呈现在陵墓之前，突破以往印度陵园的传统，也突破了阿拉伯花园的向心格局，使花园本身的完整性得到保证，同时也为高大的陵墓建筑提供了应有的观赏距离。

陵园中，一条用红石铺成的十字形甬道，将庭园划分为四部分。甬道中间是一条十字形水渠，中心为喷泉，四周下沉式的花圃绿树成荫，鲜花似锦，花木高大，密密丛丛，既不排列，又不修剪，与今日绿地风格迥然不同。在中轴线上的甬道尽端是用圣洁典雅的纯白大理石砌筑的陵墓，陵墓主体建筑为一圆顶寝宫，建于一座高 7m、边长 5m 的正方形石基座的中央，寝宫总高 74m，下部呈正方形，每条边长约 57m，四周抹角，在正方形鼓状石座上，承托着优雅匀称的圆顶。圆顶直径约 17m，顶端是一金屋小塔，寝宫屋脊有四座小圆顶，凉亭分布四角，围绕中央圆顶。石基四角耸立的尖塔有三层，高 40 多 m，站在上面可俯瞰亚格拉全城。这种尖塔俗称拜楼，原是阿訇呼吁伊斯兰信徒们向麦加圣地方向朝拜的塔楼，是伊斯兰建筑的特有标志。

在陵墓东西两侧又有两座红砂石建造的清真寺，它们彼此呼应，衬托着白色大理石的陵墓，色彩对比十分强烈。陵墓前的正方形花园，被缎带般的池水和两旁的数条石径切割成整齐的花坛，展现了伊斯兰几何式园林的特色。

F.5.2 京都大德寺庭院

大德寺是日本最大和最著名的园林寺院，位于京都大德寺町，1624 年檀越后藤益胜创建立方丈成为寺院肇始。

大德寺内名庭遍布，其中有方丈院、大仙院、真珠庵、孤篷庵、高桐院、兴临院、瑞峰院、龙源院、黄梅院等庭园。

大仙院庭院是日本枯山水双璧之一，创建于 1573 年，庭院面积 $1364m^2$，呈现立式枯山水。此式在日本少见，受宋元山水画影响，用山石堆假山，山顶二石为峰，中间涌瀑，下跌二跳，以白沙代水，各种功能石名目繁多，如卧牛石、龟甲石、长船石、虎头石、仙帽石、明镜石、达摩石、沉香石、不动石、观音石、佛盘石等。

高桐院是江户初期武将细川忠兴（三斋）开创的庭园。三斋是桃山时代茶头及造园家千利休的弟子，人称七贤之一，于茶道很有研究，因此此庭为茶庭，布置了三斋喜好的室内风格。庭园以千利休赠送的石灯笼和前庭的枫树配植最著名。

孤篷庵是江户时代最著名的造园家小堀远州亲自创建的自家宅园，因所处龙光院借景形似孤篷的船岗山而名。园林为茶庭，入口处有厚重石桥，方丈前有二重绿垣和牡丹型篱，茶室忘筌庵里有山云床，前有圆柱形洗手钵。

黄梅院也是桃山时代的茶庭，春林宗傲所创，1563 年当时著名茶道宗师武野绍欧和念井宗久皈依于此。茶室为武野绍欧风格，环绕主庭，主庭遍布青苔，有巨石、笠式石灯笼、石桥等。

龙源院是枯山水，为东溪宗牧于 1502 年建造，方丈北庭为室町时代造园家相阿弥所创的须弥山式枯山水，方丈东庭有追逃式布局的壶石，人称东滴壶，开祖堂前有大宫御所运来的桃山型石灯笼，还有用丰臣秀吉的聚乐第运来础石构筑的阿吽石庭，石组喻天地、阴阳、男女的对比关系。

瑞峰院为武将大友宗麟于 1533 年所创，1961 年著名造园家重森三玲重建，分为枯山水部和茶庭部，枯山水在南庭和北庭，茶庭在西庭。南庭为主庭，白沙象海，线性置石，末端为三尊石。北庭枯山水象征十字架,被称为休眠庭(图F-20)。

图F-20 瑞峰院北庭

兴临院,1521年建,园中有曲水流觞枯流和须弥山式枯山水,枯山水以白沙为底,岛上覆青苔,种松枫及型篱,立枯石瀑布。

大德寺荟萃了历代著名僧人、武将、茶人、造园家、书画家几百年的智慧,以枯山水和茶庭为主,成为日本最有魅力的园林寺院。

F.5.3 菲埃索罗的美第奇庄园(图F-21)

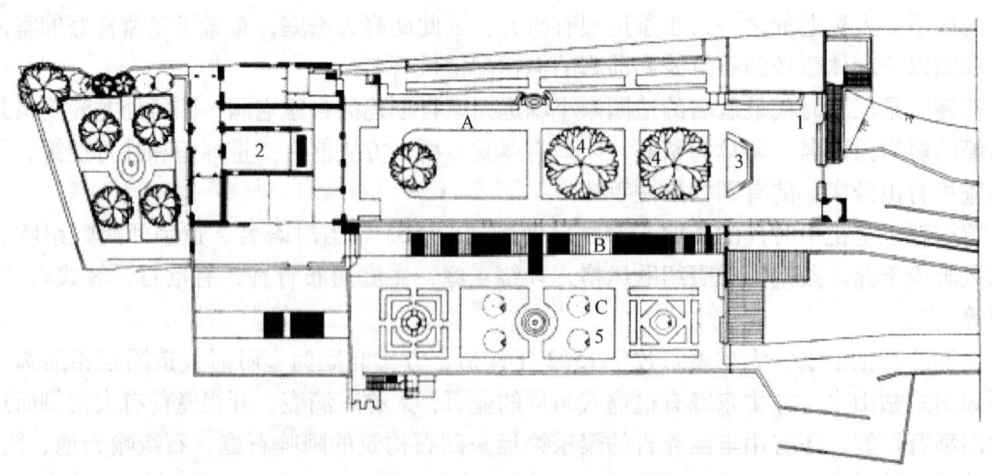

图F-21 菲埃索罗的美第奇
A—上台层 B—中台层 C—下台层 1—入口 2—主建筑 3—水池 4—树畦 5—绿丛植坛

附录 园林实例

菲埃索罗的美第奇庄园（Villa Medici at Fiesole）是为乔万尼（Giovanni de Medici）建造的一个乡间别墅，也是至今保留比较完好的文艺复兴初期的庄园之一。庄园位于离佛罗伦萨不远的菲埃索罗丘陵中一个朝阳的山坡上，建于1458—1462年间，顺山势将园地辟为不同高程的三层台地。建筑设在最高层台地的西部，这里视野开阔，可以远眺周围风景。由于地势所限，各层台地均呈狭长带状，上、下两层稍宽，当中一层更为狭窄，这种地形是极为不利于庄园的规划设计的。

为了方便与外界联系，庄园入口设在上层台地的东部，入口后，在小广场的西侧设置了半面八角形的水池。广场后的道路分设在两侧，当中为绿荫浓郁的树畦，既作为水池的背景，又使广场在空间上具有完整性。树畦后为相对开阔的草坪，角隅点缀着栽种在大型陶盆中的柑橘类植物，这是文艺复兴时期意大利园林中流行的手法。草坪形成建筑的前庭，当人们走在树畦旁的园路上时，前面的建筑隐约可见；走过树畦后，优美的建筑忽然展现在眼前。上层台地的园路分设在两侧，这样可以留出当中比较宽阔而完整的园地。建筑设在西部，但并未建在尽端，其后还有一块后花园，使建筑处在前后庭园包围之中。从建筑内向外看，近处是精致的花园，远处为开阔的风景。后花园形成一个独立而隐蔽的小天地，当中为椭圆形水池，周围为四块绿色植坛，角落里也点缀着盆栽植物。这种建筑布置手法，减弱了上层台地的狭长感。

由入口至建筑长约80m，而宽度却不到20m，设计者的重要任务就是力求打破园地的狭长感。主要轴线和通道采用顺向布置，依次设有水池广场、树畦、草坪三个局部，空间处理上由明亮（水池广场）到郁闭（树畦），再由豁然开朗（草坪）到封闭（建筑），形成一种虚实变化的关系。这样即使在狭长的园地上，人们却仍然能感受到丰富的空间和明暗、色彩的变化。每一个空间既具有独立的完整性，相互之间又有联系，并加强了衬托和对比的效果。由建筑的台阶向入口回望，园墙的两侧均有华丽的装饰，映入眼帘的是悦目的画面，处处显示出设计者的匠心。

下层台地中心为圆形喷泉水池，内有精美的雕塑及水盘，周围有四块长方形的草地，东西两侧为大小相同而图案各异的绿丛植坛。这种植坛往往设置在下层台地，便于由上层台地居高临下欣赏，图案比较清晰。

中层台地只是一条4m宽的长带，也是联系上、下层台地的通道，其上设有覆盖着攀援植物的棚架，形成一条绿廊。

总之，设计者在这块很不理想的园地上表现出非凡的才能，巧妙地划分空间、组织景观，使每一空间显得既简洁，整体上又很丰富，也避免了一般规则式园林容易产生的平板单调、一览无余的弊病。

F.5.4 阿尔多布兰迪尼庄园（图F-22）

阿尔多布兰迪尼庄园（Villa Aldobrandini）位于罗马东南约20km处，在阿平宁山腰上的弗拉斯卡迪镇上，是枢密官皮埃托·阿尔多布兰迪尼（Pietro Aldobran·dini,1572—1621年）的夏季别墅。1598年由建筑师波尔塔开始建造，1603年完成，水景工程则由封塔纳（Giovanni Fontana）和奥利维埃里共同完成。

文艺复兴后期的园林不仅在空间上伸展得越来越远，而且园中的景物也日益丰富，渐渐表现出巴洛克风格的特征。同时，在环境空间处理上，力求将庄园与其背景融为一体，甚至

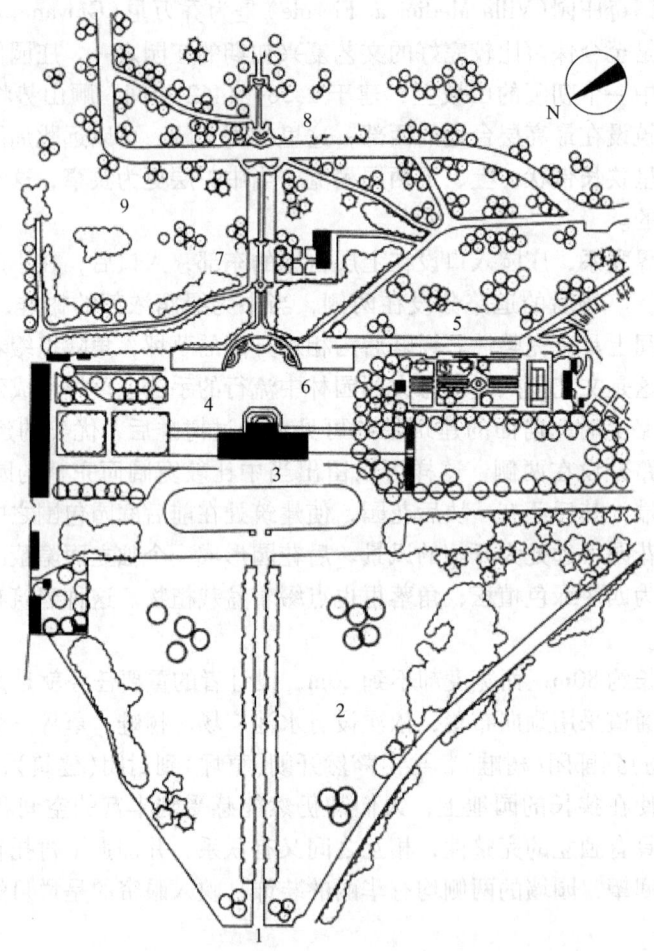

图 F-22　意大利阿尔多布兰迪尼庄园平面图
1—入口　2—中央林荫道　3—别墅建筑　4—台层　5—花坛群台地
6—挡土墙　7—跌水　8—上台层　9—森林公园部分

将外部环境作为内部空间的补充，以期在构图上形成完美的整体。

　　来自罗马方向的人们，远远就能看到坐落在山坡上的府邸，建筑布局充分利用了环境的特点，将周围美景尽收其中。府邸的前方及两侧，以隐蔽的手法，巧妙地设置了华丽的台地。而在府邸建筑的前面，则无任何遮挡其耀眼光彩的障碍物。同时，厨房的烟道移到侧面台地的边缘，处理成富有装饰性的小塔楼，与府邸建筑融为一体。

　　庄园入口设在西北方的皮亚扎广场，从广场上放射出三条林荫大道，两边的栎树修剪整齐，形成茂密的绿廊。道路沿坡缓缓而上，尽头是建在挡土墙前、以马赛克饰面的大型喷泉。两侧有平缓的弧形坡道，通向第一台层。坡道上饰有盆栽柑橘和柠檬，外侧墙上有小型岩洞喷泉。从另一对弧形坡道可上到第二台层。这两层坡道在府邸前围合出与中轴相垂直的椭圆形广场，上有铺装地面和漂亮的石栏杆，挡土墙前有大型洞窟和雕像。在建筑的侧面，过去有花坛群，现只剩下一块，且管理不善。现在人们看到的是梅花形种植的悬铃木古树，树下是丛植的绣球花和草地。

　　在别墅建筑的背面，下几级台阶，有大型的露天广场与建筑前面的椭圆形广场相呼应。广

场中轴上有依山而建的著名的水剧场，墙面装饰非常丰富，以壁柱分隔成五个壁龛，做得像天然岩洞一样，人可以进入，里面是各种水景游戏，表现了神话中的场景。中央壁龛内是肩负着天穹的阿特拉斯(Atlas)顶天力士神像，另一壁龛中有吹笛的潘神像。无数的水柱从半圆形水池中喷射而出，落在布满青苔的岩石上。水剧场左侧为教堂的侧屋，右侧原有水风琴，忽似鸟叫，忽似风吼雷鸣，其设计之精巧令人叹为观止，可惜因缺水，现在已悄无声息了(彩图 23)。

水剧场后面是建在山坡上的水阶梯，两侧高大的栎树林，构成极富感染力的通道。阶梯两侧分立着饰有马赛克家族纹章图案的圆柱，柱身有螺旋形水槽，水流带着小浪花旋转而下，宛如缠绕圆柱的水花环。水流经过水槽及水阶梯，跌落出一系列小瀑布，再注入半圆形的水剧场，发出轰鸣声。

水阶梯后的台阶处理也同样采用水技巧，有建在平台上的古船形泉池，边缘有两个农夫的雕像。顶上还有一层台地，上建有"乡野"泉池，池中有凝灰岩洞窟，围以自然式的林木，将园林与自然有机地融为一体。从 8km 以外的阿尔吉特山引来的水存在贮水池中，保证了园中造景用水。

在阿尔多布兰迪尼庄园中，有一条明显的中轴线，沿线布置着入口广场、林荫道、喷泉广场、建筑、水剧场、水阶梯、贮水池等。当人们由入口沿林荫道行走时，感觉比较平淡而宁静，行至喷泉广场时，视觉上豁然开朗，广场上的铺装地面及周围的栏杆、壁龛、雕像，以及中心的喷泉等，组成人工气息浓厚的空间，与林荫道恰成强烈的对比，成为中轴线上的一个高潮，同时，与建筑之间也有了协调的过渡关系，并且成为建筑的前景。建筑后的水剧场位于园中纵横轴的交接处，其壁龛、雕塑、喷泉、水池等精巧、华丽的装饰，水的音响效果，以及周围的花草树木，组成了内容极为丰富的空间环境，达到全园的最高潮。以后的跌水、瀑布、贮水池则逐渐由人工向自然过渡，最后中轴线末端融于由大片树林构成的自然之中。

F.5.5　法国维兰德里庄园(图 F-23)

现在的维兰德里庄园(Villandry Castle)建于 20 世纪初，是一座按照法国文艺复兴时期园林特点建造的仿古庄园。城堡过去的花园始建于 1532 年，园主为当时的财政部长勒布雷东，曾任法国驻意大利大使。在意大利期间，他潜心研究意大利的建筑及园林，回国后在旧城堡的基础上以 16 世纪初法国园林的风格建造了维兰德里庄园。18 世纪，花园改建成英国风景式园林，1906 年，卡尔瓦洛开始重建这座庄园，使其与城堡建筑风格更加协调。

维兰德里庄园建造在临近谢尔河合流处的山坡上。花园布置在城堡西、南两侧，因借地形，从南到北在坡地上开辟出三层台地。城堡花园的北面，有一段东西向约 150m 长的水壕沟，分割内外。从入口处的半圆形小广场过小桥，进入水壕沟围绕着的前庭。前庭的东、西两面分别是附属建筑和家禽饲养场。南面的府邸建筑采用主楼和两厢围着方形内庭的布置方式，地面抬高了十多级台阶，基座是 40m 见方的平台。府邸是花园中的制高点，从楼上的窗户望去，视野开阔，整个花园尽收眼底。在府邸的西侧，一条南北向水渠贯穿全园，它的北端连接着水壕沟，南端为上层台地中的水池，园中的水景用水由此池供给。水池两边是简洁的草坪花坛，显得简朴、宁静。在台地的一角还设有迷园。

中层台地呈拐角形，与府邸的基座等高，布置成装饰性和游乐性花园，由西班牙园林师罗扎诺设计，包括药草园、游乐性花园和装饰性花园(彩图 24)三个部分。游乐性花园是三块方形花坛，为 16 世纪文艺复兴样式，以黄杨篱做图案，其中镶嵌各色花卉。装饰性花园是称

中外园林简史

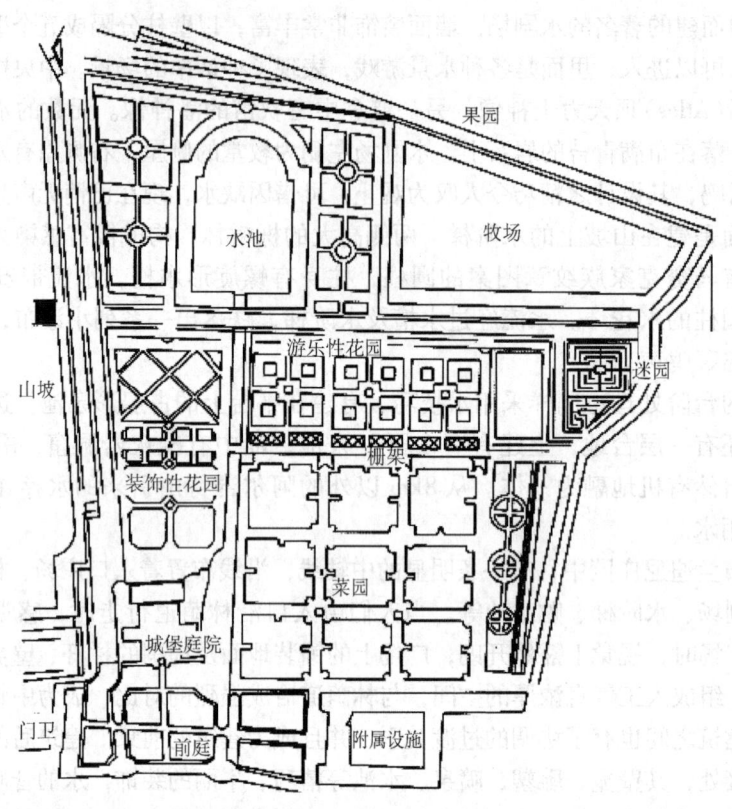

图 F-23　法国维兰德里庄园平面图

为"哥特式"的花坛，共有两组：离府邸较远的，采用菱形和三角形构图，中间是三组十字勋章图案。靠近府邸的称为"爱情花坛"，有四组图案，分别代表四种爱情："温柔的爱"，图案为心形和面具，代表化妆舞会上的相遇；"疯狂的爱"，图案是激动的心形；"不忠的爱"，图案是角状和扇形，代表书信；"悲惨的爱"，图案为匕首，红色花卉表示鲜血。

向北下 15 级台阶，进入底层台地中独特的观赏性菜园。菜园面积约 $1hm^2$，是完全按照 16 世纪杜·塞尔索绘制的版画而建的。菜圃以矮黄杨镶边，组成图案各异的九个方块。排列整齐的畦中种植了各种蔬菜、香料和调料植物，色彩艳丽，是实用与观赏相结合的佳例。井字形园路的四个交点处，有贴近地面的小水池，既是装饰，又便于浇灌，中心喷泉只有轻轻的一缕水丝。园路的四角设置拱形木格栅凉架，带有中世纪的风格，上面爬满了蔷薇和迎春，亭内设坐椅，坐在这里可以静听水声和鸟鸣。

三层台地均环以抬高的园路，修剪成拱架的椴树或葡萄凉架，起着遮阳作用，完全体现了塞尔提出的原则："花园最好能从上往下观赏，或者是在附近的建筑中，或者是在花坛边缘高起的台地上。"

从整体上看，花园集中布置，结构紧凑，从花园中可以欣赏到四周的景物。东面是建在山坡上的观景台，比花园高出 50m，绿荫笼罩，形成另一个制高点；西面是村庄，古老的教堂与府邸相呼应，构成中世纪的环境气氛；在北面，有家禽饲养场，高墙抵御着吹向菜园的寒风；在南面，山坡上的大型果园作为花园向田野的过渡。

维兰德里庄园在整体布局上，以及府邸与花园的结合方式上，尤其是喷泉、建筑小品、花架和黄杨花坛中的花卉和香料植物等的处理手法，反映了意大利园林的影响。早在16世纪，维兰德里就因菜园中品种之丰富而著称。

维兰德里城堡花园至今仍为私人产业，管理十分精细，对外开放，虽然地处偏僻村野，年游人量仍达15万以上。

F.5.6　俄罗斯巴甫洛夫风景园林（图F-24）

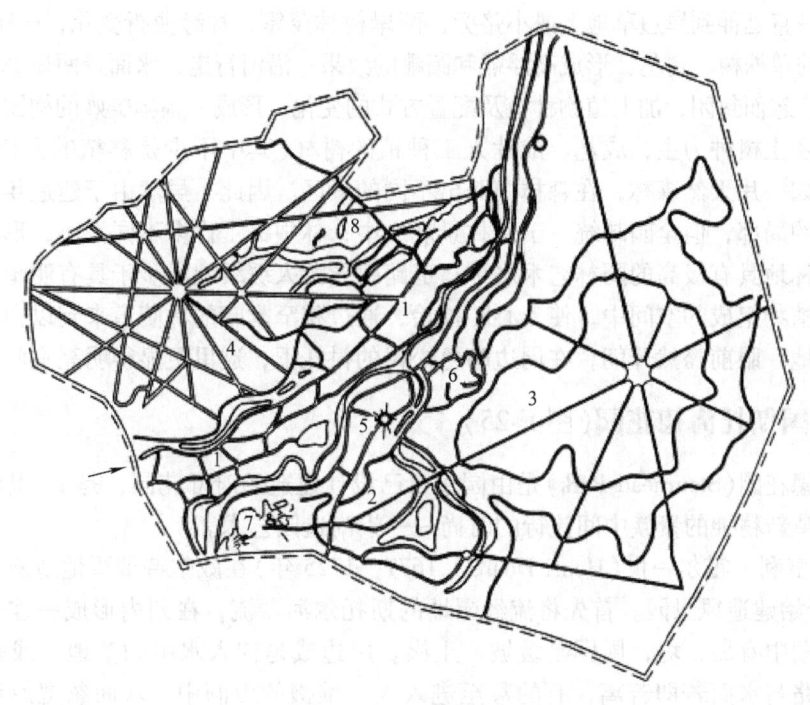

图F-24　巴甫洛夫风景园平面
1—斯拉夫扬卡河谷　2—礼仪广场区　3—白桦区　4—大星区
5—老西里维亚　6—新西里维亚　7—宫前区　8—红河谷区

巴甫洛夫风景园（Pavlov Park）位于圣彼得堡的郊外，始建于1777年，在持续半个世纪的建造过程中，几乎经过了彼得大帝以后俄罗斯园林发展的所有主要阶段。从该园的平面图中可以看出，这里有规则式的局部：宽阔、笔直的林荫道通向宫殿建筑，以圆厅为中心展开的星形道路，以白桦树丛为中心的放射形道路等。同时，俄罗斯自然式园林的两个发展阶段，在这里也留下了明显的痕迹。

1777年，在巴甫洛夫园只建了两幢木楼，辟建了简单的花园，园中有花坛、水池、中国亭（当时欧洲园林中的典型建筑）等。1780年由建筑师卡梅隆（Kameron）进行全面规划，将宫殿、园林及园中其他建筑，按统一构图形成巴甫洛夫园的骨干。卡梅隆为苏格兰人，当他到俄罗斯时，已具有比较成熟的艺术观，这种艺术观形成于古典主义在欧洲盛行之际。因此，他在园中建造了带有廊子的宫殿、古典的阿波罗柱廊、友谊殿堂等建筑。当俄罗斯园林风格转向自然式时，卡梅隆在全园的不少局部中，仍保留了规则式的构图，道路仍采取几何形图案，如星形区、白桦区、迷园、宫前区等。

1796年，园主保罗一世（HaBen I，1796—1801年在位）继承王位后，巴甫洛夫园成了皇家的夏季宫苑，于是，又请了建筑师布廉诺进行宫及园的扩建，这里成为举行盛大节日及皇家礼仪活动的场所。宫前区及新、旧西里维亚区都建于此时，在斯拉夫扬卡还建了露天剧场、音乐厅、冷浴室等建筑，新添了许多雕塑及一些规则式的小局部。

到19世纪20年代，巴甫洛夫园在艺术上达到了最高的境界。

巴甫洛夫园地势平坦，原为大片沼泽地，斯拉夫扬卡河弯弯曲曲流经园内，稍加整理后，有的地方扩大成水池；沿岸高低起伏，河岸高处种植松树，更加强了地形的高耸感，有时河岸平缓，水面一直延伸到岸边草地上或小路旁；两岸树林茂密，林缘曲折变化，幽暗的树林前，有色彩不同的单株树、树丛，形成高浮雕和圆雕的效果；沿河行走，水面及两岸林地组成的空间忽而开朗，忽而封闭，加上植物种植及配置方式的变化，形成一幅幅美妙的构图。

全园以乡土树种为主，成丛、成片人工种植的树林（其中不少是移植的大树），经过若干年后，宛如一片天然森林，在森林中辟出不同的景区。因此，虽然由于建造年代不同，形成不同风格的局部，但全园却统一于森林景观之中；林中辟了许多不同大小，形状各异的林中空地，使林地具有极高的园林艺术水平；道路引导游人缓缓地漫步于具有明暗对比、色彩各异的各种植物组成的空间中，使人心旷神怡，通过狭窄幽暗的林荫道来到以白桦树丛为中心的林中空地，眼前豁然开朗，在周边暗色松树的衬托下，这里更显得明亮宽旷。

F.5.7　英国斯托海德花园（图F-25）

斯托海德花园（Stourhead Park）是由园主自己设计建造的府邸花园，是18世纪中叶在有文化素养和革新精神的贵族中间流行的时尚——崇尚造园艺术。

1717年亨利·霍尔一世（Henri Hoare I，1677—1725年）在威尔特郡买地造府，霍尔二世于1741年开始建造风景园。首先将流经园址的斯托尔河截流，在园内形成一连串近似三角形的湖泊，湖中有岛、堤，周围是缓坡、土岗。岸边或是伸入水中的草地，或是茂密的丛林；沿湖道路与水面若即若离，有的甚至进入人工堆掇的山洞中。水面忽宽忽窄，或急或缓，动静结合，变化万千。沿岸设置有亭、桥、洞穴、雕塑等，位于视线焦点上，互为对景，有画龙点睛作用。

采用环湖布置的园路，使人们在散步时可欣赏到一系列不同景观。路边建造形态各异的庙宇，分别来自古罗马典故。府邸采用帕拉第奥样式，府邸的西北方有"花神庙"，以茂密的森林为背景，庙两侧有各色杜鹃，白色建筑掩映于花丛中，构成一幅动人的画面（彩图26）。

西岸最北边，有1748年皮帕尔（PiePer）设计的假山，假山中凿洞，在临水一面辟有自然窗口，便于采光，也可形成观赏湖面风光的景框。洞中水池上有卧着"水妖"的石床，还有一河神雕像，其风格尚有古希腊的遗风。

山洞以南是哥特式村庄，湖对岸，几株古树形成景框，湖中有数座小岛，其中一座岛上有建于1754年的缩小了的古罗马先贤祠。在古典园林中，先贤祠是常见的景物，后人以这种建筑作为古罗马精神的象征。

由村庄往南，有座1860年架设的铁桥，东侧是开阔的水面，西侧则是细细的小河，两边景色迥然不同。过桥上堤，堤南水面稍小，比较幽静，对岸有瀑布及古老的水车；远处是缓坡草地、苍劲的孤植树、茂密的树丛及成群的牛羊，一派牧场风光。堤的东头有四孔石拱桥，向北是水面最狭长处，视线十分深远。透过石桥，远望湖中岛屿，对岸的东侧有花神庙，西侧有哥特式村舍及假山洞，成为园中最佳的观景点。画面中以石桥为前景，湖中水

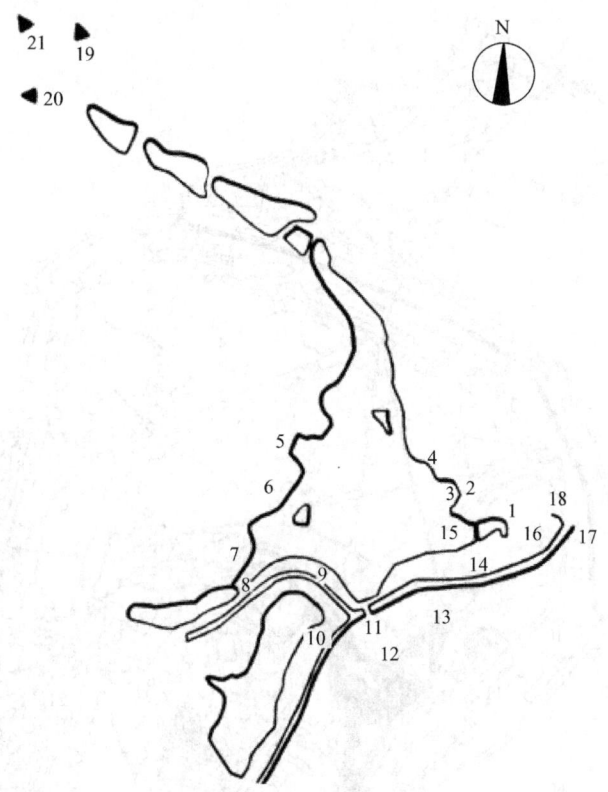

图 F-25 英国斯托海德花园

1—宅邸 2—花神庙 3—天堂井 4—船屋 5—岩洞 6—农舍（哥特式村庄） 7—先贤祠 8—铁桥 9—堤 10—瀑布 11—岩石桥 12—隐居所 13—阿波罗神庙 14—岩洞地下道 15—石桥 16—布里斯托尔塔 17—教堂 18—方尖塔 19—水车 20—修道院 21—阿尔弗列德塔

禽、岛上树木为中景，远景是对岸的树木及勾画出天际线的阿尔弗烈德塔、先贤祠等建筑。

另外，阿波罗神殿也是一处重要景点。这里地势较高，三面树木环绕，前面留出一片斜坡草地，一直伸向湖岸，岸边草地平缓，上有成丛的树木。从神殿前可以眺望辽阔的水面，而从对岸看，阿波罗神殿犹如耸立于林海之上。

亨利·霍尔二世在园林中遍植乡土树种山毛榉和冷杉，以后又种植许多黎巴嫩雪松、意大利丝杉、瑞典及英国的杜松、水松及落叶松等，形成以针叶树为主常绿而壮美的景观。随着引种驯化技术的提高，后来又陆续引进了南洋杉、红松、铁杉、石楠和杜鹃，使斯托海德花园更加绚丽多彩。

F.6 外国工业社会时期园林

F.6.1 城市公园实例：英国摄政王公园（图 F-26）

摄政王公园（Regents Park）坐落在伦敦北部的森林边沿，是一座 19 世纪风格的大花园，

图 F-26 英国摄政王公园总平面图
1—报春花山 2—摄政王运河 3—外圈 4—伦敦动物园 5—宽行道 6—现金喷泉 7—温菲尔德宫 8—坎伯兰郡台地 9—坎伯兰郡草地 10—伦敦中央清真寺 11—汉诺威台地 12—游船湖 13—小岛 14—露天影院 15—玛丽皇后花园 16—内圈 17—圣约翰学院 18—切斯特台地 19—苏塞克斯宫 20—摄政王学院 21—街道花园 22—克拉伦斯门 23—康沃尔台地 24—约克门 25—方形公园

亦是伦敦最新、最堂皇、也最多风貌的公园,摄政王运河穿园而过,占地500多英亩。摄政王公园具有大片的开阔草地、水面、茂密的森林植被、规则式的绿篱、树群和文艺复兴时期的雕塑小品等,既具传统的英式公园特色,也具意式、法式园林特色。

摄政王公园内的园中步道植满绿树,水池边有杨柳随风摇曳生姿,位于公园北角的伦敦动物园饲养了各种动物,夏天还可在露天剧场,以天然的林木为背景欣赏到莎士比亚的名剧,摄政王公园早已成为一座别出心裁的公园了。

玫瑰园是摄政王公园里最吸引人的景观之一。游人在园内能观赏玫瑰亭亭玉立的身姿和尊贵华丽的花容,嗅其花香,还可坐卧其中共享阳光之浴。玫瑰园向人们展现出3万多株、400多种珍品玫瑰,玫瑰园的设计别具一格,总体呈五环形,最里面的园面积约为600至700m^2,由许多花丛式花坛组成,一个花坛丛植一种玫瑰;第2环是绿草坪;第3环是由一圈高柱围成，柱距约六、七米，以粗缆绳相连，高柱和缆绳被蔓生攀缘玫瑰、月季、蔷薇等覆盖。在7~8月玫瑰花盛开之季，满园展现出绚丽多彩的万种风姿之立体美。

F.6.2 国家公园实例：美国黄石国家公园（图F-27）

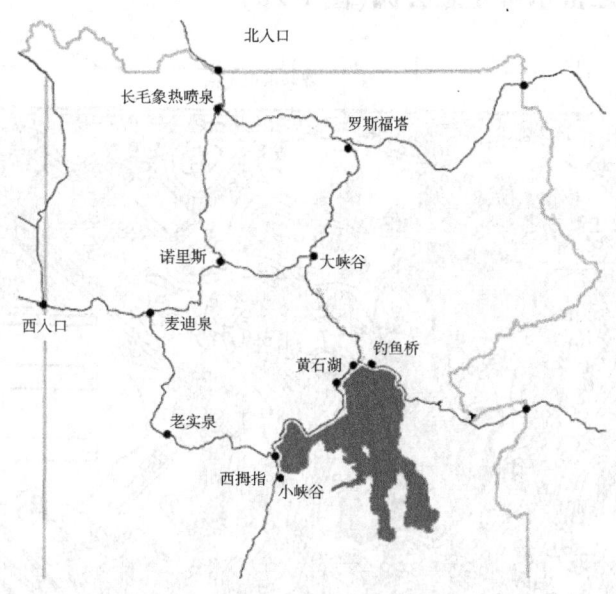

图F-27 美国黄石国家公园地图

1872年3月1日，美国第一个国家公园——黄石国家公园（Yellow Stone Nation Park）诞生了，这也是世界上第一个国家公园。它位于美国西部爱达荷、蒙大拿、怀俄明三州交界的北落基山之间的熔岩高原上。海拔最高处达2438m，面积8956km^2。公园内的森林占全园总面积的90%左右，水面占10%左右。园内最大的湖是黄石湖，最大的河流是黄石河。此外，园内还有峡谷、瀑布、温泉及间歇喷泉等，是一个负有盛名的游览胜地。公园1978年列入世界自然遗产名录。

黄石公园以保持自然风光而著称于世。公园的公路全长近200km，到公园游览，必须乘坐汽车。整个公园设了五个入口处。

间歇喷泉和温泉是黄石公园最富特色的景致。著名的黄石湖是美国最大的高山湖泊，长32km，宽21.5km，湖岸周长180km，湖水平均深24m，最深处达百米，湖水清澄见底。湖面如镜，倒映着周边皑皑的雪峰和幽深的森林，虚实两者难以分辨。

黄石公园中多峡谷景观，尤以黄石峡谷最著名。峡谷两壁岩石橙黄中杂以红、绿、紫、白多种颜色，五彩缤纷，蔚为奇观。而一种名叫黑曜岩构成的悬崖则如一面玻璃墙镶嵌在半空中，"玻璃悬岩"被日光照耀时，熠熠闪烁，光彩夺目。峡谷中还可见亿万年的森林——"石化森林"奇景。

黄石公园的辟建对生物学研究具有象征意义。1869年、1870年和1871年官方考察团对该地区进行勘察，遂使美国国会认识到这一地区的独特性，于1872年通过决议将该地区自然景观和自然资源予以保护。由于在生物研究与观察，以及环境教育方面具有特殊的价值，美国将黄石公园定为生物圈保护区。

F.7　西方现代园林

F.7.1　墨西哥肖芝密尔考生态公园(图 F-28)

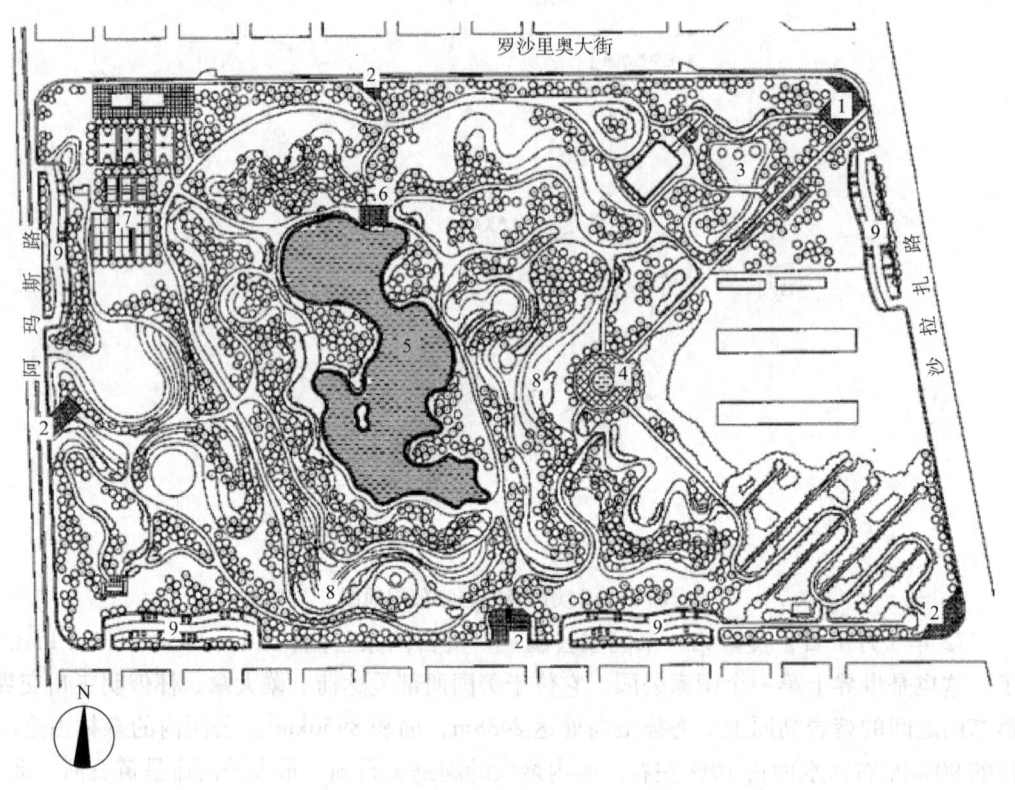

图 F-28　墨西哥肖芝密尔考生态公园总平面图
1—公园主入口　2—公园次入口　3—游戏场　4—喷泉广场　5—人工湖
6—餐厅　7—球场区　8—人造地形　9—停车场

墨西哥肖芝密尔考生态公园设计师迪桑诺·厄尔巴诺在仔细研究原址的自然地貌特征之余，更准确全面地了解了该地区的文化背景和历史变迁，并在设计中得以适得其所的体现，这正是现代景规设计师经常遗忘而又不可或缺的方面。设计手法是自然风景园的延续和发展，在地形处理、水体形式和种植设计上更细致丰富，在表现自然景观的同时，通过模拟消失了的自然湖泊和岛屿，表达了对历史的追忆。

公园有若干个入口，主入口在东北角。一条笔直的大道将游人从入口引向喷泉广场，放射性小道以喷泉广场为中心，通向公园四面八方的各个景点。沿东南方向的小路两侧分别是玫瑰花园和室外雕塑群。南边的次入口紧挨着苗圃，东北角主入口处的另一条主路则经过儿童游戏区，球场则环绕湖体设计，在道路的一侧建有露天戏台，观众席设在公园最高的山丘上。湖的北端建有凉亭，是供游人休息、静坐的主要场所。公园西北角被开辟成球类运动场地，运动场北端建有体育馆(彩图 42)。

F.7.2 西雅图高速公路公园(图 F-29)

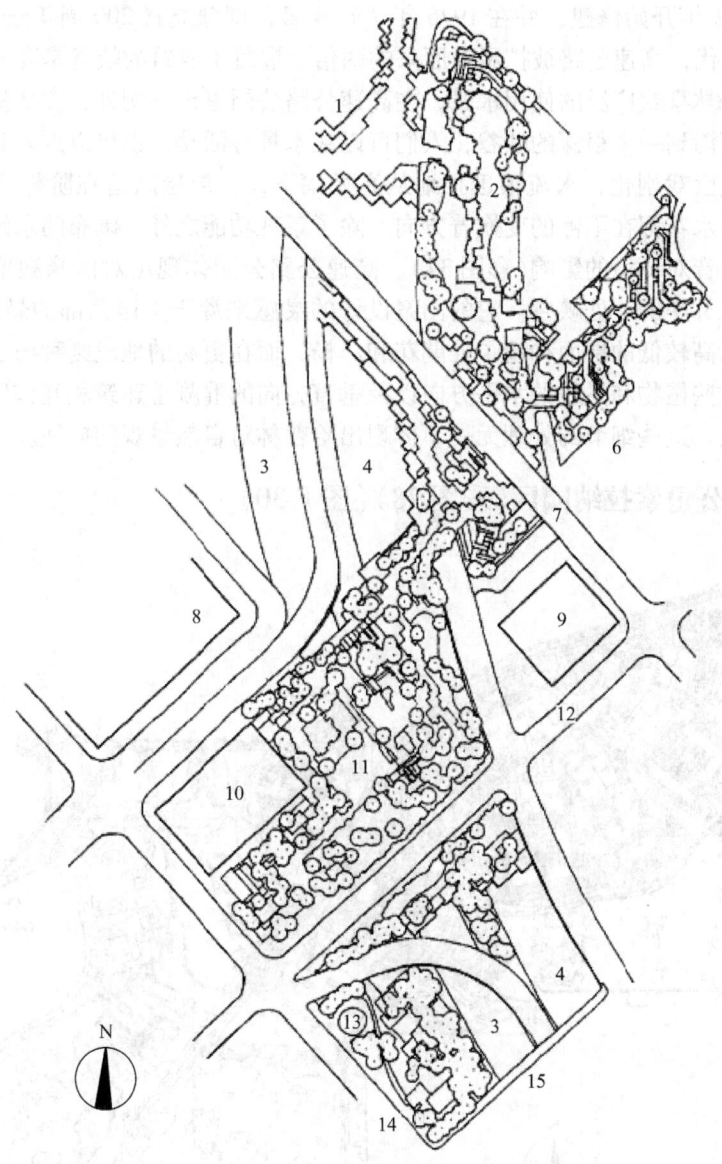

图 F-29 西雅图高速公路公园总平面图
1—会议中心 2—东广场 3—1-5 高速路南面 4—1-5 高速路北面
5—皮戈特纪念走廊 6—第一山庄区 7—第八大道 8—公园停车场
9—公寓大楼 10—公园大厦 11—混凝土峡谷 12—塞内卡大街
13—纳拉莫尔喷泉 14—第六大道 15—春光大街

1966 年哈普林出版了《高速公路》(Free Ways)一书,讨论了高速公路带来的问题。他认为对城市景观最具破坏力的,就是穿越市中心的高速公路,它占用了大片土地,分割了城市中原来紧密联系的地区,在都市空间中刻划上一道隔绝的沟壑。哈普林在书中对这些问题提出了一些未来的解决办法,于是,西雅图公园管理委员会便邀请哈普林在穿过西雅图市中心的5号高速公路旁创造一个能实现他想法的公园——西雅图高速公路公园(Freeway Park, Seattle)。

公园从1972年开始修建，并在1976年7月4日，即独立日200周年纪念日正式开放，在20世纪80年代，高速公路被扩展为原来的两倍。混凝土浇筑的峡谷是高速公路公园最重要的特征，哈普林喜欢广泛的使用水景，在高速公路公园里也不例外，在那里水从高速公路中部的上方，倾泻到一个很深的峡谷，人们可以在水景旁活动，也可以进入到其中娱乐。这里的水景设计极具戏剧化，水流很迅猛地从高处泻下，一层层跌落在阶梯状的混凝土水池中，整个过程中水花都在不停的变换着方向。除了景观功能之外，瀑布的水流声也减弱了环绕基地的交通噪音对环境的影响(彩图34)。高速公路公园体现出对山峰和草地景观的一种隐喻，如都市森林中的一处峡谷。它的图案设计的灵感来源于美国西部的悬崖峭壁和台地。哈普林在设计标高较低的层面种植了杜鹃花和赤杨，而在更高的地段则种植了道格拉斯冷杉和高原树种。这些植物和另外的水平方向以及垂直方向的混凝土建筑相互作用，形成了公园和谐统一的特点，这些细节的处理无一不体现出哈普林对自然景观的向往。

F.7.3　IBM公司索拉纳园区(彩图28)(图F-30)

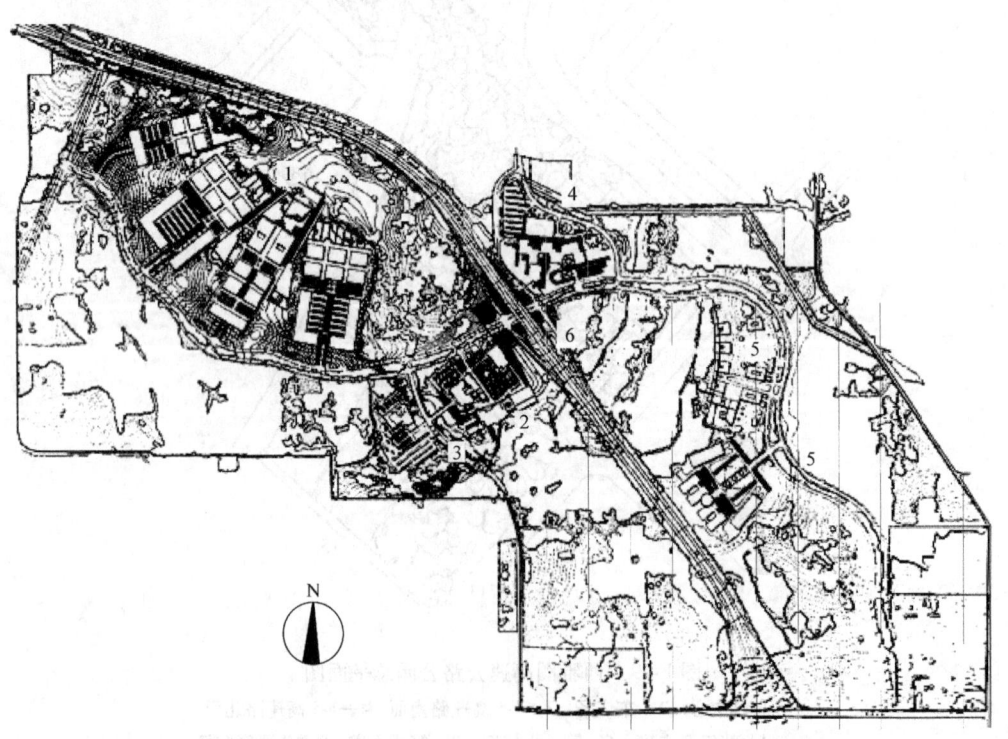

图F-30　IBM公司索拉纳园区总平面图
1—IBM办公综合楼　2—村落中心　3—健康俱乐部　4—IBM市场中心　5—发展用地　6—高速公路互通

索拉纳在西班牙语中的意思是"充满阳光的地方"。园区设计是恪守现状与脆弱景观优先的原则而进行的大规模开发的优秀典范。索拉纳建设的主导观念是自然环境本身是设计的先决条件。该园位于德克萨斯州中西部，面积4046.781m²，安排有一系列的办公楼、一个村落般的购物区、旅馆和包括草地、田野、牧场、高草原和林区在内的大片开放空间。

附录 园林实例

索拉纳规划小组采用传统的合作而又独立的工作方式，结合当地的生态、地理和水文的要求以及 IBM 公司和马圭尔/托马斯合资企业提出的使用要求，考虑了各成员的观点和创造性思想，提出了一套新颖而又合理的方法。最初做出的一个决定是把重点放在高原的地平线和视线上，从而确定了园区采用低层建筑布局的原则。为了保持地域的开阔性，建筑物成组布置，使得与西南部大庄园传统文化背景息息相关的空间和土地不会受到妨碍和干扰。在解决功能要求时，设计组努力打破日常生活经历的平凡单调，设计了高速公路的出入口斜坡和雕塑般的入口花园。可以直接看到周围重新种植了野花和栎树的草原和树林，两侧布置林荫道和沟渠河道，精心地安置了一些长凳和观景点以便人们观赏远处地平线上的景色。同总体设计的宏伟广袤形成对照。建筑物内部则营造了各种小巧宜人的庭园。这些庭园的构思设计直接回应建筑物的形式、色彩和风格。一排排、一圈圈的杨柳和三角叶杨、穿流过桥门和篱笆墙的溪流河道、一个喷射出阵阵雾气的板石垒成的矮喷泉以及黑白岩石雕成的圆圈点缀在入口道路的两旁。结合整体环境巧妙地安置了长排的板石垒成的小石墙，它们既是一种线形雕塑，又可用作坐凳。彼得·沃克和他的同事们创造了这样一个场所，充分体现了他们的审美观念，并且使这些观念同其他因素和整体环境相结合。

F.7.4 伯纳特公园(图 F-31)

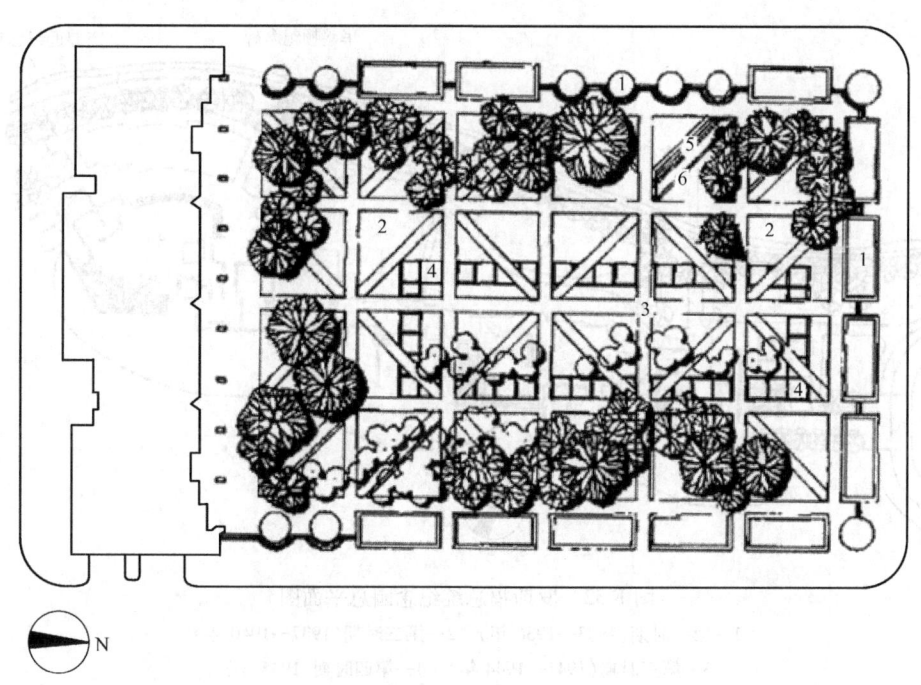

图 F-31 伯纳特公园总平面图
1—种植坛或花坛 2—草坪 3—公园道路 4—水池带 5—小水池 6—雕塑墙

伯纳特公园(Burnrtt Park)最早由伯克·伯纳特捐资，设计师乔治·凯斯勒规划设计，风格为传统的自然风景园形式。伯纳特公园附近为美国著名雕塑家野口勇设计的雕塑广场，两者共同形成了福特沃斯市重要的入口形象。1983年，彼得·沃克受委托重新设计伯纳特公园。沃克以一个严谨多向度的方案解决这个复杂的项目，满足了社区多方面的需求，同时，作为一个传统意义上的公园，它是一个绿色的地方，又是个到处都充满自然景色的场所，可供人们休闲或静思。

公园采用了网状主路与45°斜角次路相叠合的规整布局结构，在比路面略低的绿色草坪衬映下，产生了一种强烈的图案效果。有方形小水池拼成的长方形水池带穿插在"米"字形图案中，形成了一种新的节奏与质感。道路与草坪外围东、西、北三侧为由长方形、圆形种植坛组成的临街休息带，其外侧有行列植的乔木。长方形种植坛的大小与排列间距均与道路与草坪的排列方式与大小相呼应，整体上加强了公园的规整图案特点，也较好的解决了与外侧城市道路与人行道的关系。内部"米"字形图案中没有采取规则种植方式，自幼种植的乔木沿周边成组布置，使得平面规整性与自由种植围合形成的空间自由性两者相映成趣。公园西侧临街为小广场，与对面的雕塑广场相呼应。小广场平面与公园整体结构相和谐，其西面为一组与圆形种植坛组合在一起的台阶，东北侧为一水池和面向西南的雕塑墙，整个小广场形式简洁，空间尺度亲切。公园的照明包括三个部分：分散在花岗石小路间的正方形地灯、安装在树木间的灯光和竖立在长方形水池里的一系列5英尺高的水管。这些水管是小型喷泉，其中安装的光纤使得喷泉在夜晚看起来就像烛光一样（彩图31、彩图32）。

F.7.5　美国华盛顿特区罗斯福总统纪念园（图F-32）

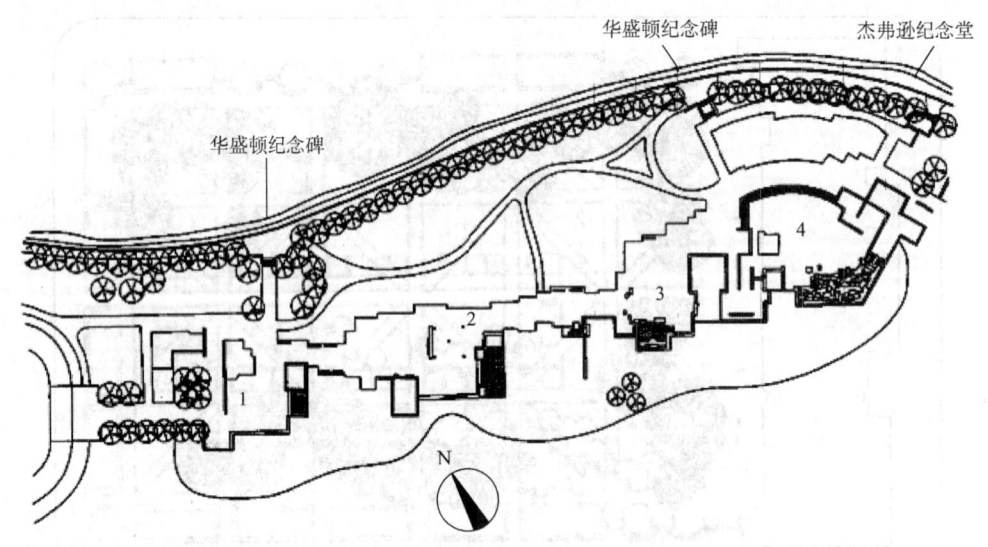

图F-32　罗斯福总统纪念园总平面图
1—第一时期（1933—1936年）　2—第二时期（1937—1940年）
3—第三时期（1941—1944年）　4—第四时期（1945年）

罗斯福总统纪念园（The F. D. Roosevelt Memorial）设计是20世纪中叶一个具有国际影响力的环境设计实例，同时它也是美国历史上第一个由风景园林师主持设计的总统纪念性空间设计作品，由美国第二代风景园林设计师劳伦斯·哈普林在1974年设计。设计摆脱了传统的纪念碑模式，他没有设计一个高大统领性的纪念碑式建筑，而是用石墙、瀑布、密树和花灌木来组成低矮景观，建成了一座水平的而非垂直的、开放的而非封闭的、引人参与而非默默欣赏的纪念园，这种风格与罗斯福总统平易近人的为人非常吻合；而从设计上来看，也更为尊重人的感受和参与。罗斯福总统纪念园设计在纪念性空间设计的历史上具有里程碑的

意义。

罗斯福总统纪念园位于美国首都华盛顿，其序景是花岗岩铺地的入口广场，迎面是大块镌刻着罗斯福姓名和其任美国总统时间的石墙，由此向内按时间先后顺序依次展开四个水平空间，其中精心布置了塑像、雕刻、水面、植物，并用象征、隐喻等手法展现了那个时代的社会与人文精神，以此表达对罗斯福总统的缅怀之情。

1）第一空间：哈普林以罗斯福家乡的新英格兰草原岗石为塑造空间的元素，让水从岗石顶倾泻而下，岗石简洁坚硬的质感，水瀑平顺有力的姿态，让人感受到罗斯福坚毅的个性和乐观主义精神。

2）第二空间：这里布置了一组柱式图腾，葛拉海姆的墙面青铜浮雕和塞格尔雕像，一幕幕记录了大萧条时期人民居无定所、衣衫褴褛、食不果腹的艰苦生活，让人们强烈地感受到全球经济大恐慌所带来的失业、贫穷和无助。

3）第三空间：随后映入眼帘的是两旁散置的崩乱的石块，犹如被炸毁的墙面乱石，水瀑也朝四面乱泻而下，如同被战争蹂躏般的残破断折，象征着二战带给人民的痛苦。

4）第四空间：一个舒缓的弧形广场，开放辽阔，象征着经历经济恐慌和二战浩劫后，全面复新建设，一片欣欣向荣的景象。将动态有致的水景和日本黑松作为对景，表达了和平的到来和人们战后愉快的心情。

F.7.6　日本筑波科学城中心广场（图 F-33）

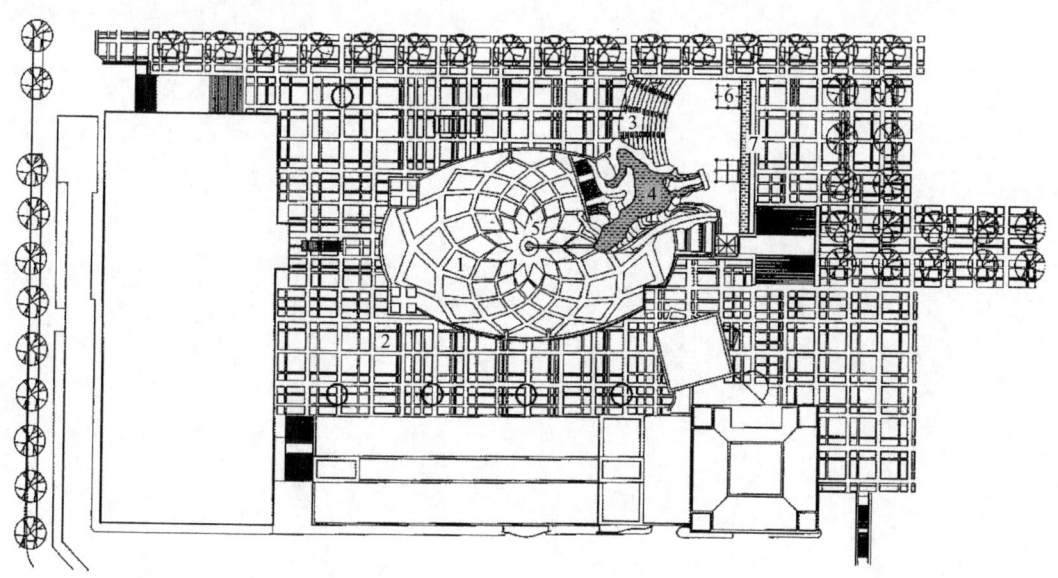

图 F-33　日本筑波科学城中心广场总平面图
1—下沉广场　2—上层广场铺地　3—大台阶　4—跌水景观　5—中心喷泉　6—凉亭　7—喷头水墙

日本后现代建筑师矶崎新设计的筑波中心（Tsukuba Civic Center Plaza）的建成引起世界建筑界的极大关注。筑波中心位于筑波科学城中轴位置上，它既是文化设施又是商业设施，由旅馆、银行、音乐厅、情报中心、商业街和中心广场组成。它是由 L 形的两栋建筑物及围起来的一个椭圆形下沉广场组成，这个中心广场的设计方案包括了大量的对于城市理念和

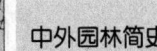

城市建筑的解释和说明。例如，它借鉴了罗马的坎皮多利奥广场，但是采用了更具特色的设计和色彩对比。这个广场是以一种诗意的形式于一个"非城市"中存在的"非广场"。

这个广场由三个要素组成：一块高起的平台，由白色面砖方格中填充的红色陶石块铺成；一片下沉的椭圆形区域，以及一个很富戏剧性的过渡区域，由在这两个层次之间的台阶、坡道和喷泉组成。广场下沉部分的设计是对罗马坎皮多利奥广场的借鉴，与这个意大利模式形成对比的是，筑波广场是用黑色石带勾勒浅色地面，而且中央有一个喷泉。下沉式的广场有着与由米开朗基罗设计的罗马坎皮多利奥广场一样的形式与尺度，只是坎皮多利奥广场是在高地上，而筑波广场是下沉的。两个台地之间用台阶、石头造景和流水来过渡，它们的布局非常随意，与严谨的几何形地面及广场空间并置在一起，形成一种鲜明的对比。坎皮多利奥广场的地面向着中心的骑马雕像呈拱形抬升，筑波广场的地面则是凹形的，并在广场中心形成一条水槽，作为广场的水元素的源头。坎皮多利奥广场由深色石头铺地，辅以白色石带划分，而筑波广场地面的色彩构成正好相反。广场上层，尤其是下沉的椭圆形场地都是非常安静的城市空间，在平常的日子里几乎没有什么来访者，因为这个广场并没有吸引城市娱乐活动，而且相距太远也会降低人们在筑波市内步行欲望。这个中心内向的功能和下层空间封闭的墙，使得筑波中心既不打算也不能承担起一个有生命力的城市广场的角色，也是与罗马广场的一个反差。

参 考 文 献

[1] 汪菊渊. 中国古代园林史纲要[M]. 北京:林业大学园林系讲义,1980.
[2] 童寯. 造园史纲[M]. 北京:中国建筑工业出版社,1983.
[3] 中国城市规划设计研究院. 中国新园林[M]. 北京:中国林业出版社,1985.
[4] 周维权. 中国古典园林史[M]. 北京:清华大学出版社,1990.
[5] 刘少宗. 中国优秀园林设计集(1~4)[M]. 天津:天津大学出版社,1999.
[6] 李嘉乐. 园林绿化小百科[M]. 北京:中国建筑工业出版社,1999.
[7] 潘谷西. 江南理景艺术[M]. 南京:东南大学出版社,2001.
[8] 游泳. 园林史[M]. 北京:中国农业科技出版社,2002.
[9] 朱观海. 中国优秀园林设计集[M]. 天津:天津大学出版社,2002.
[10] 郭风平,方建斌. 中外园林史[M]. 北京:中国建材工业出版社,2005.
[11] 陈植. 中国造园史[M]. 北京:中国建筑工业出版社,2006.
[12] 韩欣. 中国名园:上、下卷[M]. 北京:东方出版社,2006.
[13] 中国勘察设计协会园林设计分会. 风景园林设计资料集——园林绿地总体设计[M]. 北京:中国建筑工业出版社,2006.
[14] 针之谷钟吉. 西方造园变迁史——从伊甸园到天然公园[M]. 邹洪灿,译. 北京:中国建材工业出版社,1991.
[15] 郦芷若,朱建宁. 西方园林[M]. 郑州:河南科学技术出版社,2001.
[16] 陈志华. 外国造园艺术[M]. 郑州:河南科学技术出版社,2001.
[17] 刘庭风. 日本小庭院[M]. 上海:同济大学出版社,2001.
[18] 上海市地方志办公室. 上海名街志[M]. 上海:上海社会科学院出版社,2004.
[19] 俞孔坚,等. 足下文化与野草之美——产业用地设计探索,歧江公园案例[M]. 北京:中国建筑工业出版社,2003.
[20] 王其钧. 中国古代绘画中的建筑与环境[M]. 北京:中国建筑工业出版社,2006.
[21] 王晓俊. 西方现代园林设计[M]. 南京:东南大学出版社,2000.
[22] 王向荣,林菁. 西方现代景观设计的理论与实践[M]. 北京:中国建筑工业出版社,2002.
[23] 艾伦·泰特. 城市公园设计[M]. 周玉鹏,等译. 北京:中国建筑工业出版社,2005.
[24] 里尔·莱威,彼得·沃克. 彼得·沃克——极简主义庭园[M]. 王晓俊,译. 南京:东南大学出版社,2003.
[25] 章俊华. 内心的庭园——日本传统园林艺术[M]. 昆明:云南大学出版社,1999.
[26] 朱建宁. 永久的光荣——法国传统园林艺术[M]. 昆明:云南大学出版社,1999.
[27] 夏建统. 对岸的风景——美国现代园林艺术[M]. 昆明:云南大学出版社,1999.
[28] 张薇. 《园冶》文化论[M]. 北京:人民出版社,2006.
[29] 金纪元. 奥姆斯特德与波士顿公园系统:上、中、下[J]. 城市管理,2002.
[30] 曹康,等. 奥姆斯特德的规划理念——对公园设计和风景园林规划的超越[J]. 中国园林,2005(08).
[31] 王向荣,林菁. 拉·维莱特公园与雪铁龙公园及其启示[J]. 中国园林,1997(02).
[32] 沈洁. 从极简主义艺术到极简主义景观设计[J]. 林业建设,2006(04).
[33] 常俊丽. 极简主义艺术及其对西方现代园林的影响[D]. 南京:南京林业大学,2003.
[34] 龙赟. 解构主义与景观艺术[J]. 山西建筑,2004(08).
[35] 王芳华. 西方景观设计中极简主义现象的研究[D]. 成都:西南交通大学,2004.

[36] 赵晨阳. 生态主义影响下的现代景观设计[D]. 南京：南京林业大学，2005.
[37] 文玉. "大地艺术"与当代景园设计[J]. 规划师，1999(03).
[38] 左辅强. 纽约中央公园适时更新与复兴的启示[J]. 中国园林，2005(07).
[39] Witold Rybczynski，陈伟新. 纽约中央公园150年演进历程[J]. 国外城市规划，2004(02).
[40] 刘晓明，王朝忠. 美国风景园林大师彼得·沃克及其极简主义园林[J]. 中国园林，2000(04).
[41] 刘凌云. 陵园的设计理念与文化差异——中美两个陵园的比较初探[J]. 山西建筑，2004.
[42] 计成. 园冶注释. 2版[M]. 北京：中国建筑工业出版社，2005.
[43] 陈从周. 惟有园林[M]. 天津：百花文艺出版社，1997.
[44] 曹林娣. 凝固的诗·苏州园林[M]. 北京：中华书局，1996.
[45] 毕沅. 关中胜迹图志[M]. 西安：三秦出版社出版，2004.
[46] 刘庭风. 中国古园林之旅[M]. 北京：中国建筑工业出版社，2004.
[47] 王其均，邵松. 古典园林[M]. 北京：中国水利水电出版社，2005.
[48] 王其均. 中国园林图解词典[M]. 北京：机械工业出版社，2006.
[49] 魏民. 风景园林专业综合实习指导书[M]. 北京：中国建筑工业出版社，2007.
[50] 翟小菊，姚天新. 中国园林之旅京郊园林集锦[M]. 石家庄：河北教育出版社，2006.
[51] 中国历史大词典编撰委员会. 中国历史大词典[M]. 上海：上海辞书出版社，2000.
[52] 刘郭祯. 苏州古典园林[M]. 北京：中国建筑工业出版社，2005.